上海投资研究

2014 年度

主　编　戴建敏
副主编　王　骅

世界图书出版公司

上海·西安·北京·广州

图书在版编目(CIP)数据

上海投资研究.2014年度／戴建敏主编.
—上海：上海世界图书出版公司，2014.12(2015.4 重印)
ISBN 978-7-5100-9211-4

Ⅰ.①上… Ⅱ.①戴… Ⅲ.①投资环境—研究报告—
上海市—2014 Ⅳ.①F127.51

中国版本图书馆 CIP 数据核字(2014)第303939号

上海投资研究 **2014 年度**

主　　编　戴建敏

副 主 编　王　骅

出 版 人　陆　琦

策 划 人　姜海涛

责任编辑　史　旼

特约编辑　张　虹

装帧设计　车皓楠

责任校对　石佳达

出版发行　上海世界图书出版公司　　www.wpcsh.com.cn
地　　址　上海市广中路88号　　　　www.wpcsh.com
电　　话　021-36357930
邮政编码　200083
经　　销　各地新华书店
印　　刷　上海市印刷七厂有限公司　　如发现印装质量问题
开　　本　889×1194　1/16　　　　　请与印刷厂联系 021-59110729
印　　张　19.25
字　　数　462 000
印　　次　2015 年4 月第1 版第2 次印刷
书　　号　ISBN 978-7-5100-9211-4/F·65
定　　价　55.00 元

上海投资咨询公司丛书编委会

上海投资研究 2014 年度

主　　编　戴建敏

副 主 编　王　骅

责任编撰　耿海玉　　周鹤群　　王融融

编　　撰　吕海燕　刘　晖　孙　蔚　彭　勇

　　　　　窦晓岚　秦　春　金　扬　许　槟

　　　　　周　明　于淑敏　张　虹　吴幸勰

序

2014 年是全面实现"十二五"规划目标的关键之年,也是谋划"十三五"规划思路的启动年份。回顾和把握 2013 年上海固定资产投资情况与经验,科学分析 2014 年上海固定资产投资的宏观环境,有助于合理预测今后全市固定资产投资大趋势、投资规模和重点领域。

回顾 2013 年,面对错综复杂的外部形势和自身深化转型的压力,上海市全面贯彻落实党的十八大精神,牢牢把握稳中求进工作总基调,紧紧围绕创新驱动发展、经济转型升级,着力稳增长、调结构、促改革、惠民生,总体经济实现稳中有进、稳中向好的积极态势,固定资产投资规模达到历史新高。2013 年 9 月,中国(上海)自由贸易试验区成立,为上海的改革开放翻开新的一页,将对今后全市固定资产投资产生深远影响。

展望 2014 年与"十三五",世界经济有望筑底温和回升,全球经济增长点或拓宽,但发展格局生变。发达国家有望继续保持低速温和复苏,成为拉动世界增长的主要动力;主要新兴经济体增速滞缓,结构性矛盾凸显,可能拖累全球经济增长,美联储退出量化宽松进而收紧宽松货币政策后,世界经济正进入一个新的"再调整期"。从国内看,我国经济总体实现了稳中有进、稳中向好的发展势头。2014 年是深入贯彻落实十八届三中全会精神的"改革元年",在行政审批、财税、金融、价格、城镇化等诸多领域,改革步伐进一步加快,投资环境将显著优化,民营经济和中小企业的社会负担将进一步减轻,民间投资将日益活跃;上海在新一轮改革征程中继续走在全国前列,自贸试验区建设向纵深推进,改革和开放的红利将全面释放;固定资产投资规模将稳中有增,结构将顺应经济发展态势得到持续优化,投资主体将进入"民资时代";新型城镇化道路持续推进,带来较大的基础设施建设需求;房地产开发将受到持续调控,保障性住房建设将保持一定的增长;上海市将进一步推动制造经济向智造经济和服务经济转型。

《上海投资研究 2014 年度》共分为四部分内容。第一部分为 2013 年上海固定资产投资基本情况及趋势分析;第二部分为专题报告,主要是我公司对 2013 年社会事业、产业科技、基础设施建设等相关领域投资情况及投资策略的研究分析;第三部分为热点地区投资情况研究,主要对自贸试验区、临港地区、世博地区等热点地区的投资情况进行梳理分析;第四部分为 2013 年已开工或正在开展前期研究的重大投资项目。最后,我们把 2013 年上海市级有关领域的投资政策进行了收集整理,附录于后,供广大读者工作学习中参阅。

总之,上海正处于加快转型发展的关键时期,既要增强机遇意识,善于把握机遇,又要增强忧患意识,勇于开拓进取,努力把上海"四个率先""四个中心"和社会主义现代化国际大都市建设不断推向前进。希望《上海投资研究 2014 年度》的出版,能够对政府、企业和社会的投资有所启发和帮助。

上海投资咨询公司总经理 戴建敏

2014 年 8 月

目　　录

第一部分 2013 年上海固定资产投资回顾及上海固定资产投资趋势分析

第一章　2013 年上海固定资产投资基本情况和主要特点

一、2013 年宏观经济政策背景

2013 年,面对世界经济复苏艰难、国内经济下行压力加大、自然灾害频发、多重矛盾交织的复杂形势,新一届党中央、国务院团结带领全国各族人民深入贯彻落实党的十八大精神,坚持稳中求进工作总基调,统筹稳增长、调结构、促改革,坚持宏观政策要稳、微观政策要活、社会政策要托底的政策思路,国民经济呈现稳中有进、稳中向好的发展态势。初步核算,全年国内生产总值 568 845 亿元,比上年增长 7.7%,与 2012 年基本持平,快于世界主要国家和地区。分季度看,一季度同比增长 7.7%,二季度增长 7.5%,三季度增长 7.8%,四季度增长 7.7%。分产业看,第一产业增加值 56 957 亿元,增长 4.0%;第二产业增加值 249 684 亿元,增长 7.8%;第三产业增加值 262 204 亿元,增长 8.3%。总体来看,2013 年,改革逐渐成为国家打造中国经济"升级版"的强大动力,政策对经济发展存在巨大影响,投资、消费、进出口"三驾马车"均有不同程度的增长。

(一) 全面深化改革激发市场活力

2013 年,在国内外环境错综复杂、宏观调控抉择两难的情况下,国家加大改革力度,释放改革红利。国务院机构改革有序实施,分批取消和下放了 416 项行政审批等事项,修订政府核准的投资项目目录,推动工商登记制度改革;各地积极推进政府职能转变和机构改革,大幅减少行政审批事项。扩大"营改增"试点,取消和免征行政事业性收费 348 项,减轻企业负担 1 500 多亿元。全面放开贷款利率管制,在全国进行中小企业股份转让系统试点,启动不动产统一登记。一系列的改革措施,在全国掀起了新一轮改革热潮,重振了市场信心,极大地激发了市场活力、发展动力和社会创造力。

(二) 继续实施积极的财政政策和稳健的货币政策

继续实施积极的财政政策。2013 年,面对跌宕起伏的经济形势,国家完善了宏观调控政策框架,明确了保持经济在合理区间运行,集中精力抓住转方式调结构不放松的目标,守住稳增长、保就业的下限和防通胀的上限,实施积极的财政政策和稳健的货币政策,增加有效供给,释放潜在需求,沉着应对市场短期波动,保障经济运行不滑出合理区间。2013 年财政赤字控制在预算范围内,同时优化财政支出,整合压缩专项转移支付,中央党政机关和事业单位一般性支出压减 5%,各地也压减一般性支出,增加用于改善民生、发展经济的支出。对小微企业实行税收优惠,六百多万户企业受益。

继续实施稳健的货币政策。国家加强金融监管和流动性管理,保持金融稳健运行。年末广义货币供应量 M2 余额为 110.7 万亿元,比上年末增长 13.6%;狭义货币供应量 M1 余额为 33.7 万亿元,增长 9.3%;流通中现金 M0 余额为 5.9 万亿元,增长 7.2%。全社会融资规模为 17.3 万亿元,按可比口径计算,比上年多1.5万亿元;年末全部金融机构本外币各项存款余额107.1万亿元,比年初增加12.7万元,其中人民币各项存款余额104.4万亿元,增加12.6万亿元;全部金融机构本外币各项贷款余额76.6万亿元,增加9.3万亿元,其中人民币各项贷款余额71.9万亿元,增加8.9万亿元。

（三）固定资产投资稳中有升

固定资产投资缓中趋稳。2013年固定资产投资(不含农户)436 528亿元,比上年名义增长19.6%(扣除价格因素实际增长19.2%),名义增速为2003年以来首次低于20%,但实际增长速度与上年基本持平。分产业看,第一产业投资9 241亿元,比上年增长32.5%;第二产业投资184 804亿元,增长17.4%;第三产业投资242 482亿元,增长21.0%。分地区看,东部地区投资比上年增长17.9%,中部地区增长22.8%,西部地区增长23.0%。分类型看,国有及国有控股投资比上年增长16.3%,民间投资增长23.1%,港澳台商投资增长7%,外商投资增长4.5%。从施工和新开工项目情况看,施工项目计划总投资864 646亿元,同比增长16.2%;新开工项目计划总投资357 815亿元,同比增长14.2%。

房地产开发增速小幅回升。2013年国家继续实行严格的房地产调控政策,城镇化推进催生新的需求,在以市场健康和民生改善为目标的调控下,房地产投资稳中有进。全国房地产开发投资86 013亿元,比上年名义增长19.8%(扣除价格因素实际增长19.4%),名义增速比上年回升3.6个百分点,实际增速比上年回升4.5个百分点。其中住宅投资58 951亿元,增长19.4%;办公楼投资4 652亿元,增长38.2%;商业营业用房投资11 945亿元,增长28.3%。从房地产开发建设情况看,房屋新开工面积201 208万米^2,比上年增长13.5%,全年新开工建设城镇保障性安居工程住房666万套(户),基本建成城镇保障性安居工程住房544万套。从房地产开发建设情况看,全国商品房销售面积130 551万平方米,比上年增长17.3%;商品房销售额81 428亿元,增长26.3%。

民间投资比重进一步提高。2013年国家加大投资体制改革步伐,进一步为市场松绑,激发民间资本活力。全国民间固定资产投资274 794亿元,同比名义增长23.1%(扣除价格因素实际增长22.7%),民间固定资产投资占固定资产投资的比重达63%,比重比2012年上升1.8个百分点。分地区看,东部地区民间固定资产投资131 864亿元,同比增长20.4%;中部地区87 122亿元,增长25.4%;西部地区55 809亿元,增长26.1%。分产业看,第一产业民间固定资产投资7 084亿元,同比增长32.9%;第二产业139 546亿元,增长20.7%,其中,工业民间固定资产投资138 486亿元,同比增长21%;第三产业128 164亿元,增长25.4%。

（四）城乡居民消费平稳增长

城乡居民收入持续增加。2013年,党中央、国务院坚持民生优先,将不断提高人民生活水平作为实现中国梦的重要内容,努力使发展成果惠及全体人民,人民生活水平得到持续提高。全年农村居民人均纯收入8 896元,比上年增长12.4%,扣除价格因素,实际增长9.3%;农村居民人均纯收入中位数为7 907元,增长12.7%。城镇居民人均可支配收入26 955元,比上年增长9.7%,扣除价格因素,实际增长7.0%;城镇居民人均可支配收入中位数为24 200元,增长10.1%。全国居民人均可支配收入18 311元,比上年增长10.9%,扣除价格因素,实际增长8.1%。农村贫困人口减少1 650万人,城乡居民收入差距继续缩小。农村居民恩格尔系数为37.7%,比上年下降 1.6 个百分点;城镇居民恩格尔系数为 35.0%,下降 1.2 个百分点。

市场销售平稳较快增长。得益于稳中有进的经济形势和持续的收入增长,2013 年市场销售平稳较快增长。全年社会消费品零售总额 237 810 亿元,比上年增长 13.1%,扣除价格因素,实际增长 11.5%。按经营单位所在地分,城镇消费品零售额 205 858 亿元,增长 12.9%;乡村消费品零售额 31 952 亿元,增长 14.6%。按消费形态分,商品零售额 212 241 亿元,增长 13.6%;餐饮收入额 25 569 亿元,增长 9.0%。在限额以上企业商品零售额中,日用品类零售额比上年增长 14.1%,家具类增长 21.0%,家用电器和音像器材类增长 14.5%,汽车类增长 10.4%。

居民消费价格基本稳定。2013 年,党中央、国务院坚持积极的财政政策和稳健的货币政策,努力使市场供求保持平衡,全年物价涨势温和,基本稳定。全年居民消费价格比上年上涨 2.6%,涨幅与上年持平,低于预期目标,其中食品价格上涨 4.7%。居民消费价格城乡差异较小,城市居民消费价格比上年上涨 2.6%,农村上涨 2.8%;居民消费价格的月度波动幅度也比较小,除 2 月、9 月、10 月份受气候、节假日等因素影响同比涨幅略高于 3% ,其余月份涨幅均在 3% 或以内,全年各月涨幅在 2.0%~3.2% 的狭窄区间内波动。此外,2013 年固定资产投资价格上涨 0.3%,涨幅比上年下降 0.8 个百分点;工业生产者出厂价格下降 1.9%,降幅比上年提高 0.2 个百分点;工业生产者购进价格下降 2.0%,降幅比上年提高 0.2 个百分点;农产品生产者价格上涨 3.2%,涨幅比上年提高 0.5 个百分点。

(五) 进出口态势稳中向好

对外开放持续推进。2013 年国家对外开放向深度拓展,设立中国上海自由贸易试验区,探索准入前国民待遇加负面清单的管理模式;提出建设丝绸之路经济带、21 世纪海上丝绸之路的构想;打造中国-东盟自贸区升级版;与瑞士、冰岛签署自由贸易协定;实施稳定外贸增长的政策,改善海关、检验检疫等监管服务;推动高铁、核电等技术装备走出国门,对外投资大幅增加。

进出口增速有所提高。在货物贸易方面,全年货物进出口总额 41 600 亿美元,比上年增长 7.6%,增速比上年提高 1.4 个百分点。其中,出口 22 096 亿美元,增长 7.9%;进口 19 504 亿美元,增长 7.3%;进出口相抵,顺差 2 592 亿美元,比上年增加 289 亿美元。进出口总额中,一般贸易进出口比上年增长 9.3%,加工贸易进出口增长 1.0%。在服务贸易方面,全年服务进出口(按国际收支口径统计,不含政府服务)总额 5 396 亿美元,比上年增长 14.7%。其中,服务出口 2 106 亿美元,增长 10.6%;服务进口 3 291 亿美元,增长 17.5%;服务进出口逆差 1 185 亿美元。

国际投资企稳回升。2013 年非金融领域新批外商直接投资企业 22 773 家,比上年下降 8.6%,降幅比上年缩小 1.5 个百分点。实际使用外商直接投资金额 1 176 亿美元,扭转上年度的下降趋势,实现的 5.3% 增长。全年非金融领域对外直接投资额 902 亿美元,比上年增长 16.8%。全年对外承包工程业务完成营业额 1 371 亿美元,比上年增长 17.6%;对外劳务合作派出各类劳务人员 52.7 万人,增长 2.9%。

二、2013 年上海经济形势分析

2013 年是新一届上海市政府的开局年,也是"十二五"规划承前启后的关键年。面对错综复杂的外部形势和自身深化转型的压力,上海市牢牢把握稳中求进工作总基调,紧紧围绕创新驱动发展、经济转型升级,着力稳增长、调结构、促改革、惠民生,经济运行平稳有序,结构调整稳中有进,改革创新取得突破,各项事业全面进步,社会民生持续改善。

（一）总体增速企稳回升,全年经济运行平稳

2008 年全球金融危机以来,受世界经济缓慢复苏因素的影响,以及政府主动调结构、促转型的作用下,上海经济增速明显放缓,全市生产总值年均增长 8.6%,至 2012 年达到最低点7.5%。2013 年上海市经济总量企稳回升,生产总值达到 21 602.12 亿元,按可比价格计算,比上年增长 7.7%,增速比上年提高 0.2 个百分点;按常住人口计算的人均生产总值达到 9.01 万元。从全国各省市来看,上海市 2013 年生产总值增速排名靠后,但优于 2012 年,人均 GDP 在全国各省市中继续保持领先水平。从各季度经济走势来看,2013 年是上海近年来各季度经济增长最为平稳的一年,一季度 GDP 同比增长 7.8%,二季度增长 7.6%,三季度再度回升至 7.8%,四季度增长 7.6%,各季度 GDP 增幅落差仅 0.2 个百分点。

（二）改革创新取得突破,市场活力有效激发

2013 年,上海市坚持以市场为导向,以开放促改革,坚持先行先试,改革开放取得重大突破。一是中国(上海)自由贸易试验区建设全面启动,通过探索实施准入前国民待遇和负面清单管理、境外投资备案管理、工商登记注册资本认缴制以及海关和检验检疫联动监管等一系列投资贸易便利化措施,自贸试验区建设全面推开。二是浦东综合配套改革试点深入推进,浦东新区聚焦加快政府职能转变和深化行政管理体制改革,先行先试了完善市场监管体制等一批改革举措,全年向张江高新区下放 13 类 20 项行政审批权限,落实股权奖励个人所得税分期缴纳政策。三是营业税改征增值税试点工作不断深化,2013 年,广播影视业纳入试点范围,进一步放大了结构性减税的政策效应,改革的积极作用进一步显现,据统计,营业税改征增值税试点以来,试点企业累计达 19.5 万户,累计减税超过 400 亿元,小微企业受惠面广。四是新一轮国资国企改革启动,以市场化、专业化、国际化为导向,一批企业集团开放性、市场化重组有序推进。五是进一步放宽民间投资领域和范围,完善中小企业融资服务体系和公共服务体系,对部分小微企业暂免征收增值税和营业税,非公经济得到较快发展。

（三）结构调整加快推进,新兴产业发展壮大

2013 年,上海市国民经济"三、二、一"的产业格局继续强化,第二产业弱势复苏,第三产业一枝独秀。第一产业增加值 129.28 亿元,比上年下降 2.9%;第二产业增加值 8 027.77 亿元,增长 6.1%;第三产业增加值 13 445.07 亿元,增长 8.8%,第三产业占上海市生产总值的比重达到62%,首次跨越 60% 这一水平线,服务经济地位进一步强化。第三产业方面,金融机构进一步集聚,金融市场规模快速提升,金融创新发展步伐加快,成功推出国债期货、沥青期货、黄金交易基金,国际金融中心建设取得新突破;《上海市推进国际贸易中心建设条例》正式施行,跨境贸易电子商务试点率先开展,以互联网为依托的新兴贸易模式快速发展,贸易投资能级继续提升,国际贸易中心建设加快推进;启运港退税、期货保税仓单质押融资等试点顺利推进,浦东国际机场货邮中转集拼试点启动实施,航运服务功能持续提升,国际航运中心建设扎实推进。全市新增跨国公司地区总部 42 家,总部经济加快集聚,开放型经济水平进一步提高。第二产业方面,全年实现工业总产值 33 899.38 亿元,比上年增长 4.3%,节能环保、新一代信息技术、生物医药、高端装备、新能源、新材料和新能源汽车等战略性新兴产业制造业完成工业总产值 7 743.53 亿元,比上年增长 1.4%;六个重点行业完成工业总产值 21 585.91 亿元,增长 4.5%。

(四) 对外经济稳中有升,开放程度不断提高

2013 年,上海市不断提高开放型经济水平,完善总部经济发展政策,推动利用外资向文化、卫生、教育等领域拓展,跨国公司地区总部新增 42 家,启动集成电路产业链保税监管模式试点,举办首届中国上海技术进出口交易会,强化走出去重点项目服务机制。2013 年上海市对外经济扭转了上年度全面下降的局面,实现小幅增长。上海关区进出口总额 8 121.37 亿美元,比上年增长 1.4%。其中,进口 3 130.08 亿美元,增长 0.9%;出口 4 991.29 亿美元,增长 1.6%。上海市进出口总额 4 413.98 亿美元,比上年增长 1.1%。其中,进口 2 371.54 亿美元,增长 3.1%;出口 2 042.44 亿美元,下降 1.2%。全年新设外商直接投资合同项目 3 842 项,比上年下降 5%;合同金额 249.36 亿美元,增长 11.6%;实际到位金额 167.8 亿美元,增长 10.5%。至年末,在上海投资的国家和地区达 157 个,在上海落户的跨国公司地区总部达到 445 家,投资性公司 283 家,外资研发中心 366 家。全年新批对外投资项目 347 项,比上年增长 39.4%;投资总额 43.1 亿美元,增长 32.8%。签订对外承包工程合同金额 108.16 亿美元,增长 4.9%;实际完成营业额 80.69 亿美元,增长 18.5%。至年末,上海对外承包工程和劳务合作涉及的国家和地区达 178 个。

(五) 城市建设不断加强,城市运营平稳有序

上海市围绕新型城市化发展要求,不断提高城市建设管理水平,城市运营总体平稳有序。建成一批重大基础设施项目,轨道交通 11 号线二期和 12 号线、16 号线部分区段投入运营,运营线路新增 99 千米,总长达到 538 千米,天然气主干管网二期等项目竣工运营。加快建设智慧城市,推动信息化与工业化深度融合,促进物联网、云计算、大数据等广泛应用,发展数控机床、工业机器人等智能制造,建设智慧园区、智慧商圈、智慧社区、智慧新城,光纤到户覆盖新增 123 万户,下一代广播电视网络覆盖新增 126 万户,公共信用信息服务平台开通试运行。制订实施城乡一体化发展三年行动计划,推动家庭农场等农业经营方式创新,完成 100 个村庄、4 万农户生活污水处理设施改造,完成 1 150 千米村内道路、910 座危桥改造。建设重心进一步向重点地区和郊区转移,松江、嘉定、青浦、金山、奉贤南桥、浦东南汇、崇明城桥等郊区新城,以及临港地区、世博会地区、虹桥商务区、上海国际旅游度假区、浦东前滩地区、崇明生态岛等重点开发区域的建设力度不断加大。

(六) 房地产价格快速上涨,住房保障稳步推进

2013 年上海房地产市场整体快速增长。年初"国五条"引发市场恐慌,使楼市呈现出供求两旺、量价齐升的现象,一手房与二手房成交量迅速上升至近几年的历史高位;3 月底,市政府印发了《关于本市贯彻〈国务院办公厅关于继续做好房地产市场调控工作的通知〉的实施意见》,楼市稍有降温;7 月,国务院常务会议通过《中国(上海)自由贸易试验区总体方案》,之后有关自贸区的利好不断,出现办公、商业、住宅等新一轮楼市繁荣;11 月,面对过快上涨的房价,上海房管局发布《进一步严格执行国家房地产市场调控政策相关措施》,随后房价环比涨幅逐步放缓,但仍难以改变整体上行的态势。受房地产市场利好的影响,土地市场也呈现量价齐升、溢价率显著增长的态势,2013 年成交土地总建筑面积达到 2 869 万平方米,比上年增长 81.1%,成交总价达 2 164 亿元,增长 144.5%,平均楼板价为 7 542 元/平方米,增长 35.0%,平均溢价率

为 32.13%，比上年提高 20.1 个百分点。9 月 5 日，徐家汇中心项目地块被新鸿基旗下威万国际投资有限公司以 217.7 亿元夺得，溢价率 24.21%，成为 2013 年全国总价地王，全年上海土地单价纪录也被多次刷新。同时，2013 年上海市不断完善住房保障体系，全年新建筹措保障性住房和实施旧住房综合改造 11 万套，基本建成 10.4 万套，各类保障房受益面继续扩大；8 月份出台《关于本市廉租住房和公共租赁住房统筹建设、并轨运行、分类使用的实施意见》，保障性住房的管理水平和利用效率得到有效提升。

（七）社会民生持续改进，公共服务不断完善

2013 年，政府始终将社会效益放在首位，加大力度推进各项民生保障工作。一是完善就业服务体系，实施扶持失业青年就业启航计划，依法规范劳务派遣用工，帮助 1.1 万人成功创业，新增就业岗位 60.1 万个，城镇登记失业率为 4.2%。二是完善社会保障体系，城镇最低生活保障标准从上年的每人每月 570 元提高到 640 元，农村最低生活保障标准从每人每年 5 160 元提高到 6 000 元；月最低工资标准从 1 450 元提高到 1 620 元，小时最低工资标准从 12.5 元提高到 14 元。三是完善社会养老服务体系，新增养老床位 5 155 张，社区居家养老服务对象达到 28 万人。在改进各项社会民生保障工作的同时，上海市积极完善公共服务体系。在文化方面，成功举办第三十届"上海之春"国际音乐节、第十五届中国上海国际艺术节、第十六届上海国际电影节、第九届中国国际动漫游戏博览会、首届市民文化节。在卫生方面，至年末全市共有医疗卫生机构 4 929 所，专业卫生技术人员 15.64 万人，全年全市医疗机构共完成诊疗人数 2.41 亿人次。在体育方面，成功举办 57 次国际级比赛和 76 次国家级比赛，创办市民体育大联赛，开展"30 分钟体育生活圈"建设试点。

（八）生态文明全面推进，城市环境持续改善

2013 年上海市全面推进生态文明建设，城市生态环境持续改善。深入推进第五轮环保三年行动计划，制定实施清洁空气行动计划，推进生活垃圾分类减量，主要污染物减排超额完成年度目标。全年全社会用于环境保护的资金投入 607.88 亿元，相当于上海市生产总值的比例为 2.8%。全年环境空气质量优良率（AQI）为 66%。二氧化硫年日均值 24 微克/米^3，比上年上升 4.3%；二氧化氮年日均值 48 微克/米^3，上升 4.3%；可吸入颗粒物（PM10）年日均值 82 微克/米^3，上升 15.5%；一氧化碳年日均值 0.85 毫克/米^3，下降 3.4%；细颗粒物（PM2.5）年日均值 62 微克/米^3；臭氧日最大 8 小时滑动平均值达标率 89%。全市平均区域降尘量 5.8 吨/平方千米/月，与上年基本持平。污水处理能力达到 784.3 万米^3。全年清运生活垃圾 736 万吨，生活垃圾无害化处理率达到 94%，比上年提高 2.6 个百分点；年内新增 7 016 个垃圾分类收集处置试点场所，实现生活垃圾分类居住区覆盖家庭 205 万户。全年新建绿地 1 050 公顷，其中公共绿地 519 公顷；至年末，建成区绿化覆盖率达到 38.4%；全年新增造林面积 927 公顷，森林覆盖率达到 13.1%。

（九）财政收入较快增长，货币信贷平稳运行

2013 年上海地方财政收入 4 109.51 亿元，比上年增长 9.8%，增幅比上年提高 0.6 个百分点。其中，增值税 848.47 亿元，增长 27.2%；营业税 962.72 亿元，增长 7.2%；企业所得税 837.44 亿元，增长 3.8%。至年末，全市中外资金融机构本外币存款余额 69 256.32 亿元，比上年增长

9%,比年初增加 5 474.25 亿元,同比多增 95.01 亿元。中外资金融机构本外币贷款余额 44 357.88 亿元,增长 8.2%,比年初增加 3 297.46 亿元,同比少增 520.8 亿元。其中,短期贷款余额 13 673.51 亿元,比年初增加 580.99 亿元,同比少增 1 211.48 亿元;中长期贷款余额 25 901.85 亿元,比年初增加 2 320.45 亿元,同比多增 1 562.69 亿元。

三、2013 年上海固定资产投资基本情况

(一) 从规模看,固定资产投资规模达到历史新高

2008 年以来,随着国内外整体经济走势的放缓,上海市固定资产投资结束多年的两位数增长,增速降至 10%以下;世博会结束后投资更是遭遇寒流,至 2011 年出现负增长;2012 年投资虽有所增长,但仍未恢复到 2010 年水平。2013 年上海市全社会固定资产投资 5 647.79 亿元,比上年增长 7.5%,投资规模超过 2010 年,达到历史新高。

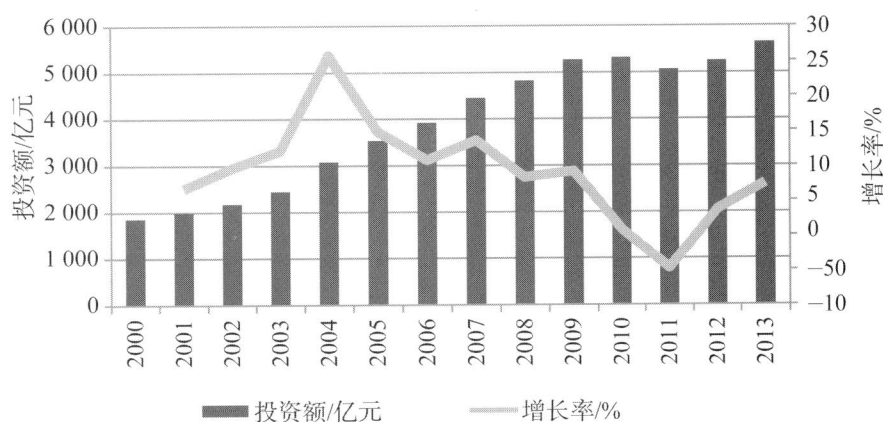

图 1-1-1　上海市近年来全社会固定资产投资额及增长率

在全国 31 个省市级自治区中,上海 2013 年全年固定资产投资(不含农户)为 5 644.13 亿元,排名第 27 位;投资规模比上年增长 10.4%,增幅位居全国 31 个省市及自治区第 29 位。

表 1-1-1　全国各地区固定资产投资(不含农户)情况

地区	投资额		比重(以全国总计为 100)	
	自年初累计/亿元	比去年同期增长/%	自年初累计	去年同期
全国总计	436 527.70	19.70	100.00	100.00
一、东部地区	200 479.59	18.00	45.90	46.60
北京	6 797.54	12.10	1.60	1.70
天津	9 103.01	15.00	2.10	2.20
河北	22 629.77	18.50	5.20	5.20
辽宁	24 791.40	15.10	5.70	5.90
上海	5 644.13	10.40	1.30	1.40
江苏	35 983.00	18.30	8.20	8.30
浙江	20 189.07	18.80	4.60	4.70
福建	15 045.81	23.70	3.40	3.30

（续表）

地区	投资额		比重（以全国总计为100）	
	自年初累计/亿元	比去年同期增长/%	自年初累计	去年同期
山东	35 875.86	18.30	8.20	8.30
广东	21 794.98	19.40	5.00	5.00
海南	2 625.02	28.30	0.60	0.60
二、中部地区	124 309.76	19.90	28.50	28.40
山西	10 745.35	25.20	2.50	2.40
吉林	9 880.00	4.40	2.30	2.60
黑龙江	11 794.17	25.80	2.70	2.60
安徽	18 090.89	21.40	4.10	4.10
江西	12 450.84	9.30	2.90	3.10
河南	25 321.52	21.30	5.80	5.70
湖北	18 796.85	24.00	4.30	4.20
湖南	17 230.14	23.40	3.90	3.80
三、西部地区	106 245.08	23.30	24.30	23.60
内蒙古	14 070.50	19.90	3.20	3.20
广西	11 383.93	21.80	2.60	2.60
重庆	10 285.29	19.50	2.40	2.40
四川	19 754.36	19.50	4.50	4.50
贵州	7 102.78	33.90	1.60	1.50
云南	9 621.83	27.40	2.20	2.10
西藏	876.00	30.60	0.20	0.20
陕西	14 516.71	24.00	3.30	3.20
甘肃	6 407.20	27.10	1.50	1.40
青海	2 285.30	28.80	0.50	0.50
宁夏	2 577.79	26.80	0.60	0.60
新疆	7 363.39	25.70	1.70	1.60

数据来源：国家统计局。表中数据由于存在不分地区项目，东、中、西部投资合计不等于全国总计。

（二）从产业看，投资结构进一步向服务经济转型

1. 三次产业结构进一步调整

2013 年上海市第一产业投资 18.45 亿元，比上年增长 64.7%；第二产业投资 1 242.02 亿元，比上年下降 4.0%；第三产业投资 4 387.32 亿元，比上年增长 11.1%。2013 年固定产投资的三次产业结构为 0.3：22.0：77.7，第一产业比上年提高 0.1 个百分点，第二产业下降 2.6 个百分点，第三产业提高 2.5 个百分点。

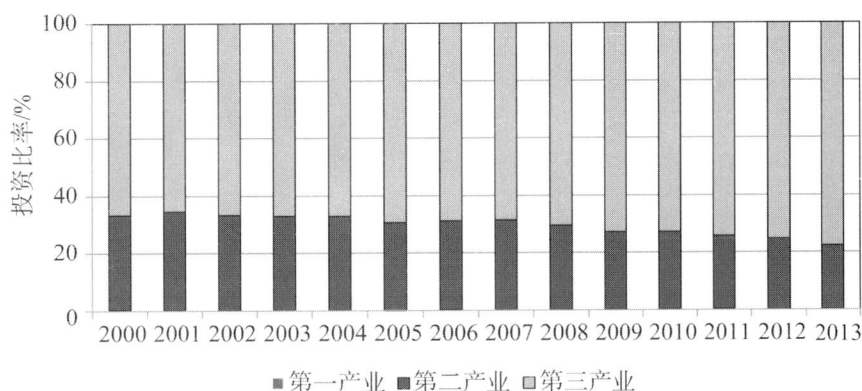

图 1-1-2　近年来上海各产业固定资产投资比率

2. 第一产业投资规模小增速高

近年来,随着粮食安全、食品安全等问题日益受到重视,国家惠农政策的持续作用,以及农业技术的水平提高和推广普及,农业成为新的投资增长点,除 2012 年短暂下滑外,均呈现高速增长态势。"十八大"以来,国家对农业的重视程度进一步提高,农村土地制度改革开始启动,促进了农业投资的新一轮发展。2013 年上海市实现第一产业投资 18.45 亿元,与二、三产业相比,尽管规模仍然偏小,但同比增速遥遥领先,达到 64.7% 的高速增长。

图 1-1-3　近年来上海市第一产业固定资产投资情况

3. 第二产业投资持续下降,缺乏投资规模大、增速快的明星行业

在整体经济放缓背景下,第二产业投资严重乏力,缺乏具有产业影响力和带动力的大项目。近年来上海市第二产业投资绝对量和相对比重均持续下滑,2013 年投资额 1 242.02 亿元,比上年下降 4.0%,占全社会固定资产投资的比重为 22.0%,比上年下降 2.6 个百分点。

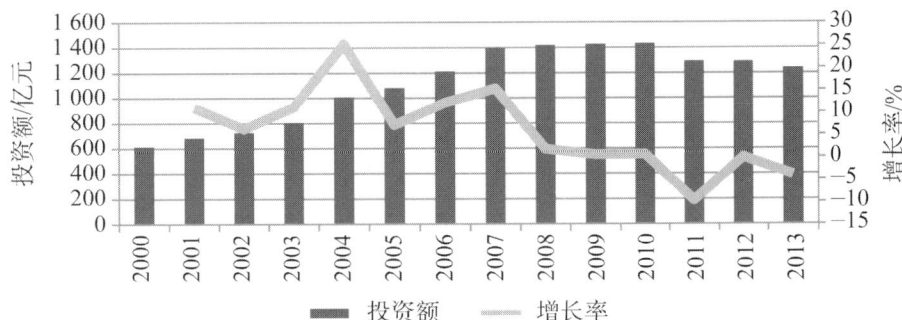

图 1-1-4　近年来上海市第二产业固定资产投资情况

在第二产业中,投资增速超过 10% 的为酒、饮料和精制茶制造业,建筑业,废弃资源综合利用业,皮革、毛皮、羽毛及其制品和制鞋业,燃气生产和供应业,化学原料和化学制品制造业,文教、工美、体育和娱乐用品制造业,其他制造业,家具制造业等 9 个行业,绝大部分为投资基数小、技术水平低的传统行业;在投资规模超过 50 亿元的计算机、通信和其他电子设备制造业,汽车制造业,电力、热力生产和供应业,化学原料和化学制品制造业,其他制造业,通用设备制造业,专用设备制造业,电气机械和器材制造业,铁路、船舶、航空航天和其他运输设备制造,医药制造业,黑色金属冶炼和压延加工业等 11 个行业中,除化学原料和化学制品制造业,其他制造业,医药制造业,专用设备制造业,汽车制造业外,投资增长率均低于 5%,甚至出现负增长。总体而言,缺少一个既投资规模大、又增长速度快的明星行业。

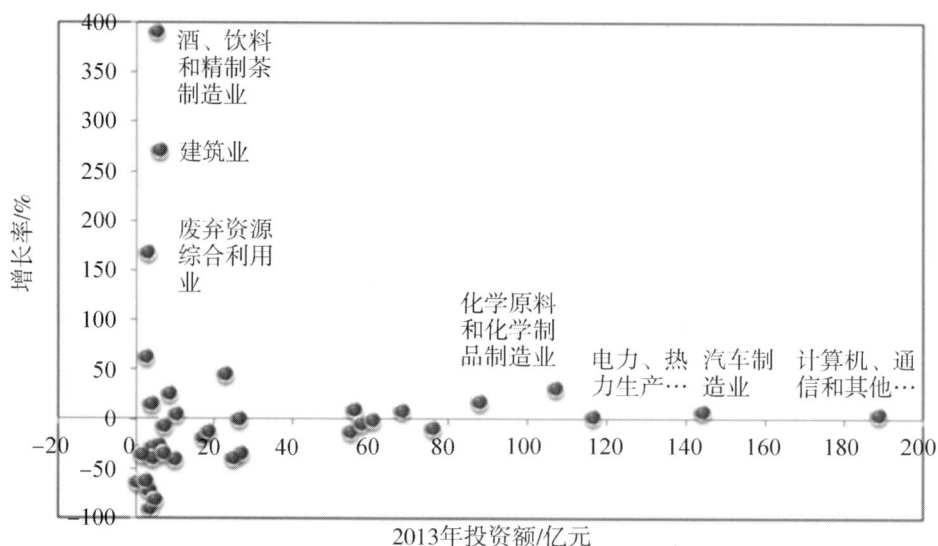

图 1-1-5 上海市 2013 年第二产业各行业投资额和增长率

4. 第三产业投资进一步增长,房地产业是增长主要动力来源

随着"四个中心"和社会主义现代化国际大都市建设的推进,"创新驱动、转型发展"政策方针的落实,上海市服务经济加快培育,以第三产业投资为主的格局进一步强化,第三产业占全社会固定资产的比重连续六年超过 70%,比重年均上升 1.5 个百分点,发展后劲十分强劲。2013年第三产业投资 4 387.32 亿元,比上年增长 11.1%;第三产业投资占全社会固定资产投资的比重达到 77.7%,比上年提高 2.5 个百分点。

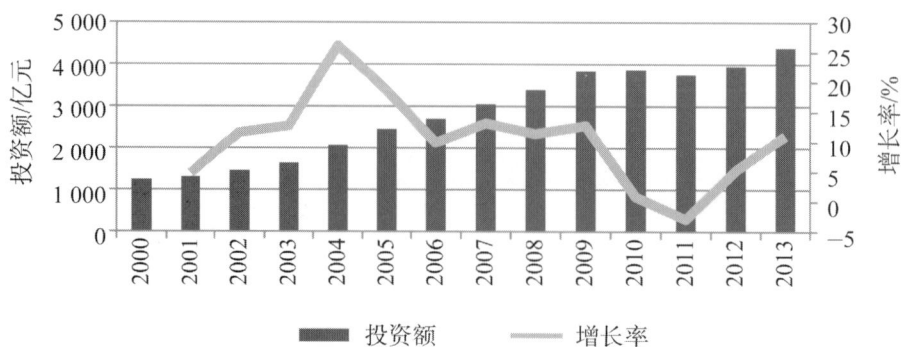

图 1-1-6 近年来上海市第三产业固定资产投资情况

在第三产业中,房地产业是增长的主要动力来源。在政策与市场的双重影响下,2013年上海市房地产业呈现供需两旺的发展态势,实现固定资产投资 2 835.09 亿元,比上年增长 17.9%,增速比上年提高 12.2 个百分点;房地产业占第三产业固定资产投资比重达到 64.6%,比上年提高 3.7 个百分点。若剔除房地产业投资,2013 年上海市实现第三产业固定资产投资 1 552.2 亿元,占全社会固定资产投资的比重为 27.5%,比重比上年下降 1.9 个百分点。除房地产业外,水利、环境和其他服务业成为 2013 年第三产业固定资产投资的第二大增长动力,实现固定资产投资 421.46 亿元,比上年增长 23.4%,占第三产业固定资产投资的 9.6%;再次为教育业,实现固定资产投资 71.86 亿元,比上年增长 38.0%,占第三产业固定资产投资的 1.6%。其余行业增幅均小于 7%,绝大部分为负增长,其中降幅最大的为金融业,卫生、社会保障和社会福利业,公共管理和社会组织,投资额分别比上年下降 69.2%、29.8%、19.3%。

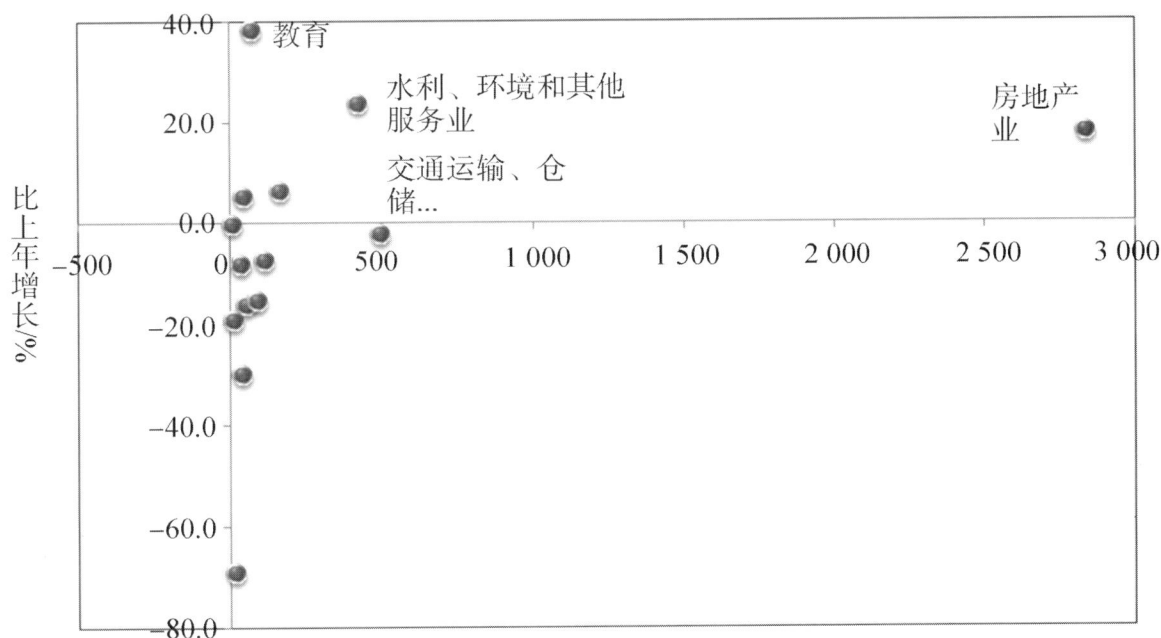

图 1-1-7　上海市 2013 年第三产业各行业投资额和增长率

表 1-1-2　近年来上海市第三产业剔除房地产后的投资额和增长情况

年　份	2008	2009	2010	2011	2012	2013
第三产业投资额/亿元	3 400.23	3 834.42	3 865.90	3 752.64	3 949.04	4 387.32
第三产业比重/%	70.40	72.70	72.70	74.10	75.20	77.70
房地产业投资额/亿元	1 515.40	1 626.26	2 119.46	2 273.86	2 404.53	2 835.09
第三产业剔除房地产后投资额/亿元	1 884.83	2 208.16	1 746.44	1 478.78	1 544.51	1 552.23
第三产业提出房地产后投资占比/%	39.00	41.90	32.80	29.20	29.40	27.50

(三) 从领域看,房地产开发投资引领全市固定资产投资增长

1. 三大领域投资两增一减

2013 年上海市城市基础设施投资 1 043.31 亿元,比上年增长 0.5%;工业投资 1 236.35 亿元,比上年下降 4.4%;房地产开发投资 2 819.59 亿元,比上年增长 18.4%。从投资占比看,城市基础设施占全社会固定资产投资的 18.5%,比上年下降 1.3 个百分点;工业投资比重为 21.9%,比上年下降 2.7 个百分点;房地产开发投资比重为 49.9%,比上年上升 4.6 个百分点。

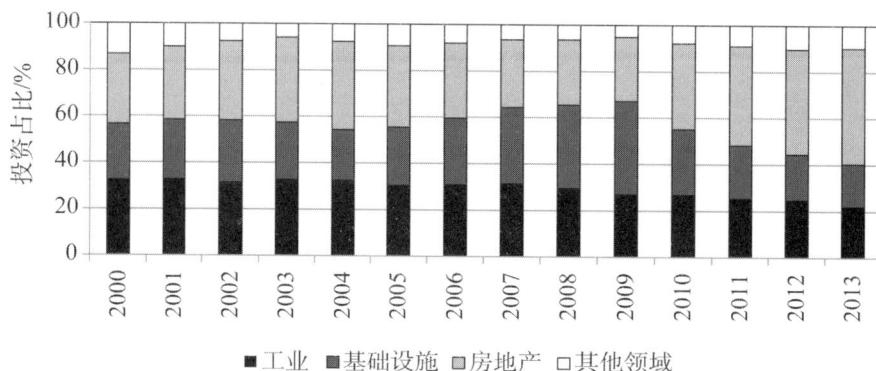

图 1-1-8　近年来上海市三大领域固定资产投资占比情况

2. 城市基础设施投资实现恢复性增长,市政建设投资增长显著

"十一五"时期,由于筹办世博会而带动的大规模的土地开发、场馆建设、市政交通配套建设及市容卫生改善,拉动了上海市基础设施投资快速增长并日趋完善;2010 年以来,城市基础设施投资急剧下降,至 2012 年已低于 2006 年的水平。2013 年,上海城市基础设施投资规模结束连续三年的负增长,投资额达到 1 043.31 亿元,比上年增长 0.5%,但仍未恢复到 2009 年以前的水平。从相对的投资占比来看,由于城市基础设施投资增长速度低于全社会固定资产投资的增长速度,导致其占全社会固定资产投资的的比重依然逐年下滑,2013 年投资占比为 18.5%,比上年下降 1.3 个百分点。

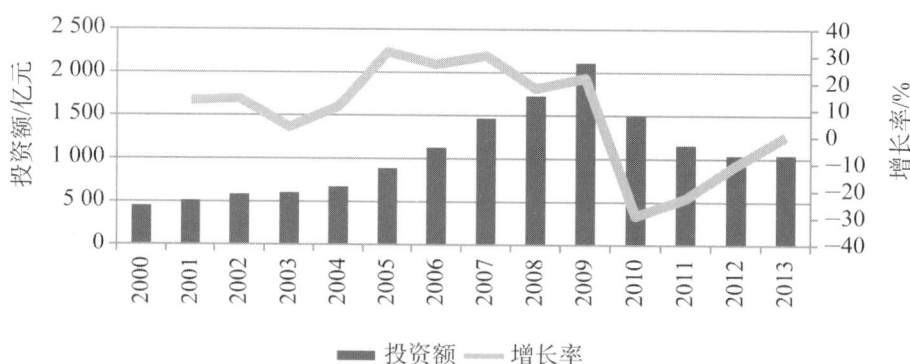

图 1-1-9　近年来上海市城市基础设施投资规模及增速

在城市基础设施投资中,以市政建设投资增长最为显著,2013 年完成投资 334.97 亿元,比上年增长 11.0%,占城市基础设施投资总额的 32.1%,比上年提高 3.1 个百分点;其次为电力建设,2013 年完成投资 110.35 亿元,比上年增长 0.3%,占城市基础设施投资总额的 10.6%,与上年持平。其余的交通运输、邮电通讯、公用事业领域分别实现投资额 458.70 亿元、91.72 亿元和 47.57 亿元,分别比上年下降 3.1%、5.4% 和 15.7%,占城市基础设施投资的比重分别比上年下降 1.6、0.5 和 0.9 个百分点。

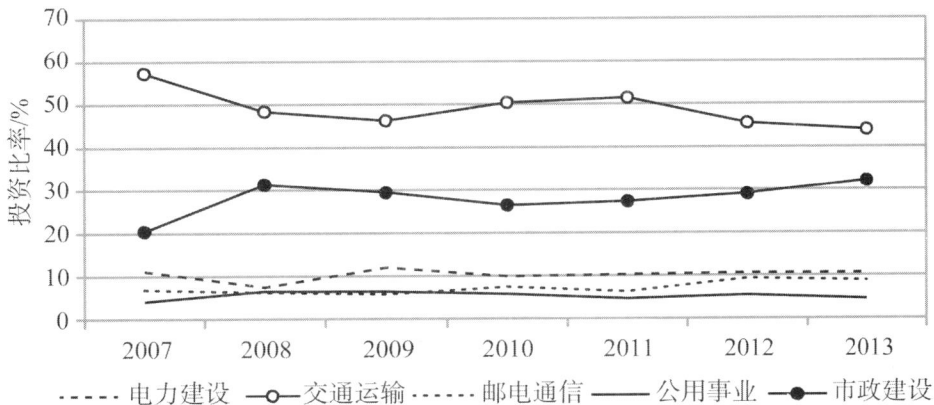

图 1-1-10　近年来上海市城市基础设施各领域投资比重变化

3. 工业投资持续乏力, 各重点行业发展态势不一

近年来, 由于错综复杂的国内外形势和上海经济自身的转型压力, 上海市工业投资严重乏力, 储备项目不足, 工业投资绝对规模增幅趋零, 甚至个别年份出现负增长; 工业投资占全社会固定资产投资的比重自 2009 年以来连续下滑。2013 年工业投资 1 236.35 亿元, 比上年下降 4.4%; 占全社会固定资产投资的比重为 21.9%, 比上年下降 2.7 个百分点。由于产业转型升级和发展服务经济的政策导向, 工业投资呈现以技术改造投资为主的特征, 2013 年技术改造投资达 705 亿元, 占工业投资总额的 57.0%。

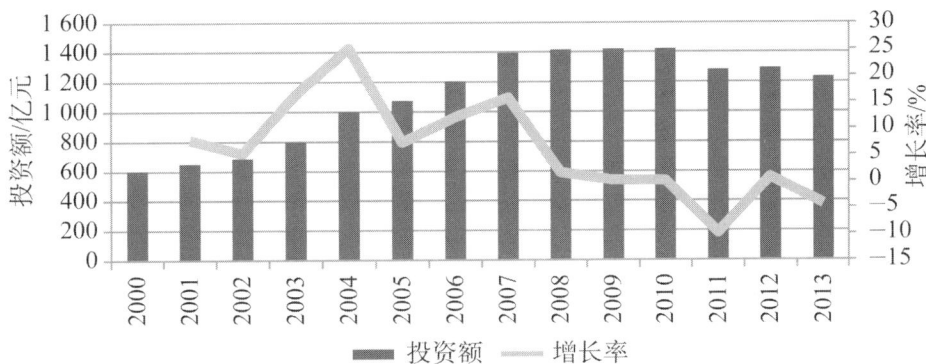

图 1-1-11　近年来上海市工业领域投资规模及增速

在工业投资中, 六大重点行业共完成投资 741.73 亿元, 比上年增长 0.2%, 占工业投资的比重为 60.0%, 比上年提高 2.7 个百分点。由于六个重点行业各自的发展要素、市场前景、供求关系存在差异, 呈现出不同的发展态势。生物医药制造业延续了高速增长走势, 完成投资 74.82 亿元, 比上年增长 14.5%; 汽车制造业完成投资 143.85 亿元, 增长 7.3%; 电子信息产品制造业完成投资 208.88 亿元, 增长 0.8%; 石油化工及精细化工制造业完成投资 94.56 亿元, 比上年下降 0.9%; 成套设备制造业完成投资 168.39 亿元, 下降 4.8%; 精品钢材制造业完成投资 53.97 亿元, 下降 13.2%。

表 1-1-3　近年来上海市六大重点发展工业行业投资情况

投资额/亿元	年　份					2013 年比上年增长率/%
	2009	2010	2011	2012	2013	
固定资产投资总额	5 273.33	5 317.67	5 067.09	5 254.38	5 647.79	7.50
工业固定资产投资	1 420.46	1 422.08	1 282.91	1 292.61	1 236.35	−4.40
六大重点发展工业行业投资	626.37	730.68	698.79	740.35	741.73	0.20
其中:电子信息产品制造业	91.55	219.65	244.74	207.29	208.88	0.80
汽车制造业	98.58	109.68	105.79	134.02	143.85	7.30
石油化工及精细化工制造业	103.42	85.03	73.02	95.46	94.56	−0.90
精品钢材制造业	160.76	113.79	62.52	62.16	53.97	−13.20
成套设备制造业	141.86	176.31	166.32	176.86	168.39	−4.80
生物医药制造业	30.21	26.21	46.41	65.33	74.82	14.50

4. 房地产开发投资较快发展,非住宅房地产投资表现突出

2013 年国家及各地方政府继续加强对房地产调控力度,遏制部分城市房价过快上涨趋势;上海市由于大量城市人口导入及服务业发展催生出大量新的房地产需求,同时在以市场健康和民生改善的目标下加大对保障性住房的投入力度,房地产开发投资增长迅速。2013 年上海市房地产开发投资 2 819.59 亿元,比上年增长 18.4%,增速比上年提高 8.7 个百分点;房地产开发投资占全社会固定资产投资的比重为 49.9%,比上年提高 4.6 个百分点。

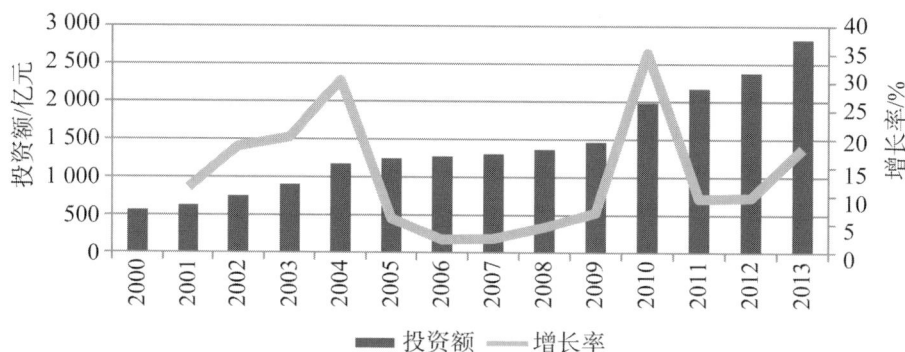

图 1-1-12　近年来上海市房地产领域投资规模及增速

上海 2013 年全年房地产开发投资额占全国房地产开发投资总额的 3.3%,在 31 个省市级自治区中排名第 14 位;房地产开发投资额同比增长 18.4%,低于全国 19.8%的平均增长幅度,在各省市及自治区中排名第 20 位。

表 1-1-4　全国各地区房地产开发投资情况

地区	投资额		比重/%	
	自年初累计/亿元	比去年同期增长/%	自年初累计	去年同期
全国	86 013.39	19.80	100.00	100.00
一、东部地区	47 971.53	18.30	55.80	56.50
北京	3 483.40	10.50	4.00	4.40
天津	1 480.82	17.50	1.70	1.80

（续表）

地区	投资额		比重/%	
	自年初累计/亿元	比去年同期增长/%	自年初累计	去年同期
河北	3 445.42	11.60	4.00	4.30
辽宁	6 450.75	18.20	7.50	7.60
上海	2 819.59	18.40	3.30	3.30
江苏	7 241.45	16.70	8.40	8.60
浙江	6 216.25	18.90	7.20	7.30
福建	3 702.97	31.10	4.30	3.90
山东	5 444.53	15.60	6.30	6.60
广东	6 489.59	21.20	7.50	7.50
海南	1 196.76	35.00	1.40	1.20
二、中部地区	19 044.80	20.80	22.10	22.00
山西	1 308.63	29.50	1.50	1.40
吉林	1 252.43	-4.40	1.50	1.80
黑龙江	1 604.83	4.50	1.90	2.10
安徽	3 946.23	25.20	4.60	4.40
江西	1 174.58	21.10	1.40	1.40
河南	3 843.76	26.60	4.50	4.20
湖北	3 286.02	29.40	3.80	3.50
湖南	2 628.32	18.90	3.10	3.10
三、西部地区	18 997.06	22.60	22.10	21.60
内蒙古	1 479.01	14.50	1.70	1.80
广西	1 614.63	3.80	1.90	2.20
重庆	3 012.78	20.10	3.50	3.50
四川	3 853.00	18.00	4.50	4.50
贵州	1 942.54	32.40	2.30	2.00
云南	2 488.33	39.60	2.90	2.50
西藏	9.68	40.90	0.00	0.00
陕西	2 240.17	22.00	2.60	2.60
甘肃	724.65	29.20	0.80	0.80
青海	247.61	30.50	0.30	0.30
宁夏	558.97	30.30	0.60	0.60
新疆	825.69	36.20	1.00	0.80

在房地产开发投资中,住宅投资 1 615.51 亿元,比上年增长 11.3%,增速比上年提高 7.5 个百分点,占房地产开发投资总额的 57.3%,比上年下降 3.7 个百分点;办公楼投资 377.18 亿元,比上年增长 43.5%,增速比上年提高 29.8 个百分点,占房地产开发投资的 13.4%,比上年上升 2.3 个百分点;商业营业用房投资 370.03 亿元,比上年增长 26.0%,增速比上年提高 1.5 个百分点,占房地产开发投资的 13.1%,比上年上升 0.8 个百分点;其他房地产投资 456.87 亿元,比上年增长 22.5%,增速与上年持平,占房地产开发投资的 16.2%,比上年提高 0.5 个百分点。非住

宅房地产投资,特别是办公楼投资,成为上海市房地产业新的增长点。

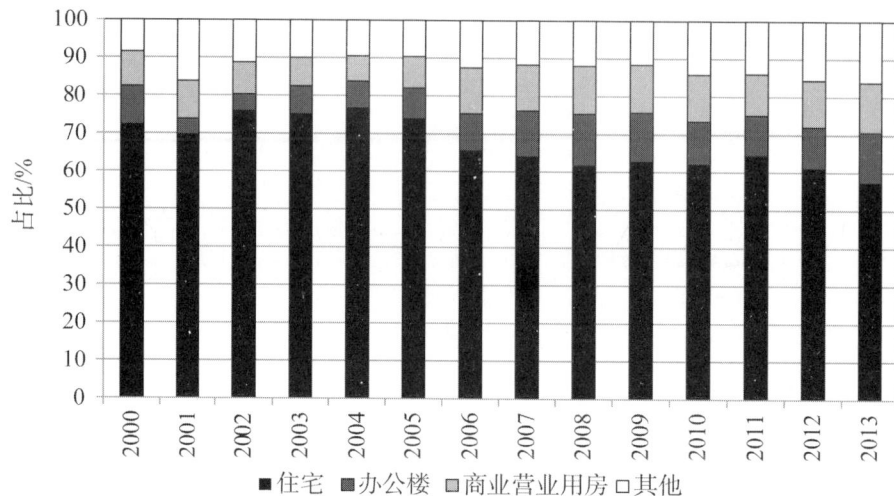

图 1-1-13　近年来上海市各类房地产投资额占比情况

从房地产供求情况看,2013 年上海市房地产呈现出供销两旺的态势。在供给方面,房屋施工面积 13 516.58 米^2,比上年增长 2.0%;房屋竣工面积 2 254.44 万米^2,比上年下降 2.2%;商品房待售面积 1 809.15 万米^2,增长 8.8%;待售一年以上商品房面积 1 034.42 万米^2,增长 20.5%。在销售方面,商品房销售面积 2 382.20 万米^2,增长 25.5%;存量房买卖登记面积 2 575.70 万米^2,增长 78.0%。

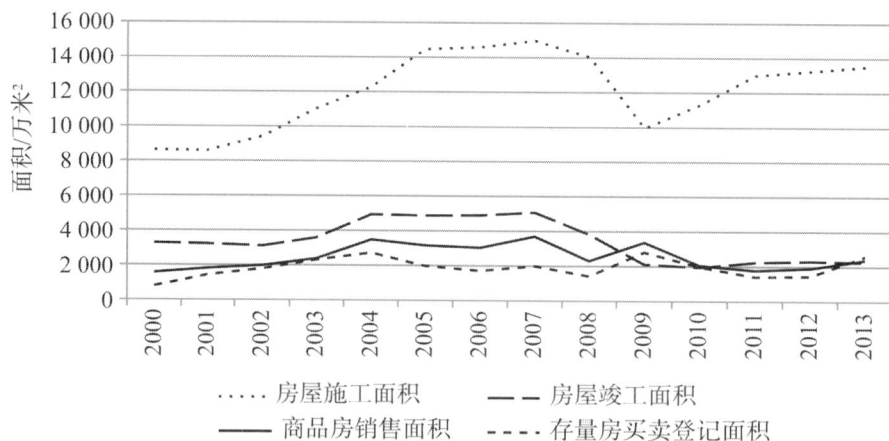

图 1-1-14　近年来上海市房地产开发和销售面积

2013 年上海市不断完善住房保障体系,全年新建筹措保障性住房和实施旧住房综合改造 11 万套,共计 785 万米^2;基本建成 10.4 万套,共计 783 万米^2,各类保障房受益面继续扩大。

(四) 从主体看,投资主体日益多元化

1. 国有经济仍是固定资产投资主力

世博会结束后,以政府为主导的大规模城市开发建设热潮逐渐消退,国有经济投资在固定资产投资中的比例不断下降;然而,由于市场化投资主体的培育无法一蹴而就,目前国有经济仍是上海市固定资产投资的主体力量。2013 年,上海市国有经济投资 1 926.89 亿元,比上年增长 3.9%,占全社会固定资产投资总额的比重为 34.1%,比上年下降 1.2 个百分点。

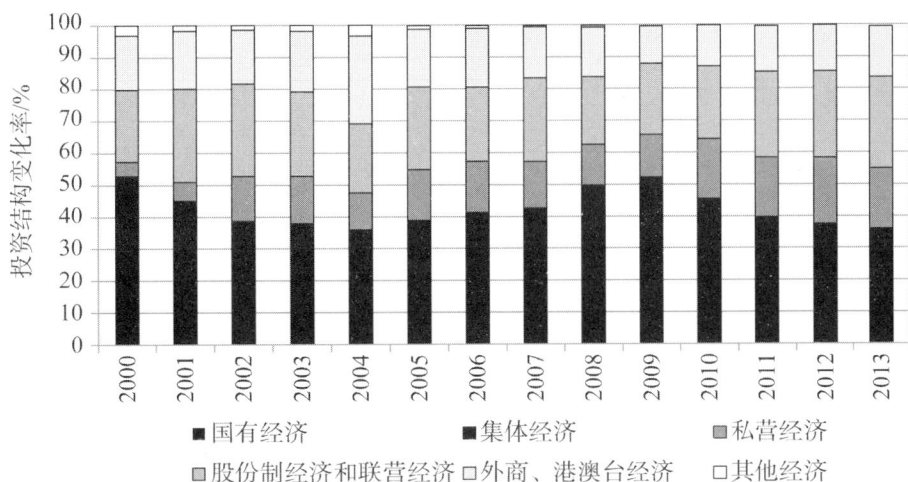

图 1-1-15　近年来上海市各种经济类型固定资产投资结构变化

2. 非国有经济投资占比增加显著

随着国家及上海市投资体制改革的推进、对民营经济支持力度的加大、国内外经济的缓慢复苏,上海市非国有经济固定资产投资逐年增长。2013 年上海市非国有经济投资 3 720.90 亿元,比上年增长 9.5%,增速比上年提高 3 个百分点;非国有经济占全社会固定资产投资的比重由 64.7% 提高至 65.9%。从具体经济类型看,集体经济投资 102.81 亿元,比上年下降 8.5%,占全社会固定资产投资总额的比重为 1.8%,比上年下降 0.3 个百分点;私营经济投资 1 070.65 亿元,比上年下降 1.8%,所占比重为 19.0%,比上年下降 1.8 个百分点;股份制经济和联营经济投资 1 615.32 亿元,比上年增长 13.2%,所占比重为 28.6%,比上年提高 1.4 个百分点;外商及港澳台经济投资 894.46 亿元,比上年增长 18.0%,所占比重为 15.8%,比上年提高 1.4 个百分点;其他经济投资 37.66 亿元,占全社会固定资产投资的比重为 0.7%。

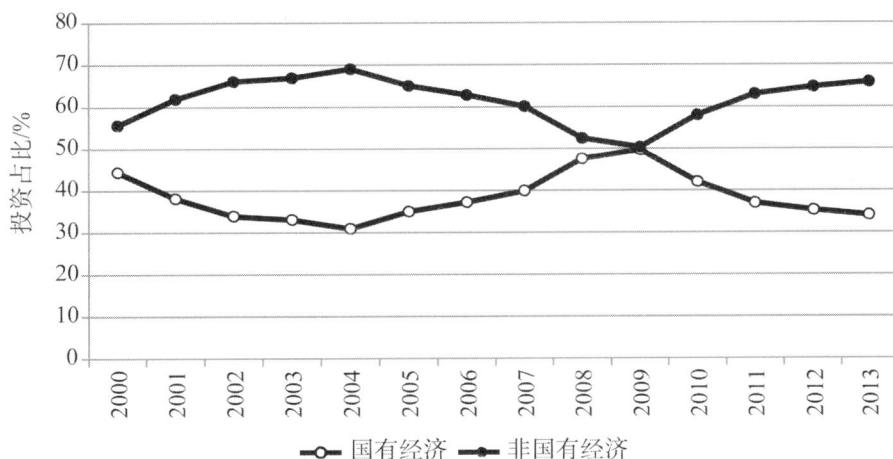

图 1-1-16　近年来上海市非国有经济投资占比情况

3. 自筹资金是主要资金来源渠道

得益于扎实的经济基础和优良的投资环境,2013 年上海市固定资产投资的资金供给仍然十分充裕,当年实际到位资金 7 828.22 亿元,比上年增长 10.0%,是全年固定资产投资总额的 138.6%,比上年提高 3.2 个百分点。其中,国家预算资金 368.25 亿元,比上年下降 9.3%；国内贷款 1 782.39 亿元，比上年增长 14.7%；利用外资 172.52 亿元，比上年增长 4.0%；自筹资金 3 284.39 亿元，比上年下降 1.9%；其他资金 2 220.67 亿元，比上年增长 35.5%。从结构来看，自筹资金是主要资金来源渠道，2013 年自筹资金占本年资金来源总额的比重为 42.0%。

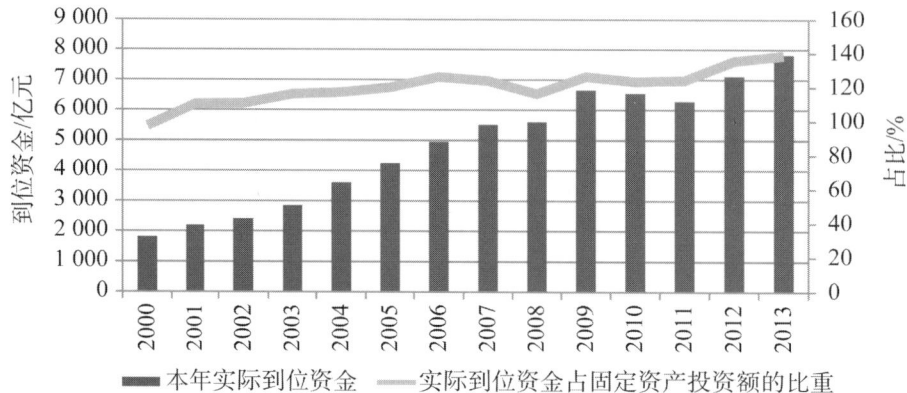

图 1-1-17　近年来上海市固定资产投资到位资金情况

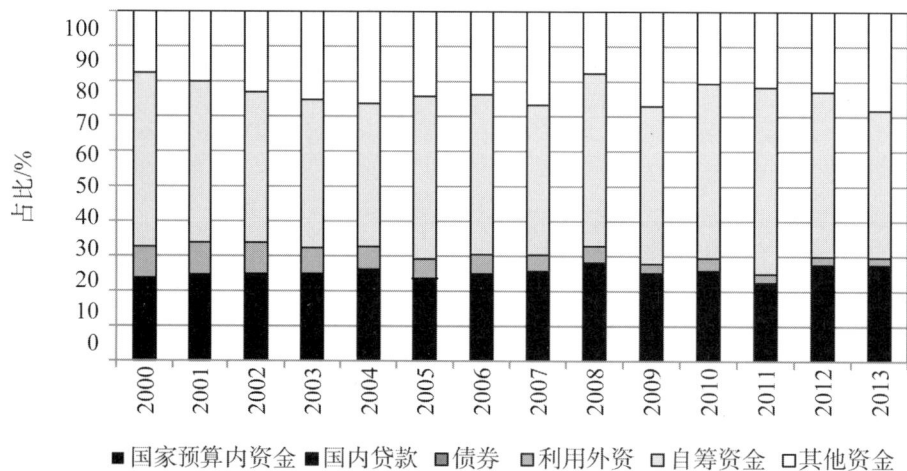

图 1-1-18　近年来上海市固定资产投资各类资金来源占比情况

（五）从区域看，投资格局进一步向重点地区倾斜

1. 郊区投资力度不断加大

随着中心城区人口的不断疏散以及外来人口的不断涌入，上海郊区成为巨大的人口导入区，带来了郊区开发建设、产业就业的巨大需求，也对郊区的基础设施和公共服务提出更高要求。近年来，上海郊区发展进入快车道，嘉定、青浦、松江、金山、奉贤南桥、浦东南汇、崇明城桥等七大郊区新城不断加大固定资产投资力度，引领郊区发展，投资规模已经超越中心城区，"城区低、郊区高"的投资格局不断强化。然而由于郊区发展起步晚、起点低，且地域面积广，郊区在投资密度上还是普遍低于中心城区，城乡间固定资产投资的不均衡情况依然存在。近年来随着郊区投资力度的不断加大，城乡间投资密度的差距开始缩小。

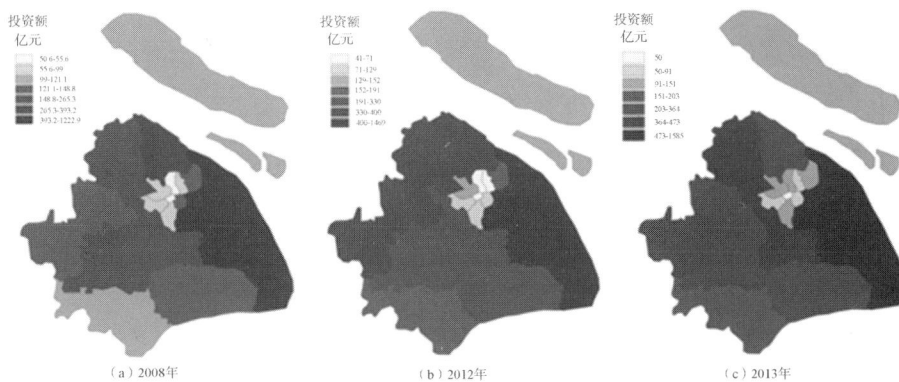

图 1-1-19　上海市不同年份各区县固定资产投资情况

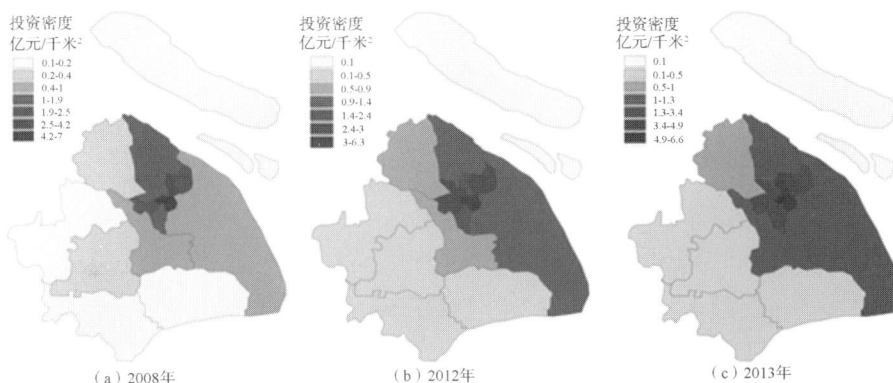

图 1-1-20　上海市不同年份各区县固定资产投资密度

2. 重点开发区域成为重要投资载体

近年来临港地区、世博会地区、上海虹桥商务区、上海国际旅游度假区、浦东前滩地区、崇明生态岛等重点开发区域成为上海市固定资产投资的重要载体。

临港地区总面积 315 千米^2，规划为重装备区、物流园区、主产业区、综合区、奉贤园区、南汇新城六个功能板块，规划人口 80 万。自 2003 年启动建设以来，临港地区已累计完成固定资产投资 1 160 亿元，引进产业项目二百多个，工业总产值保持 45% 的年均增幅，税收收入保持 30% 以上的年均增幅，形成了新能源装备、汽车整车及零部件、船舶关键件、海洋工程、工程机械、民用航空和战略性新兴产业的"6+1"产业格局；建设了 80 万米^2 商办楼宇和 130 万米^2 各类商品住房，引进了中国航海博物馆、五星级滴水湖皇冠假日酒店、农工商购物中心等一批功能性项目，上海中学东校、上海海事大学、上海海洋大学、上海电机学院、市第六人民医院东院等社会事业项目。

世博会地区是中国 2010 年上海世界博览会的会址，占地 5.28 千米^2，规划集中发展文化博览创意、总部商务、高端会展、旅游休闲和生态人居，建设成为市级标志性公共活动中心，形成"五区一带"（会展商务区、文化博览区、城市最佳实践区、国际社区、后滩拓展区、沿江生态休闲景观带）的布局结构。目前世博后续开发利用大力推进，上海世博园区世博轴改造项目、B 片区央企总部和世博酒店、A 片区绿谷项目围护工程、C 片区儿童艺术剧场改建项目和巧克力主题乐园、城市最佳实践区 B2 展馆改建工程等项目陆续开工，部分后续利用项目陆续开放使用。

上海虹桥商务区主功能区 26.3 千米^2,核心区 4.7 千米^2,规划打造"贸易服务便利化改革的新高地、集聚高端贸易机构和组织的新中心、宜人宜商宜居的新社区、带动上海西部经济发展的新引擎、长三角通向亚太地区的新门户"。虹桥商务区于 2007 年启动项目建设,主要包括土地储备项目、基础设施建设项目、功能性项目,截至 2013 年底累计批复项目总投资约 450 亿元,其中基础设施项目占 80% 以上。已实施的重大功能性项目包括中国博览会会展综合体项目、上海新虹桥国际医学中心项目、上海市国际技术进出口促进中心项目、中国(上海)网上国际贸易中心平台项目等。目前虹桥商务区综合交通枢纽基本形成,基础设施逐步完善,商贸服务平台快速推进,对周边区域土地溢价和产业集聚的带动作用明显。

上海国际旅游度假区规划面积暂定约 20.6 平方千米,是上海打造世界著名旅游城市的重点地区和重大项目之一,空间结构为"一核五片"(核心区、南一片区"综合商业娱乐区"、北片区"高端总部休闲区"、西片区"人文生态旅游区"、东片区"远期综合开发区"、南二片区"远期低密度开发区")。其中核心区为上海迪士尼度假区,规划占地 7 平方千米,将打造成为集主题公园、餐饮购物、酒店为一体的旅游娱乐功能核心;在核心区中,迪士尼公司与申迪集团共同投资的上海迪士尼乐园占地面积 1.16 平方千米,总投资约 245 亿元人民币,将包括数个各具特色的主题游乐区,建设一座集娱乐、餐饮、演艺等功能于一体的迪士尼城堡和一个花园。按计划,迪士尼乐园及配套设施将于 2014 年完工,2015 年开园。

浦东前滩地区总面积 2.83 千米^2,规划建设成为体育传媒文化集聚区、非金融类跨国总部与"跳变型"企业总部集聚区、现代化国际社区,打造成陆家嘴金融城的拓展区域之一,与世博园区地块一起成为世界级的中央活动区。目前已基本完成土地储备,2012 年底,包括市政道路及管线、小黄浦河道改造工程、惠灵顿国际学校、滨江绿化景观工程(友城公园)等在内的基础设施建设项目全面开工,包括前滩中心、媒体城、企业天地、低密度商业中心、美国中心等在内的功能性项目陆续推进,东方体育中心投入使用。

崇明岛全岛面积 1200 多平方千米,上海市人民政府为推进崇明现代化生态岛建设,制订了《崇明生态岛建设纲要》,围绕资源、环境、产业、基础设施和公共服务等行动领域,提出分阶段目标;《崇明生态岛建设三年行动计划(2010—2012 年)》进一步将行动计划分解落实到 16 个行动子项、95 个建设项目;2011 年,上实东滩及光明集团也加入到崇明生态岛的建设中,确立了湿地绿地、土地资源、废弃物综合利用、生态农业、基础设施和公共服务等方面保护与建设的 10 大重点项目;目前《崇明生态岛建设第二轮(2013—2015 年)行动计划》正在有序推进,共计划项目 114 个,截至 2013 年底,已完成项目 3 个,已开工项目 47 个,已启动、未开工项目 43 个,未启动项目 21 个。

3. 中国(上海)自由贸易试验区成为新的投资热点

建立中国(上海)自由贸易试验区,是党中央、国务院作出的重大决策,是深入贯彻党的十八大精神,在新形势下推进改革开放的重大举措。2013 年 9 月 29 日,自贸试验区正式挂牌成立,截至 2014 年 3 月底,自贸试验区已挂牌运行满 6 个月。

随着工作的不断推进,自贸试验区制度框架初步形成。在投资方面,逐步扩大服务业开放,目前已基本落实 6 大领域 18 小类 23 项服务业开放措施,对外资企业的吸引力逐渐增加,有效扩大了投资开放度;探索实施准入前国民待遇加负面清单管理模式,将负面清单之外的外商投资项目核准和企业合同章程审批改为备案管理,初步形成了更加开放和透明的外资准入管理体系;改革境外投资管理方式,优化境外投资管理流程,对境外投资开办企业实行备案制为主的管理,使企业"走出去"更加便利快捷;实施商事登记制度改革,统一企业营业执照样式,在提高效率的同时实现企业法律地位平等,为今后全程信息化奠定基础;建立"一表申报、一口受理、并联办事"的服务模式,实现由"多个部门多头受理"向"一个部门、一个窗口集中受理"模式的转变,同时推行部分事务网上办理,实现线上线下结合优化流程。在监管方面,自贸试验区形成了涵盖 98 项指标的风险监控指标体系,并建立了常态化风险研判、监测预警、总结评估机制,同时搭建中央监控平台,对各业务现场进行监控,建立从数据采集、风险判别、信息比对,到执行处置、动态反馈的闭合管理回路;通过安全审查、反垄断审查、社会信用体系、企业年报公示制度和经营异常名录制度、综合执法、社会力量参与市场监督制度探索,推进自贸试验区综合监管制度创新,逐步由事先审批转为注重事中、事后监管;建设信息共享和服务平台,平台数据库已涵盖8 899 家企业 11 项基本情况,目前平台已实现与工商、质监、税务等部门的并联办事,以及投资领域准入信息的跨部门共享,并已完成与人行上海总部首批数据交换。

目前,自贸试验区正在形成一系列颇具国际水准、提升营商便利的新制度,试验成果溢出效应开始显现,成为上海新的投资热点。挂牌运行半年来,自贸试验区累计新设企业 7 772 家,其中有 23 家世界 500 强企业入驻。按企业性质分,新设外资企业 661 家,注册资本合计 33.3 亿美元,新设内资企业 7 111 家,注册资本合计 1 503 亿元。

(六) 从效益看,固定资产投资效益优于上年

从固定资产投资效果来看,2008 年以来,上海市固定资产投资效果系数[①]整体呈现"W"型波动,2009 年下降到 0.19,2010 年、2011 年攀升到 0.40,2012 年再次下降到 0.17,2013 年再次上升到 0.25,这主要是由于固定资产投资的投入和产出存在时滞性,以及不同年份的固定资产投资结构存在差异性引起的。分产业类型来看,第二产业由于不同年份不同行业类型项目的投资构成存在很大差异,因此投资效果系数波动较大,最高为 2010 年的 0.85,最低为 2009 年的-0.06,2013 年为 0.14;第三产业的投资效果系数相对稳定,2013 年为 0.28。总体而言,上海市2013 年的固定资产投资效果系数优于 2012 年。从固定资产投资的交付使用来看,近年来由于投资项目管理体制改革的推进,部分竣工项目直接投入使用,未计入新增固定资产统计,使得固定资产投资交付使用率逐年下降,2013 年,这一指标首次跌破 50%,为 47.2%,比上年下降 8.2个百分点。

表 1-1-5 上海市近年来固定资产投资对经济增长的贡献率

年 份	2008	2009	2010	2011	2012	2013
固定资产投资额/亿元	4 829.46	5 273.33	5 317.67	5 067.09	5 254.38	5 647.79
固定资产投资效果系数	0.33	0.19	0.40	0.40	0.17	0.25
第二产业						
固定资产投资额/亿元	1 420.82	1 427.50	1 435.37	1 295.83	1 294.14	1 242.02
固定资产投资效果系数	0.36	-0.06	0.85	0.57	-0.04	0.14

① 固定资产投资效果系数＝报告期新增国内生产总值/同期固定资产投资额×100%

（续表）

年　份	2008	2009	2010	2011	2012	2013
第三产业						
固定资产投资额/亿元	3 400.24	3 834.42	3 865.90	3 752.64	3 949.04	4 387.32
固定资产投资效果系数	0.31	0.28	0.23	0.34	0.24	0.28

表 1-1-6　上海市近年来固定资产投资交付使用率

年　份	2008	2009	2010	2011	2012	2013
投资完成额/亿元	4 829.46	5 273.33	5 317.67	5 067.09	5 254.38	5 647.79
新增固定资产/亿元	2 773.14	2 686.43	3 179.40	2 816.59	2 911.34	2 664.81
交付使用率/%	57.40	50.90	59.80	55.60	55.40	47.20

四、2013 年上海固定资产投资主要特点

（一）投资体制改革加快推进

2013 年国家加大投资改革力度,分批取消和下放了 416 项行政审批等事项,修订政府核准的投资项目目录,推动工商登记制度改革,全面放开贷款利率管制。上海市深入贯彻党的十八大及十八届三中全会精神,以自由贸易试验区建设、国资国企改革为契机,推动投资贸易便利化,促进投资领域向外资、民间资本开放。投资体制改革的加快推进,极大改善了投资环境,鼓励了投资者信心。

（二）第三产业投资一枝独秀

目前上海市农业投资虽然高速增长,但由于投资基数小,占固定资产投资总额的比例十分有限;工业则受到国内外经济形势复杂多变、新兴产业培育缓慢、商务成本攀高、节能减排、部分产业产能过剩、部分企业加快全国布局等因素的影响,投资增长减速;随着产业结构调整和服务经济培育的推进,第三产业在上海固定资产投资中的地位日益突出。2013 年,上海市投资重心进一步向第三产业投资倾斜,第三产业占全社会固定资产投资比重达到 77.7%。

（三）对房地产开发投资高度依赖

2013 年上海市城市基础设施投资实现了恢复性增长,然而仍未恢复到 2009 年以前的水平,投资额略有增长,但占全社会固定资产投资的比例却仍然下滑;工业投资严重乏力,呈现负增长;社会事业、生态环境等其他领域的投资则由于十分依赖财政支出,且经济效益不明显,近年来难有快速增长。房地产开发投资成为引领上海固定资产投资的主要力量,2013 年房地产开发投资占全社会固定资产投资的 49.9%,若剔除房地产因素,全社会固定资产投资将呈现负增长。

（四）民间投资日益活跃

目前上海市国有经济投资占全社会固定资产投资的比例逐年下降,投资主体日益多元化;由于国际经济形势复苏缓慢,世界经济格局不断变化,外商及港澳台投资增长的不确定性增大。随着市场经济体制的健全、投资体制改革的深化,上海市民间投资迎来战略机遇期。2013 年上海市民间投资 1 979.18 亿元,占全社会固定资产投资总额的 35.0%。

（五）投资空间格局向重点地区倾斜

近年来,由于土地资源稀缺性的客观制约以及经济转型发展对投资结构优化的迫切需求,上海市固定资产投资更注重内涵式发展,投资项目向重点地区集聚现象进一步显现。嘉定、青浦、松江、金山、奉贤南桥、浦东南汇、崇明城桥等七大郊区新城,临港地区、世博会地区、上海虹桥商务区、上海国际旅游度假区、浦东前滩地区、崇明生态岛等重点开发区域,以及自贸试验区成为 2013 年上海固定资产投资的重点地区。

（六）重大项目带动效应明显

2013 年上海市共调整安排重大工程建设项目 92 项,完成投资约 1 200 亿元,占全社会固定资产投资的比重为 21.2%。上汽集团技术中心自主品牌扩建项目二期工程、大芦线航道整治二期工程、青草沙风电项目、浦东机场 T1 航站楼改造工程、上海科技大学、虹桥商务区会展中心外围配套道路等 18 个项目全面启动;地铁 11 号线北段二期、天然气主干网二期、光明乳业日产 2 000 吨乳制品中央自动控制技术生产线技术改造项目、皖电东送淮南至上海特高压交流输电示范工程、上海交响乐团迁建、老港固体废弃物综合利用基地等 21 个项目已建成投入使用;黄浦江两岸、虹桥商务区、世博园区、国际旅游度假区、前滩地区等重点区域项目全面展开。在重大项目建设的推动下,为上海市创新驱动、转型发展提供了有力支撑,为生态城市建设提供了环保和节能减排支持,为城市运行安全提供了基础设施保障,为民生改善提供了条件,为城乡一体化发展提供了基础,同时有力地带动和支撑了全社会固定资产投资的发展。

第二章 2014 年上海固定资产投资趋势分析

一、2014 年固定资产投资宏观形势分析

（一）影响固定资产投资规模的有利因素

1. 改革红利全面释放，有利于激发投资活力

十八大以来，我国加快投资体制改革步伐。一是国务院连续出台多项政策文件，旨在扩大投资准入范围，引导社会资本进入金融、能源、基础设施等领域。2013 年 5 月，国务院批转国家发展改革委《关于 2013 年深化经济体制改革重点工作意见的通知》（国发〔2013〕20 号）提出要"抓紧清理有碍公平竞争的政策法规，推动民间资本有效进入金融、能源、铁路、电信等领域"；8 月，国务院发布《关于改革铁路投融资体制加快推进铁路建设的意见》（国发〔2013〕33 号）提出要"向地方政府和社会资本放开城际铁路、市域（郊）铁路、资源开发性铁路和支线铁路的所有权、经营权，鼓励社会资本投资建设铁路"；9 月，《国务院关于加强城市基础设施建设的意见》（国发〔2013〕36 号）提出要"通过特许经营、投资补助、政府购买服务等多种形式，吸引包括民间资本在内的社会资金，参与投资、建设和运营有合理回报或一定投资回收能力的可经营性城市基础设施项目，在市场准入和扶持政策方面对各类投资主体同等对待"。二是通过取消和下放投资审批事项，深化投资审批体制改革。2013 年 5 月，国务院批转国家发展改革委《关于 2013 年深化经济体制改革重点工作意见的通知》（国发〔2013〕20 号）提出要"下决心减少审批事项。抓紧清理、分批取消和下放投资项目审批、生产经营活动和资质资格许可等事项，对确需审批、核准、备案的项目，要简化程序、限时办结相关手续"；国务院 5 月出台的《国务院关于取消和下放一批行政审批项目等事项的决定》（国发〔2013〕19 号）和 7 月出台的《国务院关于取消和下放 50 项行政审批项目等事项的决定》（国发〔2013〕27 号）以简政放权为主线，取消、下放多项投资审批事项。2013 年 11 月，党的十八届三中全会召开，会议提出了使市场在资源配置中起决定性作用的科学论断，对国家未来全面深化改革的路线做出了顶层设计，改革的范围之广、力度之大，都是空前的；年底，中央全面深化改革领导小组成立，统筹推进国家经济、政治、文化、社会、生态文明建设等领域的改革。2014 年是全面贯彻落实党的十八届三中全会精神的"改革元年"，在行政审批、财税、金融、价格、城镇化等诸多领域改革步伐明显加快。

上海市在新一轮改革征程中走在全国前列，未来两年将进一步加大改革力度，发挥改革红利，推动上海经济社会的转型升级。2014 年初，《关于本市进一步深化投资体制改革的实施意见》（沪府发〔2014〕15 号）出台，以更好地发挥市场在资源配置中的决定性作用为目标，通过系统性、全流程改革企业投资管理进一步落实企业投资自主权，通过合理界定政府投资范围规范政府投资行为，通过创新投资管理方式提高效率加强监管。自由贸易试验区的改革加速推进，

制订 2014 版负面清单、通过技术手段进一步简政放权、建设面向国际的金融要素市场、推出自由贸易账户等相关工作正在协调推进中,以此为契机服务业领域对外开放进程加快推进。国资国企改革进入加速落实,2013 年底《关于进一步深化上海国资改革促进企业发展的意见》出台,2014 年一季度,一些企业集团的改革工作方案陆续完成,国资国企改革将进入方案落实期。这一系列的改革红利,将有利于优化投资环境,激发全社会投资活力。

2. 固定资产投资进入"民资时代",民间投资日益活跃

新中国成立以来,上海市固定资产投资经历了从国有经济一枝独秀到多元主体共同发展的演变。从建国到 1989 年是固定资产投资的"国资时代",这一时期国有经济一直是上海市固定资产投资的主体,占全社会固定资产投资的 80% 以上。1990—2007 年是上海固定资产投资的"外资时代",这一时期国有经济投资份额开始下降,1990 年中共中央宣布开发开放浦东后,上海从全国改革开放"后卫"走向"前沿",外商及港澳台经济迎来战略机遇期,带动了上海经济的腾飞。1993 年,上海市正式将外商及港澳台经济投资列入固定资产投资的统计项目。2008 年以来上海市逐步进入以民间投资为主导的"民资时代",这一时期受国际经济危机影响,上海外商及港澳台经济投资的高潮已经过去,民间投资占全社会固定资产投资的比例逐步上升。2013 年,上海市正式将民间投资列入固定资产投资的统计项目,当年实现民间投资 1 979.18 亿元,占全社会固定资产投资的 35.0%。目前扶持小微企业的系列减税政策继续有效;营业税改征增值税的进一步推进将使原征收营业税的民间企业享受机器设备和物料消耗两者购进增值税税额抵扣;国家、上海市鼓励和引导民间投资健康发展的政策以及推进投资体制改革的措施深入实施,将进一步打破"玻璃门"和"弹簧门",扩大民间投资领域。2014 年民营经济和中小企业的企业负担将进一步减轻,投资环境将进一步优化,有助于民间投资热情。

3. 货币供应量相对宽裕,资本市场改革加快推进

近年来,国家货币信用总量扩张速度很快,但资金未能有效流入实体经济,资本市场面临民间资本多而投资难、中小企业多而融资难的"两多""两难"问题,民间资金与实体经济之间,并没有找到合法的通道。2013 年以来,互联网金融的崛起推动了金融领域的深刻变革,2013 年底,国务院办公厅下发《关于进一步加强资本市场中小投资者合法权益保护工作的意见》;2014 年 5 月,国务院出台《关于进一步促进资本市场健康发展的若干意见》,提出要紧紧围绕促进实体经济发展,从发展多层次股票市场、规范发展债券市场、培育私募市场、推进期货市场建设、提高证券期货服务业竞争力、扩大资本市场开放、防范和化解金融风险、营造资本市场良好发展环境,更好发挥资本市场优化资源配置的作用。上海市有良好的资本市场发展基础,货币供应量宽裕,货币信贷运行平稳。2013 年末,上海市中外资金融机构本外币存款余额 69 256.32 亿元,比上年增长 9%,比年初增加 5 474.25 亿元;中外资金融机构本外币贷款余额 44 357.88 亿元,增长 8.2%,比年初增加 3 297.46 亿元,其中短期贷款余额 13 673.51 亿元,比年初增加 580.99 亿元,中长期贷款余额 25 901.85 亿元,比年初增加 2 320.45 亿元,良好的发展基础为资本市场改革创新提供了土壤。未来两年,在金融领域,互联网科技和制度改革被给予厚望,有望成为固定资产投资增长的有力支撑。

4. 新型城镇化实施推进,带来投资发展和建设改造需求

近年来国家城镇化率每年提高一个百分点左右,2013 年达到 53.7%,按照城镇化一般发展

规律,国家在未来一段时间内还将处于城镇化快速发展阶段,城镇化是国家未来经济增长最大的动力所在。2014 年 3 月,中共中央、国务院印发《国家新型城镇化规划(2014—2020 年)》,规划提出要紧紧围绕全面提高城镇化质量,加快转变城镇化发展方式,以人的城镇化为核心,有序推进农业转移人口市民化;以城市群为主体形态,推动大中小城市和小城镇协调发展;以综合承载能力为支撑,提升城市可持续发展水平;以体制机制创新为保障,通过改革释放城镇化发展潜力,走以人为本、四化同步、优化布局、生态文明、文化传承的中国特色新型城镇化道路,并提出到 2020 年常住人口城镇化率将达到 60%左右的目标。新型城镇化将带动基础设施、房地产、文化娱乐、智慧城市、生态环保等领域的投资发展。上海市作为特大型城市,2013 年常住人口已达 2 415.15 万人,城镇化率已达 89%以上,面临着城市旧城改造任务繁重、交通拥堵问题严重、公共安全事件频发、市政配套能力不足、环境污染加剧、公共服务供给能力不足、城乡结合部人居环境较差、城市文化特色流失等问题,这些问题都需要投资建设、改革创新加以解决。今明两年,新型城镇化战略将逐步贯彻落实,成为上海市经济发展和固定资产投资新的增长点。

5. 服务经济方兴未艾,新的投资热点不断涌现

近年来,上海市紧紧围绕建设"四个中心"和社会主义现代化国际大都市的目标,坚持创新驱动、转型发展,推动制造经济向服务经济转型。《上海市国民经济和社会发展第十二个五年规划纲要》提出要坚持城市功能提升、市场需求引领和新技术应用带动,加快发展生产性服务业和生活性服务业,不断拓展新领域,发展新业态,培育新热点,推进品牌化、网络化经营,增强辐射力和国际竞争力;并明确了要大力发展金融、航运物流、现代商贸、信息服务、文化创意、旅游会展等重点服务业,积极培育专业服务、高技术服务、医疗保健、教育培训、家庭服务等新兴服务业,促进房地产业持续健康发展,促进服务业与制造业的深度融合,推动服务业与现代农业的有机结合。由于扎实的发展基础,优越的发展条件,上海市服务业得到长足发展,特别是养老、医疗、金融、商务、教育等服务业的投资空间更为充足。十八届三中全会以来,国家也加大了服务业领域的改革创新,国家及上海市均着力引导服务业的快速发展。一方面,陆续出台政策鼓励民间资本进入服务业,如鼓励民间资本进入养老服务业、鼓励发起设立自担风险的民营银行等;另一方面,正在积极推动服务业对外开放,吸引外资极大对服务业的投资。未来两年,服务业发展的政策环境将优于以往任何时期,新的投资热点也会不断涌现。

6. 城市倡导绿色发展,节能环保投资需求旺盛

近年来,绿色发展的理念加速落实,在这个进程中,城市成为节能减排的主要阵地。对照上海城市地位和发展转型的现实需求以及世博后市民对环境质量改善的更高期望,上海市节能环保工作还存在较大差距。一是资源环境约束仍较明显,人口和经济快速增长、能源结构以煤为主、产业结构偏重导致资源消耗和污染排放仍处于高位,由工业布局分散导致的污染矛盾仍较突出;二是传统污染问题与新环境污染问题并存,特别是灰霾、酸雨、臭氧、水体富营养化、污泥、垃圾渗滤液、恶臭等复合型、区域型、二次型环境污染逐渐凸显,城乡环境差异突出,农业面源污染仍较重;三是环境基础设施、风险防范能力和环境管理水平有待进一步提升,饮用水、重金属、危险化学品等环境风险备受关注。根据《上海市 2012—2014 年环境保护和建设三年行动计划》,目前是突破资源环境对城市持续发展的约束,建设资源节约型、环境友好型城市的攻坚阶段,到 2014 年要基本完成"十二五"污染减排目标任务,进一步完善环境基础设施体系,进一步

提升环境保护优化发展的能力和水平,进一步提高环境风险防范能力和环境管理水平,进一步改善环境质量,并规划了水环境保护、大气环境保护、固体废物处置和噪声污染控制、工业污染防治和产业结构调整、农业与农村环境保护、生态环境保护与建设、循环经济和清洁生产七大领域的投资建设和管理控制任务。未来两年,节能环保相关投资将成为上海市固定资产投资的热点。

(二) 影响固定资产投资规模的不利因素

1. 宏观经济企稳基础尚不稳固,难以支持投资短期内快速增长

近年来上海经济增速明显放缓,2013 年虽实现总量的企稳回升,但还存在诸多不确定因素。经济企稳的基础还不够稳固,部分领域投资冲动持续较强与经济内生性增长动力相对不足之间存在矛盾,结构不平衡问题突出。物价形势相对稳定,但不确定因素也在增加,主要经济体量化宽松政策引致的潜在输入性通胀和通缩的压力都需要高度关注。目前上海的消费增长主要来源于消费模式的创新和电子商务、物联网等的发展,但未来如果居民收入不显著增长、社会保障不明显改善的话,私人部门消费难以有质的跳跃;政府部门消费又受到三公消费控制和反腐影响而大幅下降,因此消费在短期内难以成为经济增长的领头羊。上海在全球经济弱势复苏的大环境中很难有出色的表现,虽不排除自由贸易区等因素带来的改革与政策红利引领增长的可能,但短期内难以实现突破性增长,在这样的宏观经济形势下,市场力量难以支持短期内投资的快速增长。

2. 政策增量空间缩小,投资难以大幅扩张

2013 年底,国家广义货币(M2)余额 110.65 万亿元,是美国的 1.5 倍以上,比欧元区多出 20 多万亿元,接近全球货币供应总量的四分之一,大量的货币供应带了通货膨胀的风险;同时考虑到当前严重的房地产泡沫一旦破裂,房地产价值将大幅缩水,从而降低金融机构的放贷能力,贷款大幅下降,带来通货紧缩的风险。未来两年,国家财政政策和货币政策增量空间难以扩大。从财政政策看,国家近年来地方政府性债务管控加码、财政收入增速放缓,加上财政支出的刚性需求,导致了财政收支压力逐步加大,财政政策的扩张力度将比较有限。从货币政策看,目前货币供应量和社会融资总量均保持在较高水平,央行近期的调控操作也明显表明不会在流动性上继续粗放地扩张,2014 年国家货币政策将维持稳健、中性的基本取向。这样的政策环境决定了固定资产投资在短期内难以大幅扩张。

3. 地方政府债务风险攀升,基础设施建设将受影响

国际金融危机之后,国家地方政府密集借贷使得地方财政风险逐渐加大。截至 2013 年 6 月底,上海市政府负有偿还责任的债务 5 194.30 亿元,负有担保责任的债务 532.37 亿元,可能承担一定救助责任的债务 2 729.18 亿元,负债率(负有偿还责任的债务余额与当年生产总值的比率)为 24.0%。上海市地方政府财政风险尽管总体可控,但风险正在不断集聚,国家对地方政府融资平台的管理也日益严格和规范。目前,地方政府性债务的资金投向主要是交通运输、市政建设、土地收储、教科文卫、农林水利建设、生态建设和环境保护、保障性住房等基础设施建设领域,而地方政府性债务紧张,中央政府加强地方政府财政风险管控,使得由地方政府主导的基础设施建设投资受到一定的限制。

4. 工业转型升级任重道远,工业投资增长乏力

一是高载能行业投资增长受到抑制。近年来,上海市高耗能行业呈现加快发展的态势,2013年五大高载能行业规模以上工业企业实现总产值7 618.69亿元,比上年增长5.8%,增速高于上海市规模以上工业企业总产值4.4%的平均增速,这使得节能减排的形势日益严峻;在目前以节能减排倒逼工业转型的政策导向下,将会抑制高载能行业投资的进一步增长。二是部分支柱产业产能过剩对投资增长形成较大阻力。当前国家产能过剩问题不断加重并呈逐步蔓延的态势,2013年上海市六个重点行业中精品钢材制造业、成套设备制造业、电子信息产品制造业的工业总产值均呈现负增长,相关企业经营困难,价格下行压力不断加大,投资动力不足。三是战略性新兴产业增长低于预期,2013年上海市七个战略性新兴产业制造业总产值比上年增长1.4%,远低于上海市规模以上工业企业总产值的平均增速,其中的高端装备、新能源、新能源汽车均呈负增长,战略性新兴产业培育缓慢,导致工业投资后劲不足。

5. 房地产进入实质性放缓,可能造成固定资产投资短期内快速下降

目前,国家商品房交易价格已经长时期处于高位运行,居民收入难以有效支撑住房消费,近年来国家加大房地产调控力度,市场开始呈现出"价稳量跌"和结构分化的微妙局面。2014年2月,杭州楼盘降价打响了新年楼市降价的第一枪,此后二、三线城市楼盘降价的消息接连不断,甚至在北京、上海、广州等一线城市的个别楼盘和二手房也出现降价消息,这极大影响了消费者预期,许多机构和专家提出了房地产"拐点说",部分房地产企业家也公开表示对短期内楼市不甚乐观。2014年国家房地产整体成交量走低,房价涨幅放缓,房地产企业资金压力不断加大。2014年一季度上海市房地产市场成交平淡,新建商品房销售面积467.18万米^2,比去年同期增长1%,增幅同比回落45.1个百分点,其中商品住宅销售面积418.5万平方米,增长6.1%,回落37.2个百分点;房地产开发企业本年到位资金1 347.22亿元,比去年同期下降6.4%。受住宅地产的影响和本身库存压力的积累,商业地产的市场观望情绪也十分浓厚,目前SOHO等部分企业已从上海撤资。房地产是上海市固定资产投资的重要内容,房地产的实质性放缓,将有可能导致固定资产投资在短期内快速下降。

6. 建设用地增量狭小,资源环境对投资增长形成长期制约

2014年初,上海启动新一轮城市总体规划编制工作,规划期限初步确定为2040年,目前已明确建设用地零增长的目标,即仍将《上海市城市总体规划(1999—2020)》的规划建设用地规模3 226平方千米作为新规划的"终极规模"予以锁定。2013年底上海建设用地3 070平方千米,约占全市陆域面积45%,距离3 226平方千米的"终极规模",只剩下156平方千米的增量空间。2008—2013年6年间,上海城市建设用地年均净增量近50平方千米;而从2014年开始,上海平均每年新增建设用地规模将大幅缩减。建设用地总规模接近规划天花板,新增用地空间非常狭小,将成为制约上海市固定资产投资的关键瓶颈。同时,近年来国内外关于绿色发展的呼声日益高涨,而在2011—2013年国家部分"十二五"节能减排指标完成情况落后于时间进度要求,节能减排形势十分严峻,为了确保全面完成"十二五"节能减排降碳目标,2014年5月,国务院办公厅印发《2014—2015年节能减排低碳发展行动方案》,并将具体任务指标分配到各省市。上海市历来产业结构偏重,资源消耗和污染排放水平较高,目前新兴产业培育进程缓慢,部分重化工业、高耗能行业仍是上海投资增长的支柱力量,日益严峻的节能减排任务将对投资增长形成重要制约。

二、2014 年上海固定资产的投资规模与结构预测

（一）上海固定资产投资规模预测

1. 从投资增速趋势来看,上海市上一轮固定资产投资高速增长阶段已经结束,目前呈现缓中趋稳的增长态势。根据我们对 2014 年固定资产投资宏观形势分析,预测 2014 年固定资产投资增速将低于 2013 年的 7.5%,2014 年 1~5 月上海市固定资产投资比上年同期增长 3.4%~6.5% 的事实也印证了这一推断。同时考虑到国家对经济增长要保持在合理区间的政策导向,以及目前经济增长对投资的依赖性依然较高的现实,我们认为 2014 年上海市固定资产投资年增速将在 5%~6%,即 2014 年固定资产投资规模将在 5 930 亿元~5 987 亿元。

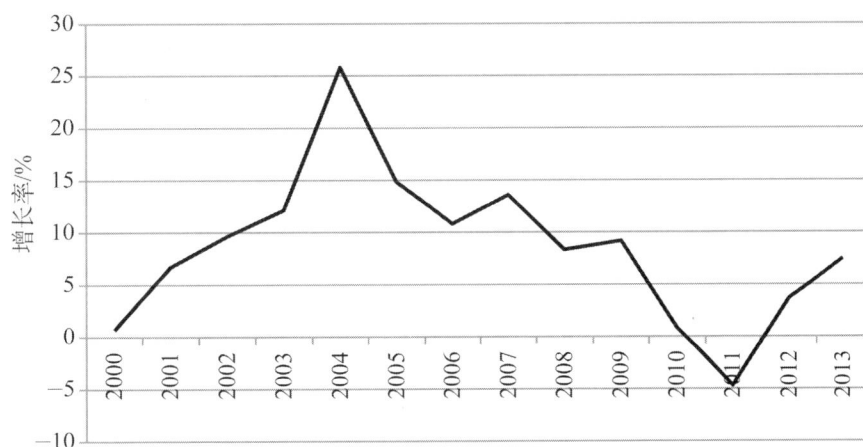

图 1-2-1　2000 年以来上海市固定资产投资增速

表 1-2-1　2014 年各月上海市固定资产投资同比增速

月　份	投资额/亿元	比去年同期增长/%
1~2 月	661.52	4.00
1~3 月	1 065.00	6.50
1~4 月	1 440.48	4.10
1~5 月	1 875.86	3.40

2. 从五年规划的投资规律来看,"十五""十一五"期间前三年固定资产投资之和分别是第四年投资的 2.2 倍、2.5 倍,第五年的 1.9 倍、2.5 倍,即每个五年内均呈现各年投资规模不均、各年投资规模递增、各年投资规模趋向平均化的特征。然而由于物价变动的原因,即使各年投资量相等的情况下投资金额也会不同,投资规模很难做到完全相等。因此我们预测"十二五"期间前三年固定资产投资之和均为第四年的 2.6~2.7 倍、第五年的 2.5~2.6 倍,即 2014 年固定资产投资规模为 5 915 亿元~6 142 亿元。

表 1-2-2　上海市五年规划期间各年投资占比情况

年　份	固定资产投资/亿元	占本轮"五年"总投资的比重/%
2001	1 994.73	15.00
2002	2 187.06	16.50

（续表）

年　份	固定资产投资/亿元	占本轮"五年"总投资的比重/%
2003	2 452.11	18.50
2004	3 084.66	23.30
2005	3 542.55	26.70
2006	3 925.09	16.50
2007	4 458.61	18.70
2008	4 829.45	20.30
2009	5 273.33	22.20
2010	5 317.67	22.30
2011	5 067.09	—
2012	5 254.38	—
2013	5 647.79	—

3. 从各月固定资产投资趋势来看,上海市近年来 1~5 月固定资产投资占全年投资的比重在 30.5%~32.1% 之间。预测 2014 年 1~5 月固定资产投资占全年投资的比重在 31%~32% 之间,即 2014 年固定资产投资规模为 5 862 亿元~6 051 亿元。

表 1-2-3　上海市近年来 1~5 月固定资产投资情况

	固定资产投资/亿元	占本年总投资的比率/%
2011 年 1~5 月	1 545.58	30.50
2011 年全年	5 067.09	100.00
2012 年 1~5 月	1 631.39	31.00
2012 年全年	5 254.38	100.00
2013 年 1~5 月	1 813.40	32.10
2013 年全年	5 647.79	100.00
2014 年 1~5 月	1 875.86	—

4. 综合以上分析,我们预测 2014 年上海市固定资产规模将在 6 000 亿元左右。

（二）上海四大重点领域投资结构预测

1. 城市基础设施投资。2010 年以来,随着世博会的圆满闭幕,城市基础设施占固定资产投资的比重逐年下滑。2014 年是保证实现"十二五"规划目标的关键一年,"十二五"规划对交通、市政、能源、信息化等方面的建设要求使得上海市 2014 年城市基础设施投资具有一定的增长潜力。此外,部分基建项目向民间投资开放的探索,也将促进基础设施投资的增长。2014 年 1~5 月上海市基础设施投资占全社会固定资产投资的 16.1%,比上年同期提高 1.2 个百分点,开局良好。预计 2014 年上海市城市基础设施投资占全社会固定资产投资的比重将较 2013 年有所提高,预计 2014 年城市基础设施投资将达到 1 200 亿元左右。

2. 工业投资。近年来上海市工业投资增长乏力后劲不足,占全社会固定资产投资的比重逐年下滑,且短期内有强大带动能力的新增长点尚未出现。2014 年 1~5 月,上海市工业投资延续往年的下滑趋势,实现工业投资 369.64 亿元,占全社会固定资产投资的比重为 19.7%,比上年同期下降 0.7 个百分点。预计 2014 年上海市工业投资占全社会固定资产投资的比重将较 2013 年略有下降,工业投资将达到 1 200 亿元左右。

3. 房地产开发投资。2010 年以来,房地产开发成为拉动固定资产投资增长的主要力量,特别是办公楼与商业营业用房投资增长尤其迅速。然而随着楼市调控政策的持续和市场观望氛围的加剧,给房地产业带来较大的下行压力。上海市作为人口众多、经济发达的特大型城市,房地产市场需求相对旺盛、资金供应相对充足,房地产业尚有一定的发展空间,但空间日益收窄。2014 年 1~5 月上海市房地产开发投资 1 056.78 亿元,占全社会固定资产投资的 56.3%,比上年同期提高 0.3 个百分点。预计 2014 年全年房地产开发投资占全社会固定资产投资的比重与 2013 年基本持平,房地产开发投资规模将达到 3 000 亿元左右。

4. 社会事业投资。未来两年,上海市仍将着力保障和改善民生,推动社会事业改革发展,促进文化繁荣发展,增强文化创造活力,加强城市管理与社会治理、维护城市安定和谐;然而社会事业的投资建设十分依赖财政的支出,不可能一蹴而就,上海市目前发展社会事业坚持尽力而为、量力而行的原则。参照 2013 年社会事业投资占全社会固定资产投资的比重及演变趋势,预计 2014 年社会事业投资将仍不乐观;2014 年 1~5 月上海市实现社会事业投资 55.69 亿元,占全社会固定资产投资的 3.0%,比上年同期下降 0.2 个百分点。根据这一形势,预计全年投资 210 亿元,占全社会固定资产投资的比重达到 3.5% 左右。

表 1-2-4　2008—2013 年上海市主要投资领域占比情况

年 份	城市基础设施		工业		房地产		社会事业		总投资/亿元
	投资/亿元	占比/%	投资/亿元	占比/%	投资/亿元	占比/%	投资/亿元	占比/%	
2008	1 733.18	35.90	1 176.70	24.40	1 366.87	28.30	98.10	2.00	4 829.50
2009	2 113.45	40.10	1 420.27	26.90	1 464.18	27.80	123.20	2.30	5 273.30
2010	1 497.46	28.20	1 422.08	26.70	1 980.68	37.20	133.61	2.50	5 317.70
2011	1 157.34	22.80	1 282.91	25.30	2 170.31	42.80	185.71	3.70	5 067.10
2012	1 038.61	19.80	1 292.61	24.60	2 381.36	45.30	226.64	4.30	5 254.40
2013	1 043.31	18.50	1 236.35	21.90	2 819.59	49.90	210.67	3.70	5 647.80
2013 年 1~5 月	270.84	14.90	370.79	20.40	1 015.58	56.00	57.46	3.20	1 813.40
2014 年 1~5 月	301.56	16.10	369.64	19.70	1 056.78	56.30	55.69	3.00	1 875.90

(三) 上海三大产业固定资产投资结构预测

2014 年,上海将进一步促进经济转型,加快服务业发展、加快制造业升级、加快淘汰落后产能。依托"四个中心"建设,大力发展现代服务业;继续推进高新技术产业化,加快培育和发展战略性新兴产业;加快制造业改造升级。加快淘汰高污染、高能耗、高危险、低效益的落后产能。参照近年来三次产业投资占总投资的比重,第二产业占比约为 1/4,比重每年下降 1~2 个百分点;第三产业占比约为 3/4,比重每年上升 1~2 个百分点。

进一步按照国家及上海市的产业政策和经济发展的阶段特征,预测 2014 年第一产业投资约为 30 亿元,占全社会固定资产投资比重约为 0.5%;第二产业投资约为 1 200 亿元,比重约为 20%;第三产业投资约为 4 770 亿元,比重约为 79.5%。

表 1-2-5　2008—2013 年上海市三次产业投资占比情况

年　份	第一产业		第二产业		第三产业		总投资/亿元
	投资/亿元	占比/%	投资/亿元	占比/%	投资/亿元	占比/%	
2008	8.40	0.20	1 420.82	29.40	3 400.24	70.40	4 829.46
2009	11.41	0.20	1 427.50	27.10	3 834.42	72.70	5 273.33
2010	16.40	0.30	1 435.37	27.00	3 865.90	72.70	5 317.67
2011	18.62	0.40	1 295.83	25.60	3 752.64	74.10	5 067.09
2012	11.20	0.20	1 294.14	24.60	3 949.04	75.20	5 254.38
2013	18.45	0.30	1 242.02	22.00	4 387.32	77.70	5 647.79
2014 年 1~5 月	1.84	0.10	369.91	19.70	1 504.11	80.20	1 875.86

三、2014 年固定资产的投资热点分析

（一）专业领域投资热点

1. 聚焦产业结构优化升级，推进一批战略性新兴产业项目。上海市将继续围绕"四个中心"建设战略，推进金融、航运和贸易中心建设，发展现代服务业，积极推进迪士尼、国家会展、上海中心大厦等现代服务业项目建设；坚定发展战略性新兴产业，注重市场导向、高端引领，创新重大项目和原创性项目投融资体制，推动一批专项工程建设；运用新技术、新模式改造传统产业，促进钢铁、石化、电子、汽车等行业提升能级，淘汰高污染、高能耗、高危险的落后产能。将重点推进商用飞机发动机、中船长兴基地、上汽集团自主品牌研发中心扩建二期等提升先进制造业能级项目；大力推进中科院浦东二期、紫竹新兴产业技术研究院等增强科技创新能力项目。

表 1-2-6　2014 年上海市产业领域投资部分主要项目一览表

序　号	项　目　名　称
1	开展闵行电厂燃气——蒸汽联合循环发电机组工程
2	长兴振华重工长兴基地陆域扩建四、五、六期工程
3	宝钢总部基地项目
4	上海联影高端医学诊疗设备产业链建设项目
5	天马微电子有限公司第 5.5 代 AM-OLED 量产线（一期）项目
6	中国银联电子商务与支付大数据处理平台等 26 个项目
7	闸北区 334 街坊 87 丘地块工业项目
8	深迪半导体 40~28 纳米集成电路技术研发平台等 8 个项目
9	上海大众动力总成有限公司一期工程 EA211 型发动机产品技术改造项目
10	上海重型机器厂有限公司大型铸锻件关键技术研发及产业化项目
11	上海质量检验公共服务平台质检综合实验基地项目
12	中国科学院上海浦东科技园二期项目
13	宝之云云服务（罗泾）中心项目
14	上海昊信光电有限公司触控面板项目
15	上海政久实业研发、产品展示大楼项目
16	AP1000 堆内构件和控制棒驱动机构制造技术消化吸收及产业化项目

（续表）

序　号	项　目　名　称
17	上海纳铁福传动轴有限公司高性能等速万向节传动轴扩能技术改造项目
18	上海奉贤经济开发区新型产业园项目
19	上海柴油机股份有限公司小型柴油机项目
20	上海鸣志电器股份有限公司控制电机产品扩产项目
21	璐彩特中国公司扩建项目
22	上海浦东科技园生物医药与生物技术创新综合研究中心项目
23	复星医药张江产业园创新药中试基地(一期复宏汉霖单抗项目)项目
24	上汽集团上海生产配套基地光伏示范项目
25	北京国发华企节能科技有限公司宝钢股份金太阳项目二期项目
26	江苏科技大学上海长兴岛船舶与海洋工程实训与研发中心项目
27	国福龙凤(上海)公司产业升级项目
28	上海重型机器厂 20MW 金太阳示范工程
29	上海长兴海洋科技港(一期)项目
30	国家计量器具产品质量监督检验中心基础性能试验基地及部分计量检测实验室项目
31	上海纳尔实业有限公司数码喷印材料生产基地、研发中心、销售物流网络建设及日用美饰项目等四项目
32	商飞公司浦东祝桥总装基地电力配套工程
33	智能微电网关键设备及系统检测服务平台项目
34	上海国际航运中心综合信息共享平台项目
35	能源装备智能制造关键技术研发平台建设项目
36	用于复制心律失常诊疗的三维心脏导航系统项目

2. 聚焦民生福祉改善,推进一批重大社会事业项目建设。上海市将继续着力保障和改善民生,坚持尽力而为、量力而行,完善基本公共服务体系,更好地促进社会公平正义、增进人民福祉。将继续完善社会养老服务体系,整合养老服务资源,新增养老床位 5 000 张;健全住房保障和供应体系,新建筹措各类保障性住房和实施旧住房综合改造 5.5 万套,基本建成 11 万套,加快大型居住社区配套建设,拆除中心城区二级旧里以下房屋 55 万平方米;加快优质教育资源向郊区拓展,推动更多中小学提高教育教学质量;加强公共卫生服务和健康城市建设,提供多层次的医疗卫生服务;构建现代公共文化服务体系,建设世博会馆等重大文化设施,强化公共文化场馆公益性使用,加强文化遗产保护,推动基层文化设施建设。

表 1-2-7　2014 年上海市社会事业领域投资部分主要项目一览表

序　号	项　目　名　称
1	董家渡聚居区 18 号地块 315-02、03 街坊新建小、幼联合体项目
2	上海建桥学院临港新校区迁建项目
3	新虹桥国际医学中心第 2 组 5 个项目
4	崇明体育训练(国家级)基地一期项目
5	上海世博会博物馆新建工程
6	上海转化医学研究中心项目

（续表）

序　号	项　目　名　称
7	上海大学宝山校区扩建三期项目
8	闸北区体育中心（北部社区文化中心）项目
9	徐汇区南部医疗中心地下部分项目
10	上海电机学院临港校区二期工程
11	上海市第一人民医院改扩建工程
12	上海市光华中西医结合医院迁建工程
13	上海交通大学医学院附属新华医院儿科综合楼及地下车库改扩建工程项目
14	105 街坊新建二十班幼儿园项目
15	上海理工大学南校区一期工程
16	上海交通大学医学院附属上海儿童医学中心医疗综合楼项目
17	上海新虹桥国际医学中心保障中心项目
18	中山医院青浦分院扩建工程、青浦区精神卫生中心迁建工程
19	上海音乐学院零陵路校区新建教学区和音乐创作与制作实践基地项目
20	华东医院扩建新楼工程
21	瑞金医院新建上海瑞金肿瘤（质子）中心项目
22	上海大剧院改造大修项目
23	中国医学科学院病源生物学研究所新建工程项目
24	第五人民医院综合手术大楼项目
25	新泾中学及淞虹路小学改扩建工程（暨复旦中学西部校区）
26	上海市宝山区罗店医院改扩建项目
27	上海市中西医结合医院中医特色楼工程
28	南汇中心医院新建科研教学大楼工程项目
29	青浦区新建体育馆项目
30	曹杨二中改扩建项目
31	虹口区澄衷高级中学改扩建工程（一期、二期）（暂名）项目
32	上海市松江第二福利院工程项目
33	宝山区江杨基地 B1-06 地块初级中学项目
34	松江区弘翔小学及初级中学项目
35	嘉定区成佳学校、区考试中心及区阳光中心项目
36	普陀区图书馆项目
37	宝山区工人文化活动中心改扩建工程
38	三林济阳路文化体育中心项目
39	上海市嘉定区真新街道社区综合服务中心项目
40	普陀区体育馆改扩建项目
41	宝山区顾村青少年创新教育与实践中心项目
42	静安区文化馆改建项目
43	上海音乐学院学生宿舍项目
44	杨浦区图书馆复建工程项目
45	上海国际汽车城（05B-02 地块）30 班小学项目

（续表）

序　号	项　目　名　称
46	新建五角场街道社区卫生服务中心项目
47	上海理工大学第六期学生公寓项目
48	上海市嘉定区国际汽车城02B-01地块24班中学项目
49	上海师范大学奉贤校区第五期学生公寓项目
50	中国大戏院整体恢复性改造项目
51	上海新闻出版职业技术学校青浦校区二期工程项目
52	上海师范大学天华学院扩建教学楼图书馆、礼堂及附属设施项目
53	上海第二工业大学工程训练中心及配套设施项目
54	松江区新浜小学改扩建为九年一贯制学校工程项目
55	上海海洋大学新建学生公寓三期项目
56	宜川养老院（暂名）建设项目
57	上海对外贸易学院古北校区综合楼项目
58	上海应用技术学院奉贤校区三期学生公寓项目
59	上海市普陀区利群医院新建医技综合楼项目
60	闵行区七宝实验学校工程项目
61	长宁区中心医院门诊楼基础加固及新建医疗用房项目
62	新建上海市长宁区精神卫生中心住院综合楼项目
63	新建新闵初级中学项目

3. 聚焦生态文明建设，推进一批重大节能环保项目。上海市将进一步强化资源节约和环境保护，推进生态宜居城市建设。全力推进资源节约集约利用，加快风能、太阳能等清洁能源开发利用，推动分布式供能系统发展，支持新能源汽车推广应用；加强海洋环境保护和资源利用；启动建设黄浦江上游水源改造工程，建成东风西沙水源地工程。全面加强环境保护，完成燃煤电厂高效除尘改造和脱硝工作，加快燃煤锅炉和窑炉清洁能源替代；加大污水管网建设和截污纳管力度，推进污水处理厂提标改造；制订土壤环境保护和综合治理方案，启动土壤污染治理试点；扩大生活垃圾分类减量范围，推进生活垃圾处理设施建设。加大绿化建设力度，新建一批林荫道，加快老公园改造，启动郊野公园建设；推进崇明生态岛建设；新建绿地1000公顷，立体绿化40万米^2，新增林地1534公顷，加快构建多层次、多功能的基本生态网络。

表1-2-8　2014年上海市节能环保部分主要建设项目一览表

序　号	项　目　名　称
1	分布式光伏发电规模化应用示范区评审和分布式光伏发电示范区项目
2	上海临港海上风电一期示范项目
3	东海大桥海上风电项目二期工程
4	上海建材资源综合利用示范基地
5	上海虹桥商务核心区（二期）区域供能能源中心及配套工程
6	嘉定区再生能源利用中心项目
7	黎明资源再利用中心项目

（续表）

序 号	项 目 名 称
8	上海五号沟 LNG 站扩建二期工程
9	上海天马生活垃圾末端处置综合利用中心项目
10	中新泾公共绿地（二期）项目
11	南大地区综合整治绿地一期项目
12	松江区污染源截污纳管项目
13	上海虹桥商务区主功能区滨河及绿地景观华翔绿地项目
14	上海奉贤生活垃圾末端处置中心工程
15	奉贤区生活垃圾末端处置中心项目
16	上海虹桥商务区主功能区滨河及绿地景观云霞绿地项目
17	青浦区污染源截污纳管项目
18	上海国际旅游度假区核心区湖水环境维护及公共绿化灌溉水系统工程
19	上海国际旅游度假区核心区天然气分布式能源站项目
20	汇山地块滨江公共环境建设项目
21	石洞口污水处理厂污泥处理完善工程
22	闵行滨江绿地工程
23	崇明固体废弃物处置综合利用中心工程
24	崇明北堡（47.5MW）风电项目
25	国电金桥智能光伏电站项目
26	奉贤区上海之鱼分布式能源站项目
27	世博 B 片区央企总部能源中心项目
28	崇明东滩生态绿地（东区）项目
29	虹桥商务区核心区迎宾绿地（暂名）工程
30	上海临港产业区工业废物资源化利用与处置示范基地项目
31	嘉定南翔污水处理厂配套工程 S6 泵站
32	松江西部污水处理厂一期改造及二期扩建工程
33	上海青浦区并网光伏发电项目
34	上海虹桥商务区主功能区滨河及绿地景观天麓绿地（暂名）项目
35	上海航天金太阳光伏发电示范项目
36	沪嘉高速公路两侧绿地建设工程
37	丝绸厂公共绿地二期工程
38	上海固体废物处置中心二期填埋库工程

4. 聚焦国际大都市建设，推进一批重大城市基础设施项目。上海市将进一步推进城市基础设施建设，努力建设整洁、有序、高效、安全的现代化国际大都市。重点推进城市交通基础设施项目，便利百姓出行，推进浦东机场 T1 航站楼改造、虹桥机场东航基地扩建项目二期配套和大芦线航道整治二期工程，加快推进 S6 公路、嘉闵高架延伸等项目；重点推进 9 号线三期、13 号线、17 号线等轨道交通工程；加快推进周家嘴路越江、虹梅路—金海路越江、长江西路越江等工程建设。加强城市水资源、能源保障工程，推进能源资源基础设施建设和改造。构建宽带、泛在、融合、安全的信息基础设施体系，提升改造基础网络，有序推进三网融合，增强功能平台服务能力。

表 1-2-9　2014 年上海市基础设施建设部分主要项目一览表

序　号	项　目　名　称
1	上海市轨道交通 10 号线二期工程
2	上海市轨道交通 13 号线二期工程
3	上海轨道交通 9 号线三期工程
4	新建北外滩金港广场酒店、商务办公楼项目
5	轨道交通 5 号线奉贤段项目
6	上海港外高桥港区八期项目
7	S26 公路入城段(G15—嘉闵高架)项目
8	上海浦东国际机场第五跑道工程
9	平申段(上海段)航道(Ⅳ级)整治工程
10	上海市轨道交通 11 号线北段(罗山路—迪士尼乐园)工程
11	上海世博会地区 A 片区"绿谷"地下空间工程
12	上海市轨道交通 8 号线三期(沈杜公路站—汇臻公路站)暨集运系统 A 线工程
13	北翟路(外环线—中环线)快速路工程
14	上海浦东国际机场第四跑道工程
15	沪宜公路(S6—叶城路)道路改建项目
16	上海国际旅游度假区核心区一期市政道路工程
17	上海虹桥国际机场 T1 航站楼改造工程
18	诸光路通道新建工程项目
19	潘广路—逸仙路电力隧道工程
20	长兴潜堤后方滩涂圈围工程
21	提篮桥—南京站等 28 个 110 千伏网架完善工程
22	大治河西枢纽新建二线船闸工程
23	宝山区富长路(G1501 绕城高速—金石路)工程
24	富长路(A30 公路—金石路)道路改扩建工程
25	中山南路地下通道新建工程
26	大泖港上游河道防洪工程(一期)项目
27	上海浦东国际机场浦东国际机场东机坪工程
28	宝山区富长路(S20 外环线—G1501 绕城高速)工程
29	富长路(A20 公路—A30 公路)工程
30	万荣路—三泉路道路辟通改建工程
31	虹桥商务核心区(二期)区域供能管沟工程
32	南桥新城 4 单元区域地块开发项目市政基础设施及前期工程
33	长湖申线航道(上海段)整治工程
34	崇明环岛运河南横引河东段(小漾港—中滨路)河道整治工程
35	山周公路(沪青平公路—松江区界)新建工程
36	长兴岛潘圆公路(凤凰公路—规划八路)改建工程
37	徐汇龙华港一河两岸综合整治工程

(续表)

序　号	项　目　名　称
38	上海孚宝港务有限公司码头扩建工程
39	上海轨道交通网络大型专用检测维护与应急抢修设备工程
40	逸仙路公交停车场改建工程
41	莘庄综合交通枢纽项目
42	周邓公路(申江路—南六公路)新建工程
43	淀东水利枢纽泵闸改扩建项目
44	上海虹桥商务区核心区(一期)与中国博览会会展综合体地下联系通道工程
45	团结220千伏输变电工程项目
46	220千伏大渡河输变电工程
47	长兴岛毛竹圩大堤横沙渔港综合功能区岸段保滩工程
48	崇明东滩启动区北沿河道整治工程项目
49	崇明陈家镇南横引河河道整治工程
50	赵家沟东段航道整治工程
51	宝山区公安交通管理服务中心工程

（二）空间布局特点

1. 重大工程聚焦重点区域的重大项目建设。上海市将继续推进重点区域的建设步伐,国际旅游度假区中,力争基本完成迪士尼的市政公建配套,为2015年开园作准备;虹桥商务区中,力争31块土地全部完成出让,并全部实现开工;世博后续开发中,推进A片区地块加快出让,B片区央企总部基地全面开工,商飞总部年内基本建成;在临港地区,围绕LED光电子、民用航空、再制造三大专业园区,重点推进33个产业结构项目建设和"双限房"二期建设;在黄浦江两岸,重点推进世博地区、外滩—陆家嘴—北外滩地区、徐汇滨江—前滩地区等区域建设。

2. 进一步加快郊区新城镇和新农村建设。上海市将加大城乡统筹发展力度,推进投资向郊区新城镇和新农村倾斜。坚持城市建设重心向郊区转移,分类推进郊区新城建设,探索新型城镇化,发展高端特色产业,加强公用设施配套,强化公共服务,改善生态环境,促进新城综合多元发展。建设美丽乡村,加强农村水环境整治和村庄改造,实施200千米中小河流治理,完成4万农户生活污水处理设施改造,完成100个村庄、800千米村内道路改造,改善农村人居环境,加快发展高效生态农业,积极发展乡村旅游,构建城乡一体化发展新格局。

（三）外商投资热点

今明两年上海吸引外商投资存在新的机遇。根据联合国贸发会议公布的《全球投资趋势检测报告》预测,2014年全球对外直接投资可望缓慢回升到1.6亿美元,其中,以中国为代表的新兴市场有可能成为未来全球直接投资新一轮增长的强劲引擎。在中国成为跨国公司投资热土的大环境下,上海拥有吸引更多跨国公司地区总部入驻的新机遇。

随着自由贸易试验区建设的推进,外商投资成为上海市新的热点。上海市将全力推动自贸区建设,加强制度创新,推进投资管理制度改革,创新贸易监管制度,深化金融开放创新,推进服务业扩大开放,促进自贸区和"四个中心"联动发展。此外,上海市还将积极发展总部经济和平台经济,完善支持跨国公司总部发展的相关政策,加快集聚外资企业研发中心、营运中心、结算中心、数据中心，引导投资新技术、新业态。上海市未来两年吸引外资的热点主要包括以下领域：一是吸引外资参与上海国际金融、航运和贸易中心建设，以先行先试和营造环境为重要支撑，促进提升城市国际化综合服务功能，形成外资发展的新空间和新亮点。二是拓宽外资参与服务业发展的领域，适应国际资本流动新趋势，引进优质资源，拓宽空间、创新业态、关注社会民生，提高服务业国际化水平，形成开放型的服务经济为主的产业结构。三是鼓励外资投资战略性新兴产业和先进制造业，以产业链高端和技术创新环节作为引资重心，着力引进产业国际龙头企业和拥有先进技术的中小型企业，加强引资和引智结合，促进制造业创新能力和国际竞争能力提升。四是推动总部经济向更高层次发展，以促进跨国公司地区总部及功能性机构集聚为重点，以提升在沪跨国公司地区总部能级和拓展总部功能为内涵，促进跨国公司战略布局与上海发展需求的深度融合，支持跨国公司提升资源配置能力。五是创新间接利用外资方式，以创新为主题，以项目为载体，以知识合作为重要内容，积极开拓新的合作领域。

2014 年一季度上海市外商直接投资呈两位数增长，外商直接投资合同项目 980 个，比上年同期增长 12.1%，合同金额 60 亿美元，增长 10.4%，实到金额 40.39 亿美元，增长 10.2%。从产业看，第二产业合同金额 3.69 亿美元，比上年同期下降 29.4%，占外商直接投资合同总额的 6.2%，第三产业合同金额 52.41 亿美元，比上年同期增长 6.5%，占合同总额的 87.4%；从投资方式看，中外合资合同金额 15.28 亿美元，比上年同期增长 52.6%，占合同总额的 25.5%，外商独资合同金额 40.97 亿美元，比上年同期下降 5.5%，占合同总额的 68.3%。总部经济集聚区建设稳步发展，截至 3 月末，跨国公司地区总部达到 455 家，其中 2014 年一季度新增 10 家，外资投资性公司达到 286 家，新增 3 家；外资研发中心达到 369 家，新增 3 家，外商投资实现良好开局。

第二部分　专题研究报告

上海居护类养老服务产业[①]
发展政策研究前瞻

上海是国内人口老龄化程度最高的城市,近年来人口老龄化更是加速发展。截至 2013 年末,上海 60 周岁及以上老年人口达到老人 387.62 万人,占户籍人口比率达到 27.1%。未来一段时间,老年人口总量还将继续增加。据预测,2015 年末全市 60 周岁及以上户籍老年人口将达 431 万人。

目前,全市已经建立的"9073"养老服务体系,老年人基本养老需求得到保障。但随着老年人口数量增加及构成结构的变化,对养老服务的需求和消费观念发生变化,要求在完善基本养老服务供给的同时,发展养老服务产业作为补充。从我国及全市当前养老服务产业实际发展现状及特点来看,致力于提供多元化养老服务的老年公寓、老年社区、高端机构养老设施等形态的居护设施是养老服务产业发展的重点领域之一。

一、上海居护类养老服务业态发展现状

(一) 主要特征

1. 产品形式涵盖老年社区、老年公寓、高端机构养老设施

养老服务产业发展应当立足于老年人口的养老服务需求,针对不同类型老人的需求进行市场细分、定位,提供不同的产品形式,才能更好地吸引老人入住。全市已有或正在筹建的居护类养老服务产业项目产品形式不仅包括规模较大的老年社区、规模较小的老年公寓,还包括更小规模的高端机构养老设施,对老年人口的持续照料需求以及专业护理需求已有考虑。

2. 空间布局以"选址郊区为主、社区嵌入为辅"

全市已有或正在筹建的居护类养老服务产业项目布局总体呈现出"选址郊区为主、社区嵌入为辅"的特征。如浦东亲和源老年社区、宝山星堡老年公寓、浦东香树湾养老社区、崇明东滩老年社区等均选址郊区,徐汇"楠青华展老年护理设施"、浦东"凯健华鹏老年护理设施"、浦东金色阳光老年公寓等高端机构养老设施等则选址市区人口较为稠密地区。此外,市相关部门初步提出的养老示范性基地试点选址方案布局(崇明陈家镇、青浦金泽镇、金山张堰镇、浦东周浦镇)也体现了选址郊区为主的特征。

[①] 居护类养老服务产业是养老服务产业的主要业态之一。从广义上说,养老服务产业是指所有为老年人提供服务产品的经济单位的总和,而狭义的养老服务产业只是指专门为老年人提供生活照料、医疗护理、文化娱乐等服务的各类社会化、市场化运作的社会经济活动。从我国当前养老服务产业实际发展现状及特点来看,致力于提供多元化养老服务的老年公寓、老年社区等形态的居护设施是养老服务产业发展的重点领域之一。结合当前本市养老服务产业发展实际需要,本研究将研究范围界定为以老年居住、护理、医疗保健为主的居护类养老服务产业:市场化运作的老年公寓、老年社区,以及高端机构养老设施。

3. 建设运营模式呈现"多元化、灵活化"特点

全市已经建成的居护类养老服务产业项目建设运营模式主要有以下三种：一是"独立建设运营"模式，采用会员制运营，赢利主要依靠会员制收益以及综合服务收益，如浦东亲和源老年社区；二是"混合开发模式"，老年公寓、老年社区与其他房产共同开发，以房产销售销售回收部分资金，推动居护类养老服务产业项目的开发和运营；三是"租赁经营"模式，以降低项目前期投入成本及运营风险，如宝山星堡老年公寓、徐汇"楠青华展老年护理设施"、浦东"凯健华鹏老年护理设施"等。

4. 境外资本以合资形式逐步进入上海市场

境外资本正在以合资形式进入上海养老服务产业市场。如美国伊美瑞特（Emeritus Senior Living）通过其旗下的香港公司和上海盛源发展有限公司合资设立了上海楠青华展老年服务有限公司、上海凯健华鹏老年服务有限公司，开设了两家连锁高端机构养老设施，美国峰堡投资集团（Fortress Investment Group）与复星集团合资组建了上海星堡老年服务有限公司，开设了星堡老年公寓。此外，据了解，日本西科姆医疗系统公司将与上海陆家嘴金融贸易区开发股份有限公司成立合资公司，选址浦东新区龙阳路1—19 地块开设金色阳光老年公寓。

（二）主要瓶颈

1. 开发运营模式仍在探索

目前上海投资居护类养老服务产业项目的市场主体多为资金较为雄厚的大型国企、房地产开发商、保险机构等，房产开发经验较丰富，但对老年社区、公寓运营管理缺乏经验，包括功能定位、选址、设计、服务、配套、人员、监管等诸多因素在内的一整套开发运营模式仍在探索。一般会采用引入国外养老服务公司的合作模式，但也存在国外运营模式的本土化适应过程。

2. 产品结构有待优化

从上海已经建成的项目来看，尽管总体上已出现面向不同身体健康状况老人的形式多样的产品类型，但无论老年社区还是老年公寓，服务对象均以经济支付能力强、身体健康老人为主。从运营上看，这些项目服务对象目前以健康、低龄老人为主，护理床位按低限设置，有利于投资者获取良好收益。但当这部分老人进入高龄、需要照护时，由于社区内护理床位有限，势必造成部分入住老人无法得到服务，引发社会矛盾。

3. 面临相关人才队伍稀缺的压力

居护类养老服务产业发展作为服务业，其发展的关键在于提供更加满足老人多元化、多层次养老服务需求，老人选择入住老年社区、老年公寓、高端机构养老设施等，除了硬件设施环境，关键在于获取更加优质、专业的服务。因此，精细化的管理服务设计以及专业人员队伍配置十分关键。可以预期，服务机构专业管理人员、专业护理人员短缺将是制约养老服务产业发展的主要因素。

4. 规范化发展机制尚不健全

老年社区、老年公寓等形态的居护类养老服务产业具有房地产投资商品的属性，极易受到市场资金的炒作，这不利于产业发展环境的形成及其长期持续发展。目前，无论是市场准入还是后期监管，相关主体责任尚不明确，同时，包括设施标准、服务标准、价格标准在内的行业标准体系还未建立，客观上不利于规范化市场秩序的形成，以及老人合法权益的维护。

5. 产业发展配套政策缺乏

由于上海社会养老体系建设尚处于初级阶段,养老服务社会化改革也仅 10 年多的时间,已经出台的各类政策文件多数为福利性养老设施建设发展政策,市场化养老服务产业发展政策偏重宏观导向,缺少关于规划、土地、医疗、投资、税收等方面的针对性具体内容,可操作性不强。社会资本投资养老产业项目面临政策瓶颈,一定程度上不利于产业发展。

二、上海居护类养老服务产业发展需求和趋势

(一) 发展需求

1. 需求人群

综合考虑上海老年人口发展特征及趋势、影响养老服务市场需求等因素,借鉴国外入住老年住宅老年人口基本特征,并结合上海实际情况,上海未来一段时间居护类养老服务产业潜在需求人群主要为:有一定经济支付能力的老年人口(以低龄老年人口为主)、"纯老家庭"老年人口或独居老年人口、有专业医疗护理需求的高龄老年人口。

2. 需求规模

上述三类潜在需求人群已具一定规模。从老年人口总量来看,随着 20 世纪 50 年代、60 年代出生人口进入老年人群,60 岁以上的老年人口 2010 年后迅速膨胀,2013 已达到约 387.62 万人,据预测,2035 年上海老年人口约为 590 万人,到 2050 年左右达到峰值。按入住老年社区老年人口占比约为 4%计①,到 2035 年,上海老年社区需求人口数量约为 24 万人,按人均建筑面积 60 平方米计,相关老年建筑需求总量为 1 440 万平方米。

3. 需求趋势

老人的多元化、专业化、特色化养老服务需求日益突显。随着上海经济社会发展水平的提高、社会保障体系的不断完善、老人养老服务观念的逐步转变、"纯老家庭"及独居老年人口增多,老人的养老需求不再集中表现为物质生活保障服务、日常生活照料服务、保健医疗护理服务需求等基本刚性需求,还表现为精神慰藉服务、社会活动服务等更高层次的养老服务需求。同时,每一类需求的专业化、特色化要求程度也将提高。

高龄老人(尤其是重度失能老人②)的专业护理需求亟须关注。由于重度失能老人已丧失大部分生活和社会活动能力,日常生活自理能力下降,单纯的家庭照顾或者社区照顾都显得力不从心,专业护理需求较为突出。随着上海高龄化程度的加剧,失能、失智老人总量不断增加(老人失能率按 14.6%计,2035 年这部分老年人口约为 86 万人,按入住老年社区老年人口占比约为 6%计,对高端机构养老设施护理床位需求人口数量约为 5 万人)。

---

① 通过比较分析(选取人口老龄化程度、平均预期寿命、居住状况、思想观念、收入水平等因素)初步预测到 2035 年上海老年社区、老年公寓等需求人口与澳大利亚目前水平相当,为当年老年人口的 4%。

② 失能化是长期照护需求产生的一个重要因素,失能老人对照料护理的需求最多、最迫切(刘晶,2001)。中国台湾的一项关于长期照护需求评估的研究,对日本、韩国、德国、荷兰、英国的长期照护评定资格进行比较,认为长期照护的服务对象包括失智症患者。

（二）发展形式

1. 以老年社区的发展为主要内容

老年社区的特点是服务设施齐全、环境优美,同时体量较大。就目前上海老年社区发展的趋势看,大型老年社区的建设受到各方青睐,因此在可预见的未来,在体量和占比上,老年社区将会成为解决上海高端老年人服务需求的主要形式。

2. 以老年公寓的发展为补充

老年公寓相对老年社区老说,体量相对较小,附设性服务设施较少,所有功能在一幢建筑中体现,外部环境更多的是表现为周边居住条件的便利性而非优美的环境。鉴于老年人"恋旧"的心理和家人探望的便利性需要,在市区合适的地方建设老年公寓,以满足部分不愿意去偏远老年社区的高端老年人,是有市场需求的。但由于建设选址和建设规模的限制,老年公寓的发展在体量和比例上只能成为补充。

3. 以高端养老机构的发展为重点

从目前上海老年人口发展的趋势看,一个重要的变化就是 80 岁以上的需护理老人的数量呈快速增长的态势。随着这一趋势的逐步显现,需护理老人的高端需求将显著增加。高端养老机构与老年社区、老年公寓相比较,其服务目的更加具有针对性,服务形式和居住特点也更易于为人们所接受。因此,从满足老年人口发展需求的迫切性来看,高端养老机构的发展应该成为未来一段时间政府支持发展的重点,至少近期如此。

三、国外政府在居护类养老服务产业发展中的职责

（一）发展情况

国外居护类养老服务产业的发展从 20 世纪 70 年代开始加快,到目前为止,主要的业态形式有独立老年住宅、老年社区、老年公寓等。其中,由于各国老年人生活理念的不同,各国发展的重点也有所差异。西方社会和东方社会在居护类养老产业发展方面的差异比较如表 2-1-1 所示。

表 2-1-1 西方社会和东方社会在居护类养老服务产业发展方面差异比较

比较项	西方型社会	东方型社会
传统家庭观	社会风尚是独立自主,互不拖累	社会公德应赡养老人,敬老爱幼
主体家庭结构	亲子分居,小家庭为主体	多代同堂,大家庭为主体
老年福利体制	政府立法,社会保险	政府立法,社会家庭共担
老年福利对策	增强老人独立生活能力	增强家庭养老功能
老年住宅形式	低层独立式住宅或公寓	多层集合式住宅或公寓
社区服务目标	援护纯老年家庭	援护住宅养老环境
老年居住福利设施	满足老人对居住环境多样性需求	开发社区服务网点,收养在宅养老有困难者

（二）启示

1. 完善的法律体系是确保政府职能科学和持续发挥作用的重要保证。一方面有利于对政府职能的范围进行明确的界定,避免越权和失灵;另一方面也能够保证政府政策和职能在一定时期内的持续性,保证预期目的的实现。

2. 加强监管是政府职能的重要内容。政府作为公共利益的维护者,监管是其重要职责。从国内外经验看,通过法律制定规则,并强化监管,使各类参与者在政策和法律要求的范围内运作,也是各国和地区政府的必备职能。

3. 构建多样化、多方位的支持政策体系是确保效果的基础。除了在传统上认为国家不具有养老职责的美国和澳大利亚等国家之外,政府更多的兼具了一种参与者的角色功能,并根据各自的特色,采取了不同的具体参与和支持政策,但共同的特点是均从多个方面提供了综合性的支持和扶持。

4. 加强人才培育是对居护类养老服务产业发展的必要条件。居护类养老服务产业的发展所需人才不仅包括专门服务人员,还包括由养老服务所引起的各种生活和社会服务所需的人员,因此是一个系统工程,政府加大在人才培育方面的支持力度是快速缓解这一矛盾的有效途径。

5. 重视社会团体和志愿者等队伍的建设。社会团体可能成为居护类养老服务产业的直接参与者和建设者,高水平、负责任的社会团体和志愿者队伍建设,需要政府部门做出更多的引导和扶持。

四、上海居护类养老服务产业发展政策分析

(一) 政策研究方向

推动居护类养老服务产业发展是积极应对人口老龄化的重要手段之一。目前,我国老年社区、老年公寓、高端机构养老设施建设运营仍处于探索阶段,相关配套政策还不完善,具体表现在:无相关专项规划支撑、土地政策尚不明晰、缺乏针对性的建设标准和要求、没有鼓励性的财税政策、融资渠道和模式较少等。

考虑到居护类养老服务产业经济性与社会性共存、营利性与公益性并举的特点,上海应落实《国务院关于鼓励支持和引导个体私营等非公有制经济发展的若干意见》(国发〔2005〕3 号)和《国务院关于鼓励和引导民间投资健康发展的若干意见》(国发〔2010〕13 号)相关精神,加大对居护类养老服务产业扶持力度,促进居护类养老服务产业健康、有序发展。相关政策的研究,包括用地、税收、财政、融资、产业指导、人才及其他配套(如公用、医疗、教育)等方面。同时,还应从规范市场环境、提高产业可持续发展能力的角度出发,明确行业准入条件,制订建设标准,并加强行业监督,发挥其在解决本市养老问题中的积极作用。

(二) 相关产业政策设想

1. 加大政策扶持力度

《中国老龄事业发展"十二五"规划》提出,把老龄产业纳入经济社会发展总体规划,列入国家扶持行业目录。明确提出要研究制订、落实引导和扶持养老服务产业发展的信贷、投资等支持政策;鼓励社会资本投入养老服务产业;引导老年人合理消费,培育壮大老年用品消费市场。

为推动产业发展,上海应将养老服务产业列入《上海产业发展重点支持目录》,积极鼓励、引导和规范社会资本参与居护类养老服务产业的发展。在目前阶段,可以通过建立示范性养老服务产业试点项目,先行先试。一方面可起到引导、示范作用,为其他居护类养老服务产业相关设施的建设和发展提供方向性参考;另一方面可作为政策探索的试验田,为未来上海居护类养老服务产业相关政策的制订和完善打下基础。

2. 加强规划保障

目前,无论是在上海市城市总体规划还是各区域控制详细规划中,均未对养老服务产业用地进行系统规划。为规范、引导本市居护类养老服务产业发展,应在对居护类全市养老服务产业发展的总量需求进行预测的基础上,各区(县)应结合自身实际和资源禀赋,充分运用市场化机制,探索编制全市老年社区(公寓)、高端养老机构养老服务专项规划,并协调推进项目控制性详细规划的调整工作。在居护类养老服务产业用地上,应充分考虑土地的节约、有效利用,适当提高用地容积率,并可充分利用储备土地、闲置土地、产业结构调整土地。

3. 明确土地供给方式

根据国家及上海市有关土地管理法规,政府举办的机构养老设施是公益事业,用地性质为福利设施用地,用地可以通过划拨的方式取得,而居护类养老服务产业用地具有经营性质,其用地类别、供地方式尚需尽快明确。

考虑到老年社区、老年公寓等项目以经营性为主、兼顾公益性的特征,基地内可能配置文化娱乐、商业服务等配套设施,以及开发单位以不动产抵押融资和资本运作的需要,该类项目用地性质列为经营性用地为宜。同时,考虑项目兼顾公益性质,更好地为老年人提供良好服务,应鼓励投资开发单位对相应物业长期持有,良好经营。因此,在供地方式、土地出让价格上给予一定的优惠政策。

对销售型、混合经营型(租、售并举)老年社区、老年公寓,用地性质可设定为商住综合用地或住宅用地。在供地方式上,可先设定限制性建设经营条件(如明确配套设施种类与规模、限定服务人群、限制销售或限定销售比例等),按土地成本价设定出让底价,以有偿出让的方式(如带条件、带方案招拍挂的方式)出让土地。

对只租不售型老年社区、老年公寓,根据不同情况,用地性质可设定为商住综合用地或公共设施用地,并采取带条件出让方式供地,供地价格应适当控制或给予土地出让金返还等优惠政策,同时适当提高容积率。

对高端养老机构设施,用地性质可设定为公共设施用地。土地取得方式可通过带条件出让方式获得。

同时,鼓励对现有物业进行改造和利用,兴办高端养老机构和出租经营型老年公寓,以实现城市存量资源的合理利用。可按"三不变"(用地性质不变、建筑主体结构不变、权属不变)的原则加快建设。

表 2-1-2 居护类养老服务产业用地性质及供地方式建议

项目类型	用地性质	供地方式
老年社区/公寓(销售型、混合经营型)	商住综合用地或住宅用地	有偿出让(如带条件、带方案招拍挂)
老年社区/公寓(持有出租型)	商住综合用地或公共设施用地	带条件出让
高端养老机构设施	公共设施用地	带条件出让

4. 完善各项支持政策,促进产业快速发展

(1) 人才政策支持

要发展居护类养老服务产业,必须有一支专业化、规范化的社会养老服务队伍与之相适应。

一方面,政府应加大对已有养老服务类高等院校专业的支持力度,鼓励具有一定专业基础的高等院校开设康体疗养、养老护理等专业,加强养老服务实训基地建设,并吸引国内外相关培训机构入沪,从而为社会培养更多养老服务医疗、护理、保健、康复、管理等方面的专业人才;

另一方面,加大专业人才引进力度,可将养老服务相关专业人才列入《上海市重点领域人才开发目录》,在用人、落户上作适当倾斜。同时,探索建立护理人员职称评定制度,规范护理人才管理。对优秀从业人员,在居住证积分管理中予以倾斜。制订激励政策,鼓励用人企业提高相关专业人才的薪酬福利待遇。

(2)税收政策支持

居护类养老服务产业在我国尚属起步阶段,对投资者而言,市场前景仍存在一定的不确定性。为吸引社会资本投入居护类养老服务产业,应为投资者创造一个较为宽松的财税政策环境,在税收上给予一定的优惠,在财政上给予一定的支持。

可在《上海市财政局、上海市地方税务局关于转发〈财政部、国家税务总局有关税收政策问题的通知〉及本市对老年服务机构税收管理的通知》(沪财法〔2001〕64 号)、上海市《关于加快实现本市社会福利社会化意见的通知》(沪府办发〔2001〕34 号)相关政策的基础上,在税收上给予一定的优惠:

① 制订为住养老人提供生活护理、康复治疗服务所收取的托管费(包括住宿费、餐费等)、护理费(包括分级护理费、专护费)、康复治疗费(包括医疗费、诊疗费、康复费)的基本收费标准。对相关企业收取的上述费用的基本部分以及代收代付费用等可免征营业税,其应纳城市维护建设税、教育费附加等一并免征。相关标准由市民政、物价部门定期向社会公布。

② 对老年社区内设的机构养老设施,除按上述税收优惠外,如机构养老设施实施独立核算,免征企业所得税。

③ 对出租经营的老年社区、老年公寓的老人住养用房、老人活动用房、养老服务用房以及其内设机构养老设施、医疗机构用房,免征房产税。

④ 对于进口用于老年服务设施建设的设备和残疾人专用康复器材及专用品,按照国家有关规定给予税收优惠。

表 2-1-3　居护类养老服务产业税收优惠政策建议

项目类型	建设过程中的行政事业性收费与政府性基金	营业税	企业所得税	房产税	其他
老年社区/公寓(售、混合)		托管费、护理费、康复治疗费基准部分以及代收代付费用等免征	老年社区内设独立核算的机构养老设施免征	老人住养用房、活动用房、服务用房等免征	对于进口用于老年服务设施建设的设备和残疾人专用康复器材及专用品,按照国家有关规定给予税收优惠。
老年社区/公寓(租)	免征				
高端机构					

(3)财政政策

① 给予服务业引导资金的支持

《上海市人民政府关于开展服务业综合改革试点工作的通知》(沪府发〔2011〕13 号)提出,

要推动生活性服务业提升发展。大力发展家政服务、为老服务、社区服务、家庭教育、文化娱乐、医疗保健、体育健身等生活性服务业,打造"以人为本"的生活性服务业提升发展示范区。

服务业引导资金主要用于服务业发展中的薄弱环节、关键领域、重点区域和新兴行业。为吸引社会资本投资居护类养老服务产业,推动居护类养老服务产业发展,对该领域中发挥引领作用的重点项目应给予服务业引导资金支持(如适当补贴、贷款贴息等)。

② 加大政府财力对机构养老设施的支持

对老年社区内设的机构养老设施,政府财力应给予一定的补贴。具体补贴办法参照沪府〔2012〕105 号文相关规定:对形成产权的非营利性养老机构,在土地性质锁定、机构性质锁定(民办非企业)且具备纳入基本公共服务养老机构建设补助条件的,由市级建设财力按照核定建设成本的 50%、最高不超过 8 万元/床的标准补助。对高端机构养老设施,可参照沪府〔2012〕105 号文中对社会力量投资建设的其他机构养老设施补贴标准进行补贴,即由市福利彩票公益金给予 1 万元/床标准补贴。

(4) 融资支持

随着人口老龄化的发展,金融机构对养老服务产业的关注程度也日益提升。如国家开发银行就已制订了"关于社会养老服务产业建设的工作方案",计划加大对社会养老服务产业的信贷支持力度。同时,《国务院办公厅关于当前金融促进经济发展的若干意见》(国办发〔2008〕126 号)提出,"支持相关保险机构投资医疗机构和养老实体"。因此,上海应与相关金融机构、保险机构建立合作机制,鼓励保险机构以独立投资、与其他社会资本共同投资、贷款等方式投资于居护类养老服务产业,鼓励银行为居护类养老服务产业提供信贷优惠。政府财政可为居护类养老服务产业提供贷款贴息支持。

(5) 公用事业配套支持

作为社会化养老项目,养老服务产业设施所使用的电、水、电话、有线电视等公用事业性收费,按照居民价格标准收费。在多回路供电容量费、燃气和自来水接口费征收上给予一定的优惠。

(6) 医疗配套支持

医疗配套功能对居护类养老服务产业设施而言至关重要。通过新设、协议、引进、转型、增设等形式积极推动医养护融合发展,促进医疗卫生资源进入居护类养老服务产业项目。支持有条件的居护类养老服务产业设施设置医疗服务点。

选址时,应重点考察其周边已有或规划医疗设施情况。老年社区、老年公寓的医疗服务,一般可由所在社区的卫生服务中心负责。通过签订契约,形成约定的服务关系,其结算业务可纳入城镇医疗保险管理。

对于周边医疗设施不足,需在老年社区基地内规划内设医疗机构的,医疗机构已取得执业许可证并申请城镇职工基本医疗保险定点医疗机构,可根据有关规定,经审查合格后纳入城镇职工基本医疗保险定点范围,入住老人中的基本医疗保险参保人员,在该医疗机构就医所发生的医疗费用,按基本医疗保险的规定支付。

医疗设施建设管理主要可采用以下模式。

建议模式一:养老社区临近医疗机构建设,并与医疗机构签订合作协议。

建议模式二:开发商投资建设,建成后移交当地政府,由当地政府协调市、区卫生部门确定运营管理单位。

建议模式三:社会投资建设,建成后委托社会专业医疗管理机构管理,根据要求纳入城镇职工基本医疗保险定点范围,卫生部门负责行业指导。

（7）教育配套支持

老年教育设施(如老年大学等)是提高老年人生活质量和文化素养的重要社会设施。老年教育设施的配套可采取以下的方式:开发商投资建设,建成后委托政府或社会专业管理机构管理,政府给予设备投入、运营补助支持。

5. 规范市场环境,提高产业可持续发展能力

（1）明确准入条件

为减少由于开发单位资金实力、专业能力、经验欠缺而造成项目运营不稳定,从而引发社会问题的情况,政府应尽快制订养老服务产业准入、审批和管理的试行办法。在行业准入上,要向资金实力强、追求稳健投资收益,且具有一定养老项目管理经验的机构或联合开发团队倾斜。对老年社区、老年公寓,应通过公开、平等、规范的方式,对符合要求的开发团队择优而选。对从事养老服务的企业,应允许其进行工商登记。

（2）制订建设标准

养老服务产业在我国是新兴产业,老年社区、老年公寓等居护类养老服务项目缺乏相关建设标准与规范。有关部门应根据老年社区特点,制订老人住养用房人均建筑面积指导性指标及配套设施标准(如配套设施具体功能设置原则及规模等),以指导老年社区、老年公寓项目的建设。

（3）加强经营监督

① 老年社区与老年公寓

从国内外已建成的项目案例来看,投资开发单位长期持有项目物业、向老人出租居住单元的经营方式,有利于确保老年社区、老年公寓的为老服务性质,有利于保证养老服务供给和统一管理。因此,为保证老年社区、老年公寓项目性质不异化,应鼓励投资开发单位对相应物业长期持有。同时,加强对入住老人合同的指导和管理,要求在合同中明确费用支付、服务提供、争端仲裁等内容,保障老人权益。对收取会员费、入门费或同类性质费用的,应实行专户管理,规定所收款项用途。

规土部门要强化土地监管。因各种原因不再运营的老年社区、老年公寓,不得擅自改变土地用途。通过有偿方式取得的土地,按照出让合同的规定处理,警惕养老服务产业项目成为变相的房地产项目。

② 高端机构养老设施

高端养老服务机构对老人的服务具有专业化、精细化、差异化的特点。应尽快明确不同类型高端机构养老设施的行业管理,并制订行业服务规范要求,加强引导,促进高端机构养老设施可持续发展。

（戴建敏、王昊、耿海玉、刘晖、黄柬、杨靖波、赵世英、胡晶焱）

上海建设世界著名旅游城市
重点旅游功能的战略构想

根据市委、市政府对推进上海建设世界著名旅游城市的战略部署,加快重大旅游功能项目建设是推进上海国际化大都市建设、满足人民日益增长的休闲需求、提升上海旅游国际影响力的重大战略举措。尽管如此,对比其他世界著名旅游城市,上海仍有不小的距离,面临旅游功能体系不够完善、旅游吸引力不够强大、旅游辐射能力有限等问题,亟须聚焦重点旅游功能,寻求突破以实现创新发展。因此,在新形势下策划构想上海世界著名旅游城市重点旅游功能建设,具有深刻的理论意义和丰富的现实意义。

一、上海建设世界著名旅游城市重点旅游功能面临的新形势

1. 上海建设世界著名旅游城市重点旅游功能面临的新机遇

政策红利,全民休闲需求持续释放。2009 年,国务院颁布《关于加快发展旅游业的意见》,确立了旅游业在国民经济社会发展中的战略地位。上海积极响应国家战略,出台《关于加快上海旅游业发展,建设世界著名旅游城市的意见》,陆续编制了《上海市旅游景区点管理办法》《上海国民休闲旅游发展纲要》,并逐步落实企事业单位职工带薪休假制度、景区每周固定日打折优惠等惠民政策,全方面推进上海休闲旅游发展。

跻身世界,上海旅游发展迈入新高点。借力世博会,上海旅游甚至整个上海城市发展已攀至新高点。立足发展新高点的上海,从形象定位、功能体系、产品系列、项目品质、服务标准全方面对接世界著名旅游城市,做大做强上海旅游,正向世人展示上海中西交融、经济发达、社会和谐、人文丰富的城市魅力。尤其是世博之后,上海坚持实施全域旅游发展战略,大力推进城市的景区化,打造了首个开放型都市旅游景区徐家汇源,加快了徐汇滨江、南外滩老码头、世博滨江等浦江旅游区域的公共空间开发,以点串线,以线连面,活化城市市民游憩空间。

受惠自贸区,上海旅游产业不断扩容。中国(上海)自由贸易试验区成立之后,受惠于政策红利,在中外合资旅行社设立、外资演出经纪机构的股比限制、外商独资演出经纪机构设立等旅游市场得到放开,这些将推动上海旅行社、文化旅游、商务休闲旅游、会展旅游、区域性医疗旅游等发展,以点带面,拉动整体上海旅游产业经济的升级与协同发展。同时,自贸区还将驱动上海加快拓展免退税市场,包括免税店开设等在内的政策可能在自贸区的整体框架中体现,旅游零售等相关产业将直接受益于制度红利。

图 2-2-1　上海黄浦江沿线旅游项目示意图

2. 上海建设世界著名旅游城市重点旅游功能面临的新挑战

同质化竞争,旅游中心地位弱化。随着旅游市场环境和制度环境的转型与变革,旅游产业运行的产品体系、商业形态、运营模式都在经历发展与演进,旅游产品升级换代、复制模仿周期不断缩减。自迪士尼乐园落户上海之后,周边区域先后引入香港英皇影视文化村、海宁武侠影视基地、无锡华莱坞电影产业园等主题公园项目,构成了上海迪士尼乐园的外部市场竞争压力。而随着长三角交通一体化推进,加之周边区域入境旅游竞争力提升,在入境旅游方面,上海逐渐成为长三角、华东区域入境游线的起止点,以交通中转功能为主,沪上逗留时间也随之缩减为半天或一天左右,大大冲击了上海长三角旅游中心地位。

世博会之后,市场低迷状态持续。2010 年上海世博会虽提升了上海的城市旅游形象、旅游综合服务能力、创意策划意识,但也在短期内集中消费了未来若干年的国内外旅游市场,市场透支造成世博会后上海旅游人气急速下滑、旅游市场持续低迷,尤其是入境游市场下滑明显,2012年入境游客接待量约为 757.4 万人次,较 2012 年 800.4 万人次的接待量,同比下降了近 5 个百分点。同时,尽管"十二五"期间上海安排了一批高能级、高质量的旅游重大项目,受宏观经济波动、旅游市场低迷影响,目前除在建的迪士尼乐园,其他如佘山国家旅游度假区、金山滨海旅游度假区等多为原有项目延续提升,极地海洋馆、北郊湿地、郊野公园等仍处于前期推进阶段,尚无重大进展。因此,在世博之后、迪士尼之前,上海暂无与世博会、迪士尼匹敌的高级旅游项目让国内外聚焦上海旅游,市场低迷状况恐将持续。

新建项目
1.迪士尼乐园一期
5.奉贤上海之鱼

提升项目
7.松江佘山国家旅游度假区
9.金山滨海旅游度假区
10.嘉定马陆乡村旅游景区
13.金山吴越界河文化旅游区
14.徐家汇中心综合旅游
15.长宁苏河第一湾

前期立项
3.浦东极地海洋馆

规划编制
2.临港文化影视基地城
4.青浦梦上海
6.嘉定北郊湿地项目
8.奉贤碧海金沙文化旅游创意园
11.崇明东滩水世界
12.崇明郊野公园

图 2-2-2　上海"十二五"重点规划旅游项目推进情况

服务滞后,公共配套提升压力大。中国旅游业已进入以大众化、产业化、散客化为特色的发展阶段。在此背景下,"边出游边抱怨"成为常态,出行游客也更加注重旅游活动的自主性、灵活性和多样性,由此也对城市旅游公共服务提供更多、更高的要求。作为市场化程度较高的上海旅游,相比快速发展的城市旅游市场,公共旅游配套尤其是公共旅游服务平台发展的路径、模式、方法仍在不断摸索中,服务配套能力相对滞后。

二、新形势下上海建设世界著名旅游城市重点旅游功能的路径选择

1. 智慧引领

坚持"政府主导、企业参与、市场运作"的原则,围绕上海"智慧旅游城市"建设,以最大程度满足游客个性化需求、优化旅游休闲环境、提升旅游公共管理水平为目标,实现由粗放式旅游管理向精细化旅游服务转变,由单一行业管理向旅游全产业链整合转变,全面推进上海旅游产业创新发展。

2. 文化注魂

突破就旅游发展旅游的观念,全面整合城市景观、建筑、社区、活动、商业、文化、人等资源,凝练城市文化特色。细分旅游客群市场,借势、造势、乘势打造不同系列旅游产品。发挥文化的辐射效应、渗透效应,赋予旅游环境情景感,提升旅游产品内涵性,打造旅游体验差异化,以魅力促实力,形成对国内外游客尤其是国际游客的吸引力。

3. 体验为先

围绕旅游的"娱乐、教育、逃避、审美"四大体验,以主题性、挑战性、仿真性、深度性为指导,全方位提升旅游区的可进入、可停留、可欣赏、可回味,旅游产品的可参与、可互动、可感受、可享受,为游客构建丰富多样的旅游体验系统,打造旅游项目标杆。

4. 多元融合

发挥旅游业无边界优势,推进旅游的跨产业融合、多功能融合、新业态融合,为游客提供产

业内涵丰富、功能体验复合、业态组合多样的旅游体验,积极推进旅游业与商业、文化、体育、会展等产业融合发展,充分释放上海旅游产业发展能级。

三、上海建设世界著名旅游城市重点旅游功能性项目的战略举措

(一) 融合延伸,不断丰富城市旅游内涵

1. 文旅互动,打造融合产品系列

文旅互动,创新融合思路和方式,从旅游观光、旅游购物、文化演艺、文化场馆、节庆赛事、主题旅游区域等方面提升上海旅游与文化融合力度和深度。尤其是依托上海文化场馆(或区域)资源丰富的优势,形成一系列文旅融合载体,既可整合中华艺术宫、上海当代艺术博物馆、上海儿童艺术剧场、上海世博会博物馆等重点文化场馆资源,融入旅游功能,也可以依托田子坊、红坊、同乐坊等文化创意园区资源,不断提升区域人流集聚规模及消费水平,提升区域的旅游效应和商业价值。

表 2-2-1 上海重大文化旅游项目情况表

规划建设项目名称	建筑面积/米²	备 注
中华艺术宫(上海美术馆)	169 000	世博会中国国家馆改建
上海当代艺术博物馆	34 650	世博会城市未来馆选址
上海儿童艺术剧场	12 437	选址世博会上汽通用汽车馆
上海世博会博物馆	40 350	选址世博会浦西园区 D09 地块
上海市历史博物馆	23 000	选址世博会城市足迹馆或上海美术馆现址
上海革命历史博物馆	20 000	建议选址世博会浦西园区 D10 地块
上海图书馆二期	95 000	建议选址世博会浦西园区 D10 地块或市府大厦
上海市少儿图书馆	14 849	建议选址世博会信息产业馆
中国近现代出版博物馆	20 000	建议选址世博会浦西园区 D09 地块
上海非物质文化遗产交流中心	23 000	建议选址大世界
刘海粟美术馆(迁建)	14 800	选址长宁区凯桥绿地
上海工业博物馆	—	建议选址世博会浦西园区
上海虹桥舞蹈艺术中心	80 000	选址长宁区虹桥路、延安西路地块
人民广场西藏路剧场群	—	现有资源恢复整合提升
上海航天博物馆	33 000	选址闵行区

2. 业态融合,发展体验式商业

体验式商业不仅融合各种业态、功能、服务等,更能为消费者创造再生体验,让消费者感受文化的力量,目前已超越普通商业概念,成为功能复合、业态多元、人气集聚的综合性主题娱乐项目,如拉斯维加斯米高梅酒店、迪拜购物中心等。因此,可通过规划引导体验式商业发展,鼓励商家注重消费者的参与、体验和感受,注重商业中心空间、环境设计更好地满足体验式消费需求,让游客置身其间,不仅获得触动人的"灵魂"的愉悦难忘体验,也激发其再次重游的冲动。

表 2-2-2　体验式商业发展模式

发展模式	发展特征	代表项目
创造体验性的购物环境	借助独具特色的建筑设计打造购物环境,既实现建筑符号的吸引力,也完美解决便利性和可到达性	上海新天地:将传统文化与现代商业结合
尝试体验性服务为商场增值	● 通过商场的特色服务来给游客获得体验 经常举办一些定制式的活动;借助邮件、APP、微博、微信等实现互动	朝阳大悦城:数据服务;拥有 14 万粉丝的微信营销
增加各种体验性的业态	● 购物、餐饮、休闲 1:1:1 联袂主演的消费模式,多主力店 ● 不同发展模式: 以儿童核心家庭类体验 以运动娱乐为主的年轻消费体验 以餐饮、咖啡为主的商务消费体验	三里屯太古里:古老+时尚 =潮流生活方式,其中南区主要面向年轻时尚人群,北区汇集富有创意的高端奢侈品牌、画廊和艺廊

3. 特色聚焦,构筑康疗休闲集群

2012 年 5 月,上海市卫生局等十部门联合刊发《关于促进本市国际医学园区医疗机构建设与发展的若干意见》,提出坚持发展高端医疗服务,随后出台《关于进一步促进本市社会医疗机构发展的实施意见》鼓励社会办医,并在上海医疗保健旅游大会上,提出以上海国际医学园、上海新虹桥国际医学园为平台,重点发展国际旅游医疗等高端医疗。因此,可依托上海国际医学园区、上海新虹桥国际医学园区,向淀山湖、崇明岛等生态优质区域延伸,打造融休闲娱乐、医疗保健、养生度假等功能于一体的国际康疗度假中心,并发挥市级特色医院专业优势,如九院美容等形成市区特色康疗休闲集群。

表 2-2-3　上海重大康疗旅游项目情况表

康疗项目	区　位	发展概况	发展特色
上海国际医学园区	浦东周康地区,建设中的 16 号线在医学园西侧设站点	上海国际医学中心目前已入驻上海市质子重离子医院、上海同济宝隆医院、上海伊丽莎白国际妇产医院、德舟国际医院等中外合资高端医疗机构	聚焦海外人士、国内高收入人群,打造中高端康疗中心,并配套五星级酒店、大型会议及培训中心等商务设施
上海新虹桥国际医学园区	位于上海虹桥商务区内,毗邻虹桥综合交通枢纽	原卫生部和上海市的合作项目,规划投资约 78 亿元,规划入驻百汇综合性医院、美国复兴肿瘤医院、美国 HCA 心脏外科医院、复旦万科儿科医院、韩国白家医院和长海医院特色专科中心	规划导入旅游医疗、转化医学、医疗会展、养老康复、医疗保险等新型医疗服务
特色养老康疗项目	上实东滩长者社区;陈家镇养老社区项目;宝山星堡项目;浦东南汇香树湾项目		
特色专科康疗项目	九院美容医疗;仁济医院耳鼻喉专科;华山医院皮肤专科;复旦大学附属妇产科		

4. 市场引导,拓展提升会展旅游

加强行业对接,完善旅游与会展尤其是展览的对接机制。在现有发展基础上,摒弃旅游后置的做法,尽早介入会展旅游发展,将旅游产品、活动等作为会展招徕吸引物之一,积极将旅游观光出行、活动参与等列入会展组织计划,将会展活动纳入旅游对外宣传与促销中,为会展参会人员、参展商等提供城市旅游地图、旅游联票优惠、个性化游线等会展旅游服务,全方位地加强

会展与旅游的融合。同时,重点联动中国博览会会展综合体(筹)、上海新国际博览中心、世博展览馆等大型会展中心的优势资源,充分释放会展旅游发展活力。

表 2-2-4 上海重大会展旅游项目情况表

会展项目	区 位	规 模	知名展会	主要影响力
中国博览会会展综合体(在建)	虹桥商务区核心区,靠近虹桥综合交通枢纽	项目总建设规模 147 万米²,其中地上面积 127 万米²。建成后将提供 53 万米² 的展览空间	项目在建中	为上海市与国家商务部合作项目;世界上规模最大、最具竞争力的国际一流会展综合体
上海新国际博览中心	浦东龙阳路 2345 号,靠近龙阳路、花木路地铁站	项目室内展示面积近 20 万米²	上海国际汽车工业展览会、上海国际工业展览会、华交会	是世界上最具吸引力国际展览及活动场馆之一,每年吸引约 200 万名海内外观众和 2 万余名国内外参展商
世博展览馆	位于世博轴西侧,紧临中国馆、世博中心	占地 11.5 公顷,总建筑面积约 12.9 万米²,由五个展馆组成	2012 中国(上海)国际奖励旅游及大会博览会、第 17 届中国国际建筑贸易博览会	作为上海世博会的永久性场馆之一

5. 产品互动,丰富郊野旅游功能

未来上海郊区拟布局建设 21 个郊野公园,总面积约 400 平方千米,逐步形成与城市发展相适应的大都市游憩空间格局。在此背景下,可依托郊野公园建设,融合房车旅游、自驾车旅游、露营旅游等发展,打造城郊游憩休闲区。同时,重点引入野奢度假产品,即以山野、乡野、郊野、田园等区域为背景,乡土、原生态建筑为外观,打造外部古朴自然、内部豪华奢侈的个性酒店,满足高端游客尤其是高端商务会展游客对于自然和奢侈的双重需求。

(二) 提升发展,持续增强旅游市场竞争力

1. 技术引领,构建智慧旅游景区

响应"感知智慧地球""感知中国"的战略方针,以科技创新为抓手发展智慧旅游景区。一方面,服务先行,鼓励景区数字化、智能化,大力支持旅游区基于安卓、IOS 等平台开发智慧导游、虚拟体验、社区互动等智慧旅游服务方案;另一方面,产品升级,在旅游产品体验中充分利用场景实景复原、数字动感等技术,为游客展示国家(或城市)的自然风景和人文、景区、社区环境等,让游客通过虚拟互动、场景转换等提前体验异地旅游,又可通过产品预定、行程攻略、社区互动等功能,提前锁定游客。

2. 资源互动,丰富社区旅游体验

城市社区的建筑物、构筑物、街道、环境小品等,不仅是城市环境的构成,也是区域文脉的呈现。上海市中心散落分布着文艺院团、文艺院校、科研院校、图书馆、宗教场所等资源,其与周边商业、住宅、景观等融合在一起,构成了城市功能多元、文化气息浓郁的社区,这些都能为旅游者提供的一种氛围、一种生活方式,也给城市旅游资源超常规的概念解放和功能创新提供机会。因此,可依托社区资源的文化内生优势,打造带有城市生活印记的特色活动。如可外溢上海戏剧学院的戏剧表演、雕塑艺术、文艺演出等要素,与社区商业、创意、休闲、景观小品等融合,策划微电影、戏剧大道、艺术游园会、国际戏剧入社区等系列活动。

表 2-2-5　特色社区资源示意(部分)

资源类型	资源主体	体 验 内 容
文艺院团	上海话剧艺术中心、上海交响乐团等	实现文艺院团和周边社区的共建、共兴、共赢,尤其是文艺院团在演艺旅游项目、进驻社区演出、提供创意支持等方面与社区形成联动
文艺院校	上海音乐学院、上海戏剧学院、上海歌舞团等	社区周边建筑、环境、产品开发融入文化要素,将文艺院校师生作品引入社区,为社区营造文化氛围,将实验性的文艺表演等带入社区,举办系列主题性文艺体验活动等
科研院校	交通大学、复旦大学、同济大学、华师大等	以大学作为旅游目的地,吸引旅游者前来参观、旅游和学习;向周边社区公开高校讲座报告、文艺演出等活动信息,吸引游客前往交流互动
图书馆	上海图书馆、徐家汇藏书楼、浦东图书馆等	定期举办特色读书会、交友会、文学交流会等活动,吸引游客前往互动交流;整合特色馆藏资源打造主题参观路线

3. 多管齐下,做大做精洋房旅游

依托汾阳路、愚园路、武康路、湖南路、思南路、长乐路、华山路、兴国路、茂名路等老洋房最集中的区域,深度策划并推广个性化的老洋房主题旅游产品。首先,全市统筹,统一进行资源梳理规划,通过导览手册、APP、微电影、纪录片等及电视、报纸等大规模推介;其次,名人带动,放大宣传具有世界影响力的名人建筑,如巴金故居、宋庆龄故居等历史文化建筑,以点带线,以点带面,带动整个街区旅游;最后,活动引爆,让游客参与老洋房活动,寻找风华绝代的老洋房传奇故事,感悟和延伸上海的记忆。

4. 兼容并蓄,策划城市狂欢活动

发挥上海海派文化博大精深、兼容并蓄、文化引领、潮流标杆的优势,策划城市狂欢活动。一方面,提升改造,融入全民狂欢元素,依托豫园元宵节灯会、桃花节、外滩倒计时等活动,融入声光电技术、线上虚拟体验、社区互动等时尚创新方式,实现真正意义的全民狂欢;另一方面,大胆创新,策划城市狂欢节。借鉴国外狂欢节经验,融合百变的面具、华丽的服装、热情的舞蹈等时尚元素,策划三天至一周的"海派大狂欢",吸引全民参与狂欢。

(三) 创新策划,积极推动旅游发展新业态

1. 创新激活,领先数字旅游潮流

上海城市创新活力是其领先于长三角乃至全国城市的内在驱动力,也是构成城市独特精神的内核,更是吸引国内外游客感知上海城市魅力的独特吸引物。因此,应发挥独有的创新优势,一方面,技术先导,积极引入 Waze 地图、CityMaps 社区、Google Glass 与旅游相关的新业态、新产品,为游客提供丰富多元的技术体验;另一方面,趋势引领,积极承办国际最新、最潮流的、具有行业技术引领性和权威性的技术展会,如智慧生活畅想、移动旅行等消费类时尚展会,形成独特的技术吸引力,为游客创造"科技改变生活"的独特体验。

表 2-2-6　新的旅游科技发展情况(部分)

项　目	主　要　功　能	应用情况
众包地图 Waze	通过精心设计的用户界面和操作,引导终端用户高效的进行路况信息(堵车,事件信息)的上传和共享,从而形成及时和准确的路况信息,推送到所有正在使用 Waze 的客户端	2012 年,共有 3 600 万名用户使用了 Waze 的应用来导航,行驶了 96.6 亿千米,分享了 9 000 万份用户报告

（续表）

项　目	主　要　功　能	应用情况
CityMaps	打造基于地图尤其是城市旅游地图的社交网络。如在纽约市,用户通过易于识别的名称和 logo 视觉标识轻松浏览纽约市,同时可从近 9 万家的酒店、餐厅、酒吧、店铺和景点中筛选定制行程	目前已经覆盖了纽约、旧金山、波士顿、奥斯丁、芝加哥等几大城市,其中纽约市成为与"城市地图"联合推出智能手机软件的旅游目的地
Google Glass	用于增强现实的头戴式显示器,用眼镜取代智能手机的屏幕,并且允许使用自然语言来与互联网交互	2012 年 6 月 27 日,谢尔盖·布林在 Google I/O 大会上演示了这一产品
MyMagic	由迪士尼乐园开发,其中嵌有无线射频识别芯片,能与遍布迪士尼乐园的无线射频扫描设备通信。通过该设备实现对每年到主题公园游玩的几千万旅客数据进行收集	迪士尼乐园公司拟对 MyMagic 项目投入近 10 亿美元

2. 内容驱动,策划浦江大型表演秀

聚焦上海国际旅游度假区、徐汇滨江、世博园区、外滩、陆家嘴等重点区域,运用现代高科技手段打造大气磅礴、荡气回肠的大型表演秀。其中人民广场外滩—陆家嘴区域,依托外滩万国建筑群、陆家嘴现代化高层建筑,展示上海百年城市演变及在国际舞台上的兴衰历程,新老建筑更替、黑白彩色交错,为世人呈现"世界的上海";世博后续利用园区,以 2010 世博会为切入点,以中国民族工业发展为脉络,展示上海近现代民族产业演进及上海引领中国跻身世界的发展历程,时光斗转星移,为世人呈现"中国的上海";徐汇滨江,结合滨江公园、梦工厂、西岸音乐节等项目建设,展示上海从"十里洋场"走向世界著名旅游城市的历程,展示上海城市市民休闲生活的最真实面貌,激发游客对上海城市的向往和思考,为世人呈现"上海的上海"。

3. 虚实互动,衍生特色主题公园

紧抓信息发展趋势及年轻时尚群体消费习惯,鼓励线上游戏、影视、社区等与线下主题公园联动,其中线下以虚拟场景再现经典、以主题情节串联乐园,为游客提供特色主题体验,线上通过互联网、新媒体等开展主题产品的营销推广,配套 APP、社区、微信等,让游客互动交流,培养主题乐园特定客群。同时,保持主题乐园的持续吸引力,鼓励电子高科技在主题公园的应用,加快虚拟影像、仿真技术 3D 电影、5D 电影、动感环幕影院、水幕激光电影等技术应用,为游客提供系列的主题互动产品,提高主题公园重游率。

4. 水陆联动,发展低空、邮轮旅游

作为新兴旅游业态,低空旅游能实现旅游资源由平面向立体的延伸。因此,可在滨海区域可先行试点热气球、拖曳伞、飞艇等,并尝试探索直升机、水上飞机等新兴低空旅游产品。配套出台低空旅游规划、低空旅游规范等引导行业合理、有序发展。同时,依托上海港国际客运中心、上海吴淞口国际邮轮港及外高桥多功能码头,吸引更多的国际邮轮停靠上海,打造上海邮轮母港,并加快研发邮轮娱乐活动及具有海派文化特色的岸上旅游产品。

（四）配套完善,不断提升旅游体验品质

1. 品牌导向,重塑世界旅游城市形象

以品牌为导向,重塑上海世界著名旅游城市形象。形象围绕上海国际化大都市建设目标,呈现海派文化的中西合璧魅力,对外展示上海在全球经济舞台上的从容自信,对内表达中国与国际交流互动的进取创新。同时,同步启动上海 A 级旅游景区达标改造一揽子工程项目、上海旅游服务质量提升等系列项目,全方位支持上海旅游城市形象重塑。

表 2-2-7 上海城市形象和旅游品牌提升的重大项目构想

重大项目	主要内容	参与主体
上海城市形象和旅游品牌策划方案	重塑上海世界著名旅游城市形象,重新梳理上海旅游资源和产品,打造新的旅游形象及旅游产品系列	上海市旅游局、国内外知名的专业旅游营销策划机构
上海 A 级旅游景区达标改造一揽子工程	进行旅游景区品牌建设和环境改造,包括旅游景区公益设施、旅游服务系统、旅游标准化建设等,并由上海市旅游发展专项资金给予重点支持	上海市旅游局、全市各大 A 级旅游景区单位
上海旅游服务质量提升项目	聚焦旅游服务质量,尤其是旅游景区、旅游饭店、旅行社服务质量提升,加大旅游服务人员培训力度	上海市旅游局、上海市质量监督局、上海市劳动和社会保障局

2. 平台构建,完善智慧旅游服务体系

坚持旅游便捷化、智能化、信息化的理念,提高信息技术在旅游业应用的广度和深度。积极提升旅游公共服务信息化水平,加快建成覆盖全市的旅游基础信息数据库、旅游行业信息资源共享和协作平台。依托云计算、物联网等建设旅游公共服务信息系统、城市自助导览系统、旅游电子商务系统、旅游数字互动营销平台、网络虚拟旅游系统、旅游应急指挥系统、旅游数据监测分析系统等智慧旅游系统。

3. 服务先行,提升区域旅游休闲品质

服务先行,依托现代信息技术改革和科技进步,提升世界著名旅游城市的休闲品质。依托新媒体,联合向来沪游客发动旅游信息、主题旅游线路等,为游客提供便携式的都市旅游地图,通过实时更新旅游信息,为游客提供"贴身"服务。同时,在旅游交通、旅游导览、旅游信息等领域培育一大批引领作用强、示范意义突出的智慧旅游企业,鼓励其为全面提升上海旅游休闲品质作出贡献。

四、上海建设世界著名旅游城市重点旅游功能的保障措施

(一) 以规划为引导,统筹推进项目布局建设

发挥规划作用,统一上海建设世界著名旅游城市的总体思路,研究制订世界著名旅游城市建设的战略规划,共同谋划一批带动性强、综合效益明显的重点旅游功能项目。在上海旅游资源普查的基础上,大力推进以功能为导向的上海旅游项目信息系统建设,以此为依托从全市层面协调世界著名旅游城市建设项目的功能能级、结构、空间分布,避免核心功能虽齐全但规模小,虽多但普遍雷同,虽强但品牌效应弱等情况。

(二) 以机制为保障,确保项目的可持续发展

坚决打破就旅游抓旅游等传统观念的束缚,积极将旅游发展置于上海国际化大都市建设进程,形成基于国际大都市建设的世界著名旅游城市发展战略。聚焦重点区域发展,积极主动与市级重点项目建设单位建立互动联系机制,积极发挥重大项目建设前期的旅游参与性、决策性,在项目投资决策、市场推广、运营管理充分凸显旅游功能,确保项目可持续发展。

(三) 以政策为配套,不断优化旅游发展环境

全面考虑上海世界著名旅游城市"食、住、行、游、购、娱、节、会、展、演、疗"各旅游功能要素的建设,出台相关优惠政策鼓励国内外著名的体验旅游、主题旅游、康疗旅游、会展旅游等开发

主体参与上海旅游建设;积极争取上海境外旅客购物离境退税和游客免税购物政策落地,提升上海购物功能的国际吸引力;进一步深化国际旅游交流与合作,争取有关部门支持,获得必要的政策试点许可,适度吸引境外国际邮轮公司、会展公司、酒店管理集团等落户上海,注册设立经营性机构。

(四) 以人才为核心,提升旅游产业的竞争力

确立人才在旅游发展中的战略地位,健全组织保障、加大资金投入、完善培养机制、创新培养模式,打造一支操守好、知识广、能力强,具有国际竞争比较优势、善于推动旅游产业跨越式发展的高素质的旅游人才队伍,尤其是围绕旅游产业融合、模式创新等,加速培养一批产业先锋人才。加快培养和引进具有战略思维、世界眼光、创新务实,深谙产业发展、具有宏观决策能力、有较强国际竞争力和影响力的高层次旅游经营管理人才。

(戴建敏、王骅、耿海玉、吕海燕、张彬、缪艳萍、孙萍)

促进上海市重点区域加快发展的体制机制研究

黄浦江两岸地区、世博会地区、虹桥国际商务区、上海国际旅游度假区、前滩地区、临港地区是上海贯彻国家战略、建设"四个中心"和现代化国际大都市、推动"创新驱动、转型发展"的重要载体。课题组以重点地区体制机制为研究对象,选取苏州新加坡工业区、滨海新区、东疆保税区、外高桥保税区等作为对标案例,从时间和空间两个维度,聚焦土地、资金、功能三要素,把脉各重点地区推进实施的现状与问题,揭示其体制机制运行的内在规律,并就上海今后如何促进重点地区加快发展提出对策建议。

一、重点地区体制机制现状

按照《上海市国民经济和社会发展第十二个五年规划纲要》和《2013年上海市人民政府工作报告》的总体要求,黄浦江两岸地区、世博会地区、虹桥国际商务区、上海国际旅游度假区、前滩地区、临港地区等六个重点地区肩负了优化市域空间布局、带动周边区域发展、推动经济转型升级的重任。其中,黄浦江两岸地区开发较早,重点建设黄浦江现代服务业集聚带,已进入成熟期,采用"1+0+1"模式,即1家市级协调机构,不设管委会,设立1家市级政府性投资平台公司[1];临港地区处于开发中期,主要功能为产城融合的国家新型工业化产业示范基地,采用"0+1+2"模式,即不设立指挥部或领导小组,设立1家市属区管、"管政合一"的管委会和2家市级政府性投资平台公司;世博会地区处于开发中期,重点突出国际文化交流功能,建成市级标志性公共活动中心,采用"1+0+1"模式,即设立1家非常设的市级协调机构,不设管委会,设立1家政府性投资公司。虹桥商务区于开发中期,是上海建设国际贸易中心的承载平台,采用"1+1+1"模式,即设立1家指挥部、1家市级管委会和1家市级多元投资开发公司。国际旅游度假区处于开发初期,以国际标准谋划世界著名旅游目的地,采用"1+1+1"模式,即设立1家指挥部、1家"市属区管"的管委会和1家市级投资集团。前滩地区处于开发初期,计划打造集体育休闲、总部商务、国际社区等功能为一体的城市副中心,采用"0+0+1"模式,即不设指挥部和管委会,仅有1家区级投资公司。

二、重点地区体制机制规律分析

(一)从空间和时间维度聚类分析

课题组遴选了外高桥保税区、苏州新加坡工业园区、东疆保税区等其他可比地区,与上海市六大重点地区进行聚类分析。从空间维度看,以城市外环(郊区界)及城市郊环为界限,各地区

---

① 黄浦江两岸地区还拥有多家沿江各区设立的浦江办及开发公司。

或园区可分为城市复兴区、城市边缘区、郊区/新城等三类。从时间维度看,以土地储备完成度、土地出让进度为依据,各地区或园区可分为初期、中期、后期等三类。从规模维度看,各地区或园区占地面积超过 100 千米^2 以上界定为规模较大,占地面积 20—100 千米^2 界定为规模中等,20 千米^2 以下界定为规模较小。

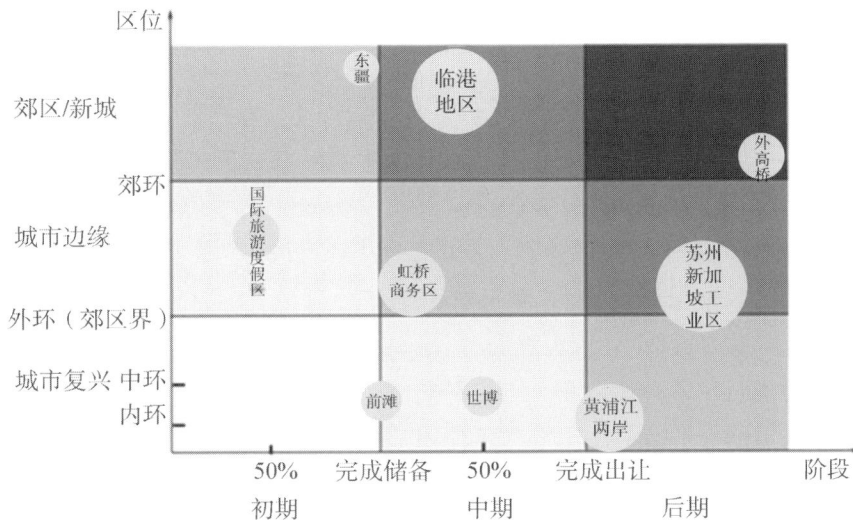

图 2-3-1　重点地区/园区聚类分析

（二）重点地区体制机制配套要求

从不同阶段角度看,重点地区初期应谋划好区域大功能,加快土地收储速度,提前预测功能导入所需的资金及投入产出;中期应关注细分产业定位,围绕功能带动出让土地,控制配套项目投资;进入后期,除掌控好部分地块资源外,重点地区应交由市场开发主体策划具体业态,确保运营与税收平衡,实现可持续发展。研究认为,重点地区初期可采用指挥部领导下采取"政企合一"或"合署办公",快速推进地区一级开发,中期可取消指挥部,政府可委托政府性开发公司主导地区一二级联动开发,后期应充分引入市场化开发公司来主导地区二级开发,并逐步过渡到属地化行政管理。

从不同区域角度看,城市边缘区土地溢价效应最显著,是重点地区的最佳选址区域。管委会设立的必要性将随重点地区与市中心距离增加而递增,市场配置资源的有效性则随距离递减。研究认为,城市复兴区对管委会(或类似机构)需求度最低,功能、土地、资金等问题应主要由市场解决;城市边缘区考虑到跨区县协调、动迁难度及同质化竞争等因素,中期之前有必要设立管委会(或类似机构);郊区新城由于行政级别偏低,功能、土地、资金等要素矛盾依赖市级政府进行平衡,因而设立管委会(或类似机构)是必要的。

（三）重点地区体制机制内在规律

重点地区体制机制设计应把握三点规律。一是合理界定政府与市场分工。伴随着时间转移与中心城区扩张,重点地区在区位上向城区靠拢,功能上趋向于城市建成区,其体制机制设计总体上应由政府为主向市场为主转变,具体应结合其发展阶段与功能实现度,分段设计并有序衔接;二是力争区域规模与功能效应相匹配。一般而言,10 千米^2(数量级)开发区域对应为约 40 亿元税收、100 亿元土地增值效应和 5 万人就业岗位。因此,临港地区功能略显不足,外高桥随着自贸试验区的落地将自然产生扩区需求,国际旅游度假区随着二、三期乐园启动建设,其功能区面积亦显偏小;三是把握三要素"合"与"分"的节奏。从发展阶段看,越是初期越需做到三要素集中,中后期则应引入多元开发主体以实现功能。目前,市级功能区推进过程中三要素集中存在先天困难,应建立相应机制予以解决。

(四)重点地区体制机制存在问题

六大重点地区推进实施成效突出,同样面临诸多发展困难。一是配套政策粗放,功能与空间不匹配。配套政策集中于土地、资金和审批放权,政策同质化严重且较少服务产业招商与功能建设。部分重点地区规模与其核心功能带动作用难以匹配,如临港地区急需功能、国际旅游度假区缺少空间;二是系统谋划偏弱,体制机制被动调整。目前,全市尚未明确重点地区的建设标准和设立程序,对如何在重点地区合理发挥的政府与市场的作用认识不清,对其顶层设计的开发管理体制机制的系统思考偏弱;体制机制调整缺乏计划性,如临港管理体制多次调整,虹桥、国际旅游度假区的指挥部设立较为被动;三是平衡机制模糊,投入产出缺乏控制。重点地区开发缺乏对主要功能引发增量投入及产出的平衡的系统分析,缺乏对全过程的科学控制,决策建设经营脱节。如世博会地区的总体平衡的计划至今尚未形成,有多个重点地区都呼吁围绕功能提高标准但依据不足;四是开发要素分离,多元利益较难平衡。目前,重点地区除前滩地区外均难做到三要素合一,多元主体利益交织,土地资金利用缺乏长远规划,造成重点地区开发资金投入被迫增加,平衡难度不断升级,属地区县参与开发的积极性降低,转而利用财税政策与重点地区争夺招商资源。

三、重点地区体制机制对策与建议

(一)聚焦城市边缘,科学确定选址规模

重点地区最佳选址在城市边缘,应前瞻系统性地开发谋划。尽快在全市层面形成重点地区确定的标准与程序,综合考虑多因素合理确定重点地区的范围和功能,并对选址布局进行前期论证和筛选。"十三五"重点地区可重点考虑南大地区、宝钢地区以及自贸区扩展区。此外,根据土地溢价和税收确定重点地区的合理开发规模。对于核心功能带动效应有余力的区域可考虑虚拟扩区,如国际旅游度假区。对于功能短期内无法形成拉动效应的区域应化整为零,如临港地区。

(二)构建管理模块,动态调整开发体制

开发初期,应由指挥部统一领导,采取"政企合一"或"合署办公"的开发模式,必要时可考虑行政区划调整;开发中期,可取消指挥部,政府应委托开发公司主导地区开发;进入运营阶段,管委会职能可考虑交由重点地区所在行政区进行属地化管理。同时,结合未来趋势,重点地区应主动微调体制机制,以适应长远发展。例如,临港地区管委会应将城市管理与开发建设职能逐步融合;世博地区应尽早进入运营阶段,无需增加新的区域管理机构;虹桥商务区应及时考虑引入有经验的成片开发企业,解决地块招商到业态招商的转变。

(三)算清存量增量,实现市场配置要素

明确重点地区开发前后的受益主体,估算重点地区有无两种情形下各地区的存量收益与增

量收益,存量反哺区县,增量用于功能实现。同时弱化大中小平衡机制,改变过分关注土地成本报销的局面,市级土地出让金相关协调管理机构(市发展和改革委、市财政局、市规土局)做好存量平衡,管委会及其开发机构握有增量平衡权,以调动各利益相关方的积极性。

(四) 量化考核指标,激发开发主体潜力

明确开发主体职责,推动土地、资金、政策等在开发初期向开发主体集聚,由其统一实施投资管理、进度控制、功能塑造、收益实现,以核心功能实现为主线,建立与相关市级规划相衔的量化考核指标体系。同时,运用市场竞争手段,确定开发团队,激发开发主体潜能,不断提高重点地区开发水平。

(王思政、王骅、耿海玉、吕海燕、张彬、周明、窦义粟)

上海中心城区不同类型园区
资源整合联动发展思路

科技园区、创意产业园区、文化产业园区、都市工业园区等各类园区作为地方政府推动产业发展的重要载体,在改善投资环境、促进产业集聚等方面发挥了十分重要的引导作用。但也存在着分散化、分隔化、低水平运作等问题,难以从根本上整体实现产业集约、高效发展的目的。因此,上海迫切需要整合各类园区,提升园区经济的整体功能与水平,以进一步适应加速创新转型发展的要求。

一、上海中心城区各类园区的发展现状及问题

目前,上海市中心城区共有 105 家文化创意园区(含市级创意产业集聚区和市级文化产业园区),72 家各类市级科技园区及企业孵化器,218 个都市工业园区,以及大量的老厂房和老仓库。其中,大部分的老厂房和老仓库历经了多次转型,先是转型为都市型工业园区,后又转型为文化创意园区,也有部分老厂房和老仓库直接转型为文化创意园区。各类园区发展存在一些问题,园区间资源整合及联动发展也面临诸多困难。

(一) 园区开发参差不齐

开发导向方面,仅有部分园区关注产业集聚发展,长远考虑园区的开发运营,大量园区的开发运营商实际上是地产开发和运营商。一种情况是部分园区因缺乏经营管理实力,没能营造良好的产业氛围,产业招商乏力,转而引入足浴等低水平的商业,导致园区业态杂乱,整体品质较差;另一种情况是有些园区虽然初期引进了文化创意企业,但后期大幅提高租金和商业面积占比,迫使很多文化创意企业因租金压力迁出。

经营绩效方面,大量园区开发运营商没有发挥区位地段应有的价值,因低效开发运营导致租金大幅低于临近园区。如黄浦区旅游纪念品设计园租金仅为 0.5 元/(米² · 天),仅为黄浦区文化创意园区平均租金的 1/10。杨浦上海创意联盟产业园租金为 1 元/(米² · 天),大大低于周边的 MIX 铭筑联合设计中心 2.4 元/(米² · 天)的租金水平。

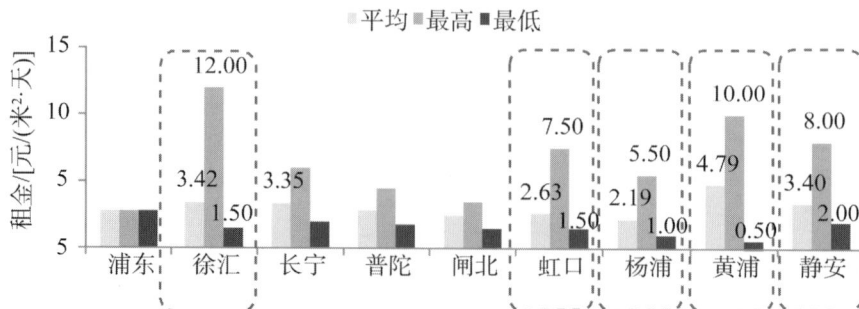

图 2-4-1　上海部分区县的园区租金水平分化严重(元/米² · 天)

（二）政府统筹管理不足

统一管理机构缺失。在各类园区的管理方面,缺乏各类园区的统一管理机构。市级创意产业集聚区由市经信委主管。市级文化产业园区由市委宣传部主管。在此基础上,由宣传部、经信、发改、科技、旅游、财政、税务等 22 个委办局成立了"上海市文化创意产业推进领导小组",形成了推进文化创意产业加速发展的领导体制机制。科技园区及孵化器主要由市科委主管,部分由大学或属地区县主管。

园区配套政策分散。目前,全市已有一些针对文化创意产业和文化创意产业园区的相关政策,涉及产业政策、规土政策、财税政策、人才政策、创业政策等方面。但总体而言,不同领域政策没能形成体系,政策比较分散,市区两级政策没能形成合力,没能充分调动专业园区开发运营商的积极性,园区资源整合和联动发展效果不佳。

公共服务平台较弱。在各类园区的服务机制方面,缺少集数据统计、信息交流、专业服务等职能于一体的公共服务平台。目前,虽有"东方文创"、"设计之都"等官方公共服务平台,仍缺乏整合园区开发信息、运营情况、扶持政策等综合信息的服务平台。导致主管部门不清楚园区具体运行情况,园区间难以实现信息沟通及联动发展,专业园区运营商无法掌握待整合园区的信息以拓展市场。

（三）多元主体利益博弈

受园区权属影响,园区资源整合及联动发展涉及产权所有方、投资方、运营方、政府、入驻企业、周边社区等多元利益主体,博弈内容涉及产权转让、租赁、改建、招商运营等环节的决策和利益分配。具体来看,各级政府就短期来看希望通过厂房改建、园区开发联动等来改变区域面貌,发展产业获得税收,长期而言则希望打造区域品牌园区以带动周边园区的发展及区域闲置资源的持续改造开发;产权方一方面希望能够捂住持有的土地及地上物业,在政府动迁过程中掌握主动权,另一方面又希望能够在动迁之前,实现过渡期的二次开发利用,实现土地及地上物业的价值最大化。开发运营方希望通过厂房的改造、变性和出租,获得土地升值及不断增加的租金或其他收入,并在形成品牌之后实现扩张,但往往获得开发运营权的难度较大;入驻企业希望通过合理的租金、优惠的政府和特色服务更好地培育和保证自身的发展;周边社区则希望园区发展能改变区域发展面貌,集聚人气以提升区域土地价值。多方利益博弈核心多以经济效益为落脚点,亟须借助不同园区的资源整合及联动发展,进一步探寻园区持续发展路径,以平衡利益各方,整合各方优势资源,发挥各方积极性、主动性,实现园区进一步提升。

（四）园区开发主体尚弱

目前,园区的开发主体大致包括国有企业集团、品牌化的专业园区开发运营商以及仅运营个别园区的小型开发运营商,但目前各类主体都不具备整合全市各类园区资源,实现联动发展的能力。

国有企业集团是中心城区各类园区的主要产权主体,往往自己投资进行园区的二次开发,社会企业进入壁垒较多。国企开发运营的园区,除了个别企业外,平均绩效相对较差,体现在租金水平较低、投资回收期较长、企业入住率低等方面。主要原因包括:一是国企在园区投资决策中,往往更重视整体形象,甚至有些是政绩工程,投资往往比专业的文化创意园区开发运营商的

2—4 倍;二是传统国企往往自身缺乏专业的文化创意园区开发和运营人才;三是开发和运营决策的周期较长。

品牌化的专业园区开发运营商虽然有一定的发展和规模,但尚未拥有强力资源整合及联动发展能力,整合园区的数量和面积规模尚有限。一是园区开发运营商的数量较少。虽然上海已经有德必集团、纺控集团、圣博华康等专业的文化创意园区运营商,但相对于数百个园区来讲,运营商的数量相对较少;二是园区开发运营商的能级还不足。虽然德必、纺控、圣博华康专业园区开发运营商已经拥有较为丰富的开发经验和成熟的开发模式,仍然不足以支撑全市层面的各类园区资源整合及联动发展。

其他仅运营个别园区的小型开发运营商,资金实力、客商资源、开发经验都不足,往往是园区二次开发运营的跟随者,更无法成为整合资源、联动发展的核心力量。

二、各类园区资源整合及联动发展的模式分析

(一) 空间集聚发展模式

该模式依托空间集聚的各类园区及载体,围绕产业价值链的上下游联动,形成"一区多园"产业集聚区。不少园区由于受到空间和地界的约束,容纳的企业数量和规模有限,在一定程度上无法实现产业的集聚化和规模化。随着园区的不断发展和产业环境的成熟,更多企业产生了向园区及其周边集聚的迫切需求,这为临近空间特色产业的集群化发展奠定了基础。因此,部分相互邻近的园区通过资源整合及联动发展为更多企业集聚提供广阔的空间,形成特色产业的服务价值链,充分发挥产业的集聚效应,形成了特色产业集群。该模式实施所需的条件包括:一是各类园区在空间区位上相对集中;二是各类园区产业定位相近或互补。

(二) 产业联动发展模式

产业联动发展模式是依托国家级开发区或产业基地,围绕主题产业定位,以产业发展和延伸为纽带,以共享核心园区资源为基础,充分发挥核心园区优势产业的辐射带动效应,形成特色产业定向输出,形成系列延伸园区,构建"一区多园"的园区联动发展格局。目前,上海已建成一批定位明晰、产业集聚、部市共建的国家级产业基地,包括国家数字出版基地、中国(上海)网络视听产业基地、国家音乐产业基地、国家对外文化贸易基地等基地。该模式实施所需的条件包括:一是待整合园区在产业定位上具有相近性;二是产业前景具有较好的成长性;三是政府支持和鼓励核心园区的产业延伸拓展,给予一定的政策扶持。

(三) 品牌园区连锁模式

品牌园区连锁模式,是指专业的园区开发运营公司,通过自有物业开发、租赁物业开发或管理服务输出等方式,输出园区管理品牌,构建各类园区的连锁式开发运营模式。纵观中心城区各类园区的发展历程,在经历了 2002 年至 2006 年百花齐放的快速发展期后,各类园区发展开始进入品牌扩张的激烈竞争阶段,涌现出一批开发运营经验丰富、有一定品牌知名度的园区开发运营公司,形成了一些典型的园区开发模式,如注重资源整合、以时尚文化为主的纺织控股模式,注重文化内涵表达、以创意办公为主的德必模式,注重多元业态融、以休闲商业为主的弘基模式,注重服务提供、以科技孵化为主的交大模式等。该模式实施所需的条件包括:一是待整合

园区缺乏二次开发的资金实力和管理运营经验;二是专业园区开发运营商具备资金实力和整合联动意愿。

三、各类园区资源整合及联动发展的思路与方案

(一) 总体思路

遵循园区开发运营的市场规律,释放国企掌握的大量园区物业资源,发挥专业开发运营商的经验优势,统筹政府的政策、配套设施等资源,激发各方利益主体活力,加快资源整合及联动发展,推动属地政府、园区所有者、园区经营者、园区企业及周边社区的多方共赢,引领一批实力园区做优做强,推动一批潜力园区改造提升,带动一批闲置园区转型再造,实现各类园区用地集约和高效发展,提升园区自身品质,完善城市功能,助推"设计之都"战略和国际化大都市建设。

(二) 基本原则

一是促进园区融入社区。园区二次开发除了能够实现土地及物业资源经济功能外,还是完善社区功能、提升社区品质的重要途径,应在园区整合联动时,考虑园区与社区的互动,整体打造活力片区,实现城市功能优化;

二是优化产业发展环境。文化创意产业是上海转型发展和国际大都市建设的重要抓手,政府应围绕产业发展,聚焦新兴领域,形成政策合力,着力完善产业发展的外部环境,强化园区配套服务,形成具有成本优势、产业特色鲜明的系列园区;

三是所有权经营权分离。国企拥有中心城区大部分园区物业资源,但主营业务与文化创意产业及园区开发相关性不强,缺少专业的园区开发运营人才,导致大部分自主开发园区的绩效相对较低,从发挥土地应有价值、推动产业发展、提升城市功能角度出发,应鼓励园区物业所有权和经营权分离;

四是加快培育品牌园区开发运营商。开发运营商是园区资源整合联动的重要主体,政府应搭建专业园区开发运营商输出管理和品牌的平台,培育一批有开发经验和资金实力,且能够承担全市各类园区整合联动重任的品牌化专业园区开发运营商,实现各类园区的高效和高品质开发。

(三) 实施方案

1. 开发主体扩张,实现园区连锁经营

该方案是由园区专业运营商主导,基于运营商在各类园区策划设计、功能定位、招商运营、服务管理等方面的经验和资源积累,通过品牌输出方式,形成各类园区的连锁经营。具体实施方案可以基于不同开发运营公司的品牌优势,择机选择合适的园区扩张模式。其中在功能定位上,可以依托不同开发主体的品牌特色选取创意办公、休闲商业、时尚艺术、科技孵化等主导业态;在品牌输出方式上,除了自有品牌扩张之外,可探索多主体品牌联合扩张、品牌授权经营等方式。

2. 国企释放物业,加速园区资源整合

该方案是由大型国有企业集团释放自主产权的园区、老厂房、老仓库等,贯彻园区专业化、市场化开发原则,通过与专业园区开发运营商进行跨机制合作,加速园区二次开发,增强园区开

发绩效。具体实施方案中,建议产权主体从物业自营租赁、运营服务外包或合作开发模式中择优选择最适方案。其中,在合作开发模式中,建议产权所有者和专业园区开发运营商成立合资公司,并由专业园区开发运营商主导园区运营管理。为实现产权主体经济效益最大化,也可协商形成合理的投资回报机制。

3. 政府整合平台,打造国家产业基地

该方案是由政府整合关键领域的核心公共服务平台,合力申请国家级产业基地,强化各级政策聚焦,提升产业发展软环境,加快推进产业集聚,促进同类园区交流发展。具体实施方案可以借鉴国家数字出版基地"一基地,多园区"的发展模式,既依托公共平台扶优挖潜,积极争取更多国家产业基地落户上海,做大增量,也可以依托已有国家产业基地授牌资源,放大政策效应,延伸打造系列产业园区,做强存量。

4. 政府规划引领,打造特色活力片区

该方案是由政府主导,深入挖掘片区重要人文及园区资源,统筹规划,优化街区和产业环境,加大片区整体推广宣传,集聚特色产业和专业人才,形成特色社区,打造上海国际大都市名片。具体实施方案可以基于不同区域的区位交通、园区物业、产业集聚等特点,结合各园区的开发成熟度,以突出产业集聚、实现业态融合等方式实现资源整合及联动发展。一方面,可依托片区已有的产业基础,规划聚焦区域特色产业,形成政府和各园区开发运营商的协调机制,构建区域产业协作网络,鼓励产业链重要节点做强做实,积极发挥区域产业溢出效应;另一方面,可依托园区的商气、财气、人气集聚优势,在区域发展规划中充分发挥园的影响带动作用,推动园区与周边社区的业态融合,实现"商区带动园区、园区服务商区"的联动发展效果,打造活力片区。

四、各类园区资源整合及联动发展的对策建议

(一)完善园区规划保障

市区联动,规划先行,充分发挥园区城市功能,区域总体规划吸纳园区发展规划,规划保留部分优质园区,强化园区开发制度及合约保障,探索中心城区工业用地短期出让的土地政策,优化园区可持续发展环境,保障园区稳健运营。一是规划先行,突破就园区发展园区的思路,将市中心园区发展与周边社区建设、城市再造紧密联系,坚持将园区发展规划纳入区域总体规划;二是重点确定和培养部分有历史价值、带动城市功能提升、融合文旅功能的文化创意园区,作为上海国际大都市非常有魅力的一部分,在城市发展中允许其永久地保留下来;三是强化政府、产权主体和开发主体在园区二次开发过程中的制度及合约保障,为园区营造稳健运营的环境;四是参照临港"双特"政策,探索中心城区工业用地短期出让的土地政策。

(二)强化园区统筹管理

加快完善行业管理体系,由上海市文化创意推进办公室牵头,联合市经信委、市文广局、市规土局、市科委等相关单位,整合现有园区评估、授牌、统计、管理等资源,成立上海园区行业管理机构、行业协会和信息平台。一是统一行业管理规范。建立行业管理机构和行业协会,实施开发运营主体资质认定和园区绩效评级,试行园区开发运营商的招投标管理方式,规范园区有序竞争,为园区联动发展创造良好的行业环境;二是对园区进行目录管理。鼓励企业向重点优

势园区集聚,加快形成特色产业基地,助推上海"设计之都"建设。此外,对于已经授牌的市级园区,若产业效果、业态比例、经营绩效达不到考核目标,应及时给予警告或摘牌处理;三是构建公共服务信息平台,加强信息发布和信息交流。鼓励各区县加快园区、老厂房、老仓库等资源梳理及信息公开,鼓励纺控集团、德必集团、弘基集团等大型园区开发主体联合参与公共平台建设,定期发布园区开发资讯、运营租金指导价、招商信息、招聘信息、活动信息、培训信息等,促进园区资源整合及联动发展。

(三) 推动园区政策聚焦

建议整合现有规土、财政、产业、人才政策,聚焦园区资源整合及联动发展的关键环节,整合政策支持体系,优化政策支持对象,调整政策支持时点,破解园区联动发展瓶颈。一是整合政策支持体系。目前,市区两级政府多个部门均有针对园区发展的规土、产业、财税、人才等各类政策政策,建议政策整合、形成合力,聚焦支持园区联动发展的关键环节;二是聚焦政策支持对象。政策重点支持联动园区的开发运营商,给予服务输出、跨区域管理等方面的相关奖励支持;三是调整政策支持时点。改变在园区开发之前给予大量扶持政策的做法,调整为按园区开发绩效对开发运营主体进行奖励。确保政府着力营造公平的市场竞争环境,让开发运营商在同一起跑线上,推动有经验和实力的开发商参与园区的二次开发运营,推动园区开发运营的专业化。

(王思政、王骅、耿海玉、吕海燕、张彬、窦义粟、缪艳萍、孙萍)

上海市节能与新能源汽车
发展思路及对策研究

一、节能与新能源汽车定义及种类

根据 2012 年 7 月 9 日国务院发布的《节能与新能源汽车产业发展规划(2012—2020 年)》定义,新能源汽车是指采用新型动力系统,完全或主要依靠新型能源驱动的汽车,主要包括纯电动汽车、插电式混合动力汽车及燃料电池汽车。2013 年 9 月,财政部、科技部、工业和信息化部、国家发展改革委联合下发《关于继续开展新能源汽车推广应用工作的通知》,将适用于国家财政资金支持的新能源汽车确定为以上三类。节能汽车是指以内燃机为主要动力系统,综合工况燃料消耗量优于下一阶段目标值的汽车,主要包括非插电式混合动力汽车等。此外,天然气(包括液化天然气 LNG)、生物燃料等替代汽柴油作为动力燃料的替代燃料汽车,也是减少车用燃油消耗、实现节能减排目标的必要补充。

(一)非插电式混合动力汽车

非插电式混合动力汽车指至少能从两类车载储能装置中获得动力的汽车。当前混合动力电动汽车一般是指使用内燃发动机与蓄电池的车型,即油电混合动力车。混合动力汽车依据动力驱动形式分为串联式混合动力、并联式混合动力、混联式混合动力三类。按电机的峰值功率和发动机的额定功率比可分为轻度混合(比值介于 5%～15%)、中度混合(比值介于 15%～40%)、重度混合(比值大于 40%)。

(二)插电式混合动力汽车

插电式混合动力汽车由混合动力汽车进化而来,继承了混合动力汽车的大部分特点,但拥有比容量更大的动力电池,并可以外接电源向电池充电,能使电池有足够能量保障车辆可以在无油耗的纯电动模式下行驶一定的距离。插电式混合动力汽车根据驱动结构不同,可分为增程式插电混合动力、并联式插电混合动力和混联式插电混合动力。

(三)纯电动汽车

纯电动汽车是仅由电力驱动的车型,主要包括纯电池电动、超级电容电动及"电池—电容"电动等不同类型,其中,超级电容电动和"电池—电容"电动技术主要用于公交汽车等商用车型上。纯电动汽车一般由底盘、车身、蓄电池组、电机、控制系统和辅助设施蓄电池六部分组成。

(四)燃料电池汽车

燃料电池汽车以燃料(主要指氢燃料)反应的化学能转化为电能,再提供给电机从而驱动汽车运行,主要由储氢罐、燃料电池组、电机及控制系统、气压组件、超级电容或辅助蓄电池及热交换器等部件组成。

（五）其他替代燃料汽车

其他替代燃料汽车主要包括醇类燃料汽车、天然气汽车及石油气汽车等。液化天然气汽车具有热值高、污染小、储量丰富、技术成熟的优点,具有较强的实用性,被认为近阶段替代燃料汽车的发展方向。

二、国外节能与新能源汽车发展情况

（一）发展规划与支持政策

20 世纪 80 年代以来,世界范围内爆发了多次石油危机,对汽柴油高度依赖的传统汽车工业造成了持续影响。为此,以美国、日本为代表的主要汽车制造和消费大国,从维护本国能源安全、提高汽车产业未来竞争力的战略高度,把发展新能源汽车作为未来汽车产业升级的核心与焦点,纷纷推出发展新能源汽车技术相关规划,并通过组织大规模的政府企业合作伙伴计划、实施市场导入期的扶持政策等措施,鼓励新能源汽车的研制与应用,积极推动产业化发展。

表 2-5-1　世界主要工业国家新能源汽车发展目标

国家	2015 年	2020 年	2030 年
美国	100 万辆 插电式混合动力、增程型 电动车、纯电动车	——	——
德国	——	100 万辆（保有量） 纯电动	500 万辆（保有量） 纯电动
日本	——	200 万辆 纯电动车、混合动力	汽车年销量的 70%
法国	——	200 万辆（累计产量） 清洁能源汽车	——
英国	24 万辆（保有量）	——	——
韩国	120 万辆（产量,10%世界 电动车市场）	小型电动车普及率 10%	——

（二）技术路线与产业发展

欧美各国根据各自的技术优势和产业积累,在相关技术路线选择和发展上各有侧重,新能源汽车技术发展速度较快,但尚未形成统一的技术路线。日本混动动力技术率先产业化,经过几次升级后目前已经进入成熟阶段,并联、混联技术成为乘用车主流技术路线。2012 年日本国内汽车销售中,混合动力汽车(HEV)占 19.4%。同样,美国新能源汽车技术路线以混动动力为主。2012—2013 年间,美国市场混动动力和插电式混合动力车型超过 40 个,而特斯拉的横空出世引领高端纯电动汽车受热捧。而欧洲的新能源汽车发展思路和目标以"新能源和传统动力间平衡"为突出特点,汽车企业重视"柴油化"发展定位。购买柴油车的消费者有一定补贴,欧洲柴油车的市场份额已超过 50%。

（三）市场销售与推广应用

在市场销售方面,2012—2013 年,含非插电式混合动力汽车的全球新能源汽车市场保持了36%的年均增速,2012 年全球销量达 196 万辆,混合动力汽车已逐步实现商业化。纯电动汽车方面,2008—2010 年是准备阶段,2011 年以后随着日产 Leaf、通用 Volt 等汽车大厂的量产车型推向市场后,全球纯电动车总销量 2011 年达到 3.5 万台,2012 年则增长到 6.5 万台。

截至 2013 年底拥有电动车(含非插电式混合动力汽车和纯电动汽车)数量最多的国家是美国,其次是日本、中国、法国、荷兰、挪威和德国。美国目前拥有电动汽车 174 000 辆,日本68 000 辆,德国 17 500 辆。全球汽车制造商中日产销售电动汽车数量最多,达 90 000 辆,其次是通用 60 000 辆,丰田 40 000 辆。另外,全球油电混合动力的摩托车、卡车和公共汽车共有 600万辆。

2013 年,欧盟国家中,法国共销售了 8 300 多辆电动、插电混动汽车,荷兰共销售 5 600 辆,德国共销售 3 200 多辆,英国 2 800 多辆,挪威、瑞典不到 2 000 台。除了美国日本等厂商车型外,还有标致 C-ZERO、标致 iOn、宝马 i3 等车型实现上市销售。

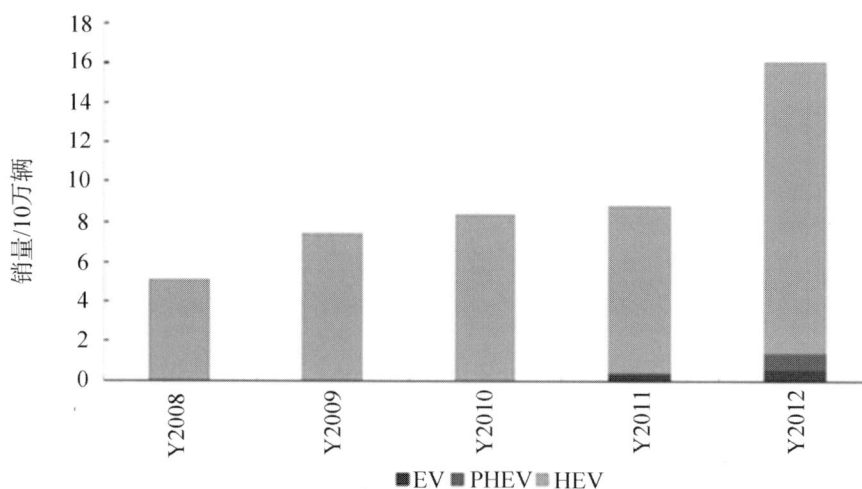

图 2-5-1 2008—2012 年全球新能源汽车销量(纯电动、插电式混合动力和非插电式混合动力)

另一方面,由于受电池可靠性欠缺、续航里程短、使用寿命不理想等技术问题,加上昂贵的价格以及不尽完善的充电配套设施,以纯电动汽车和插电式混合动力汽车为代表的新能源汽车销量增长乏力,在各国占汽车销量的比重仍然维持在较低水平,加之 2008 年以来各国受金融危机持续影响,政府财政支付能力大幅削弱,对新能源汽车的资金支持呈现递减,新能源汽车推广应用计划遭遇挫折。日本虽然在节能与新能源汽车推广应用中走在全球前列,但占比最大的是技术相对成熟的混合动力车型,在纯电动汽车上同样推广乏力,2012 年仅销售 15 000 辆左右。欧盟先前由于重点鼓励发展柴油机技术,40%以上车辆采用柴油发动机,节能与新能源汽车销量比率较低。

总体而言,为加速新能源汽车推广应用和产业化,欧美主要工业国家都投入了大量人力和财力,并制订了相关鼓励政策,但与传统汽车相比,新能源汽车还存在诸多问题,推广应用规模与预期目标存在较大差距。

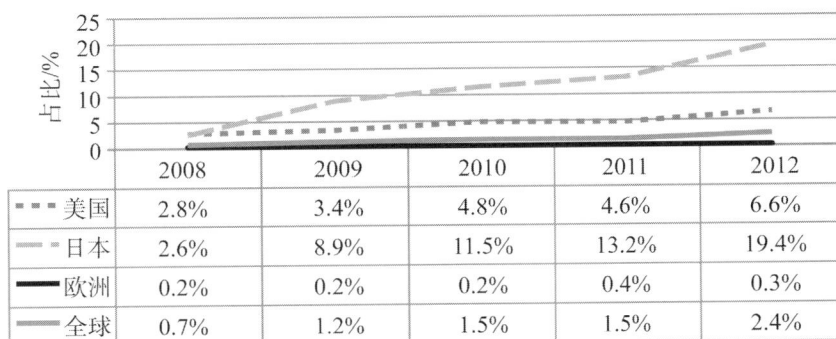

	2008	2009	2010	2011	2012
美国	2.8%	3.4%	4.8%	4.6%	6.6%
日本	2.6%	8.9%	11.5%	13.2%	19.4%
欧洲	0.2%	0.2%	0.2%	0.4%	0.3%
全球	0.7%	1.2%	1.5%	1.5%	2.4%

图 2-5-2　节能与新能源汽车销量占汽车销量比重情况

三、我国节能与新能源汽车发展情况

（一）我国为世界上最早启动新能源汽车研究的国家之一

我国新能源汽车发展从 20 世纪 90 年代起，大致经历了三个阶段：

1991—2000 年，研发启动阶段。"八五"期间，国家计委的科技重点攻关项目中首次提出了"电动汽车关键技术研究"。"九五"期间，我国将燃料电池技术列为国家重大科技攻关项目。1999 年 2 月 12 日，国家清洁汽车领导小组办公室正式成立，启动了 12 个试点示范城市和地区的清洁汽车推广应用工作。

2000—2008 年，研发布局阶段。2001 年 9 月 30 日，科技部将电动汽车研究开发列入了"十五"国家 863 计划重大专项，专项确立了"三纵三横"的国家新能源汽车研发布局。2007 年 11 月 1 日，《新能源汽车生产准入管理规则》正式实施；2007 年 12 月 18 日，国家发改委将"新能源汽车及相关技术先进零部件项目"列入《产业结构调整指导目录（2007 年本）》鼓励产业目录。

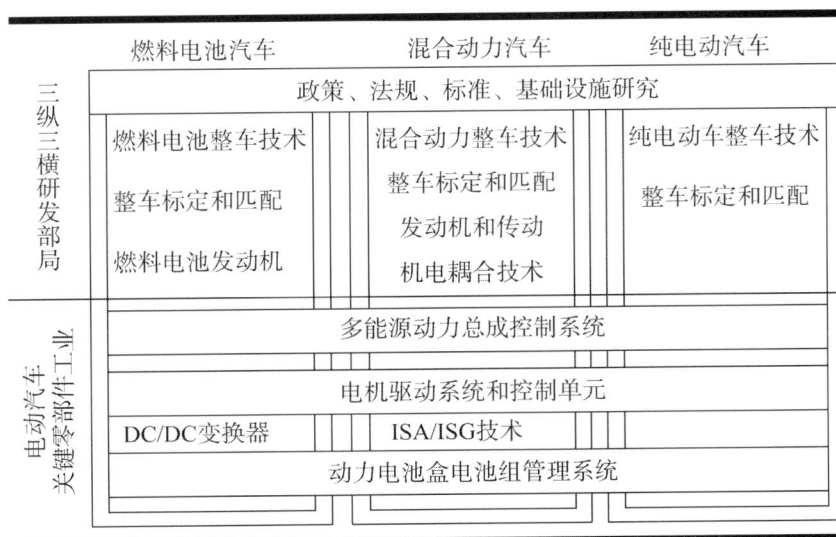

图 2-5-3　我国新能源汽车研发布局示意图

2008—2013 年，新能源汽车产业化转化阶段。2008 年 11 月，工业和信息化部将比亚迪双模电动车 F3DM 列入第 179 批车辆生产企业及产品名单中，标志着国内首款电动车获得量产和

上市的批准。新能源汽车的政策重点从支持科研开发转向产业化发展;2009 年 2 月 5 日,财政部、科技部下发《关于开展节能与新能源汽车示范推广试点工作的通知》,同时公布《节能与新能源汽车示范推广财政补助资金管理暂行办法》;2009 年 6 月 26 日,工信息部颁布《新能源汽车生产企业及产品准入管理规则》。2010 年 6 月 1 日,财政部、科技部等四部委联合发布《私人购买新能源汽车试点财政补助资金管理暂行办法》。2013 年 9 月,四部委再次联合下发《关于继续开展新能源汽车推广应用工作的通知》,将财政资金支持新能源汽车应用相关政策延续到2015 年。

表 2-5-2 2009—2013 年我国新能源汽车领域主要政策

时 间	政策名称	重点内容
2009 年 1 月	《关于开展节能与新能源汽车示范推广试点工作的通知》	对 13 个试点城市的公共交通服务领域的新能源汽车进行补贴
2009 年 2 月	《节能与新能源车示范推广财政补助资金管理暂行办法》	公共服务用车、轻型商用混合动力汽车最低补助 4 000 元,最高至 25 万元
2009 年 3 月	《汽车产业调整及振兴规划》	形成 50 万辆纯电动、充电式混合动力和普通型混合动力等新能源汽车产能,新能源汽车销量占乘车销量的 5% 左右。
2009 年 6 月	《新能源汽车生产企业及产品准入管理规则》	率先提出了新能源汽车行业企业准入的条件
2010 年 5 月	《关于扩大公共服务领域节能与新能源汽车示范推广有关工作的通知》	将节能与新能源汽车示范推广试点城市由 13 个扩大到 20 个
2010 年 6 月	《"节能产品惠民工程"节能汽车(1.6 升及以下乘用车)推广实施细则》	对消费者购买符合要求的节能汽车给予一次性定额补助,补助标准为 3 000 元/辆,由生产企业在销售时兑付给购买者
2010 年 6 月	《私人购买新能源汽车试点财政补助资金管理暂行办法》	对满足支持条件的新能源汽车,按 3 000 元/KW。h 给予补贴,插电式混合动力乘用车每辆最高补贴 5 万元,纯电动乘用车每辆最高补贴 6 万元
2011 年 11 月	《关于进一步做好节能与新能源汽车示范推广试点工作的通知》	要求试点城市在落实好中央试点政策的同时,研究制定新能源汽车示范推广鼓励政策,落实免除车牌拍卖、摇号、限行等限制措施
2011 年 12 月	《车船税法实施条例》	节约能源、使用新能源的车船可以免征或者减半征收车船税
2012 年 3 月	《电动汽车科技发展"十二五"专项规划》	确立了纯电驱动的技术转型战略
2012 年 7 月	《节能与新能源汽车发展规划 2012—2020》	对节能与新能源汽车产业发展的主要目标与任务做了详尽规划。到 2015 年,纯电动汽车和插电式混合动力汽车累计产销量力争达到 50 万辆,到 2020 年,累计产销量超过 500 万辆。同时规划了一系列保障措施,如加大财税政策支持力度、强化金融服务支撑、营造有利于产业发展的良好环境等
2013 年 9 月	《关于继续开展新能源汽车推广应用工作的通知》	继续给予纯电动、插电式混合动力及燃料电池汽车购车补助

(二) 各类新能源汽车研发和产业体系初步形成,但在关键部件、核心技术等方面与国际先进水平差距较大

目前,我国新能源汽车研发和产业体系已初步形成,自主研制开发出混合动力、插电式混合动力、纯电动和燃料电池汽车等各类整车产品,初步掌握了电动汽车整车设计、系统集成等关键技术,但在总体的技术水平上与国外相比尚有较大差距,在产品的工程化能力、整车设计开发流程、底盘开发及整车、发动机、变速器的匹配技术、碰撞安全性、NVH 等汽车共性技术方面,我国电动汽车的技术水平与国外先进水平相比存在较大差距,亟待加强。

表 2-5-3　混合动力乘用车国内外比较

类别	参数	荣威 750Hybrid	中华骏捷 Hybrid	2012Civic Hybrid	丰田 Prius
系统	技术方案	BSG	Start-Stop	并联	混联
	整备质量千克	1 600	1 240	1 305	1 379
	最高车速(千米/时)	205	165	—	—
	经济性(油耗)/(升/100 千米)	5.6(等速)	6.5	4.3	4.3
	节油率	20%	16%	35%	
发动机	类型	1.8L	1.5L	1.5L	1.8L
	最大输出功率/千瓦	118	77	81	73
电机	类型	—	永磁同步电机	永磁同步电机	永磁同步电机
	最大输出功率/千瓦	20	15	17	60
电池	类型	锂离子电池	铅酸蓄电池	锂离子电池	镍氢电池

表 2-5-4　燃料电池轿车国内外比较

类别	参数	上汽 CSA7000FCV	奇瑞东方之子 B11	本田 FCXCLarity
整车	车长/米	4 865	4 770	4 845
	整备质量/千克	1 975	1 875	1 635
整车	最高车速/(千米/时)	130	120	160
	静止到 100 千米/时　加速时间/秒	≤15	20	9
	能量消耗率(千瓦·时/100 千米)	≤1.2	1.2	—
	续驶里程/千米	≥250	300	570
电机	类型	永磁同步电机	永磁同步电机	永磁同步电机
	峰值功率/千瓦	88	90	100
	峰值转矩/牛·米	—	210	256
发动机	功率/千瓦	45	55	100
	额定电压/伏	360	360	
动力电池	类型	锰酸锂电池	锰酸锂电池	锂电池
	容量/安·时	8	7.5	—
	电压/伏	375	375	288

(三) 近两年新能源汽车应用推广力度较大,实际应用规模增长较快,主要以公交和公共用车发展为主,各地区发展水平参差不齐

2009 年 1 月 23 日,财政部、科技部发出了《关于开展节能与新能源汽车示范推广试点工作的通知》,根据国家文件精神,25 个试点城市结合地方推进目标,相继制订了各自推进新能源汽车示范应用有关扶持政策,积极支持新能源汽车推广。截至 2012 年底,国内 25 个示范城市共推广各类示范车辆 27 432 辆(仅包括符合示范推荐目录且正在运行中的车辆),其中公共服务领域各类车辆共 23 032 辆,私人购买新能源汽车 4 400 辆。按车辆种类统计,混合动力客车

12 156辆,混合动力乘用车3 703辆,纯电动客车(含插电式)2 526辆,纯电动乘用车(含插电式)6 853辆,其他车辆2 194辆。从各地看,合肥示范推广新能源汽车5 622辆;深圳示范推广新能源汽车5 513辆;北京示范推广新能源汽车3 388辆;杭州示范推广节能与新能源汽车2 563辆。

2013年中国新能源汽车产量1.75万辆,同比去年增长了39.7%,其中纯电动14 243辆,插电式混合动力3 290辆;新能源汽车销售1.76万辆,同比2012年增长了37.9%,其中纯电动销售14 604辆,插电式混合动力销售3 038辆。新能源汽车目前以类政府采购为主,公交和公共用车发展好于乘用车。从目前保有量估计,新能源公交车与公用事业用车(如环卫车)占比为76%,乘用车占比24%(其中绝大多数为出租车)。

按照目前的规模和发展速度,与2015年实现新能源汽车50万辆、2020年实现500万辆的既定目标尚有明显差距。

四、上海节能与新能源汽车发展情况

上海市是全国首批节能与新能源汽车示范推广试点城市和私人购买新能源汽车试点城市以及首个国际电动汽车示范城市。《上海市节能与新能源汽车示范推广试点实施方案(2009—2012)》《上海市私人购买新能源汽车补贴试点实施方案》分别于2009年10月、2010年11月通过了四部委组织的专家评审。2011年1月,科技部确认上海为电动汽车国际示范城市,嘉定区作为电动汽车国际示范区。上海在技术研发实力、产业发展实力,车辆应用环境等方面均具备了一定优势,为新能源汽车推广应用奠定扎实的基础。

(一) 上海市节能与新能源汽车产业发展情况

通过实施国家"十城千辆"工程,上海进一步提升了整车、关键零部件以及配套设施等关键技术,树立了整车企业自主开发新能源汽车的信心,带动了关键零部件产业链的发展,加快了新能源汽车产业化步伐。

1. 产业基础良好,处于国内先进水平

2012年上海新能源汽车产值达到39.87亿元。乘用车方面,2012年底上汽集团推出国内第一款完全按照新能源汽车理念设计的纯电动乘用车荣威E50,该车是上海推出的首款纯电动轿车,技术水平较国内同类纯电动轿车先进,在整车质量、单位里程电耗等方面都在国内排名首位(E50相关参数)。但由于其单门微型车的设计,主要用于家庭第二辆车,目标市场较为狭窄,截至2013年底,实现销售约300辆左右。2013年底上汽还推出了其首款插电式混合动力荣威550,有望覆盖更多的目标市场。商用车方面,经过世博会阶段的推广示范,申沃客车、上海瑞华、奥威科技等企业基本掌握纯电池、超级电容和"电池+电容"双电等多种不同技术路线的新能源公交车的生产能力,但由于价格和续航里程等因素,整体产业发展尚未形成规模。专用车领域发展有所欠缺,几乎没有车型进入国家推荐目录。燃料电池车方面,上海在"十五""十一五"期间一直承担国家863燃料电池轿车项目,燃料电池动力系统技术指水平在国内处于领先地位,上汽集团重点推进的燃料电池汽车核心技术的深入研究和整车性能的改进提高,入围了2012年度国家新能源汽车技术创新工程项目,是唯一以燃料电池轿车获得国家奖励的项目。

2. 电池电机电控等零部件技术研发和产业化起步较早

在新能源汽车产业链的上游,上海一些零部件企业的研发能力较强,并对整车企业形成有力支撑。通过上汽集团的整车产业的带动,上海新能源汽车的关键零部件产业链不断完善,如生产动力电池的上海航天电源、上海捷新、上海恒动等;生产车用驱动电机的上海电驱动、华域电机、上海大郡等;生产动力系统与电控的上海雷博、上燃动力、中科深江等。总体而言,上海在新能源汽车电池电控和电机等三电关键零部件制造都有涉及,但关键零部件技术参差不齐,产业规模偏小,部分关键零部件尚未达到整车技术要求,未能与整车龙头企业形成较为紧密的完整产业链。

(二) 上海市节能与新能源汽车应用推广情况

从应用规模来看,上海在国内各示范城市中处于先进地位,但与合肥、深圳等领先城市相比存在明显差距,截至 2012 年底,上海实现新能源汽车累计示范应用 2 431 辆。车型上看,主要包括公交客车 544 辆、乘用车 741 辆、旅游客车 87 辆、观光车 230 辆、特种用车 245 辆、环卫用车 247 辆、中巴车 19 辆、牵引车 3 辆、工程车 10 辆、物流车 5 辆、私人购买乘用车 300 辆;从驱动类型来看,纯电动汽车 1 510 辆,混合动力汽车 725 辆,燃料电池汽车 196 辆。从应用领域来看,本市的示范车辆主要以公交领域应用为主体,分布在公共交通、政府公务用车、出租车;在私人用车和汽车租赁方面处于刚刚启动,规模较小。

(三) 上海新能源车产业发展的主要问题与瓶颈

1. 车型开发速度难以适应市场需求,选择较少,龙头企业带头示范作用需加强

作为国内最大的整车生产企业,上汽集团在新能源汽车开发设计、产业链整合以及整车生产等方面倾注了大量人力和财力,从 2007 年开始对新能源汽车进行产业化研究发展,截至目前上汽集团共开发出荣威 750 非插电式混合动力、E50 纯电动及 550 插电式混合动力三款车型,可提供市场选择的新能源车型偏少,同时由于相关车型续航里程偏低、产销量有限,成本居高不下,价格偏高,无法支撑各个细分市场对新能源汽车的需求,难以跟进国家推进新能源车的步伐。

2. 电池等部分核心部件发展尚有瓶颈,难以形成科学、紧密的产业链体系

虽然上海已经初步形成较为完整的新能源汽车产业集聚区域,且在电池、电驱、电控等新能源车关键零部件环节均有布局,但在先进电池研发等环节,仍然存在着许多亟待解决的困难和技术瓶颈,零部件体系还基本处于“分头出击”的零散状态,产业链各环节中的多数配套企业技术水平尚未达到整车厂要求,且规模较小,市场占有率较低。使得整车厂商在电池及电控等核心部件系统方面仍依赖进口品牌和厂商,对整车产能的提升有较大制约。

3. 充电站等配套基础设施发展速度较慢

受目前车辆电池水平和充电技术水平制约,充电桩和电动车理论服务比例是 1∶1.5 到 1∶2左右。目前本市已建成充电站 15 个,充电桩 1 400 根,且布局集中在世博区域及嘉定汽车城,其他大部分区域布局尚为空白。难以满足本市各类新能源车辆的充电需求。如果按到 2015 年本市共推广应用 13 000 辆新能源汽车,则充电设施的建设差距更为明显,严重制约了新能源汽车的应用推广。

4. 商业模式创新方面探索尝试不足

目前新能源汽车的推广的资金渠道仍然是以政府投资为主、企业投资为辅的格局。由于受国家宏观经济政策不确定性日益增加的影响,再加上各项政策尚待细化和具体化,新能源汽车企业尤其是中小规模企业、民营企业仍面临较大的融资难题。对比深圳、合肥、杭州等示范城市,如杭州开始以电池企业(万向)主导发展模式,到后来的以电网公司为核心,杭州市经过对新能源汽车的商业模式探索,应用"车电分离,电池租赁"方式开展纯电动出租车的示范运行,其成功的换电模式为海口等其他城市所借鉴和仿效。深圳在充电站建设方面采取特许经营方式引入中国普天信息产业股份有限公司、中国南方电网有限责任公司两家企业负责投资、建设、运营充电设施,在公交和出租车应用领域,按照"政府扶持监管,企业融资运营,技术创新规范"的基本思路,在特许经营框架下,建立了"融资租赁、车电分离、充维结合"的创新型商业模式。而上海在新能源汽车应用推广的商业模式创新方面尝试较少,造成公交领域应用新能源车辆亏损加大,政府负担加重。

五、上海新能源汽车产业发展思路

(一) 积极对接国家战略,制订上海市产业发展中长期规划

建议组建跨部门工作组,组织行业专家和产业链企业共同参与、编制、发布上海市新能源汽车产业发展的中长期规划。积极对接国家新能源汽车发展战略,明确上海市产业发展的阶段目标和技术突破的核心领域,跟上国家新能源车推广应用步伐。

(二) 激发龙头企业积极性,加快各类车型开发步伐

进一步提高上汽等行业龙头企业发展新能源车的自觉性和迫切性,形成鼓励企业加强新能源汽车研发投入的机制,在遵循汽车产品开发的科学规律前提下,促使企业加大各种要素的投入,以市场为导向,加快新能源车开发步伐和新产品推向市场的节奏,为上海推广新能源车提供相对丰富的车型。

(三) 整车发展为引领,整合提升上下游产业链

依托目前已基本完成的新能源汽车产业的区域集群布局,借助上汽的整车引领作用,深化产业链各个环节的技术深度和附加值,加强对企业升级和扩张的支持,在政策上争取和落实更加优惠的条件,尤其是对于已有电池企业需进一步培育,并可适当引入具有高技术水准、供货能力良好的电池企业,从根本上解决上汽至今对电动汽车电池不可控的后顾之忧。

(四) 加快体制机制创新,强化各项政策聚焦效应

要改变对新能源车支持主要集中于车辆购买环节习惯做法,实现几个移动,即前移,将政府对上汽新能源车产业的支持聚焦于前期研发领域;横移,将政府对上汽新能源车产业的支持聚焦于为上汽新能源整车横向配套的关键零部件领域;后移,将政府对上汽新能源产业的支持聚焦在有利于推广应用上汽新能源车的日常使用各个领域和环节。通过机制创新,提升新能源汽车使用者的积极性,提高新能源汽车运营效率和管理水平。加强政策引导,积极引导社会资金投入新能源汽车运营和配套基础设施建设和市场化运营,优化资源配置。

（五）适度开发开放市场,引进来与走出去协同推进

积极引入技术性能优异、品牌号召力强、企业运作规范、售后保障完备的企业参与上海新能源汽车产业推广。通过引进非本市新能源车相关企业和车型,促进市场主体探索创新相关商业模式和机制,探索通过商业模式创新,创造适合新能源汽车自我造血、持续发展的盈利模式,适新能源汽车能按照市场运行方式持续。

（戴建敏、朱明林、周鹤群、孙蔚、高原、彭元、戴玉其）

推进上海国际航空货运
枢纽建设政策研究

21 世纪将是航空的世纪,目前全球贸易额的 40% 通过航空货运形式得以实现,国际航空货运枢纽成为全球生产要素的最佳结合点。随着对 JIT(just in time,准时)生产方式和先进物流的需求扩大,以及高端制造活动的"购销全球化、订单电子化、零库存"的要求,航空货运量有望倍增。各国都积极打造国际航空货运枢纽港。

一、国际航空货运枢纽的基本条件与核心要素

(一)国际航空货运枢纽界定

国际航空货运枢纽是全球生产要素的最佳结合点,它是一种新的货运机场形态,即以机场为基础的,通过仓储、装卸、加工、整理、配送、信息等多方面的有机融合,集工、商、贸、运输于一体的新经济混合体,服务对象是地区性乃至洲际的制造业、加工业中心和贸易控制中心。它以其天然的国际商品、信息与人才集散地优势,有利于实现国家之间高能级生产要素的最佳结合,从而在世界经济全球化和国际竞争日趋激烈的情况下,实现全球范围内的产业分工合作,为工商业降低成本和提高效益创造了一条新途径(图 2-6-1 是 2011 年世界十大货运机场的运量)。

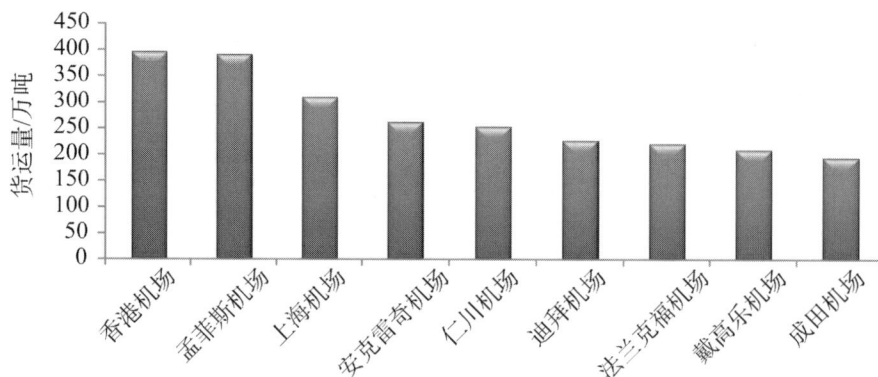

图 2-6-1　2011 年世界十大货运机场

(二)国际航空货运枢纽的核心功能要素

随着全球经济的一体化,世界经济贸易往来越来越紧密,大众贸易的碎片化亟须重点发展国际航空运输业。而由客运功能向货运功能跨越,是空港经济形成的关键举措,由航空运输功能向集工、商、贸、运输于一体的新经济综合产业功能转化,是打造国际航空货运枢纽港的重要标志。为更好地为地区性乃至洲际的制造业、加工业中心和贸易控制中心提供高端服务,国际航空货运枢纽的核心功能要素有:

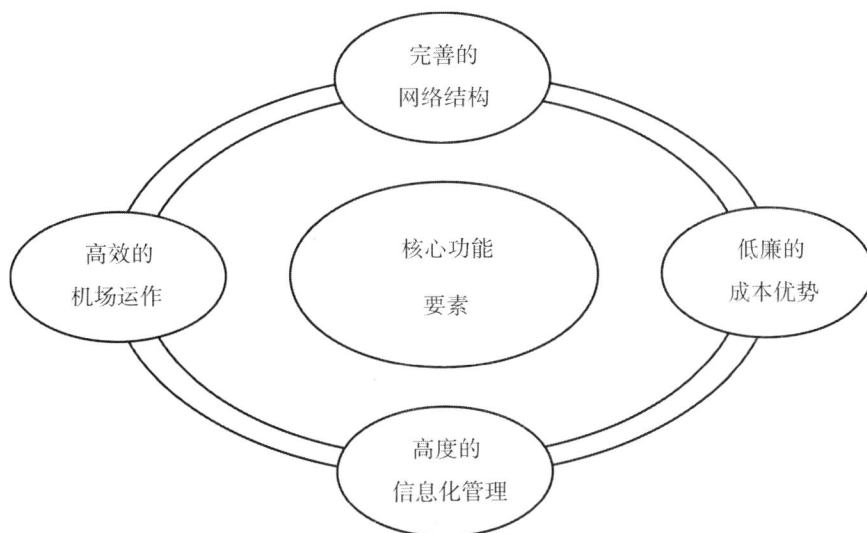

图 2-6-2　国际航空货运枢纽的核心功能要素

二、上海国际航空货运枢纽发展现状

（一）货邮吞吐量稳步增长,枢纽地位日益凸显

"十一五"期末,上海两机场当年的货邮吞吐量占华东地区机场指标的 72.1%,占全国 175 家机场指标总量的 32.8%。浦东机场的国际航空货运量占全国机场总量的 2/3,航线网络遍布全球 185 个城市。但进入"十二五"呈下降趋势,2011 年、2012 年全年完成货邮吞吐量分别为 353.93 万吨和 336.79 万吨。尽管如此,2008 年~2012 年,浦东机场货邮吞吐量连续五年保持世界排名第三,仅次于美国孟菲斯机场和香港机场。

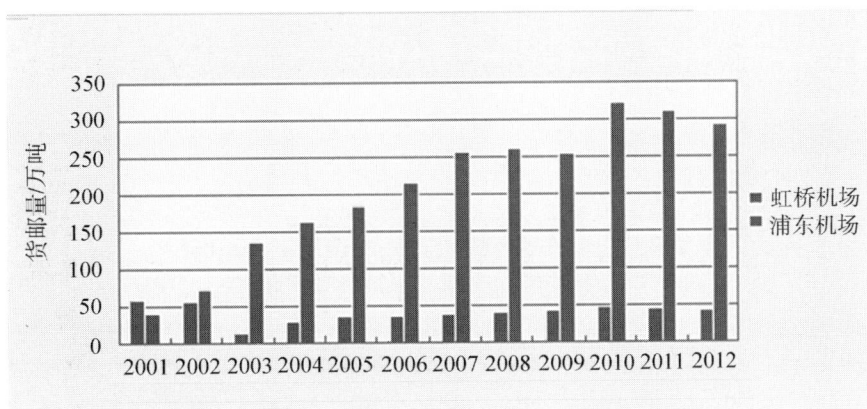

图 2-6-3　上海虹桥机场、浦东机场 2001—2012 年货邮吞吐量

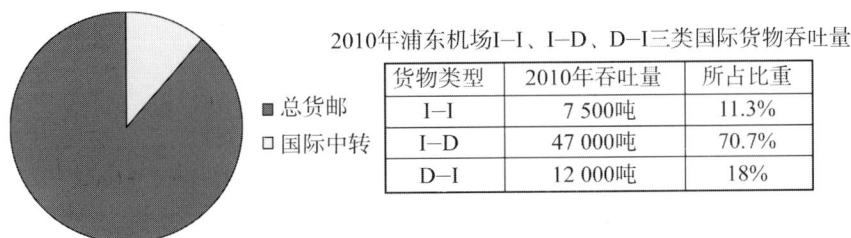

2010年浦东机场I—I、I—D、D—I三类国际货物吞吐量

货物类型	2010年吞吐量	所占比重
I—I	7 500吨	11.3%
I—D	47 000吨	70.7%
D—I	12 000吨	18%

图 2-6-4　2010 年浦东机场国际—国际、国际—国内、国内—国际货物吞吐量

（二）航空货运服务价值链不断延伸

航空货运的服务链由单纯运输逐步向运输、仓储、装卸、加工、整理、配送等一体化发展，由单一的空中运输向空地联运、多式联运的运作模式发展。上海机场货运业作为高端服务业在长三角及全国的对外交往和经贸中发挥着重要的作用。

（三）航线网络不断完善，物流集成商汇聚浦东机场

2011年底，已有21家全货运航空公司和31家航空公司的货运包机通航浦东机场，国际（地区）货运通航点和纯国际（地区）货运通航点达到112个和38个，全货机的货邮比率达到70%，国际（地区）货邮比重达88%，全国58%的国际（地区）航空货邮从浦东机场进出。进出口货源主要包括高科技电子、汽车、纺织、医药等，总价值超过1 200多亿美元。国货航将主要运营基地放在上海，南航货运旗下7架全货机中有6架在上海经营，大型物流集成商 UPS、DHL、FedEx 相继落户。

（四）基础设施建设稳步推进

在基础设施建设方面，浦东机场共规划5条跑道，目前3条已经投入运营，其中，第三跑道是货机专用跑道，具体见表2-6-1。

表2-6-1　浦东机场跑道投入运营情况

跑道名称	技术指标	竣工通航时间	主要功能
第一跑道	长4 000米、宽60米的4E级跑道	1999年9月	客运，提供客机带货业务
第二跑道	长3 800米、宽60米的4F级跑道	2005年3月	客运，提供客机带货业务
第三跑道	长3 400米、宽60米的4F级跑道	2008年3月	货运，提供货机带货业务

目前浦东机场设置货机专用跑道，84万米^{2}货机专用停机坪，20万米^{2}转运中心，103万米^{2}海关监管仓库，58个货机专用停机位，其中38个位于西货运区；东西飞行区之间建设有一条长830米的货运联络通道，用于连接一期与二期的货运机坪。浦东机场现已形成年420万吨的货运保障能力，基本达到国际领先水平。具体见表2-6-2。

表2-6-2　浦东机场基础设施建设与国外机场比较

机场	货机专用跑道/条	货机专用停机坪	货机停机位/个
孟菲斯机场	1	有	106
香港机场	0	无	34
仁川机场	1	有	36
浦东机场	1	有	58

三、推进上海国际航空货运枢纽建设的制约因素

在上海航空运输业迅速发展的今天，航空货运也得到了较快发展，但同时也存在着许多问题制约着上海国际航空货运枢纽的加快建设。

（一） 与航空货运迅猛发展相适应的政策环境比较缺乏

上海机场作为客货复合枢纽,在资源配置上面临着大挑战,在优先考虑客运、"重客轻物""以客带物"的经营指导思想下,在发展规划、资金投入、飞机引进、机场建设、航线开辟、法规建设、服务质量等方面,主要是围绕客运进行。由于忽视货运,因而在航空事业的发展中,缺乏货运发展的战略规划和推动货运发展的经济政策,限制了航空货运的发展。

（二） 货运基础设施配套对未来国际中转业务的发展支持不足

上海机场货运基础设施建设与利用滞后于国际货运中转业务发展的需求,成熟的货运网络还需进一步打造,利用效率还有待于进一步提高;7 个货站空间分割,形成了目前较为分散的布局情况:PACTL、东远物流、UPS 国际转运中心的各货站分别位于浦东机场一期货运区、东货运区和西货运区,被第一、第三跑道间隔,西货运区与第二跑道之间相隔两条跑道和两座航站楼。西货区的三大主要快件公司距离商检大楼有 15 千米的距离,快件送检需要由快件公司运送至商检中心。监管区与货站比较远,成本居高不下。停机机位上,商务机停在货机前面,高峰时期货机只能停 6—7 架,影响货物处理与操作效率;地面配套与延伸服务不能有效支撑服务品质的要求,未能充分体现航空货运高速、优质的服务优势,使得国际货源部分流失到周边机场,如香港机场、仁川机场、樟宜机场、成田机场。

（三） 基地航空公司的实力不够强,缺乏强硬的市场竞争力

基地航空公司的航线网络、营运水平、管理能力与未来发展的战略眼光,直接决定枢纽机场的竞争力。大型枢纽机场的基地航空公司实力普遍较强,如香港机场的国泰航空、仁川机场的大韩航空和韩亚航空,一个成熟航空货运枢纽,基地航空公司的占有率高达 60% 以上。东航是浦东机场的基地航空公司,但是它的国际航线网络、运力、国际揽货能力、货物处理能力与枢纽机场的要求还有一定差距。

（四） 受空域资源的限制,总体航班时刻资源紧张

与世界上主要机场群相比,上海机场的起降时刻资源紧缺已经成为上海发展航空货运枢纽的瓶颈。目前,浦东机场日高峰起降架次为 65 次,虹桥机场日高峰起降架次为 47 次,而国际先进机场平均日高峰起降架次为 156 次。2010 年上海机场全年的起降量达到 55.1 万架次,上海单个机场的起降架次排在世界 30 强之外。与之相比的是整个伦敦地区机场的起降架次在2009 年超过了 100 万架次,而只有两条跑道的伦敦希斯罗机场起降架次则达到 46.6 万架次;纽约地区三大机场的起降架次也达到了 118 万架次。因此,受空域资源的限制,上海机场总体时刻资源不足。在优先满足客运的前提下,资源的紧张往往导致挤压货运的航班时刻。

另外,目前上海浦东机场的航班白天、傍晚、夜间时段飞行量比例分别为:66%、17.3%、16.7%。其中,货运机则约 70% 被安排在夜间起降,而浦东机场要发展洲际中转,需要下午航班配合,目前阻力较大,影响了运输的时效性与服务质量,影响城市竞争力。

（五） 航线资源不足,航权开放不够充分

航权开放程度直接决定航空货运市场的规模。高密度的国际航线及充足的航空运力是发展国际航空货运的重要条件。国内的航空货物之所以大量流失到香港机场,一个很重要的原因就是香港机场的航班密度大、航线多(香港每周有近 4 000 多个航班,绝大多数都是国际航班),

能够充分满足航空货物运输快捷的要求。如果机场航线航班不足就无法吸引货运代理人,货运量就流失。上海机场与香港机场相比较,上海机场的航线选择比较少。而一个大型货代的出货地是世界各地,需要有不同航线飞往世界各地。

(六)口岸运作环境难以适应航空货运发展的需要

1. 海关监管模式与手段不适应新形势的要求。主要是从监管的手段、方法、内容上尚未与国际惯例接轨,没有建立起一套真正适合外向型经济发展需要,促进外贸出口的有效监管办法。如总单报关政策影响货货运通速度;转关仍需要对货物进行拆箱、检查和记录备案;无纸化报关现在只能做到"一票一报",而不能"多票一报";预清关只对某些特定企业(仅占 1%),且还是"两次放行"。快件方面没有很明确的海关监管流程。现在多开展了整机转机,分散转机业务操作尚有难度,转运中心的功能没有发挥等。目前为止,进出口监管环节比较多,影响效率提高。

2. 货站操作流程不统一影响工作效率的提高。每个货站收费标准、流程、所属管理单位、安检程序不同。7 个货站,货代公司都要驻派人,增加运行成本,效率比较低。非正常时间业内的服务标准有差距。

3. 现有中转货物、单证流程呈"串联"模式,"整板集拼"操作尚不能实现,客观上影响中转效率。

目前,由于口岸查验单位监管要求和地面代理操作规定,上海航空口岸国际货物中转流程中货货运和单证流不能够同时进行,整个流程呈"串联"模式(见图 2-6-5)。由于货站理货一般需要 6 小时左右,现场办理中转通关手续需 2~2.5 小时,加上其间抽取运单、整理相关正本单证以及货物在机坪和货站进、出港库区内驳运的时间,国际中转货物在上海空港滞留时间一般需要 10 小时以上。而在一些国外标杆货运枢纽,最短仅需 40 分钟,一般也仅需 1~2 个小时就能完成中转。由于空运中转货物尤其是空空联运中转货物对时间非常敏感,上海航空口岸的"串联"中转模式已经难以适应中转发展的要求。

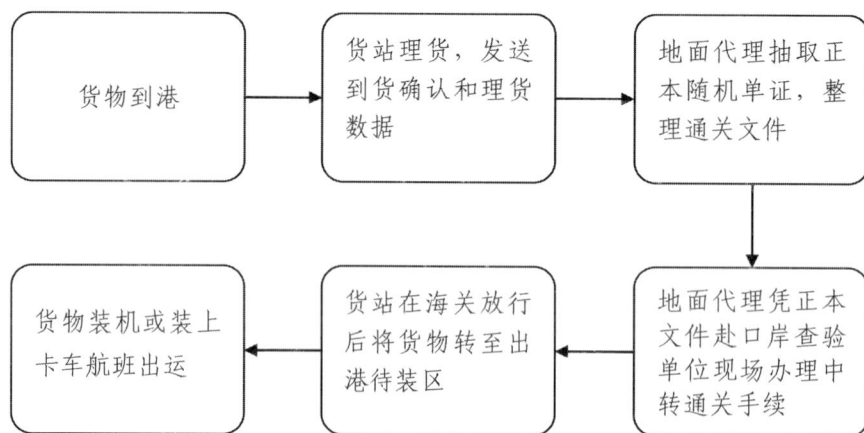

```
┌──────────┐     ┌──────────┐     ┌──────────┐
│ 货物到港  │ ──> │货站理货,发送│ ──> │地面代理抽取正│
│          │     │到货确认和理货│     │本随机单证,整│
│          │     │数据        │     │理通关文件  │
└──────────┘     └──────────┘     └──────────┘
                                         │
                                         ▼
┌──────────┐     ┌──────────┐     ┌──────────┐
│货物装机或装上│ <── │货站在海关放行│ <── │地面代理凭正本│
│卡车航班出运 │     │后将货物转至出│     │文件赴口岸查验│
│          │     │港待装区    │     │单位现场办理中│
│          │     │          │     │转通关手续  │
└──────────┘     └──────────┘     └──────────┘
```

图 2-6-5 上海航空口岸中转货货运与单证流"串联"模式

4. 监管操作时间与货物到达时间的错位影响了通关的效率。由于浦东机场来港货物大多夜间抵港,海关等监管部门无法提供夜间检验放行,到港货物不得不滞留在机场,占用有限的机场仓库与道路,增加装卸作业环节,降低了航空运输的时效性,又加剧了白天货运道路的压力。

5.监管程序比较复杂增加了通关的工作量。香港机场、仁川机场等其他发达地区的机场，货物进出不用申报，上报的数据只起统计作用。我国的监管模式与他们不同，设有检验检疫目录，目录内的所有产品均需要检疫，这样也影响货物通关的速度。当然，这种情况主要是由于监管体制的问题，其他地区一旦发生情况，责任人是发货人及收货人，但我国政府是第一监管责任人。

（七）机场航空货运信息系统建设有待提高

目前，我国航空货运信息系统主要采用的三种不同形式，航空货运企业信息化整体水平不高。各部门以自己的信息化为主导，各自推进，缺乏横向互动，没有互联互通，在建立公共信息服务平台过程中，信息共享的业务协同和货运中转通关电子化监管尚无法实现。相关手续仍到口岸查验单位相应服务窗口办理，所需单证与数据信息仍需通过纸质文件传递，审单放行仍是人工受理，影响效率。具体见图 2-6-6。

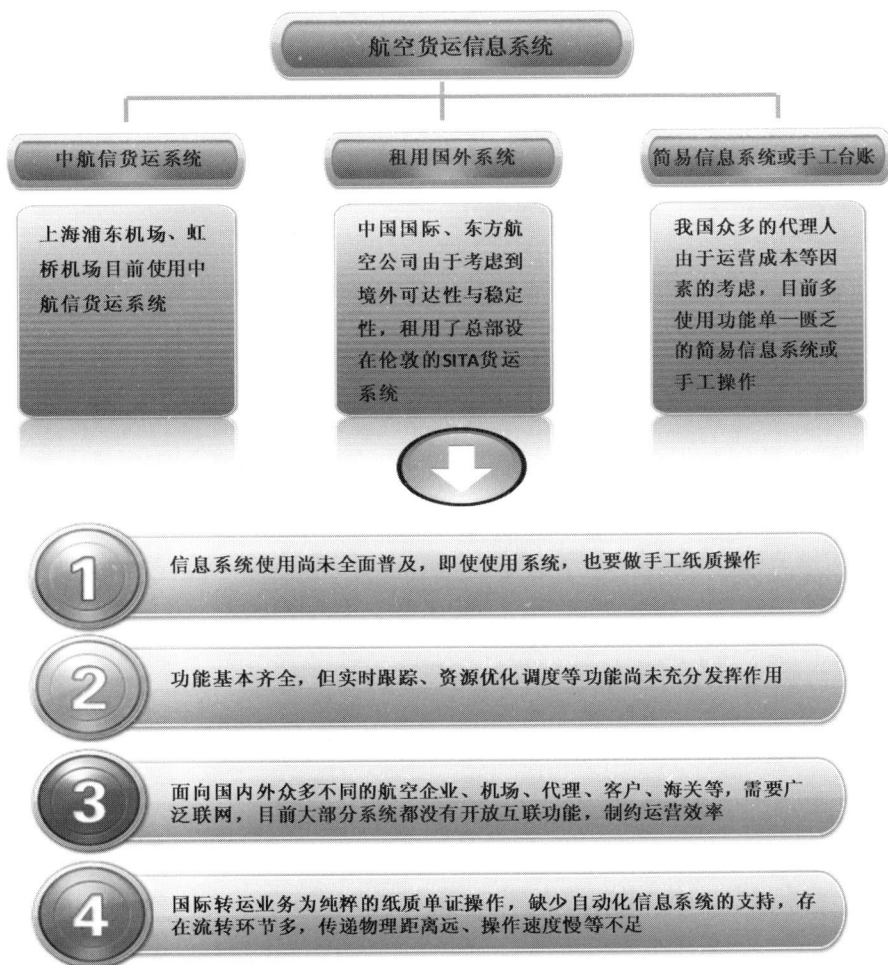

图 2-6-6　我国航空信息系统现状与问题

事实上，影响国际航空货运的因素是很多的，像上海经济发展情况、国家及地方的货运发展支持政策、货源是否充足、市场组织情况、航空公司运力、航线及航班是否合理、代理人经营能力、海关联检单位的配合、机场方面的地面保障能力及经验、人员素质等等，各要素紧密相关，相互制约和影响。

四、境外国际航空货运枢纽建设配套政策借鉴

纵观国际著名航空货运枢纽机场，美国的孟菲斯国际机场是依靠大型货运集成商发展起来的典型代表；而香港机场和韩国仁川机场是依赖于自由港贸易以及强大的基地航空公司发展起来的典型标杆。对标研究对我们借鉴成功经验，制订适合上海航空货运行业发展的具有中国特色、时代特征、上海特点的政策措施，营造良好的行业发展环境，从而促进上海航空货运行业的良性发展具有重要意义。

（一）美国孟菲斯国际机场——世界顶级物流转运中心

孟菲斯国际机场（Memphis International Airport，MEM）是世界上最大的航空货运机场，其运作对我们的启示：

1. 聚集众多优秀的快递物流合作伙伴。美联邦快递公司（FedEx）是现代快递服务业的先驱，而航空货运正是FedEx发展物流业的基石。孟菲斯机场每年总货流量的95%都来自联邦快递（FedEx）。FedEx在孟菲斯机场建设了自己的大型货运基地，并以孟菲斯机场为中心枢纽，向世界200多个国家、地区提供快速、准时、可靠的门到门的第三方物流服务。正是FedEx等世界级的航空货运公司的大规模高效运作，才逐步造就了孟菲斯机场的货运大枢纽。

2. 多种运输模式协同发展。孟菲斯机场东西兼顾、南北适中，两小时以内的航程几乎覆盖了全美所有大中城市。同时，孟菲斯又是美国中南部地区的水陆交通枢纽，以其为中心的高速公路、铁路网四通八达，4个小时的车程可到达美国中南部的大多数城市。便捷迅速的转运系统，是孟菲斯机场对货主及物流商的重要吸引力。

3. 有完善的航空城开发规划。孟菲斯机场与当地政府以及合作伙伴共同设计了航空城发展方案，使得它的航空城不仅满足了速度、灵活度和联结性的核心要求，还适应了多方的特殊要求。优秀的航空城规划使孟菲斯机场的货物能在48小时内到达世界任何一地。

（二）韩国仁川机场——东北亚物流中心

韩国的仁川国际机场已经形成以国际物流枢纽机场为引擎，名副其实的东北亚物流中心，其运作对我们的启示：

1. 国家战略引领。仁川机场是韩国政府有史以来最大的国家投资项目，把机场的建设作为对外服务的窗口和改善国家形象的工具，并明确提出要以仁川机场为中心，建设物流网络。

2. "多式联运"衔接。仁川空港公司制定了"五角空港"（航空港、海港、信息港、商业港、休闲港）的发展战略，充分利用仁川也是世界知名深水港口的优势，开展多式联运。

3. 提供各种优惠政策和激励措施。对进驻园区的外资企业根据不同行业和投资规模，在今后5~7年内，可享受减免国际税、地方税、土地使用费等优惠政策；进驻园区的国内外货物，可享受免除关税、酒税等各项优惠待遇；政府允许企业可以直接建设物流、制造等建筑设施，最长可以运营50年。

4. 依托机场设立自由经济区。自由经济区在税收、外汇管制等方面实行了一系列特殊的经济政策：一是对外资企业实施税费激励政策。二是放松政府管制与加强行政支持。自由经济区内开放教育、医疗等服务行业；实行外汇制度自由化，允许主要的外国货币在自由经济区内自由使用；允许外国广播电视进入。三是改善外国人居住环境。在自由经济区内，政府除了建设

大量绿地与休闲娱乐设施外,还在政府服务中使用英语,并建立国外高校的分校,引进国外的医疗机构等。

5. 构建空运货物信息系统。空运货物信息系统由国家国土、运输和海洋事务部创建,由仁川机场运行管理,主要是提供相关的信息服务和基础设施信息,整合航空公司、地面服务公司、货运代理、船务公司的信息、资源,以促进企业之间的合作。

6. 简化海关通关程序。全面提升了空港海关管理的效率与效力。一是改善进出口物流管理系统。二是加强快递货物的通关服务。三是完成"电子海关"建设,包括安装以互联网为基础的申报系统,与以电子数据交换(EDI)为基础的业务系统合并运行;整合 31 个不同的单独系统,加强内部管理系统的连通性能;建立覆盖进出口申报和检疫申请的"一站式"电子化通关系统(单一窗口)等。

7. 鼓励企业参与园区的开发与建设。韩国政府对原有的 BOT 开发模式进行了创新,利用 BOT 的方式开发、管理机场周边物流园区及工业园区。BOT 的开发模式在利用承包商专业开发经验和先进技术的同时,也为韩国政府和机场当局节约了大量投资建设资金,并且降低了投资风险。

8. 运作费用低廉。仁川机场提供具有竞争力的机场使用费,如波音 747 飞机在仁川机场起降的费用约为上海浦东的二分之一。仁川机场模式的最大优点在于航空公司能够致力提供优质顾客服务,航班时段编配灵活,物流服务一体化运作,减少了很多中间环节。

(三) 香港国际机场——世界上最繁忙的货运枢纽

香港国际机场自 1996 年以来就跻身最繁忙的国际货运站之一,其运作对我们的启示:

1. 运营管理领先。香港机场制定了详细的服务标准以保证机场高质高效的服务,并通过价格折扣和提高物流效率的方法来降低机场综合物流成本。"BOT"的管理模式使香港机场管理局和承包商保持长期紧密的合作关系,并可对这些承包商进行严格的考核和评估,确定他们依据国际及业界标准提供服务,达到航空公司及各方面要求。

2. 服务功能领先。商贸港物流中心和东涌物流园区可中转和处理高时效、高价值产品,如电脑零件、药品,这些货物在物流园区处理完毕后,可经过海运、陆运和空运送到珠江三角洲,而珠江三角洲的货物也可在物流园区进行处理,再通过香港机场转运到世界各地。

3. 软环境领先。一是自由贸易政策。香港货运商可在免税的情况下进行运送、存储、加工等增值服务,节约了税务成本和运输时间。二是"开放天空"政策。在香港和美国签订航权协议后,香港第五航权开放量激增,大大提高了香港机场的航班起降量。三是延远货运航权。中央已开放内地 45 个城市的航权给香港,减轻了香港的货运成本,确保香港国际货运龙头地位。四是海关优质服务。首先,香港海关 EDI 水平发展成熟,系统和机场货站、快递提供商、海运码头连接,保证了香港机场为客户提供 3 小时预先清关的服务承诺;其次,香港海关协助机场提供到大陆的一次性清关服务,即货物从香港机场到达后,海关只进行简单的安全性检查,即用货车直接运到内地目的地,在目的地完成清关,大大提高了机场货物的处理效率,减少了整体物流时间。

4. 与航空货运协作无间。香港机场在香港货运促进委员会中担当积极角色,每季度定期举行会议,回顾航空货运的运作与表现。委员会中的成员还包括香港货运物流协会、香港海关、亚洲空运中心有限公司、珠江海空联运有限公司、DHL、香港空运货站有限公司等。

五、推进上海国际航空货运枢纽建设的具体政策建议

（一）战略层面上积极谋划，利用改革红利实现跨越发展

1. 以国家建设中国（上海）自由贸易试验区为抓手，落实好自贸区政策，积极推进国际航空货运枢纽的建设

（1）争取将自由贸易试验区内的政策效应辐射到整个空港，包括机场货运活动区域（浦东机场+虹桥机场），使浦东机场与虹桥机场货运功能实现联动，享受自贸区的政策溢出效应，整体推进货运枢纽建设。

（2）抓住自贸试验区服务业开放的机会，拓展航空服务产业链。发展航空货运的新业态，鼓励开展包括飞机融资租赁业务、航空保险等高价值的航空服务价值链，吸引跨国企业采购分拨中心、大型银行、营运结算中心等功能性机构落户，整体提升服务能力与水平。

（3）借助自贸试验区政策创新适应航空枢纽发展需求的货运监管模式。进一步细化优化快件转运监管、跨境电子商务监管模式，争取在通关和海关监管方面有较大的突破和创新。

2. 推进构建上下联动的组织体制机制

（1）将上海国际航空货运枢纽建设作为上海国际航运中心建设的核心内容之一，充分发挥"两个中心"建设部际协调机制的作用，加大对国际航空货运枢纽建设的推进力度。

（2）抓住建立中国（上海）自由贸易试验区的机遇构建具有跨部门协调能力的机构，最大限度地整合和协调相关行政资源。

（3）积极用好航空物流协会的沟通平台。充分发挥上海空港物流协会和其他社团组织的作用，提高航空物流企业在上海国际航空物流枢纽建设中的参与度和主动性。

（二）推进信息系统建设，打造"智慧空港"

1. 打造"智慧空港"。充分利用上海国际航运中心综合信息共享平台的建设与运营，结合"智慧城市"建设，打造"智慧空港"。建立集航空运输政策发布、监管查询、货运服务、空运咨询、空运交易于一体，实现航空运输信息的权威发布、有效聚焦和增值服务。

2. 大力推广应用 IATA 电子货运认证、射频等技术，提高一站式服务效率。

3. 建立运费协议电子交易平台。研究推出空运运价指数及其金融衍生品，以增强在国际航空货运要素定价及资源配置方面的影响，提升上海在全球航空货运市场的话语权。

4. 培育建立长三角地区重点航运货物集散城市的虚拟空港机制，巩固空运货源市场。

（三）按照国际通行惯例，加大支持国际中转及集散功能拓展的政策力度

1. 流程再造，进一步简化国际中转业务的通关手续。包括机坪整板箱中转、拆拼箱中转、两头在外的国际中转业务的通关手续。

2. 推进完善空运跨关区便捷转关常态化运作。采用签署关区备忘录等形式，建立海关之间的联系，对符合要求的企业给予空运直接转关资格。

3. 以公告形式出台针对快件国际转运的相应规定。在海关总署尚未明确具体规范的情况下，建议由上海海关以公告形式出台针对快件国际转运的相应规定。

4. 加强货物分类评审制度,进一步提高中转速度。进一步完善企业诚信管理和关企合作的政策制度,对于信誉良好、信誉一般、信誉较差的企业实行分类监管模式,探索货单分离管理,提高通关效率。

（四）进一步加大财税支持力度,积极培育新型承运人与基地航空公司

1. 将货运枢纽建设纳入上海国际航运中心专项资金支持发展的范围。加大航空货运枢纽建设资金的比重,并按照实际需要逐年增加。

2. 延续执行中远程航线补贴政策。对航空公司开辟中远程货运航线和支线货运航线,以及国际国内航班中转衔接航线的补贴政策实行三年滚动制度,持续实施。

3. 鼓励引进新型承运人,积极培育基地航空公司。对于新型承运人,在土地租赁、企业所得税返还方面适当给予优惠。全力配合东航货运改制,完善航线网络,在浦东空港物流园区土地使用上给予优先权,积极培育其中转功能与集散能力。

4. 借助自贸区发展机遇,抓住邮政部与上海市合作发展邮政快递总部经济契机,大力发展航空快递业,逐步实现航空枢纽与周边地区业务模式一体化管理机制与模式,延伸产业链。

（五）进一步加强机场集疏运体系等基础设施建设,不断完善集散和服务功能

1. 完善两个机场之间、上海机场与长三角地区、上海机场与市区的快速道路交通体系。完善空地连接模式,以提升空陆联运竞争力。

2. 对 G1501 高速公路实施弹性收费（收费补贴）,对航空货运集卡车辆减免一定的通行费,缓解机场交通拥挤问题。

3. 加快沪通铁路二期、内河港池、河西港区等项目建设,为多式联运集疏运体系提供基础条件。

4. 加快完善其他基础设施建设。合理规划布局,配套完善航空货运集散、油料供应等基础设施,推进冷链物流设施建设。在 4、5 跑道间加快规划新增物流区,打通机场内部货站与监管仓库之间的快捷通道,更好地适应货运中转与集散功能的发挥。

（六）进一步开放空域资源,开放航权与拓展航线

积极协调军方和民航的空管部门,争取在军方主导下进一步开放空域,特别是加大对白天货运航线在审批上给予政策支持力度,进一步扩大上海的国际通航范围,重点支持网络空白和频次不足且市场成长较好的航线,如上海—南美洲和非洲航班,加密上海—欧美干线航班,优化国际、国内航班衔接,加大对国内重点机场的货机航线市场开发力度,为浦东机场货运网络的扩张和货运规模的扩大提供有力的航线资源保障。

（王思政、王骅、耿海玉、秦春、王颖、张劼怡）

轨道交通站点"最后一公里"出行模式和保障机制

一、研究背景

（一）城市人口、用地规模、汽车保用量持续增长使城市交通面临严峻挑战

目前，上海市常住人口已突破 2 350 万人。城市规模不断拓展，2003—2008 年间城市建设用地增加超过 50%。经济持续增长，空间结构不断调整，小汽车普及步伐持续加快，全市私人机动车已超过 170 万辆。城市交通设施已难以适应交通需求的不断增长，面临严峻挑战。

今后，随着经济的持续增长，城市交通运行将面对机动车增长和土地资源约束的双重压力。一方面，城市居民出行的机动化水平迅猛增长，预计到 2020 年中心城的小汽车拥有率将从目前的 80 辆/千人增加到 150 辆/千人、郊区小汽车拥有率从目前的 80 辆/千人增加到 180 辆/千人，机动车出行总量将达到 660 亿车公里/年；另一方面，中心城土地资源紧缺，可用于新建道路和停车设施的空间越来越少，无法满足快速增长需求。

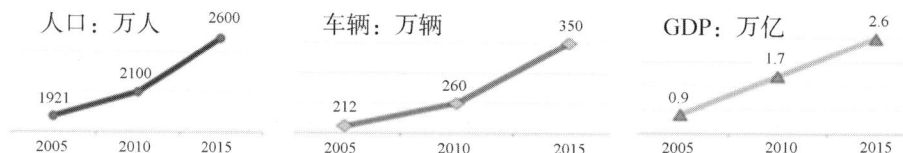

图 2-7-1　上海市"十二五"期间人口、机动车、GDP 增长趋势图

（二）轨道交通快速发展，重心向郊区转移，站点"最后一公里"出行问题日渐突出

为落实公交优先发展战略，保障世博交通，"十一五"期间上海进行了大规模的轨道交通建设，建成线路总长约 300 千米，形成了 425 千米的轨道交通网络，轨道交通站点超过 280 个。"十二五"期间，为服务郊区新城和大型居住社区，上海还将继续推进轨道交通建设，建设重心向郊区转移。

从通达郊区的轨道交通线运营情况来看，郊区线网密度低，站点服务半径大，站点地面公交等配套设施不够完善，"最后一公里"出行难的问题日渐突出。在设施供给方面，轨道交通大运量的优势不能有效发挥，客流强度低，客流效益差；在出行需求方面，原本可使用轨道交通出行的市民转向使用小汽车出行，导致城郊结合部地面道路高峰时段严重拥堵。

（三）现有的"最后一公里"出行模式缺乏整合，管理混乱，导致黑车猖獗

轨道交通站点"最后一公里"出行缺乏便捷、安全、有效的交通系统支撑，配套设施的设置存在较大随意性，缺乏规划和建设层面的统筹协调。运行管理涉及市政道路、公交运行、市容市

貌、轨道交通等多个政府管理部门,缺乏有效的协调机制。部分站点周边黑车猖獗,给市民出行安全、城市管理等带来较大隐患。

二、研究目的

基于上述背景和出现的问题,围绕上海市"十二五"综合交通发展规划提出的发展目标,针对新一轮郊区轨道交通线网规划建设的特点,通过对上海市浦东、闵行"最后一公里"典型案例的分析,按照"服务区域不同,出行特征不同,选择出行方式不同"的总体思路,对"最后一公里"概念、多种出行方式的适应性、对策措施和保障机制等进行研究,探讨上海郊区轨道交通站点"最后一公里"的解决思路,提出具有可操作性的意见和政策建议。

三、"最后一公里"概念内涵和特征分析

(一) 轨道交通站点"最后一公里"概念

最后一公里(last kilometer),在英美也常被称为 last mile(最后一英里/最后一公里),原意指完成长途跋涉的最后一段里程,被引申为完成一件事情的时候最后的而且是关键性的步骤(通常还说明此步骤充满困难)。

交通范畴的"最后一公里"一般指末端交通,特别是大运量的公共交通与其他交通方式的衔接。相比私人交通,公共交通最大的缺陷在于难以实现"门到门",在完成"站到站"服务后,需要通过其他方式实现"站到门"。如果处理不好"最后一公里"——"站到门"的出行,公共交通将难以与私人交通竞争。

城市轨道交通是大运量的公共交通方式,具有快速、准时、安全性高等特点,能够提供快速准点的"站到站"的服务,站点"最后一公里"——"站到门"的服务必须通过其他交通方式的衔接才能完成。本课题重点研究轨道交通站点与家或者办公场所之间的出行,以通勤交通为主。

家　　　　　　　　　　轨交站点　　　　　　　　工作场所

图 2-7-2　轨道交通站点"最后一公里"示意图

(二) 轨道交通站点"最后一公里"的特征分析

1. 出行方式多样,以步行和公交为主

根据轨道交通站点"最后一公里"概念和各种交通方式的技术经济特性,方式可选择步行、自行车(含公共租赁自行车)、地面公交(含常规公交、穿梭巴士)、小汽车(含出租车和合乘车)等。

根据《上海市轨道交通站点乘客出行特征抽样调查数据(2012 年)》(以下简称《乘客抽样调查》),步行和公交方式在"最后一公里"出行中占绝对的主体地位,其中步行占比最高。

不同区位的轨道交通站点,其交通方式结构和比例也有所不同。中心城轨道交通车站和公交站点密度较高,采用步行和地面公交换乘的比例较高;郊区轨道交通站点密度较低,采用地面公交、非机动车、出租车等换乘比例大大增加。以 2012 年 9 月某工作日交通卡换乘数据为例,郊区轨道交通重要站点换乘公交比率接近 50%,换乘出租车约占 3%~5%。

2. 出行距离在 5 公里内

不同出行方式对应的出行距离不同,对一般轨道交通站点来看,不同交通方式对应轨道交通吸引范围大致形成了以步行、自行车和机动车为主体的三层服务圈。考虑到距离超过 5 千米,轨道交通站点吸引力已大幅下降,本课题将站点"最后一公里"的出行距离界定为 5 千米以内。其中,内层服务圈是距轨道交通站点 1 千米内的步行圈;中层服务圈是距轨道交通站点 1~3 千米的自行车出行圈;外层服务圈距轨道交通站点 2~5 千米的机动车出行圈,包括公交车、出租车、私人小汽车等。

轨道交通站点"最后一公里"出行距离与轨道交通车站的区位有关。中心城轨道交通车站站距小、密度大,"最后一公里"的出行距离也相应较小;郊区轨道交通车站站距大、密度小,"最后一公里"的出行距离也较大。轨道交通起终点站和客流量大的枢纽站服务范围一般也较大。

3. 出行时间在 20 分钟以内

轨道交通站点"最后一公里"出行时间相对比较集中。根据《乘客抽样调查》,早高峰到达轨道交通站点平均时间为 15 分钟,晚高峰从轨道交通站点到目的地平均时间为 12 分钟。"最后一公里"全程步行出行时间在 20 分钟以内的乘客占 95%,其中 10 分钟以内的占 75%~80%。以一次通勤出行时耗 60 分钟计,如果两端的"最后一公里"——"站到门"出行时耗均为 15 分钟,其时间占比已达 50%。因此,减少公共交通的出行时耗,进一步增强轨道交通吸引力,关键在于减少"最后一公里"——"站到门"的出行时耗。

根据《乘客抽样调查》,早高峰轨道交通站点"最后一公里"出行目的中上班占 94%,晚高峰中回家占 91%。

4. 出行舒适度和机动化水平应得到重视

轨道交通站点"最后一公里"的出行结构中步行占 49%~81%,地面公交等机动化出行比率较低。在整个通勤交通中"最后一公里"往往是最为辛苦的一段路程,提高机动化水平有助于减少出行时耗。步行或自行车出行易受气候条件影响,需充分重视慢行交通环境建设。

四、主要出行方式选择和保障机制研究

(一)出行方式选择的影响因素

出行方式选择的影响因素是多方面的、复杂的,也是动态变化的,不但涉及出行者自身,而且还受社会、经济、城市规划建设的影响,主要影响因素分为五类:出行者自身特性、出行区域特性、出行者出行特性、运输系统特性及目的区域特性。

(二)出行方式适应性分析

1. 总体分析

步行和自行车交通出行灵活、准时性高,具有良好的发展基础,是解决中短距离出行和接驳换乘的理想交通方式,是城市综合交通不可缺少的重要组成部分。同时,发展城市步行和自行

车交通也是城市交通节能、减少碳排放和细颗粒物（PM2.5）、改善环境的重要措施。

公共汽电车（地面公交）承担着城市公共客运的主要任务，具有灵活机动、载量大、运送效率高，人均占用道路面积少、运输成本低等优点。新设公交线路，设施简易、投资少、见效快。

2. 地面公交换乘轨道交通

地面公交包括常规公交和穿梭巴士两大类。

常规公交与轨道交通共同构成城市公共客运系统的整体，满足不同目的、不同距离的出行需求。轨道交通网与常规公交线网的关系应定位于骨干网和支网的关系，轨道交通网作为城市客运走廊，主要服务于中长距离出行，重点关注运行速度；常规公交运量较小，机动灵活，主要服务中短距离出行，重点关注服务范围。

常规公交与轨道交通应呈"鱼骨结构网络"，以轨道交通线路为主轴，结合用地布局，增加与其垂直的"鱼刺"形公交线路，消除公交空白区域，一方面适当增加垂直于轨道交通线路的常规公交运能；另一方面适当减少平行轨道交通线路的常规公交线路，优化地面公共交通网。

"穿梭巴士"是区别于常规公交线路（线路长约 10 千米），以居民生活服务点、社区事务服务点、地铁站点或公交枢纽站点为中心，辐射周边社区，连通集贸市场、商城、学校、医院、中心街镇、市民中心等，以服务居民的社区出行为主的地面公交形式。

3. 小区拼车换乘轨道交通

本课题说的"小区拼车"，是指居住在同一或临近小区的人乘坐同一辆车到达轨道交通站点，从而实现环保、省时、省力、省钱等目标。小区拼车主要可分为两种情况：一是"合乘"，几位出行时间相近的人合乘一辆出租车去轨道交通站点；二是"搭车"，即由"P+R"车主驾车，其他人搭乘。在距离偏远、交通不便的居民小区，拼车现象越来越普遍。另一方面，政府对拼车的政策引导与制度规范相对欠缺，老百姓对拼车缺乏信任。从大处着眼，小区拼车有利于提高汽车的利用效率，减少交通拥堵，避免环境污染；从小处着手，小区拼车有利于节约老百姓的时间和费用，提高出行的舒适度。小区拼车也存在着一系列劣势，比如发生交通事故时责任和赔偿难以明确，和非法营运的界限划分不清等等。

小区拼车的适用条件比较苛刻，无法作为解决轨道交通"最后一公里"出行问题的主要途径，仅能作为公交、"P+R"、出租、自行车等其他交通方式的有益补充。在区域方面，小区拼车适用于外环以外、距离轨道交通站点三千米以上小区的居民出行；在时间方面，小区拼车适用于工作日早晚高峰期间居民上下班、上学及放学回家；在人员方面，小区拼车适用于出行时间相对固定，并且具备环保理念的小区居民。

4. 私人小汽车换乘轨道交通（P+R）

"P+R"能将小汽车方式与公共交通方式连接起来，扬长避短，在提高大城市区域间交通可达性的同时，将部分车辆拦截在拥堵区域之外，促使出行者换乘公共交通到达城市中心区域。

（三）主要对策和保障机制研究

1. 城市规划层面

（1）落实 TOD 发展模式

构建与轨道交通网规划相衔接的城市空间布局，推进以轨道交通为导向的 TOD（transit-oriented development）发展模式——以轨道交通车站为中心、以 800 米步行距离为半径建立集工作、商业、文化、教育、居住等为一体的城市发展区域,并实施高强度开发。

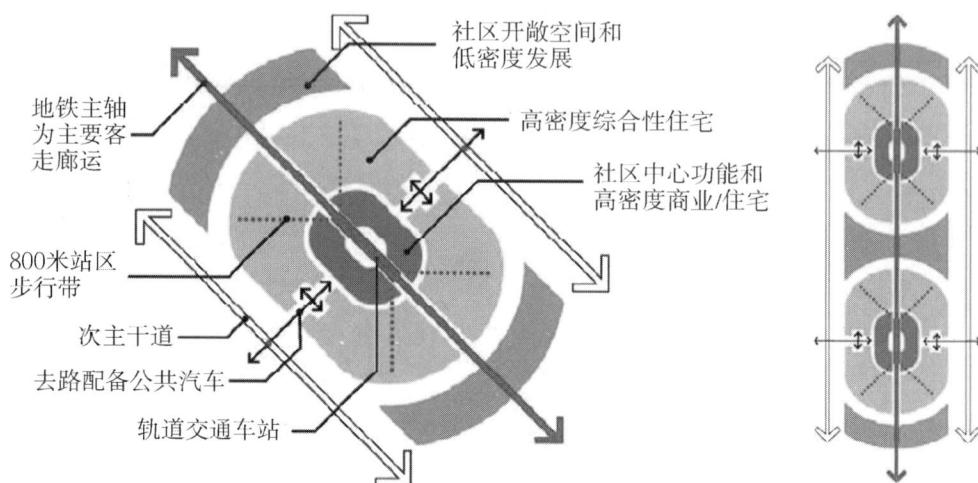

图 2-7-3　轨道交通站点 TOD 模式示意图

（2）鼓励公共交通设施用地综合开发

结合上海土地资源稀缺的实际情况,对轨道交通站点、自行车停车设施、"P+R"设施等公交设施用地的地上、地下空间实施综合开发,并适当提高容积率。"P+R"设施的规划应与轨交发展规划和社区发展规划紧密衔接,完善相关配置政策,确保健康有序发展。

（3）加强轨道交通与站点配套设施规划衔接

在规划阶段将轨道交通建设和配套设施作为整体考虑,确保站点公交、非机动车停车、出租车候车等换乘设施用地,实现同步规划、同步设计、同步建设、同步运营。

2. 投资建设层面

研究制定站点配套设施建设标准,推进换乘枢纽、公交车站、步行道、自行车道、公共停车场等配套设施建设,完善站点周边慢行系统。

（1）鼓励综合开发

研究制定支持政策和投融资机制,按照市场化原则实施站点及周边配套设施综合开发,收益用于公交设施建设和弥补运营亏损。

（2）拓宽投资渠道

研究扶持政策,通过特许经营等方式,吸引和鼓励社会资金参与站点及配套设施的建设和运营。

3. 运行管理层面

（1）完善配套公交线网

根据轨道交通运营客流的情况,开设并及时调整配套公交线路。将开通"最后一公里"公交穿梭巴士线路与调整撤并原公交线网相挂钩,研究撤并时机,逐步推进公交线路调整。

（2）提高换乘优惠力度

研究提高地面公交、P+R、自行车等与轨道交通优惠换乘的力度,降低市民使用轨道交通出行成本。研究适当降低郊区出租车起步价(如 1 千米 7 元,2 千米 10 元,3 千米 12 元),鼓励拼车,发挥郊区出租车在轨道交通站点"最后一公里"中的作用。

（3）加强站点综合管理

实现轨道交通与地面公交信息、运行管理的联动,提升整体运行效率。加强交通组织管理,保障公交专用道、慢行交通的路权。正确引导电动自行车的发展,引导居民合理使用符合国家标准的电动自行车。

4. 政策法规层面

（1）研究完善补贴办法

推进实施试行公交成本规制,选取轨道交通站点"最后一公里"公交线路开展试点。

（2）研究综合开发供地政策

研究按市场化原则实施分层供地,选取轨道交通站点综合开发项目进行试点。

（3）实行税收优惠政策

对公交企业实行水价电价、所得税、营业税等方面的优惠政策,继续做好成品油价格补贴和公交购车补贴。

5. 整治非法客运

（1）继续推进集中整治

按照"目标清晰、措施具体、可操作、可考核"的要求,注重宣传与教育相结合,聚焦整治重点,创新监管手段,强化联勤联动、加强源头管控,进一步规范站点周边交通秩序。

（2）进一步完善法律法规

研究取证方式,将黑车营运列入违法制度层面,提高非法客运行为的违法成本,提高整治效率。

（3）优化完善交通换乘系统

以常规公交、穿梭巴士为骨干、以自行车和"P+R"为补充,进一步完善轨道交通站点综合交通服务体系,压缩黑车生存空间。

（王思政、朱明林、周鹤群、彭勇、朱丽蓉、庄诚炯、聂磊、孔洁、蔡大勃、吴卓力、孙森泉、王磊）

上海市加快分散燃煤治理实施方案研究

燃煤为主的能源结构是我国雾霾及 PM2.5 形成的主要原因之一。北京市环保局在 2013 年初《北京市空气重污染应急方案》实施情况的新闻通报会上分析雾霾成因时,将燃煤排在首位;复旦大学环境科学与工程系教授杨新在分析上海雾霾成因时,直指许多地方煤的利用率不足,消耗过高,成为主要的污染源。最近伴随雾霾等恶劣大气环境问题的出现,进一步加强能源管理,尤其是严控和减少高碳、高污染的煤炭消费,从而高效、合理地利用能源,减少污染物排放、实现城市的低碳经济发展模式已成为大势所趋。原能源部政策法规司朱成章教授指出,控制大气污染要把控制 PM2.5 放在重要位置,其中一个关键的措施便是对分散燃煤的替代。

一、上海市分散燃煤情况

(一) 分散燃煤消耗的总体情况

2012 年,上海全市煤炭年消耗量约 5 700 万吨,主要用于发电、供热、炼焦、制气等能源中间转换环节,煤炭消耗量占煤炭总消费量的 80%,而作为工业原料和直接燃烧的终端消费环节占煤炭消耗的 20%。在煤炭直接燃烧用量中,宝钢工业窑炉占 50%,其余则分散在 3 000 台左右的工商业锅炉(9 000 多蒸吨)和炉窑中。除少数热电联产、集中供热锅炉容量较大外,分散燃煤锅炉大部分容量较小,主要分布在郊区各工业行业以及宾馆、浴室等商业企业,成为治理的重点和推进难点。从供应端看,分散燃煤锅炉及窑炉的燃料供应主要由煤炭经营企业提供。煤炭经营企业中多数企业经营规模偏小,给从源头环节开展分散燃煤的治理带来了较大的管理难度。

(二) 分散燃煤治理进展及存在的问题

2012 年,本市下发的《上海市燃煤(重油)锅炉清洁能源替代工作方案和专项资金扶持办法》(沪府办发〔2012〕36 号,以下简称"36 号文"),对全市燃煤(重油)锅炉的清洁能源替代起到了积极的推进作用。目前各区县总体完成了计划目标,但完成情况不尽相同。在实施过程中,主要存在的问题有:(1)以燃气为主的清洁能源与燃煤相比,能源价格高,企业普遍难以承受;(2)一次性改造投入大,尤其是天然气管网敷设等配套费用高,给企业带了较大的资金压力;(3)部分地区天然气管网尚未到达,不具备替换管输天然气的外部条件;(4)缺少强制性约束手段,工作推进困难;(5)原有政策措施的操作还有待进一步完善,例如补贴流程复杂、补贴上限偏低、替代形式不明确等。

二、实施路线及技术路径

燃煤(重油)锅炉和窑炉的清洁能源替代主要通过三种形式实现:产线关停、功能取消;非锅炉形式替代;锅炉形式的清洁燃料或能源替代。

技术路径主要有:(1)位于集中供热企业或分布式能源项目附近、具有热力管网条件的企业,在外购热力能满足工艺要求的情况下(如温度、压力、负荷等),采取集中供热的方式替代锅炉等设备;(2)小于 1 蒸吨容量的锅炉,可考虑采用电锅炉或电热水器替代。对于可享受峰谷电价、夜间低谷电时段有较大富裕的配电容量、夜间无供热负荷或供热负荷较小的企业,可考虑采用电蓄热锅炉。(3)中等容量或大容量锅炉,或者对产品品质要求较高的窑炉,以天然气为主要替代能源。若天然气管网已到达企业附近或者距离天然气管网较近,采用管输天然气方式;若天然气管网尚未到达,且企业具有一定的场地空间放置相关设施,可使用 LNG 或 CNG 等非管输天然气形式。此外,锅炉和窑炉的清洁能源替代应同时考虑企业的节能减排技术改造,如使用生产工艺中余热或空压机余热、安装太阳能热水系统或空气源热泵系统等。

三、成本及效益分析

由于全市集中供热锅炉及热电联产锅炉数量少,规模大,在进行节能减排效益测算时,给予分别考虑,并假设集中供热锅炉及热电联产锅炉全部采用天然气替代,其余锅炉采用“天然气∶电力∶热力”按 50%∶25%∶25%的比例替代。

(一) 改造成本

改造成本主要有设备改造成本和配套建设成本。按设备改造(改造或重新购置)的平均成本为 25 万元/蒸吨计算,完成全市全部燃煤(重油)锅炉和窑炉的清洁能源替代共需 24.1 亿元。天然气配套建设成本包括红线外管道投资和红线内设施投资,根据目前掌握的企业距离天然气管线距离,按照红线外燃气管道建设费用为 200 万元/千米、红线内调压/计量设施费用为 50～100 万元/套计算,该部分投资共需 14.0 亿元(见表 2-8-1)。

表 2-8-1　配套建设费用　　　　　　　　　　　　　　　　单位:亿元

项　　目	全部替代	2/3 替代	1/2 替代	1/3 替代
企业支付	8.85	5.90	4.43	2.95
管道建设费	1.72	1.15	0.86	0.57
企业内配套设施	7.13	4.76	3.57	2.38
燃气公司支付(管道建设费)	3.44	2.29	1.72	1.15
区县财政支付(管道建设费)	1.72	1.15	0.86	0.57
合计	14.01	9.34	7.01	4.67

注:管道建设费用按照企业承担25%、区县承担25%、燃气公司承担50%计算。

(二) 运行成本

按目前上海市各种能源价格,结合锅炉效率,不同能源品种的锅炉运行费用如表 2-8-2。

表 2-8-2　不同能源的运行费用比较

能源品种	单价	热值	单位热值价格/ (元/10^3 千卡)	蒸汽成本/ (元/蒸吨)	年运行成本/ (万元/年)
煤	800 元/吨	5 000 千卡/千克	0.16	180	173

（续表）

能源品种	单价	热值	单位热值价格/（元/10^3 千卡）	蒸汽成本/（元/蒸吨）	年运行成本/（万元/年）
燃气	4.4 元/米³	8 500 千卡/米³	0.52	429	412
电（平时段）	0.71 元/千瓦时	861 千卡/千瓦时	0.825	684	657
电（谷时段）	0.35 元/千瓦时	861 千卡/千瓦时	0.413	342	328
重油	5 000 元/吨	10 000 千卡/千克	0.5	438	420
柴油	8 000 元/吨	9 500 千卡/千克	0.842	736	707
木材	300 元/吨	3 000 千卡/千克	0.1	113	108
集中供热（燃煤）	800 元/吨	5 000 千卡/千克	0.16	200	192
集中供热（燃气）	4.4 元/米³	8 500 千卡/米³	0.52	386	371

注：电力价格按照上海市电网非夏季销售电价（两部制分时电价用户）中工商业及其他用电价格；燃煤锅炉效率按 70%、燃气及电锅炉效率按照 95%、燃油锅炉效率按照 90%；锅炉年运行小时数按照 2 400 小时计算。

参照目前燃料消费及价格统计，全市分散燃煤（重油）锅炉和窑炉的年运行费用为 40.58 亿元，全部替代后，年运行费用为 129 亿元，较替代前增加 88 亿元。

（三）节能减排效益

1. 节能效益

燃煤锅炉由于燃料杂质多，燃烧和传热等工况较差，热效率不高，仅约 70% 左右；而燃气锅炉和电锅炉效率较高，通常可达到 95% 以上。煤、燃气、电力等不同燃料锅炉单位蒸汽的能耗分别为 161 千克、118 千克、118 千克标准煤煤/吨蒸汽，若采用燃煤集中供热替代，相比企业锅炉自供可节能 5% 的能耗。

根据上述比较，全市集中供热锅炉和热电联产锅炉按照全部采用天然气替代计算，可实现年节能量约 19.69 万吨标准煤；其余锅炉的清洁能源替代可实现年节能量约 50.79 万吨标准煤。此外，部分锅炉及窑炉采用电力替代，有利于降低电力峰谷差，进一步提高能源利用效率。

2. 减排效益

煤、重油和天然气燃烧产生的污染如表 2-8-3。

表 2-8-3　不同能源品种的污染物排放比较

能源品种	烟尘	二氧化硫	氮氧化物	二氧化碳
煤	1	1	1	1
重油	0.14	0.37	0.51	0.62
天然气	0	0	0.29	0.58

根据上表，完成集中供热锅炉及热电联产锅炉的替代后，预计每年可减少分散燃煤 105 万吨（折合约 75 万吨标准煤）、二氧化碳排放 83 万吨、二氧化硫排放 0.3 万吨、氮氧化物排放 0.28 万吨。完成其他中小燃煤设施的清洁能源替代后，可减少分散燃煤近 300 万吨（折合约 238 万吨标准煤），二氧化碳排放 288 万吨、二氧化硫排放 1.58 万吨、氮氧化物排放 1.21 万吨。

四、加快分散燃煤治理实施方案建议

(一) 明确实施目标

结合国家和本市相关要求,建议将全市确定为基本无燃煤区域,并分两个阶段完成全市燃煤锅炉和窑炉的清洁能源替代。到 2015 年,完成全市 2 898 台燃煤(重油)锅炉和窑炉的清洁能源替代(不含集中供热、热电联产锅炉);到 2017 年完成全市集中供热和热电联产锅炉的清洁能源替代。

(二) 加强考核评价

将燃煤(重油)锅炉和窑炉清洁能源替代目标完成情况明确纳入上海市区县政府节能目标责任评价考核体系中,设置定性和定量指标,并逐年加大该项工作在考核体系中的权重。针对重点用能企业,结合现有节能管理体系,将企业对其燃煤设施的清洁能源替代工作纳入重点用能单位的节能考核中。

(三) 强化职责分工

在原"36 号文"中明确的职责分工基础上,应进一步强化和明确各相关部门职责。强化推进工作小组及市级相关部门职责,并再次明确各区县政府是工作的责任主体。此外,市燃气集团、区县燃气公司和市电力公司等技术配套服务和能源供应企业,应全力配合推进全市该项工作的实施,承担其相应的社会责任。

(四) 完善补贴政策

首先,应扩大补贴范围,进一步明确和扩大政策扶持范围和对象;其次,鼓励先行,在原补贴政策基础上,给予差别化补贴政策;最后,除提高补贴标准外,针对部分大容量锅炉企业提出补贴上限过低的问题,建议将补贴限额中市级资金补贴上限由 500 万元提高至 1 000 万元。

(五) 其他配套措施

为推动近 3 000 多台分散燃煤设施的清洁能源替代,除提高补贴外,研究还制订了扩大无燃煤区域、制订更为严格的环保排放标准、制订和完善管网规划、加快相关配套工程建设、加强能源供应价格指导和工程监督管理、加大宣传和技术指导力度等保障和配套措施。

(王昊、金扬、牛刚、齐康、金颖、朱寅康)

建设项目社会稳定风险分类评估研究

上海自 2009 年建立重点建设项目社会稳定风险评估(以下简称"稳评")机制以来,历经了探索试点、制度完善和深入开展三个阶段,至今共完成社会稳定风险分析和评估项目五百多项,对于促进科学决策、民主决策和依法决策,从源头上防范化解社会矛盾发挥了积极作用。为适应投资体制改革的需要,进一步提高稳评工作的效率和针对性,更好地保障重点建设项目顺利实施,我们在对上海各区探索实践"稳评"分类评估工作现状调研的基础上,重点研究分类评估的范围、标准和操作程序等,为进一步完善相关工作机制,更加规范科学高效地开展"稳评"工作提供依据。

一、上海开展稳评分类评估现状

上海市发展改革委、上海市维稳办《关于深入开展重点建设项目社会稳定风险评估工作的通知》(沪发改投〔2011〕169 号)要求,凡属"五类情形"的审批类、核准类项目开展稳评,做到"应评尽评",评估内容作为项目可行性研究报告、项目申请报告的组成篇章;对于特别重大的建设项目,也可单独编制社会稳定风险评估报告。国家发展改革委《关于印发国家发展改革委重大固定资产投资项目社会稳定风险评估暂行办法的通知》(发改投资〔2012〕2492 号)提出,对于情况较简单、外部性影响非常小、社会稳定风险非常低的项目可从简分析;对于特别重大和敏感的项目,可形成单独的社会稳定风险分析报告。上海和国家层面现有文件仅对纳入评估的范围作了界定,原则性地提出了针对不同项目的评估形式,但尚未出台有关分类评估的具体操作管理办法。

据调研,上海各区县在积极组织开展"稳评"工作的同时,结合各自实际情况,探索建立不同的评估模式,但在评估工作机制、评估范围界定、评估形式和内容等方面都不尽统一,如从"稳评"管理部门来看,多数区以项目建设投资审批部门协调推进为主,也有部分区由维稳管理部门在项目前期审批阶段介入并推进;从纳入评估范围来看,有的区仅局限于审批、核准类项目,有的区审批、核准和备案类项目全覆盖;评估分类大多由"稳评"管理部门根据预判风险程度高低,进行常规评估、简易评估或不作评估;评估形式主要有编制独立报告、篇章和填写登记表三种。由于对开展稳评工作的认识程度不同,呈现出不平衡的现象,甚至也出现了一些应评未评、虚评过关、评而不用的情况。

二、存在的主要问题

(一) 分类标准和操作程序不统一。由于国家和地方已出台的文件对评估的分类比较原则,各部门、各区县仅能结合各自实际作研判和适当分类。分类认定环节,有的以项目建设投资审批部门为主,有的以维稳管理部门(政法委维稳办)为主;风险等级确认环节,有的以街道办事处(镇政府)组织联审,有的以委托第三方评价;简易评估有编制篇章、登记表和会议联审等不同形式。

(二) 评估范围尚未全覆盖。由备案类项目的规划建设和运行引发社会稳定风险的事例不在少数,即使一些备案类项目开展了风险评估工作,现有的评估机制使政府部门在指导和协助项目单位有效预防和化解风险中花费了大量精力,而往往一些非政府财力投资类项目的建设单位,在项目审批后就忽视按照评估提出的要求去落实风险处置措施,甚至根本不去落实,出现了评而不用、未能有效防范化解群体性事件而导致项目被迫停建的案例。

(三) 有的简易评估流于形式。由于思想认识和理解上的偏差,个别部门和区县的项目"稳评"工作没有完全落实或落实过程中出现了走样的现象,有的尽管按程序进行了"稳评",多数是为了审批而评估,忽视了风险防范化解措施的响应和后续跟进;有的一味简化,未能全面、客观地反映建设项目的社会稳定风险,使得即使开展的"稳评"工作也常常流于形式,没能达到应有的实际效果,出现虚评过关的现象反而给项目的维稳工作留下了隐患和风险。

(四) 风险防范化解措施难以落实到位。在"稳评"过程中,针对识别的主要风险因素提出了一些针对性的防范化解措施,但由于涉及规划建设方案调整和环境影响评价等方面工作,需要规划、环保、建设等多个专业管理职能部门在项目建设全过程予以配合、协调落实。而在目前的投资建设项目管理程序中,投资管理部门通过项目前期审批环节后,就没有继续牵头组织落实稳评措施的职责,难以跟踪落实。

三、分类评估研究

(一) 适用范围

根据上海的实际情况和相关案例,备案类项目在所有建设项目中占比达到约80%,一些备案类项目在规划、建设运营中引发社会稳定风险比较突出。随着投资体制改革不断深化,政府审批权进一步下放,越来越多的项目将由审批、核准转为备案制。因此,有必要将"稳评"工作覆盖到审批、核准和备案三种管理类型的重点项目,在此基础上进行分类评估。

(二) 分类标准

"稳评"的分类一般在风险预研阶段开展,可综合考虑项目可能存在的主要风险因素、引发的风险事件和前期工作中利益相关者的诉求等情况,预判项目建设可能引发社会稳定风险的等级,一般可按其最高单因素风险的程度、同时考虑风险因素的多少及其风险程度和可能的叠加影响等来综合评判确定评估的类别。

表 2-9-1　建设项目稳评分类因素参考表

因素类别	常规评估 (编制稳评报告)	简易评估 (编制稳评篇章)	可不做专项评估
按预判的风险因素和风险事件	预判大部分群众对项目建设实施有意见、反应比较强烈,对照《风险因素对照识别和风险事件预判表》,预判可能存在引发单次10人以上参与的群体性事件或极端个体事件风险因素的项目	预判多数群众理解支持,但少部分群众对项目建设实施有意见,对照《风险因素对照识别和风险事件预判表》,预判存在仅可能引发个体矛盾风险因素的项目	预判群众理解支持,对照《风险因素对照识别和风险事件预判表》,预判基本不会引发社会矛盾风险因素的项目

（续表）

因素类别	常规评估 （编制稳评报告）	简易评估 （编制稳评篇章）	可不做专项评估
按前期利益相关者的诉求	在地区详细性规划、项目规划、环评公示等项目前期阶段利益相关者已提出诉求、引发社会不稳定问题且尚未化解的，或有类似历史遗留问题且尚未解决的	在地区详细性规划、项目规划、环评公示等项目前期阶段虽然利益相关者已提出诉求、引发了社会不稳定问题但已经化解的	在地区详细性规划、项目规划、环评公示等项目前期阶段利益相关者未提出诉求、未发生社会不稳定问题，预判今后一般也不会发生的

注：① 对于需要上报国家发展改革委审批、核准的项目，原则上都纳入常规评估类；

② 对于邻避设施类（指会引发邻避现象的公共设施，典型的邻避实施如垃圾处理设施、污水处理设施、有毒废弃物处理设施、市区高架道路、核电站、变电站、加油站、监狱、传染病医院、精神卫生中心、火葬场、殡仪馆等），原则上也应全部纳入常规评估类；

③《风险因素对照识别和风险事件预判表》共分 9 类 52 项因素。

（三）认定程序

评估分类认定程序见图 2-9-1。（审批、核准类项目，备案类项目由项目单位视情况定）

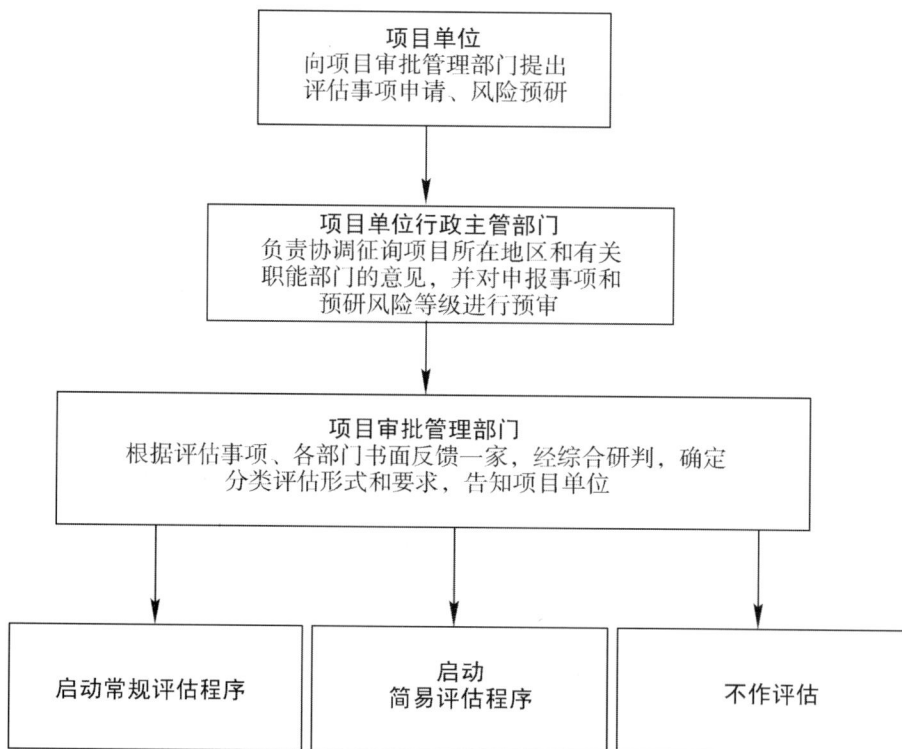

图 2-9-1　评估分类流程图

在组织开展"稳评"工作的过程中，随着项目进展，内外部情况发生变化，可能会遇到不可预判的因素，导致原预判的风险等级结果有变化（呈上升或下降的趋势），应及时启动分类评估转化程序。

（四）评估流程

1. 常规评估

（1）组织编制分析篇章（报告）。项目单位在风险调查的基础上，系统分析后编制形成"稳评"分析篇章（报告），风险防范化解措施应体现风险预研时各职能部门的意见，项目单位行政主管部门负责预审。

（2）征询街道（乡镇）意见。征询项目所在地街道（乡镇）意见［对于涉及跨不同行政区域的项目，应征询项目实施涉及的相关区县及街道（乡镇）意见］，必要时可请街道（乡镇）牵头协调有关职能部门进行联审，项目单位根据审核意见进一步补充完善评估报告。

（3）第三方机构评审。项目建设投资审批部门可委托中介机构进行评审，组织维稳、信访、发展改革、建设交通、规土、环保、街道（乡镇）等有关部门和有关专家参加评审后形成评估报告。

（4）牵头落实防范化解措施。项目建设投资审批部门牵头召开协调会，征询各职能部门对落实措施责任单位和分工的意见。项目单位行政主管部门应督促项目单位切实落实风险防范化解措施。

（5）审核认定风险等级。项目建设审批部门审核认定最终风险等级，对于初始风险等级评判为高（A）级的项目，应征得项目相关市、区级行业管理部门、项目所在区县政府、街道（乡镇）政府及项目主管部门的会签意见，并将评估和评价报告抄送市维稳办备案。

（6）分级调控风险。对评判高（A）级初始风险等级的项目，区维稳办应及时组织相关部门进行综合研判并向区委区政府上报、预警，在市维稳办的指导下，区维稳部门协调相关职能部门（单位）和项目所在街道（乡镇）协助项目单位参考"稳评"报告意见制定完善应急预案，督促项目单位落实降低风险和化解矛盾的措施；存在中（B）级风险等级的项目，由区维稳办牵头，指导协调相关职能部门（单位）和项目所在街道办事处（镇政府）协助项目单位参考"稳评"报告意见制定完善应急预案，督促项目单位落实降低风险和化解矛盾的措施。

（7）全过程跟踪完善。项目单位在落实风险防范化解措施时，要及时发现新的风险隐患，调整风险对策措施，并及时报相关维稳部门。区维稳办、信访办和各政府职能部门要对项目全程跟踪，协助配合落实各项措施，共同做好项目维稳工作。

2. 简易评估

（1）组织编制评估篇章。项目单位可将"稳评"与可行性研究工作结合进行，组织相关单位或委托咨询机构编制"稳评"篇章，项目单位行政主管部门负责预审。

（2）征询街道（乡镇）意见。项目单位征询项目所在地街道（乡镇）意见［对于涉及跨不同行政区域的项目，应征询项目实施涉及的相关区县或街道（乡镇）意见］，将分析篇章和街道（乡镇）意见纳入项目可行性研究报告（或项目申请报告）一并报项目建设投资审批部门。

（3）审核确定风险等级。项目建设审批部门审核认定最终风险等级，作为批复项目可行性研究报告、项目申请报告和项目备案的依据。

（4）落实防范化解措施。根据评估所拟定的风险防范化解措施和预案，依托项目所在地区街道（乡镇）搭建平台，在项目建设全过程有针对性地做好矛盾化解工作。

（五）评估内容

常规评估内容和深度应严格按照《上海市重点建设项目社会稳定风险评估篇章（报告）编制指南》或国家发展改革委《重大固定资产投资项目社会稳定风险分析篇章和评估报告编制大纲》的要求。简易评估可编制分析篇章，评估报告可省略过程性描述和定量分析，重点阐述结论性意见，包括主要风险因素；主要的风险防范、化解措施；落实风险防范、化解措施的责任部门、协同部门及单位；项目所在地区街道（乡镇）的意见。

四、有关建议

为有利于今后"稳评"工作的推进和建立有关配套制度，提出以下几点建议：

（一）为保证项目单位更好地落实评估和评价提出的风险防范化解措施，建议评价报告同时抄送项目单位行政主管部门以及涉及措施落实的区县、街道（乡镇）政府部门，督促项目单位切实落实风险防范化解措施，做好项目维稳工作。

（二）规划土地、建设交通、环境保护、住房保障等行政审批部门在作出相关行政许可时，应审核项目单位是否认真吸收社会稳定风险评估和评审意见，落实了相关风险处置措施。项目单位应根据开展"稳评"制定的预案，有针对性地做好矛盾化解和相关维稳工作。各职能部门协同落实风险措施的情况应纳入部门和相关人员年度工作考核目标。

（三）建议由维稳部门、项目审批管理部门牵头，选择有代表性的初始风险等级为高（A）级或中（B）级的项目，会同相关部门和项目所在街道（乡镇）政府部门，开展"稳评"后评估工作，重点针对社会稳定风险防控预案实施情况后评估，全面客观评价风险防范化解措施落实和实施效果。

（四）对"稳评"工作有关技术性指导文件开展修编工作，补充报告必需的相关附件和附图，包括"稳评"公众参与情况的资料、周边环境敏感目标示意图，更加清晰明了地反映项目风险情况。进一步明确"稳评"咨询机构的行业准入门槛和工作规范，加强"稳评"评估和评价单位的管理，不断提高编制和评价报告的质量。

（五）结合国家对"稳评"工作的总体要求和上海投资体制改革的最新精神，研究制定上海"稳评"分类评估制度，建立健全重点项目"稳评"工作机制，进一步突出重点，突出分类，有序推进"稳评"工作。

（戴建敏、王骅、耿海玉、秦春、沈华、曹祖耀）

建设项目社会稳定风险评估
公众参与专题研究报告

公众参与是党的十六大、十七大报告中特别强调的作为发展社会民主的重要形式,十八大报告更是明确提出,"加快推进社会主义民主政治制度化、规范化、程序化,从各层次各领域扩大公民有序政治参与……要围绕构建中国特色社会主义社会管理体系,加快形成党委领导、政府负责、社会协同、公众参与、法治保障的社会管理体制……加快形成源头治理、动态管理、应急处置相结合的社会管理机制""建立健全重大决策社会稳定风险评估机制"。

一、上海建设项目管理程序中开展公共参与的成效

除了建设项目"稳评"公众参与外,按照现有的建设项目管理的相关要求,在建设项目管理程序中的控详规划和建设项目规划土地行政许可、建设项目环境影响评价(EIA)和环保审批、建设项目社会评价以及可行性研究阶段的"稳评"等项目前期工作环节需要开展相应的公众参与工作。

控详规划和建设项目规划土地行政许可中要求开展公众参与工作,对推进政府决策信息公开、保障公众知情权等权益以及推动民主政治建设等方面起到了重要的作用,尤其对上海这个人口密集的特大型城市而言,加强规划公众参与工作,对于完善城乡规划、优化项目建设方案从源头预防化解社会矛盾,加强城市社会管理,维护社会稳定和构建和谐城市发挥了极其重要的作用。但从上位立法和相关规范性文件以及实践操作中也可以看到,虽然其中规定了公众参与,但多数还是有弹性的特点,公众参与形式还较为单一,公众参与主要还是在结果上告知利益相关者项目建设信息,在引导公众参与决策过程方面明显不足,公众意见诉求多样化、多元化很难得到有效回应。

EIA 制度中引入公众参与,对加强环境保护、保障公民环境权益、推进民主政治建设和经济、社会、环境可持续协调发展起到了重要的推动作用,但也要看到,近年来建设项目在实施中引发重大影响的大规模群体性事件的案例也常常与环境问题联系在一起的,经济社会发展与环境保护之间的矛盾和科学发展、可持续发展的要求促使国家环保部进一步加大了环保审批的公众参与力度。但在实践中我们也发现,发现和查找问题公众参与价值取向贯彻的并不理想,更多的是将公众参与作为 EIA 中的一个程序,将之理解为项目可批性的一个环节;问卷调查等公众参与方法实际操作科学性欠缺,造成公众参与难达到预期效果。

EIA 工作目前仍还是一项仅有技术规范标准的技术性工作,像健康、心理等非物质层面的"利益"在目前的 EIA 规范中还没有相应的标准,因此 EIA 在面对利益相关者日益针对健康、心理等多元化的利益诉求时显得力不从心,而健康、心理等正是邻避设施类项目的利益相关者所重点关注的。

为了与国际接轨,完善中国投资建设项目评价的方法体系,原国家计委于 2002 年发布了《投资项目可行性研究指南》,提出重大项目应进行社会评价,要求从项目可能产生的社会影响、社会效益和社会可接受性等方面,判断项目的社会可行性,提出协调项目与当地的各种社会关系、规避社会风险、促进项目顺利实施的对策建议。在国内,建设项目社会评价在水利项目、民用航空项目、铁路建设项目有所应用。但从上海实践来看,除了需要向世界银行、亚洲银行贷款的项目开展具有一定深度和比较完整的社会评价外(但数量非常有限),其他项目的社会评价工作一般都只是一个简单的篇章,不开展公众参与工作。

二、建设项目"稳评"中的公共参与要求

在管理办法层面,2009 年 3 月和 12 月,上海市两办印发了《关于建立重大事项社会稳定风险分析和评估机制的意见(试行)》(沪委办发〔2009〕第 16 号)、《上海市重点建设项目社会稳定风险分析和评估试点办法》(沪委办发〔2009〕第 35 号),2011 年 7 月印发《关于深入推行重大事项社会稳定风险评估机制的意见》(沪委办发〔2011〕第 32 号)。

在操作层面,2011 年 9 月市发展改革委和市维稳办联合印发《关于深入开展重点建设项目社会稳定风险评估工作的通知》(沪发改投〔2011〕169 号)、《〈上海市重点建设项目社会稳定风险分析评估报告编制指南〉和〈上海市重点建设项目社会稳定风险评估报告评价指南〉》(沪发改投〔2011〕173 号),为评估工作提供技术指导。

发展至今,上海市重点建设项目"稳评"工作建立了机制,制定了试点办法,明确了实践操作方法和财力保障制度。

"稳评"承办部门要根据实际情况,采取专家咨询、专题座谈、抽样调查、实地踏勘、听证会等形式,广泛征求人大、政协以及信访、维稳等部门意见,充分听取相关地区意见,认真听取利益相关群体的利益诉求。

受委托开展评价工作的中介机构主要通过实地踏勘、与项目所在的及周边的街(镇)政府、居(村)委会座谈等方法开展实地公众参与工作;通过召开专家评审会,引导政府相关部门、专家和项目建设单位(包括设计单位、环评单位、交评单位等)进行沟通,实现多方面利益相关群体的公众参与。

另外,通过对规划、环评公众参与中所提出的反对意见当事人进行正面或侧面的进一步深入调研座谈,也是评价中公众参与常用的方法。

从上海 2009 年探索试点建立建设项目风险评估机制以来,全市共完成近 600 项建设项目风险评估。综合分析来看,建设项目风险评估公众参与在推进全社会民主政治建设,推动建设项目风险评估规范化、科学化的同时,其直接的成效是通过"稳评"工作全面系统地收集利益相关者意见诉求,推动政府相关部门风险预防的意识得到强化。

尽管如此,我们也深感稳评公众参与有需要进一步改进和完善的地方,如项目建设单位开展风险评估公众参与的主动意识不强,甚至不愿意开展公众参与工作;缺少系统化的公众参与管理办法和针对性强的技术指导,风险评估质量参差不齐;"稳评"公众参与的信息反馈还没有规范化

目前,上海建设项目基本建设管理程序中涉及公众参与的工作主要集中在项目前期工作阶

段,规划、环评公众参与在已有立法保障的情况下,实际操作方面形式仍较为单一、科学性欠缺、公众参与的效果不甚理想,因此我们认为不适于在此之上再新增一道单独的"稳评"公众参与环节或程序,较为可行、有效的途径是对之做进一步完善,把现有的公众参与工作做妥当、做踏实。

三、深化完善建设项目"稳评"公众参与制度

(一)总体原则

上海将"稳评"作为项目可行性研究的一个部分,我们认为"稳评"公众参与也宜纳入目前的建设项目基本建设管理流程中予以考察分析,认为"稳评"应遵循"全面了解,加强融合、注重联动"的总体原则开展公众参与工作。

(二)"稳评"公众参与的范围

"稳评"公众参与的范围宜为广义的"公众",即利益相关者的范围,包括:(1)受拟建项目直接影响的组织和个人;(2)受拟建项目间接影响的组织和个人;(3)关注项目建设的组织(如环保 NGO)和个人(如人大代表、政协委员);(4)与拟建项目相关的专业人士;(5)政府职能部门及派出机构;(6)基层群众自治组织;(7)可研、环评、方案设计等工程咨询单位以及媒体等其他组织和个人。

(三)"稳评"公众参与的内容和要求

重点围绕以下内容开展公众参与工作:(1)利益相关者对项目规划及审批方面的意见、诉求和建议;(2)利益相关者对项目环境影响及环境影响评价和环保审批方面的意见、诉求和建议;(3)利益相关者对项目规划、建设、运行提出的意见、诉求和建议;(4)项目所在地及周边曾经发生的、可能影响拟建项目顺利实施的历史社会矛盾,以及牵涉该历史社会矛盾的利益相关者的意见诉求。

"稳评"公众参与应遵循如下要求:(1)知情、公开;(2)平等、人性;(3)广泛、适用。

(四)"稳评"公众参与的主要方法

结合上海的实践探索,我们研究认为其他比较适合应用于公众参与的方法有访谈法(包括个体访谈和集体访谈)、实地观察法(主要指实地踏勘、暗访等非参与式观察法),以及根据实际情况可以采用听证会等。其中访谈法可以针对如下对象开展,如乡镇政府(街道办事处)和村(居)委会,人大代表、政协委员,其他各级政府相关部门,专业人士,最直接的利益相关者等。

(五)"稳评"公众参与工作机制

"稳评"公众参与应覆盖项目规划及审批公众参与、项目环境影响评价及环保审批公众参与的全过程,并根据实际情况开展补充公众参与工作,同时在项目实施过程中要根据利益相关者提出的意见诉求情况动态开展公众参与工作。

最重要和关键的工作是要进一步落实稳评公众参与的工作主体及其工作职责。图 2-10-1 提出了"稳评"公众参与的工作机制和相应的工作主体及职责和配合协同单位,箭头所示提出了"稳评"中的公众参与与其他公众参与环节的信息反馈关系。

公众参与的环节		责任主体	直接协同部门/单位	其他主要协同部门/单位	跟踪、督查部门
规划公示（含控详规公示、专项规划公示）		规划土地部门	项目建设单位及其行政或行业主管部门		
设计方案规划公示		规划部门，项目建设单位	项目建设单位的行政或行业主管部门	项目所在地及周边街（镇），信访	各级维稳部门
环境影响评价		项目建设单位	环评单位，项目建设单位的行政或行业主管部门		
环保审批		环评审批部门	项目建设单位及其行政或行业主管部门，环评单位		
稳评		项目建设单位		发改、建设、规划、土地、环保、绿化市容、卫生、房管、信访、街（镇）、设计单位、环评单位、其他专项设计单位（如交评、深基坑）和评审单位	
社会稳定风险评估		建设项目审批部门	受委托的中介机构，项目建设单位行政或行业主管部门		

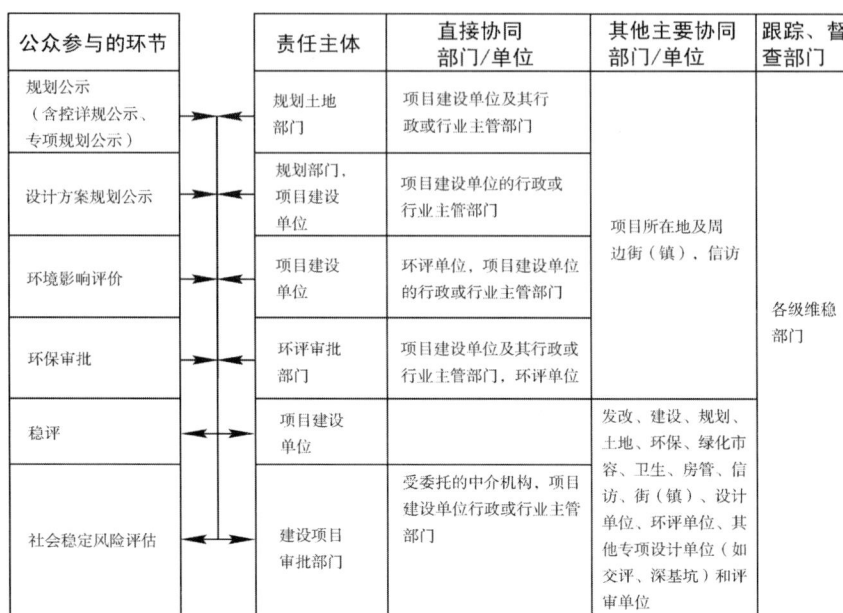

图 2-10-1　建设项目稳评公众参与工作机制示意图

四、下一步工作建议

（一）修订完善建设项目稳评管理办法

在"稳评"管理办法中强调公众参与是稳评的重要环节，建议在现有的"稳评"报告"项目社会环境调查"中增加"公众参与"的内容，说明公众参与的过程和结果，将规划、环评过程中的公众参与情况列为"稳评"报告的审查重点。

要明确"稳评"（评价）工作中项目单位（建设项目审批部门）开展公众参与工作的主体责任，强化项目单位的行政（或行业）主管部门在开展公众参与工作中的协调职能。

要完善建设项目"稳评"公众参与工作的相关保障措施，具体包括开展公众参与工作的机制保障，受委托开展"稳评"（评价）工作的中介机构的资质管理，"稳评"（评价）报告质量标准等。

（二）加强与投资体制改革相配套的稳评机制研究

结合新一轮投资体制改革的思路，建议加强对与其相配套的"稳评"机制研究，确保项目建设单位在项目前期决策过程中加强公众参与和社会稳定风险预研工作，切实发挥"稳评"从源头预防化解社会矛盾的作用。

（戴建敏、王骅、耿海玉、秦春、沈华、曹祖耀）

上海 2013 年外资利用情况分析

一、2013 年上海利用外资总体发展情况

回顾 2013 年,美国经济温和复苏、欧债危机渐趋缓解,中国经济继续转型发展、中国(上海)自由贸易实验区成立等因素共同推动下,上海市全年利用外资总体水平呈现徘徊、回升态势。具体表现为:利用外资合同金额走势起伏回升,实到金额集中在二、三两季,第三产业投资仍居主导地位,现代服务业投资快速增长,总部经济稳健发展。总体看,全市利用外资水平保持增长的同时,进一步向重质量、强功能、优环境,规模与内涵发展均取得一定成效。

(一) 利用外资再创新高,增速放缓但好于全国

从全国看,2013 年我国吸收外资平稳回升,实际使用外资金额 1 175.86 亿美元(未含银行、证券、保险领域数据),同比增长 5.25%;全年外商投资新设立企业 22 773 家,下降 8.63%。2013 年上海市全年合同吸收外资额达到 246.3 亿美元,同比增长 10.3%,增幅比上年下降 0.8 个百分点,为 2010 年以来最低;实际到位金额 167.8 亿美元,增长 10.5%。从各月运行情况看,上半年各月除 4 月份合同金额增幅出现下降外,其余均保持增长态势;下半年 6 个月则表现为探底回升之势,9 月份外商投资合同金额为 13.26 亿美元,比上年同月下降 28.9%,规模及其增幅为年内各月最低,10 月、11 月和 12 月份合同金额直线上升,12 月份合同金额为 41.7 亿美元,比上年增长 1.5 倍,合同金额与增幅均为全年各月最高。中国(上海)自由贸易试验区的设立及相关投资政策效应成为 2013 年影响外商投资的一个重要因素。

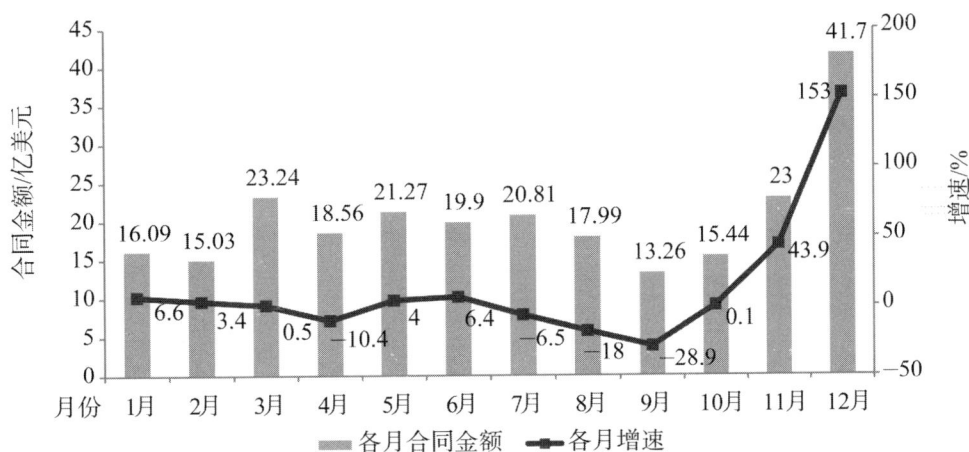

图 2-11-1　2013 年上海外商直接投资合同金额及增长情况

实到金额方面,2013 年,上海外商直接投资实到金额 167.8 亿美元,比上年增长 10.5%。增速为近三年来最低,比上年降低 10 个百分点。分月度情况看,各月实到金额规模基本呈中间高两端低的"凸"字形走势,资金到位集中于春夏两季。平均单月实到金额 13.98 亿美元,比上年

提高 1.33 亿美元。

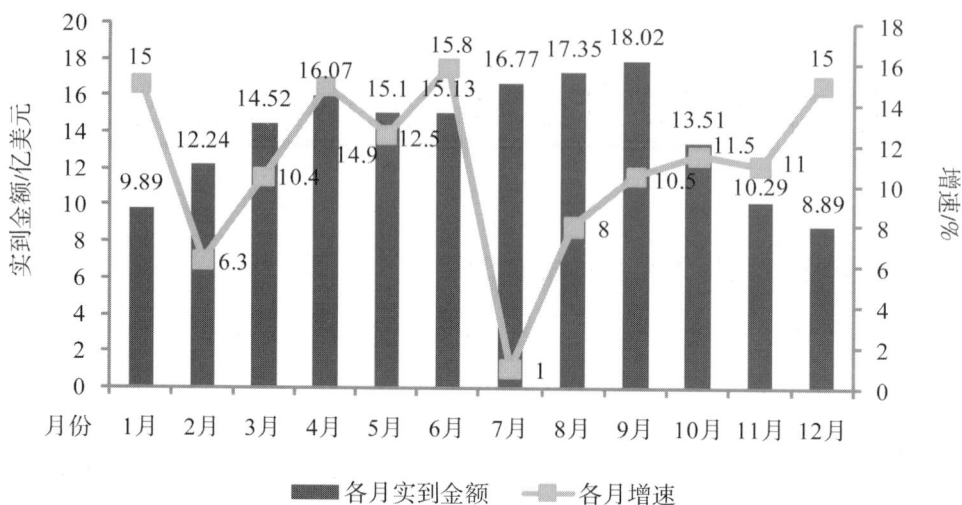

图 2-11-2　2013 年上海外商直接投资实到金额及增长情况

（二）服务经济为主的引资格局继续加强，第三产业投资仍居主导地位

2013 年，上海第三产业签订外商直接投资合同项目 3 591 个，比上年下降 5.9%；吸收合同金额 222.02 亿美元，增长 18.6%，合同金额占全市比重达 90.1%，比上年提高 6.3 个百分点，创历史新高。第二产业签订外商直接投资合同项目 144 个，下降 34.8%；吸收合同金额 23.95 亿美元，下降 33.2%，占全市合同总额的 9.7%。第二、第三产业合同金额比重差距比上年扩大 13.21 个百分点，显示外商签约投资第三产业的意愿进一步增强。

从实到外资情况看，2013 年，上海第三产业实到金额 135.67 亿美元，比上年增长 7%，占全市实到总额的 80.9%；第二产业实到金额 32.1 亿美元，增长 29%，占 19%，比重同比提高 2.6 个

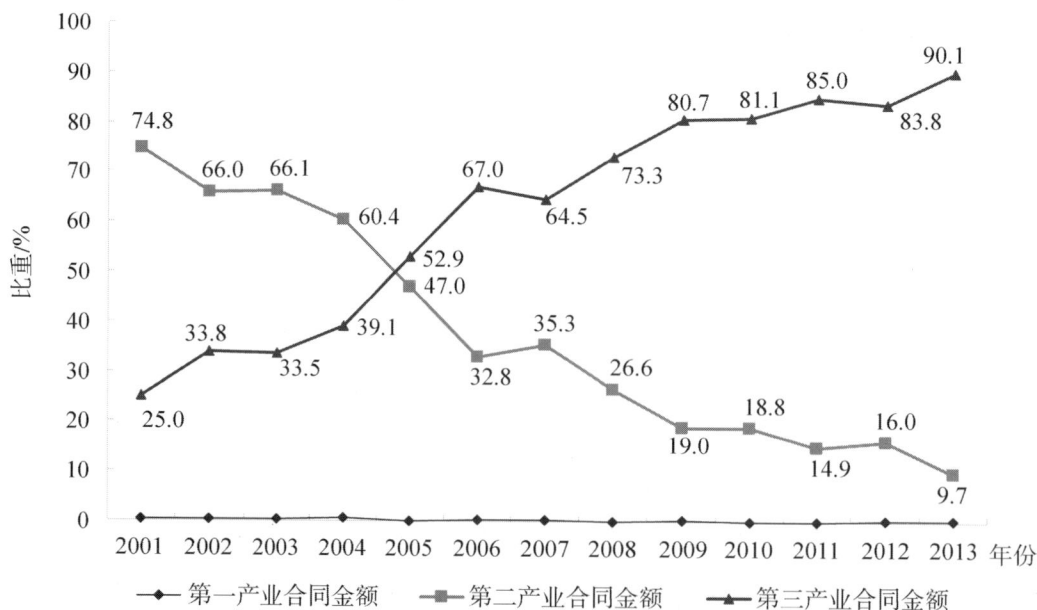

图 2-11-3　2001 年以来上海外商直接投资合同金额产业构成比重变化

百分点。受上年第二产业合同金额快速增长推动,2013 年,第二产业实到金额到位增长速度快于第三产业,第二、第三产业所占比重差距也因此比上年有所收窄,缩小 5.2 个百分点。

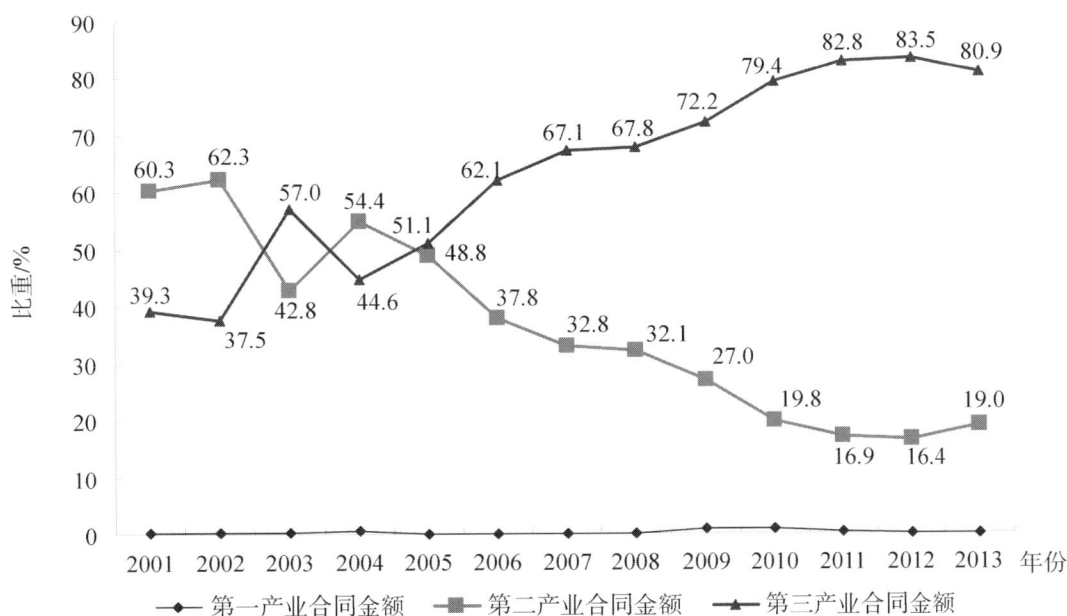

图 2-11-4　2001 年以来上海外商直接投资实到金额产业构成比重变化

(三) 现代服务业利用外资加速发展,助推上海产业转型升级

"十二五"期间上海市继续创新驱动、转型升级,现代服务业利用外资水平继续加快,表现为文化、体育和娱乐业,居民服务、金融业和其他服务业迅速发展。2013 年全年文化、体育和娱乐业合同金额 2.26 亿美元,增长 5.8 倍,增幅居第三产业行业之首,占全市第三产业的 1%,比上年提高 0.8 个百分点。

表 2-11-1　2013 年上海外商直接投资合同金额行业分布情况

行　业	合同金额/亿美元	增长率/%	全市		第三产业	
			占全市比重/%	比重变化率/百分点	占三产比重/%	比重变化/百分点
外商直接投资合同金额	246.30	10.3	100			
#第一产业项目	0.33	−15.6	0.1	−0.1		
第二产业项目	23.95	−33.2	9.7	−6.3		
#工业项目	23.62	−33.1	9.6	−6.2		
第三产业项目	222.02	18.6	90.1	6.4	100	
#批发和零售业	42.5	−8.9	17.3	−3.6	19.1	−5.8
交通运输、仓储邮电业	4.06	−47.4	1.6	−1.8	1.8	−2.3
住宿和餐饮业	2.61	−47.7	1.1	−1.2	1.2	−1.5

（续表）

行　　业	合同金额/亿美元	增长率/%	全市		第三产业	
			占全市比重/%	比重变化率/百分点	占三产比重/%	比重变化/百分点
信息传输、计算机服务和软件业	5.78	-2.0	2.3	-0.3	2.6	-0.5
金融业	18.14	19.0	7.4	0.5	8.2	0.0
房地产业	90.24	75.6	36.6	13.6	40.6	13.2
租赁和商务服务业	48.54	0.8	19.7	-1.8	21.9	-3.9
科学研究、技术服务和地址勘查业	3.36	-29.4	1.4	-0.8	1.5	-1.0
居民服务和其他服务业	4.20	1.6倍	1.7	1.0	1.9	1.0
文化、体育和娱乐业	2.26	5.8倍	0.9	0.8	1.0	0.8

（四）从投资方式看，发达国家和地区、外商独资主导的格局不变

2013年，上海签订外商独资合同项目3 075项，比上年下降10.5%，占全市合同项目的82.2%；合资项目656项，增长10.8%，占17.5%。签订独资合同金额203.95亿美元，增长18.5%，占全市合同金额的82.8%，比重同比提高5.7个百分点；合资合同金额36.09亿美元，下降9.2%，占14.7%。上海签订中外合作合同项目仅5项，同比下降37.5%；签约中外合作合同金额为5.31亿美元，下降27.2%，占2.2%。

2013年，在上海实到外资总额中，外商独资实到金额133.08亿美元，比上年增长12.5%，占全市实到总额的79.3%；中外合资实到金额26.64亿美元，下降2%，占15.9%；中外合作实到金

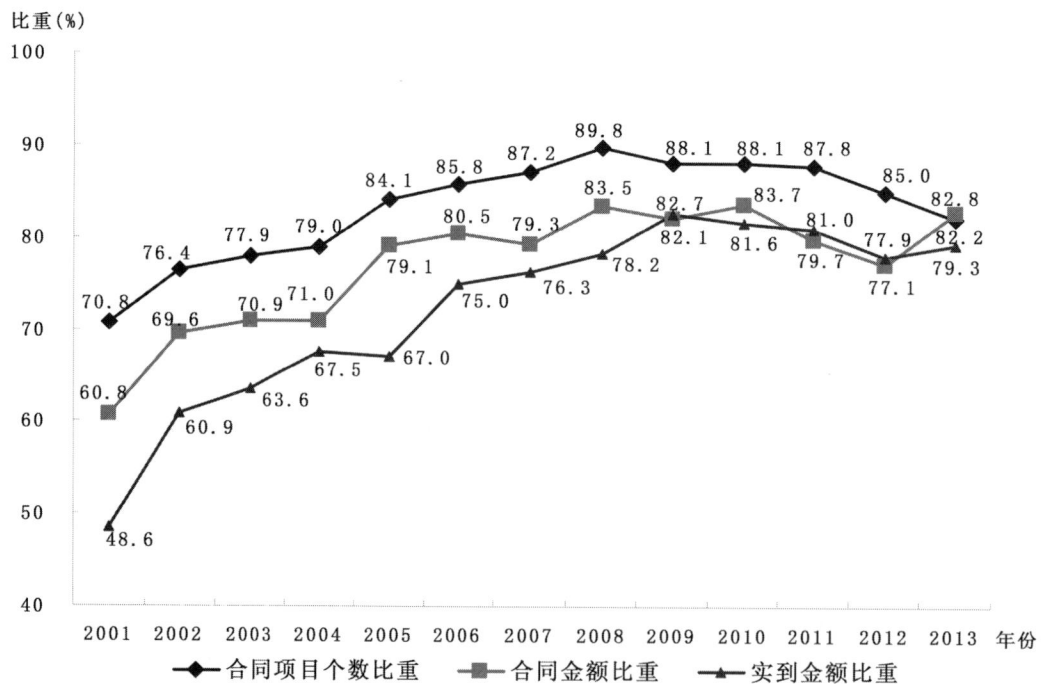

图 2-11-5　2001年以来上海外商直接投资独资项目比重变化

额 5.96 亿美元,增长 3.6%,占 3.6%。

2013 年,与上海签订外商直接投资合同的国家(地区)共 157 个,发达国家和地区仍为投资主体。其中,中国香港来沪签订的合同金额达 151.35 亿美元,占全市合同金额的 61.4%,居签约国家(地区)的首位;日本合同金额 15.35 亿美元,居第二位;新加坡合同金额 12.31 亿美元,居第三位;美国合同金额 8.9 亿美元,居第四位。上述四个国家和地区的合计合同金额 187.91 亿美元,占全市合同金额的 76.3%。其他合同金额超 2 亿美元的国家(地区)还有英属维尔京群岛、法国、德国、萨摩亚、毛里求斯、开曼群岛与荷兰,以及中国台湾地区。

表 2-11-2　2013 年上海合同金额超 2 亿美元的国家和地区

国　别	合同金额/亿美元	增速/%	比重/%	位　次
全市总计	246.30	10.3	100	—
中国香港	151.35	25.4	61.4	1
日　本	15.35	−38.7	6.2	2
新加坡	12.31	−11.2	5.0	3
美　国	8.90	−32.6	3.6	4
英属维尔京	7.17	157.0	2.9	5
法　国	5.36	202.8	2.2	6
德　国	3.71	14.5	1.5	7
中国台湾	3.42	−6.3	1.4	8
萨摩亚	3.34	−0.3	1.4	9
毛里求斯	2.69	−55.6	1.1	10
开曼群岛	2.43	—	1.0	11
荷　兰	2.38	−56.4	1.0	12

(五)　外资地区总部继续增长,助推上海总部经济蓬勃发展

上海正处于从工业经济向服务经济转型的关键时期,大力发展总部经济,有利于推动上海国际化水平的提升和城市功能的转型。随着中国市场在全球影响力的持续提升,越来越多的跨国公司希望在上海设立亚太区总部甚至全球事业部总部、全球性研发中心。上海在吸引跨国公司地区总部集聚方面,正处于历史性的战略机遇期。

截至 2013 年末,上海跨国公司地区总部达到 445 家,其中年内新增 42 家;外资投资性公司达到 283 家,新增 18 家;外资研发中心达到 366 家,新增 15 家。2013 年,上海总部经济具有两大特点:一是母公司以制造业为主。在上海制造业吸引外资优势不在的情形下,跨国企业仍把地区总部设在上海,反映了跨国公司把上海作为中国区域制造基地的决策中心和管理中心的意图;二是国际知名跨国公司较多。在 38 家新设地区总部中,有 4 家母公司为世界 500 强企业。

上海已经成为中国大陆投资性公司和跨国公司地区总部最集中的城市,其中 95% 以上地区总部具有两种以上的总部功能,美国、欧洲和日本企业占总数的 83%,其中 82 家为世界 500 强企业。研发中心数量位居国内第二,仅次于北京。同时,上海以更加开放的体制机制和市场准入政策,努力扩大对内开放战略,吸引内资跨国企业加速集聚上海。目前,内资来沪企业已占到全市总企业数三成以上,注册资本高达 1.62 万亿元。其中集聚浦东新区的占一半以上。

表 2-11-3　上海总部经济项目情况(2006 年—2013 年)

年　份	投资性公司	地区总部	研发中心	历年累计总部经济项目数
2006 年	20	30	26	76
2007 年	15	30	34	79
2008 年	13	40	30	83
2009 年	13	36	30	79
2010 年	22	45	15	82
2011 年	27	48	15	90
2012 年	25	50	17	92
2013 年	18	42	15	75

注:(1)合同外资指标除特别说明外,为新批、增资、减资之和;(2)部分自由港指英属维尔京群岛、开曼群岛、毛里求斯、巴巴多斯、萨摩亚。

二、2014 年上海利用外资面临的外部环境分析

近年来,上海招商引资将面临一系列国际国内新环境,机遇与挑战并存。从全球层面来说,世界经济增长趋缓,全球流动性泛滥,战略性新兴产业重新布局,跨国公司全球资源和供应链整合加快,全球引资环境日趋复杂;从区域层面来说,周边经济体系引资规模上升,周边竞争日趋激烈;从国内层面来说,国家实施宏观经济调控,中国面临经济转型和产业升级的内在要求。在这一背景下,上海的引资战略必须做出全方位调整,实施引进吸收消化再创新的全面战略。

(一)全球经济增长趋缓,引资环境日趋复杂

1.全球直接投资流向多元化

《全球投资趋势监测报告》显示,2013 年流入中国的外国直接投资达 1 270 亿美元,稳居世界第二,与美国的差距进一步缩小到 320 亿美元。这一报告显示,2013 年全球外国直接投资较2012 年提高 11%,从 2012 年的 1.32 万亿美元上升至 1.46 万亿美元,流向发达经济体、发展中经济体和转型经济体的外国直接投资均出现上升。近年来为应对金融危机,提振疲软的经济,美国先后推出了两轮量化宽松货币政策,全球流动性随之释放。在这一背景下,除部分以投机为主的国际"热钱"外,大量以投资为主的产业资本也纷纷涌向以新兴经济体为代表的国家。原因在于新兴经济体在这场危机中的整体表现要优于发达经济体,其增长前景被投资者普遍看好。然而,随着欧洲债务危机的深化,全球直接投资的流向开始出现多元化。以中国为例,美国对中国的直接投资规模呈现下降趋势,其中一部分原因就是因为相当多的美资涌入欧洲"抄底";相反,日本对中国的直接投资却呈现上升趋势,原因在于日本发生核泄漏事件后,部分日资为追求投资安全实施了转移,但最近发生钓鱼岛事件后,影响日资进入中国。同时,为挽救母公司的财务危机,欧洲资本对于中国的投资开始减少。据商务部统计,欧盟 27 国对中国实际投

入外资金额 63.48 亿美元,同比下降 3.65%。综合以上因素,虽然中国吸收外资的总体趋势仍然向好,在联合国贸发会议的报告中,中国仍然被评为今后两年全球吸引外国直接投资的首选地,但不确定性因素却在增加。商务部研究认为中国吸引外资的形势仍然看好,2014 年不会出现大起大落现象,全国必将呈稳中有进的趋势。

2. 全球战略性新兴产业重新布局

金融危机爆发以后,美国、日本等发达经济体纷纷出台对新能源、新材料、高科技行业的支持政策,部分新兴经济体也将眼光转向产业结构的升级。特别是新兴经济体,由于在危机中受到的冲击相对较小,其中的先知先觉者已经通过政策导向力推技术进步和产业升级。由此导致的结果是全球直接投资的产业投向出现细化。集中表现在两方面:一方面,次贷危机以后,全球虚拟经济受重创,实体经济地位上升,美国实施"再工业化",战略性新兴产业成为拉动世界经济增长的新亮点;另一方面,次贷危机后全球服务业外国直接投资持续下降,进入制造业的外国直接投资开始增加,全球直接投资出现了由服务业向制造业转移的趋势。其结果很可能是发达经济体和部分新兴经济体中的先知先觉者加速低端制造业的向外转移,而将本国制造业发展的重心逐步转向战略性新兴产业等高端制造业。

3. 跨国公司全球资源和供应链整合加快

这种整合对于新兴经济体来说既是机遇也是挑战。由此可见,新兴经济体要发展战略性新兴产业在很大程度上必须依靠自主创新。

(二) 周边经济体对中国造成引资压力日趋加大

危机后,周边经济体吸收外资规模大幅度上升,对于"十二五"期间上海招商引资产生了一定的竞争压力。周边经济体吸收的外资来源可以分为两个部分:一是来自于从发达经济体和中国转移出去的外商直接投资,包括部分以劳动密集型为主、追求廉价劳动力的加工贸易型外资;二是来自于周边经济体如韩国自身以绿色投资便利化措施和金融配套措施吸引到技术和资本密集型外资。由于发达经济体特别是欧洲深陷债务危机,大量外资从欧洲流出为周边经济体吸收外资提供了一定条件,从而形成了对于中国吸收外资的分流和挤流。越南、印度尼西亚和菲律宾等新兴产业经济体的兴起对于中国造成了一定的引资压力。虽然其总体规模仍无法与中国相比,但这些周边经济体流入的外国直接投资加总后的规模却不容小觑。

(三) 上海招商引资形势挑战与机遇并重

长期以来,上海招商引资一直受到三大制约因素的困扰:商务成本增长过快,住房等生活成本不断攀升,土地资源稀缺。除此以外,"十二五"期间上海招商引资还将遭遇多项新的瓶颈。

1. 融资难度不断增加对跨国公司投资决策和存量外资运营产生影响

由于发达国家的金融机构受到重创,资本跨境并购和投资的意愿及能力降低,在华跨国公司从国际市场融资的可能性大幅度下降,融资成本和经营压力不断上升,部分跨国公司进行利润再投资和资本扩张的计划被取消或搁置。

2. 与长三角周边城市相比,近年来上海的投资环境竞争力开始下降

由于上海之外的长三角城市悉心经营城市的投资环境,在"七通一平"的"硬环境"和高效服务的"软环境"上下工夫,其投资环境和上海之间的落差日益缩小,再加上其本身就拥有的土地供应量大等优势,对上海吸引外资造成了一定的分流和挤流。苏州昆山、南京江宁、宁波市

区、扬州、苏州工业区等地区的引资竞争力不断上升。

3.服务贸易对上海服务业吸收外资的支撑作用较小

在土地资源紧缺、制造业发展空间渐趋饱和的情况下,上海第三产业吸收外资已经占据主导地位(外资金额所占比例高达83%以上),上海以服务经济为主的引资结构正在形成。但是,上海服务贸易的规模小、类型小、形态相对单一,与香港、新加坡等国际著名城市型经济体存在较大差距。特别是与运输、旅游、咨询等行业的服务贸易相比,上海在金融、保险、邮电通信、计算机和信息等技术、资金、知识密集型行业的服务贸易更为落后,在一定程度上制约了服务业进一步吸引外资。

与此同时,上海吸引跨国公司地区总部存在新机遇。

(1)全球国际直接投资的趋势新机遇

据联合国公布的《全球投资趋势监测报告》预测,2014 年全球对外直接投资可望缓慢回升1.6 亿美元。其中,新兴市场极有可能成为未来全球直接投资新一轮增长的强劲引擎。"金砖四国"列于全球大型跨国公司未来对外投资最受青睐的 5 个国家之中,这 5 个国家的具体排名为:中国、美国、印度、巴西和俄罗斯。在中国成为跨国公司投资热土的大环境下,上海拥有吸引更多跨国公司地区总部入驻的新机遇。

(2)跨国公司全球战略的新动向新机遇

跨国公司日益重视中国、印度等新兴市场,纷纷采用区域化战略,并以地区总部的组织结构形式来制定、实施和协调区域战略,这为上海吸引跨国公司地区总部带来了机遇。在中国市场,跨国公司往往经历进入阶段、国家发展阶段和全球整合阶段,而从国家发展阶段向全球整合阶段过渡的时期,正是跨国公司进行业务整合的契机。上海作为中国的经济发展龙头,吸引跨国公司地区总部入驻。目前超上千家成为大陆聚集最多的城市。上海实现经济转型、服务全国的重大战略举措,也是上海进一步发展国际总部经济的历史性机遇。"四个中心"建设的推进,必将带来资金流、信息流、物流和人才流等的集聚和流通,而这些要素正是国际总部经济加快发展的重要依托,将对总部经济发展产生更强的吸引力、集聚力、辐射力和带动力,因此,上海的"四个中心"建设可以助跑跨国公司地区总部进驻上海。

(四)进一步提升跨国公司地区总部能级的展望

上海市在发展国际总部经济方面既有历史性机遇和较好的优势,又面临着现实的挑战和发展的瓶颈。为了进一步提升在沪跨国公司地区总部的能级,上海市正在努力构建既满足中国和上海的经济转型要求,又适合跨国公司发展需要的商务和政策环境。

上海将进一步建设"服务型政府",本着"顾客至上"的服务意识,为跨国公司提供优质、高效的服务,包括进一步提高政府服务的效率、建立有效的政企沟通交流平台、加强与国际行业协会和国际企业家网络的联系等。同时,鉴于国际总部经济对于基础设施网络的系统性、高效性,尤其是总部聚集的中央商务区基础设施的更高要求,上海市的商业区域规划和办公楼宇等硬件设施也在进一步完善中,政府部门还在着力研究如何有效地控制商务成本。

此外,上海也在努力营造一流的投资软环境,包括税收金融环境、金融服务环境、法律法规环境等,不断增加政策的透明度,并使法律、法规与国际通行规则接轨。考虑到人才资源是跨国公司地区总部选址时考虑的重要因素,上海正在大力引进和培养高层次人才,不仅着力培养具有国际视野又深谙中国国情的各类人才,而且鼓励各类高端、紧缺人才来沪。在人才流动配套方面,正在适当放松跨国公司地区总部外籍员工的签证和出入境限制,使其签证更加便捷,并适当延长跨国公司地区总部部分人员的签证有效期,适当降低外国人办理在沪居留许可和上海市绿卡的门槛,同时也适当放松对本土高端人才的户口限制,方便在跨国公司的子公司间以及与地区总部之间流动。

随着"长三角"异地同城效应的形成,上海市政府审时度势,与周边的长三角城市逐步形成分工合作和差异化竞争的格局,这将有助于长三角地区各城市的共赢发展。随着上海市在投资的软硬件环境方面的改善、政府职能的进一步转变、人才战略的深入推进,上海市有望吸引更多、更高能级的跨国公司地区总部入驻,助跑上海国际总部经济的发展。

三、2014 年上海利用外资的对策建议

2014 年是"十二五"继续创新驱动、转型发展、全面深化的改革年,是承前启后发展的关键一年。

(一)全市利用外资工作总体要求

深入学习和贯彻党的十八大精神,按照市委、市政府和商务部的各项决策部署,坚持创新驱动、转型发展,围绕加快推进上海国际金融、经济、贸易和船运贸易中心建设,进一步培育开放性经济新优势,进一步发挥消费对经济增长的基础作用,进一步推动现代服务业加快发展,进一步营造更具竞争力的商务发展环境合理积极吸收外资,走出去,开拓国内、国际市场,稳中求进、开拓创新、扎实开局,不断提高发展的质量与效益为中心,着力稳增长、调结构、促改革、悉民生实现全市海外经济持续发展和和谐稳定。

(二)2014 年全市利用外资着重抓住以下五大要点

一是进一步提升外资总部经济发展能级。加大政策宣传力度,继续吸引跨国公司在沪设立地区总部以及研发中心、营运中心、结算中心、数据中心等各类功能性机构。研究完善支持跨国亚太总部发展的相关政策,进一步提升上海外资总部的能级。积极指导在沪地区总部的整合,进一步增强对下属企业的控制盒指挥能力。加强与外汇管理等部门的沟通协调,争取将更多的外资总部机构纳入总部外汇试点范围。

二是进一步提高利用外资总体效益。继续引导外资参加国际经济、金融、贸易、航运中心建设和战略性新兴产业发展,大力引进生物医药、节能环保、新能源等先进技术,以及基于网络平台、信息技术、智能终端的新产业、新业态,促进引资、引技、引智的有机结合。鼓励跨国公司在沪布局更高技术水平、更高附加值的先进制造环节、工业设计和研发机构,带动上海制造业创新能力和国际竞争力的提升。进一步调整服务业引进外资结构,控制房地产业比重,保持商贸业、金融、科技、现代物流业较快发展的势头。深化外资商业保理业务试点,继续在人才中介、家庭服务、文化服务等领域探索扩大对外资的开放。

三是进一步稳步推进对外经济合作。鼓励企业将工程承包与对外投资相结合,探索 BOT(建设—经营—转让)、PPP(公司合营)等承包工程新模式。支持企业通过并购发达国家建筑企业等方式进入其市场,推进境外工程承包市场多元化。

四是进一步完善"走出去"服务保障体系。推动建立全市"走出去"联席会议机制,集聚资

源、形成合力,推进重大境外项目。

五是进一步加强对外开放战略性研究。依托部市合作机制,借助全球贸易投资研究咨询中心等机构,高起点开展新形势下对外开放战略性、前瞻性研究。提升对宏观形势的把握能力,加强商务发展规律研究和对其他地区特别是国际贸易中心城市商务发展的横向比较,增强工作的针对性和有效性。研究综合保税区功能拓展,探索建设浦东自由贸易园区,力争在国际贸易物流运作、外汇管理、功能创新、赋税水平以及非保税物品运作等方面开展先行先试。落实市十八大党代会提案办理要求,深化课题研究和成果转化,积极培育本土跨国公司,加快推进上海形成国际贸易信息港功能。

(三) 重视制度创新,切实改善投资环境,增强上海吸引力

以中国(上海)自由贸易试验区为契机,进一步完善政府管理,提高法治水平,增强效率意识和服务意识,完善投资促进体系,推进投资便利化,逐步形成与国际通行规则相衔接的投资环境,切实从创新制度,改善投资软环境等方面增强上海的吸引力。

(耿海玉、吕海燕、周明)

第三部分　热点地区投资情况

临港地区投资情况

一、临港地区简介

（一）地区概况

临港地区总面积 315 千米², 跨浦东、奉贤两个区域, 浦东区域 298 千米², 奉贤区域 17 千米²。规划为重装备区(61 千米²)、物流园区(含保税港区, 20 千米²)、主产业区(108 千米²)、综合区(41 千米²)、奉贤园区(15 千米²)、南汇新城(68 千米²)6 个功能板块。规划人口 80 万。

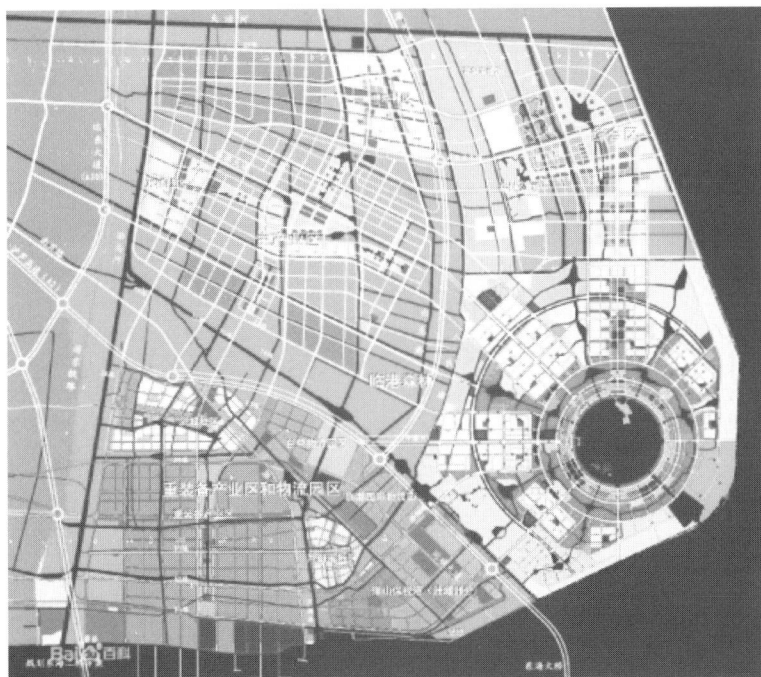

图 3-1-1 临港地区规划范围

（二）管理体制

临港地区采用一个管委会、两家公司的模式。

1. 管委会的变更

2003 年 11 月 30 日, 上海临港新城管委会正式挂牌成立, 近十年来, 临港的管理体制作了几次调整, 大致划分为三个阶段。

第一阶段, 2003—2009 年, 市属市管的临港新城管委会, 临港新城管委会为市政府派出机构, 时任副市长杨雄任管委会主任。2004 年 2 月, 上海市人民政府第 16 号令颁发了《上海市临港新城管理办法》, 开发区域为 300 千米²。2008 年 7 月, 临港产业区向西扩展, 设立了临港奉贤园区。

第二阶段,2009—2012 年,市属市管的临港产业区管委会,2009 年南汇区并入浦东新区,2010 年初,临港体制调整,由临港新城管委会改名为临港产业区管委会,主城区(南汇新城)划归浦东新区。管委会为市政府派出机构,副市长艾宝俊任管委会主任。开发区域为 241 千米²。2010 年 6 月,上海市人民政府第 46 号令颁发了《上海市临港产业区管理办法》。

第三阶段,2012 年 9 月开始,市属区管临港地区开发建设管委会,2012 年初,时任市委书记俞正声和时任市长韩正调研临港,其后市委市政府对临港的体制作了调整,由原临港产业区管委会改为临港地区开发建设管委会,副市长艾宝俊任管委会主任。管委会为市政府派出机构,实行"市属区管"的管理体制。同时,将原浦东南汇新城管委会并入临港地区管委会,并撤销芦潮港镇和申港街道,成立南汇新城镇。南汇新城镇与临港地区管委会合署办公,实行"管政合一"模式,领导一体化,部门实体化。

目前,管委会、镇政府合署办公,内设机构共有 12 个部门,其中管委会 8 个部门,即办公室、组织人事办、综合计划办、经济贸易办、财政办、建设与环境保护办、规划土地办、企业服务办;南汇新城镇在增挂以上 8 个办的同时还设有社会事业办、社会稳定办、社区建设办、农村发展办,编制人员 195 个。临港管委会负责临港地区的开发建设,南汇新城镇负责南汇新城区域的社会事业和公共事务的管理。此外,保税港区与临港地区没有关系,自主管理;奉贤园区的社会事业等管理职能由奉贤区管理,开发建设、招商等都由临港管委会负责。

管委会实行市、区成员协调推进机制,市发改委、经信委、建交委、浦东新区、奉贤区、市综保委、市电力公司等 30 个政府部门及相关单位为管委会成员单位,按照"市区联手"的模式运作,以举全市之力支持临港开发。

2. 开发公司

临港地区现有开发主体 6 家:临港集团、港城集团、闵联临港公司、金桥临港公司、海洋高新公司、临港城投公司。其中,临港集团、港城集团为政府融资平台公司。

上海临港经济发展(集团)有限公司承担产业区开发。临港集团成立于 2003 年 9 月,注册资金 30 亿元,是承担上海临港产业区开发建设任务的大型国有多元投资企业,主要负责上海临港产业区 218 千米² 范围内的土地开发、基础建设、招商引资、产业发展和功能配套等工作。现上海临港集团下属子公司主要包括上海市漕河泾开发总公司、上海临港建设公司、上海临港投资管理有限公司、上海临港人才有限公司和泥城、书院、芦潮港、万祥、奉贤五个分城区发展公司等。

上海港城开发(集团)有限公司承担主城区开发。公司成立于 2002 年 4 月,注册资本 33 亿元。根据 2003 年上海市人民政府令第 16 号即《上海市临港新城管理办法》,港城公司负责临港新城主城区的成片开发和管理。拥有 5 家直属子公司:上海临港新城建设工程管理有限公司、上海港城滴水湖建设管理有限公司、上海港城生态园林有限公司、上海海港新城房地产有限公司和上海临港新城酒店投资管理有限公司。

此外,闵联临港公司负责开发产业区 4 千米²,金桥临港公司开发综合区内的 5 千米²,海洋高新公司开发主城区内的 3.5 千米²,临港城投公司负责基础设施的建设。

2013 年 7 月,浦东新区区委三届四次全会提出,开发公司要"挥师南下、决战临港",其中金桥集团、外高桥集团、张江集团、陆家嘴集团四大开发公司是主力军,要率先带项目、带队伍、带资金进驻临港,集中力量打"歼灭战"。

(三) 开发机制

1. 土地开发

临港集团、港城集团为政府融资平台公司,具有土地储备资质。

上海临港经济发展(集团)有限公司承担产业区开发,上海港城开发(集团)有限公司承担主城区开发。土地出让金除国家、市级计提部分,其他返还给开发主体,经营性用地结余部分可通过项目报销,在产业区和主城区之间可适度平移。

目前除闵联临港公司、金桥临港公司、海洋高新公司、临港城投公司等参与临港的成片开发外,浦东的其他各大投资公司也将积极参与临港开发。

2. 投融资机制

临港地区内的基础设施建设由管委会统一建设和管理;临港地区外围的大市政建设,由市区合作建设。

临港地区的项目建设采用的是类似 BT 模式,开发主体的负债高企。开发之初,基础设施从零开始建设,6 670 多万公顷滩涂地要从各类权利人手中收回,初期投入规模巨大,而管委会所能依赖的第一轮临港专项发展资金仅 9.5 亿元,连项目资本金都无法保证。管委会只能将本应由政府投资的基础设施建设任务全部压给开发主体,要求先行代建,并承诺将来以临港专项资金回购清偿。

实施上,开发主体承担土地开发的前期成本约为 50 万/667 米²(不包括管委会承担的大市政配套费用),但在实际出让过程中,工业土地出让价格最多维持在 25 万元/667 米²,造成工业土地出让收入成本倒挂,缺少建设项目回购资金。

另一方面,临港地区的产业税收增长较为缓慢,仅能满足日常开支,所以无法成为附加的回购资金来源,综上,项目回购进度慢,资金中短期内无法平衡,融资负担日益加重。

(三) 相关政策

市委市政府正式出台"关于在临港地区建立特别机制和实行特别政策的意见"(市委 16 号文件)。临港体制调整后,管委会会同市、区法制办对原临港产业区管理办法进行了修订完善,新的《上海市临港地区管理办法》(第 96 号令)于 2013 年 1 月 12 日起实行。

二、投资完成与功能形成情况

自 2003 年启动建设以来,在市委市政府的正确领导下,临港地区积极推进项目建设,完善功能配套,按照"三个聚焦"(产业聚焦、政策聚焦、配套聚焦)和"五位一体"(产业开发、基础设施、城市建设、生态环境、产城融合)发展的要求,开发建设取得了显著成效。截至目前,已累计完成固定资产投资 1 160 亿元,引进产业项目 200 多个,工业总产值保持 45% 的年均增幅,税收收入保持 30% 以上的年均增幅,形成了新能源装备、汽车整车及零部件、船舶关键件、海洋工程、工程机械、民用航空和战略性新兴产业的"6+1"产业格局。特别在重装备制造方面,临港先后诞生了全国首台(套)百万千瓦级的各类核电主设备、全国首台百万千瓦级的超超临界汽轮机、世界最大的 350 吨汽轮机转子高速动平衡试验站、世界最大的缸径 980 毫米的低速大功率柴油机以及配套船用曲轴等多项全国、世界之最。目前,临港已经成为全国最大最先进、成套最全的新能源装备制造基地和船用柴油机制造基地,全国最大最先进的挖掘机制造基地,全国最先进的精密机床制造基地。

在国务院2006年8号文提出的我国重点突破的16个装备制造业发展领域中,上海临港产业区的产业项目涉及8个。今年市委、市政府出台《加快推进上海高新技术产业化的实施意见》,确定了9个推进高新技术产业化的重点领域,临港产业区涉及新能源、民用航空制造业、先进重大装备、新能源汽车、海洋工程装备等5个。上海临港产业区汽车整车及零部件、大型船舶关键件、发电及输变电设备、海洋工程设备、航空零部件配套等五大装备产业制造基地和国际物流(保税和非保税)基地联动发展的产业形态已经基本形成。

城市功能逐步完善,建设了80万米² 商办楼宇和130万米² 各类商品住房,引进了中国航海博物馆、五星级滴水湖皇冠假日酒店、农工商购物中心等一批功能性项目,上海中学东校、市第六人民医院东院等社会事业项目已落户临港,上海海事大学、上海海洋大学、上海电机学院等高等院校整体迁入临港,区域吸引力和宜居度不断提高。

世博会地区投资情况

一、世博会地区简介

(一) 地区概况

上海世博会地区是中国 2010 年上海世界博览会(Expo 2010)的会址,位于南浦大桥和卢浦大桥区域,并沿着上海城区黄浦江两岸进行布局。规划用地 5.28 千米^2,其中浦东 3.93 千米^2,浦西 1.35 千米^2。

世博会地区具有独特的资源优势,具备打造顶级城市中心区的潜质。在区位与土地方面,该地区地处上海城市核心滨水区,有较为充裕的发展空间。在历史文化与世博品牌方面,该地区拥有一轴四馆、城市最佳实践区等建筑面积约 100 万米^2 的世博永久保留建筑,建筑面积约 2 万米^2 的历史建筑,以及高端性、公共性、文化性等世博特征和低碳、人本、多元的世博理念。在基础设施方面,该地区拥有五条地铁线、越江二桥三隧等完善便捷的综合交通及市政配套。在生态景观方面,该地区拥有后滩公园、世博公园、白莲泾公园永久性滨水生态公园以及滨水临湾景观。

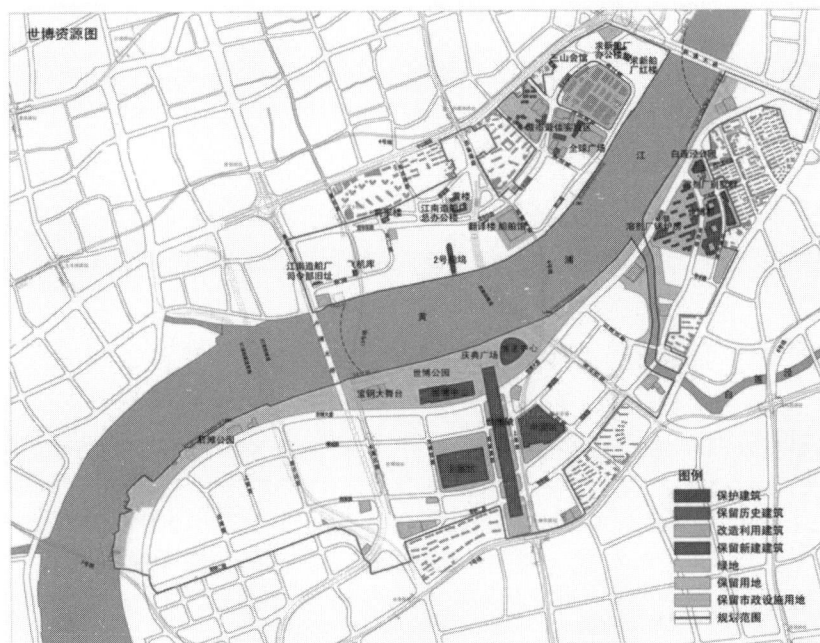

图 3-1-2 世博会地区资源示意图

世博会结束后,上海世博发展(集团)有限公司(以下简称"世博发展集团")作为市属国有投资企业集团,受市政府委托,负责实施世博园区的开发建设和管理。世博发展集团定位于引领世博后上海现代服务业发展的旗舰企业,首要任务是高水平、高速度推进世博园区开发建设,要在"十二五"期间完成世博园区的基本架构,让世博会地区成为上海"十二五"发展的新亮点。世博发展集团拟充分整合利用上海世博会的品牌资源、智力资源,高起点规划设计公司的业务范围、公司架构和人力资源配置,做好世博园区后续开发工作,传承和发展世博文化。

(二)管理体制

世博会后,市委市政府原考虑世博会地区开发成立一个管委会和一个开发公司,但最后确定只成立世博发展集团。世博发展集团定位于市政府投资性的公司,打造现代服务业旗舰企业,为后世博发展注入活力,对世博地区负有建设管理职能。世博发展集团在原世博局的基础上组建而成,分为职能部门、子公司、业务部门、合资公司等四大板块,现有员工400人左右。

但由于世博发展集团是企业,在世博地区开发推进过程中存在诸多瓶颈。为解决此问题,"世博后续发展领导小组"于2011年年底成立,时任副市长杨雄担任组长。领导小组下设办公室,挂在世博发展集团,集团总经理丁浩担任办公室主任。现在,推进效果稍微好些,但毕竟是公司,实际并没有根本解决问题。

世博地区的"一轴四馆"是永久性建筑,管理存在多主体。世博中心由世博中心有限公司经营管理,其管理层由上展公司委派;主题馆资产和经营权均属于东浩集团。中国馆已改建为中华艺术宫,目前资产在世博发展集团,即将划给文广集团。最佳实践区和世博轴的土地和资产已划给世博发展集团,但如果要做商业,需要补地价,按照40年期限每年交纳土地使用费,每年约4 000多万元。因土地费尚未付清,故没有产权证。

其他建筑都是临时建筑,由世博发展集团按照规划和时间节点拆除,拆除前考虑过渡期使用,拆除后即通过土地招拍挂进行二次开发。

(三)投融资机制

世博发展集团于2011年4月由市政府批准成立,7月正式注册,资本金20亿元,其中一期注册资金10亿,2012年上半年又增加10亿。

市政府负责解决A片区公共道路、央企总部基地的三条路、地下公共通道及路上绿化。世博发展集团投资建设绿谷公共道路。土控授权世博发展集团完成绿谷周边地下空间建设,土控提供前期费用和投资、土地出让资金、地下部分的建设资金等。文广集团委托世博发展集团来管理中华艺术宫,管理费用来源为市级财政。

(四)相关政策

世博发展集团目前享受的特殊政策主要是土地款分期支付。例如,最佳实践区的建筑、设施设备等资产已经划给世博发展集团。但如果这些建筑要做商业,需要补地价。土储中心准许世博发展集团按照40年分年交纳土地费用,待土地费付清,再办理房地产权证。

二、世博地区后续利用规划

(一)市领导对世博会地区的发展要求

中共中央政治局常委、上海前市委书记俞正声曾在世博会闭幕之际表示,要以低碳、节能、有利于公众性的原则,开发好世博园区。

《上海市国民经济和社会发展第十二个五年规划纲要》指出,要"实施世博园区后续开发,形成低碳生态的文化交流和公共活动中心、新的服务经济集聚区"。市委市政府政府给世博发展集团的任务是世博会地区要尽快出形象,其中 A、B 片区要 5 年内出形象。

《2012 年上海市人民政府工作报告》要求,在 2012 年"世博会地区结构规划编制完成,一批央企总部落户园区,中国商飞总部、世博国际酒店群等项目启动建设""加快世博会地区后续开发利用,推进 A 片区地下工程和总部集聚区项目建设,加快 B 片区央企总部、世博国际酒店群等项目建设,完成世博轴综合改造工程""注重软硬件并举,充分利用世博会场馆资源,建成中华艺术宫、上海当代艺术博物馆"。

(二)世博会地区结构规划

1. 规划范围

根据 2011 年 3 月公示的《世博会地区结构规划》,会博会地区规划范围包括世博会红线及协调区范围,用地总面积约 6.68 千米^2,其中世博会红线范围为 5.28 千米^2。

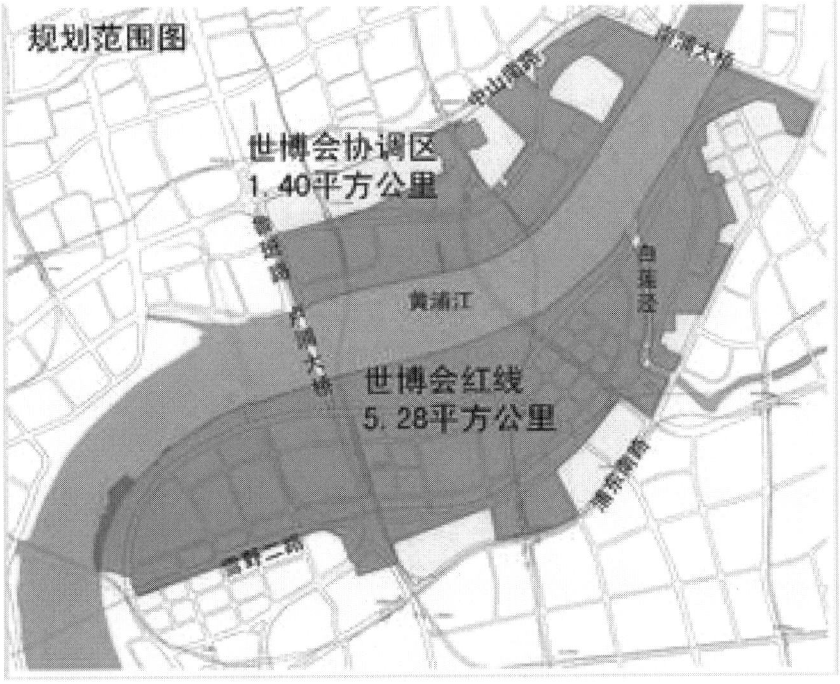

图 3-1-3 世博会地区规划结构规划范围

2. 发展定位

根据《世博会地区结构规划》,世博会地区将充分发挥独特的资源优势,以推进上海国际化大都市建设为目标,通过创新、转型引领城市未来,突出国际文化交流功能,集中发展文化博览创意、总部商务、高端会展、旅游休闲和生态人居,建设成为市级标志性公共活动中心。

3. 总体布局

坚持"以人为本、低碳生态、文化传承"的理念,规划形成"五区一带"的布局结构。

五区:(1)会展商务区。依托保留的"一轴四馆"大型城市公共设施,集聚会展、商务功能,布置商业商务、旅游文化、休闲和酒店、人才公寓等功能,突出商务交流、空间共享、功能多元、活动多样,打造国际化城市中心商务区。以世博轴为界,规划分为 A、B 两个片区。B 片区,集聚总部,采用紧凑型布局,突出连续的街道界面,创造人性尺度、与人亲和、适宜步行的空间格局。

地区功能多样,融合商业商务、文化休闲,为总部办公创造舒适氛围。目前 B 片区控制性详细规划已经获得市政府批准,并确定 13 家企业总部入驻。A 片区,以绿为核,创造人与自然和谐的"生态绿谷"标志性空间。引入生态化设计手法,结合中央绿谷,从内向外布局文化休闲、公寓酒店、金融和总部办公,形成中部低、两侧高的"谷地"形态。围绕中央绿谷,突出开放性、公共性和活动性功能,打造 24 小时的活力城区。目前 A 片区控制性详细规划正在编制过程中。

(2)文化博览区。结合江南造船厂等工业遗存,延续工业文化内涵,传承世博主题,集聚大型文化、博物博览设施,强化国际文化活动交流,形成"主题多元,体现能级,国内顶尖、世界一流"的博览文化集聚区。在国际方案征集工作的基础上,功能定位和规划方案正在进一步深化。

(3)城市最佳实践区。保留世博期间的基本建筑格局,塑造集创意设计、城市论坛、交流展示、产品体验等为一体的国际文化创意街区。突出展示、交流、休闲、设计、商务功能,为设计师、艺术家、市民、游客提供工作、聚会的场所。该地区以现状保留建筑为主,近期通过保留建筑改造修缮、环境塑造整治、功能更新完善,焕发地区活力。(4)国际社区。主要是指世博村地区,形成与会展商务区相配套,设施齐全、功能完善的高品质居住和酒店公寓服务区。(5)后滩拓展区。为城市可持续发展预留空间。

一带:依托滨江绿地和休闲公共服务设施,形成沿江生态休闲景观带。

实施策略:近期建设上,加快推进保留场馆的功能转型和设施完善;集中开展浦东会展商务区的规划建设、强化总部集聚。开发机制上,突出统一规划、综合开发,强调功能与形态的结合,地上、地下整体开发。城市管理上,按照国际化城市中心区域的发展要求,强化精细化管理,提高空间环境品质。

图 3-1-4 世博会地区功能结构图

4. 近期利用规划

近期利用规划主要是研究可中短期保留的世博场馆从世博结束后至再开发的中间期的建

筑更新利用。促进园区向城区转变,保持地区关注度,保持人气和活力,保持国际影响力;近期利用相对集中,并与后续开发时序相衔接,推进地区向长远期目标有序过渡;积极培育功能,促进后续核心功能的集聚。

浦东近期利用集中在"一轴一带":世博轴和滨江公共活力带。"一轴四馆"直接转型使用并向公共开放。开放浦东滨江绿地,结合世博大道南侧部分场馆功能置换,形成公共活力带,吸纳人气,保持活力。

浦西近期利用集中在"两区":文化博览培育区和城市最佳实践区。文化博览培育区集中利用西藏南路以西滨江核心区的场馆及户外场地,延续世博优秀项目,引入大型博览活动,培育浦西后续的核心功能。城市最佳实践区尽快转型为文化创意街区,近期可举办世博创意设计展等活动延续世博主题,吸纳人气,提高知名度。

(三) 世博会地区各片区的控详规划

以下将按照控详规划的公示时间为序,分别介绍各片区的控详规划。

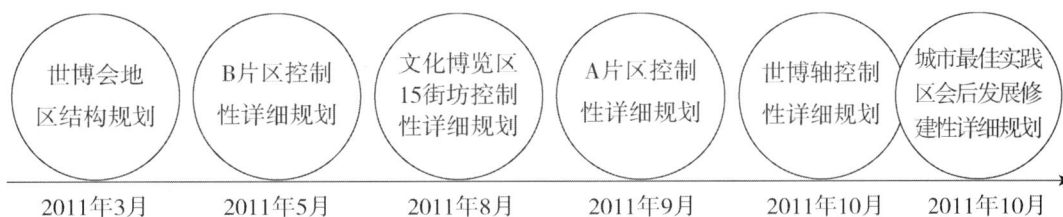

世博会地区结构规划	B片区控制性详细规划	文化博览区15街坊控制性详细规划	A片区控制性详细规划	世博轴控制性详细规划	城市最佳实践区会后发展修建性详细规划
2011年3月	2011年5月	2011年8月	2011年9月	2011年10月	2011年10月

图 3-1-5　已经制订并公示的世博地区相关规划

1. B 片区

2011 年 5 月,市规土局公示了《世博会地区 B 片区控制性详细规划》,世博会地区 B 片区位于世博园区一轴四馆西侧,为规划会展及其商务区的一部分。规划范围东临周家渡路,西至长清北路,南临国展路,北至世博大道,规划用地面积约 25.11 公顷。

B 片区将发展成为环境宜人、交通便捷、低碳环保,具有活力的知名企业总部集聚区和国际一流的商务街区,使之成为促进上海城市功能转型和中心城区功能深化提升的重要功能载体。

规划用地性质为商业和商务办公用地。规划用地面积为 25.11 公顷,平均容积率为 3.13,规划地上总建筑面积为 78.54 万米^2,建筑高度控制 120 米以下。

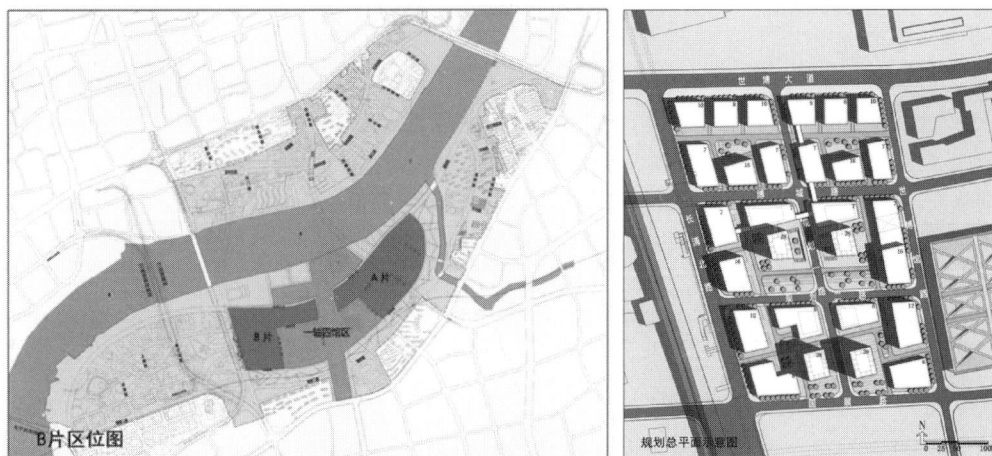

图 3-1-6　B 片区区位及规划总平面示意图

图 3-1-7　B 片区效果图

2. 文化博览区

根据《世博会地区结构规划》,江南造船厂地区规划布局文化博览区,用地面积约 0.93 千米^2。结合江南造船厂工业遗存保护保留,形成与华盛顿史密斯国家博物馆群、柏林博物馆岛相类似能级的,能够引领全市文化发展,国内顶尖、世界一流的博览文化集聚区,为提升未来世界级竞争力提供有力支撑。

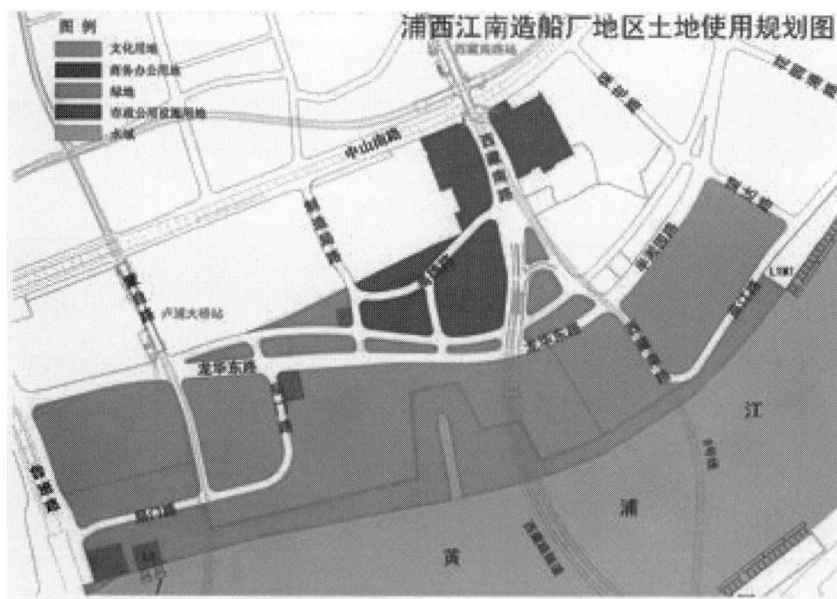

图 3-1-8　江南造船厂地区土地使用规划图

2011 年 8 月,市规土局公示了《上海世博会地区文化博览区 15 街坊控制性详细规划》。15 街坊位于文化博览区西南部,范围北起龙华东路,南至局门路,西起卢浦大桥,东至蒙自路,总用地面积 9.4 公顷。

15 街坊规划为以世博会博物馆为核心的文化博览设施。其中,15-02 地块规划建设世博会博物馆。世博会博物馆由国际展览局授权,为"国际展览局唯一官方博物馆"和"国际展览局文献中心",具有展览陈列、文物征集、收藏保护、科学研究、社会教育、学术交流、文献中心七大功能,将全面展示中国 2010 年上海世博会盛况和 160 年世博会历史,以及 2010 年以后各届世博会情况,成为长期与国际展览局、与各届世博会交流的平台和窗口。

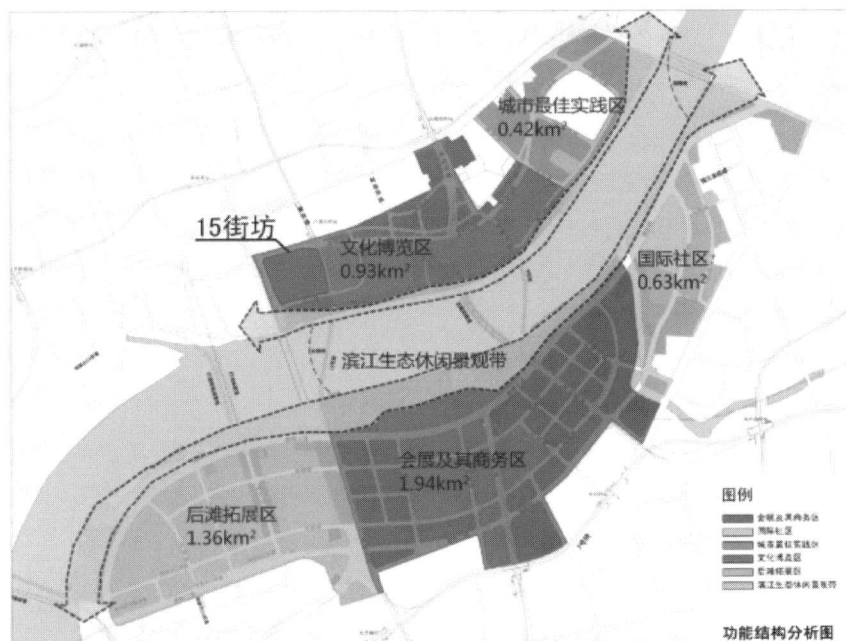

图 3-1-9 文化博览区 15 街坊区位图

3. A 片区

2011 年 9 月,市规土局公示了《世博会地区 A 片区控制性详细规划》。世博会地区 A 片区将发展成为环境宜人、交通便捷、低碳环保、具有活力的知名企业总部集聚区和国际一流的商务街区,并包含相关商业、文化娱乐、酒店公寓等配套功能。A 片区将成为促进上海城市功能转型和中心城区功能深化提升的重要功能载体。

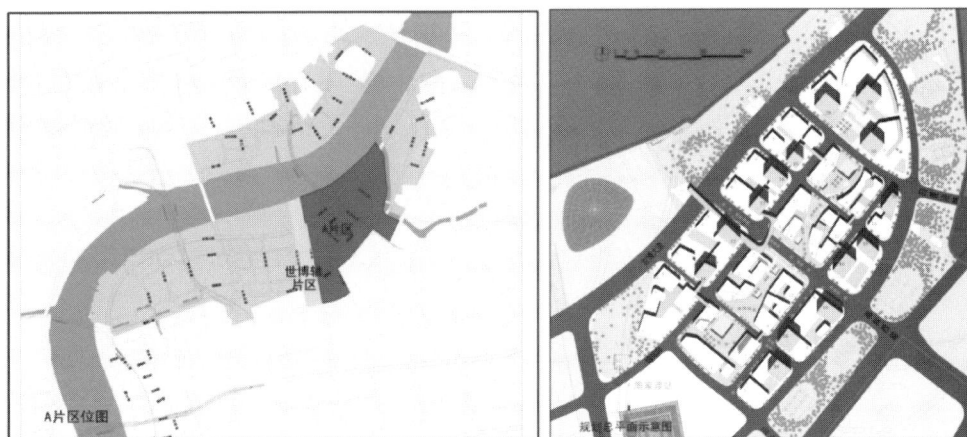

图 3-1-10 A 片区控制性详细规划

规划用地性质为商务办公用地、商业服务用地、文化设施用地、公共绿地和市政设施用地,规划用地面积 97.7 公顷,平均容积率为 1.1,规划地上总建筑面积 110.5 万米²(不含中国馆和世博演艺中心),建筑高度控制在 150 米以下。

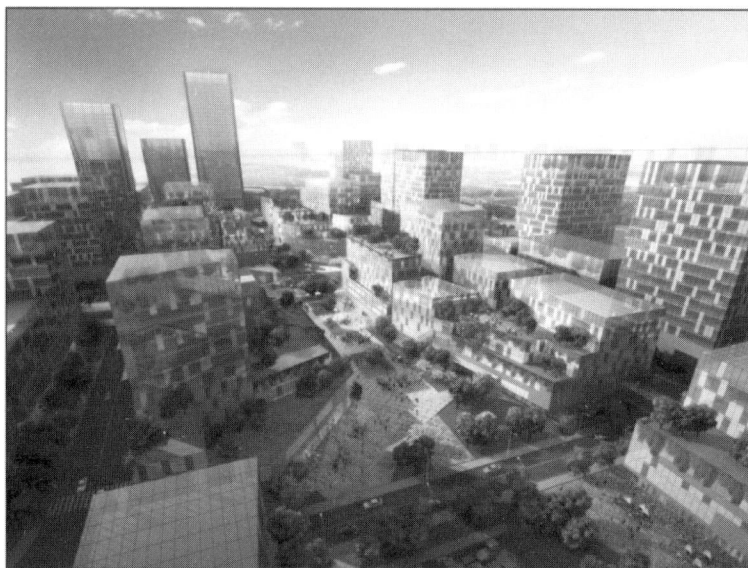

图 3-1-11　A 片区建筑效果图

4. 一轴四馆地区

一轴四馆地区规划布局会展及其商务区,用地面积约 1.94 千米^2。定位于综合一轴四馆改造利用,以中国馆为核心,完善会展配套服务及商务功能,形成国际会展及商务集聚区。

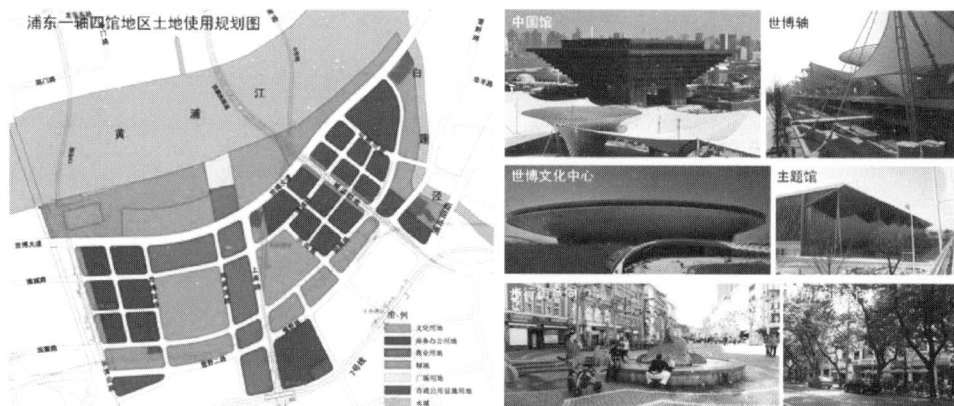

图 3-1-12　一轴四馆地区土地利用规划

2011 年 10 月,市规土局公示了《世博会地区世博轴控制性详细规划》,世博轴及地下综合体工程(简称世博轴)位于浦东世博园核心区,在世博期间已建成,是世博会的主要入口、交通通道及集中服务场所,也是世博会的标志性景观。后续将作为标志性世博遗产予以永久保留。为有效指导世博轴后续改造再利用,结合世博轴商业策划和建筑改造方案,编制世博轴控制性详细规划,强调规划的科学性、合理性和可操作性。

世博轴是世博会地区会展及其商务区的一部分,规划范围南起耀华路、北至黄浦江、东侧为上南路、西侧为周家渡路,包括庆典广场、世博轴和世博轴南广场,用地面积约 19.6 公顷。规划用地性质:商业服务业用地和广场用地。规划用地面积 19.6 公顷。世博轴地块平均容积率 0.9。规划地上总建筑面积 10 万米^2,地下 21 万米^2。

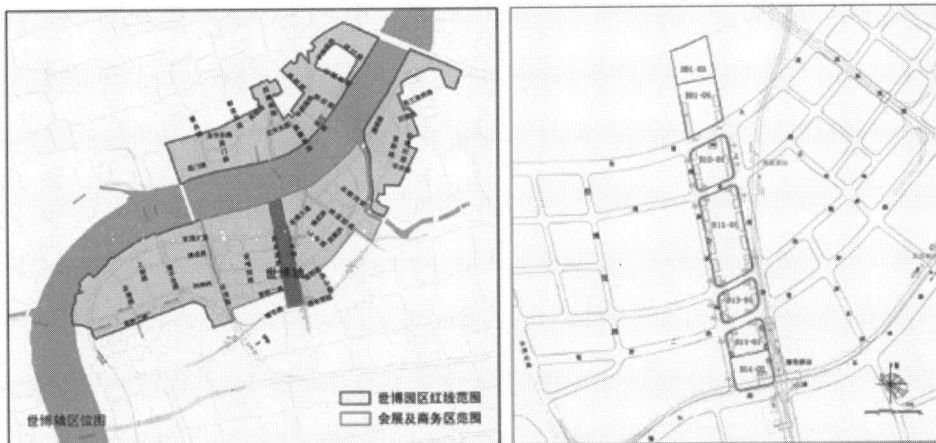

图 3-1-13　世博轴区位图

世博轴 20—30 万米²，地上地下各两层，将打造商业综合体，商业、餐饮、娱乐、文化、影院等。分为 5 个区，越往北，层次越高。这个区域交通便捷，8 号线、13 号线都有站台。

5. 城市最佳实践区

根据《世博会地区结构规划》，城市最佳实践区规划用地约 0.42 千米²。结合城市最佳实践区建筑、空间保留与城市理念传承，围绕全球广场，塑造集创意设计、交流展示、产品体验等为一体，具有世博特征和上海特色的文化创意街区。

图 3-1-14　城市最佳实践区规划设计图

2011 年 10 月，市规土局公示《城市最佳实践区会后发展修建性详细规划》。城市最佳实践区包含南北两个街坊，总用地面积约为 15.07 公顷（不包含北街坊东北角的现状住宅组团用地）。规划总建筑面积为 25 万米²，整体容积率为 1.67。其中，商务办公建筑面积为 40%～50%，商业服务建筑面积为 25%～30%，文化休闲建筑面积为 25%～30%。发展目标为："文化创意产业的独特集聚区、世博文化遗产的重要承载区、低碳生态发展的最佳实践区、充满活力的城市街坊、彰显魅力的城市客厅。"功能定位为："以文化创意产业为主题，商务办公、文化艺术、商业餐饮、休闲娱乐、酒店、开放空间融为一体，形成协同效应的复合功能街区。"

6. C 片区

C 片区定位于远期开发片区，原定 5 年内不会开发，最多进行过渡期临时使用。但由于目前 A、B 片区已经不能满足发展需求，世博发展集团正在加快推进拓展区 C09、C10 区块的规划工作。

7. 国际社区

根据《世博会地区结构规划》，国际社区用地面积约 0.63 千米^2。定位于延续世博村功能，发展生态居住，完善各项生活与工作配套服务，打造具有国际文化内涵和多元生活方式的国际社区。

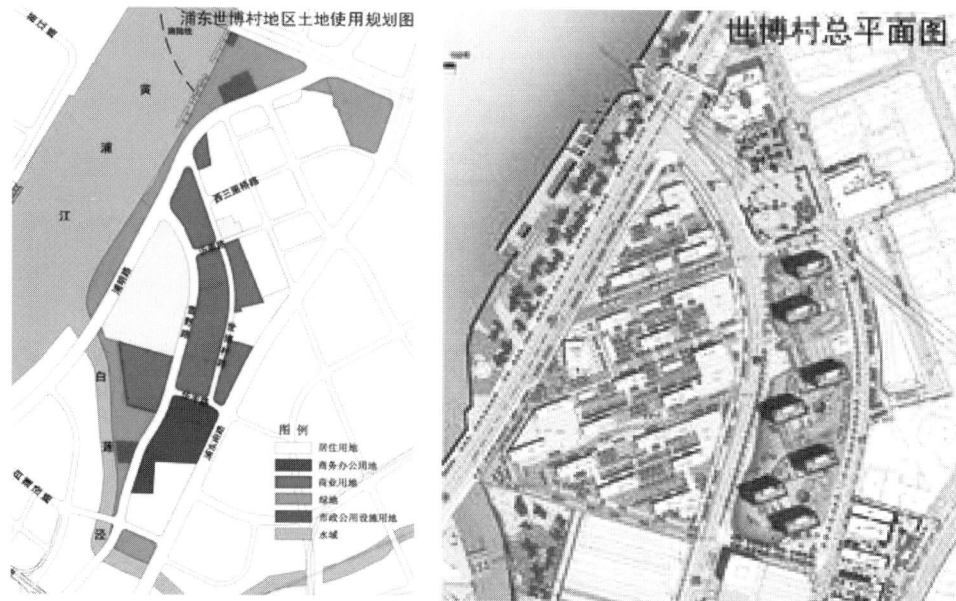

图 3-1-15　世博村地区土地使用规划图

8. 后滩地区

后滩地区规划为后滩拓展区，为城市可持续发展预留战略空间，用地面积约 1.4 千米^2。

远期结合已建成的后滩湿地公园，承载世博记忆，演绎生态理念，引入公共活动，形成融生态、商务、居住、文化等功能为一体的公共活动区。

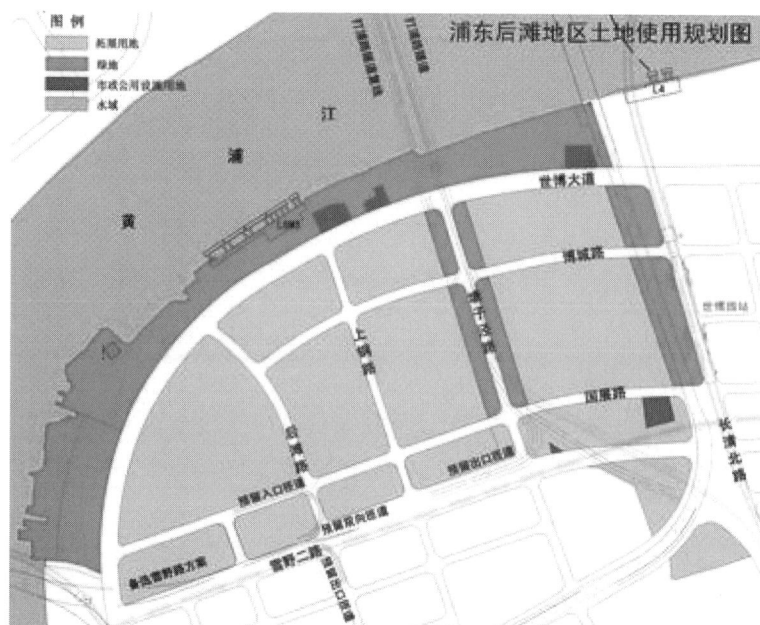

图 3-1-16　后滩地区土地使用规划

近期充分利用现有场馆过渡使用,保持地区持续人气和活力。部分场馆设置展示演艺、艺术交流、餐饮娱乐、商业配套等功能,引入公共活动;部分场馆发展创意办公,凭借成本优势,引入会展相关及创意设计企业,培育地区功能。

9. 其他地区

地块最南边是磁悬浮预留控制区,周边区域现在没有考虑规划和开发。

三、世博地区规划实施的成效

(一)重点区块开发推进情况

1. B 片区

2012 年 7 月以来,中国商飞、宝钢集团、国家电网等 13 家央企陆续签约入驻世博地区 B 片区,将建造各自的总部大楼。据称,此次世博园区 B 片区的地价会比市场价格便宜一些,可能每米^{2}的价格不到 3 万元。不过,央企总部大楼也会受到一些限制,如不能太高,建好后不能出租或转售,规划了"小街坊、高密度"风格,每家企业用地范围不允许有围墙,楼外全部为公共空间。

图 3-1-17　央企总部集聚区效果图

B 片区世博中心与主题馆之间的地块功能为世博酒店,由波特曼集团负责设计方案,时任上海市委书记俞正声等领导已经初步审定。世博酒店项目用地面积 47 900 米^2,总建筑面积约 32 万米^2,其中地上面积约 19 万米^2,包括两家五星级酒店(商务五星、白金五星)和两家精品主题酒店,共 1 200 余间客房。其中,商务五星级会议酒店将由凯悦酒店集团旗下凯悦品牌进行管理运营;白金五星级酒店将由希尔顿酒店集团旗下康莱德品牌进行管理运营。此外,酒店项目还包括了 2 万多米^{2}的花园商业街,将为这一地区带来街区式舒适的购物休闲体验。酒店群建筑规模为 20 万米^2,工程费用按 1.5 万元/米^{2}计,建设费用 30 亿元。酒店群的土地现在还在土控,基础设施已开始做,土地费预计 40 亿元,楼板价 1.96 万元/米^2,该价格对于酒店来说成本太高。2012 年 9 月 28日世博酒店项目开工仪式在世博园区 B06 地块举行,预计于 2015 年二季度竣工。

图 3-1-18　世博酒店效果图

2. 文化博览区

目前,世博会博物馆项目正在推进中。

3. A 片区

吸取 B 片区总部基地先卖地、各自做方案、再协调连接地下空间的教训,A 片区绿谷项目先研究方案,把地下空间先进行规划和建设,再出让土地。A 片区城市设计已获市政府批准,主要是办公为主,配套部分商业。A 片区中间 8 个地块构成绿谷,2012 年 9 月 28 日绿谷项目围护工程正式开工。世博发展集团受土控中心委托对地下空间进行基础性的开发,地上部分初步设计完成,然后出让。由于楼板价测算约为 2.5 万—2.6 万/米^2,且地下柱网砼体均已确定,这对今后招商会有一定影响。

A 片区绿谷周边还有 19 个地块,地下与绿谷分段有通道相连,2012 年底逐渐启动,2013 年逐块出让。目前设想是按功能择优确认开发商。

4. 一轴四馆地区

世博轴最北面 I 区(世博大道以北部分)改造完成,同时更名为"世博源",2012 年底对外开放,主要是餐饮、咖啡吧为主。全部区域 2013 年年底全部开放。

世博轴由世博发展集团和百联集团共同组建注册资金为 3.5 亿元的合资公司进行开发,其中世博发展集团投入 51%,百联集团投入 49%。成本方面,世博发展集团付土地租金、结构改造和阳光谷维修费用;合资公司租赁世博发展集团持有的世博轴建筑,承担在出租给商户之前对世博轴综合体的分割和公共装修费用。

5. C 片区

C 片区定位于远期开发片区,原定 5 年内不会有整体开发,仅进行过渡期临时使用。

但由于目前 A、B 片区已经不能满足需求,世博发展集团正在加快做拓展区 C09、C10 规划。C 片区南端建筑目前出租使用,俄罗斯馆将于 2012 年底开放,俄罗斯馆、法国馆等都在找投资方进行开发,其他项目包括 747 飞机"飞行家乐园"、巧克力公园、新能源车辆试驾基地等。

全球首家巧克力主题乐园"巧克力开心乐园"将于 2012 年在世博园区 C 片区亮相,成为该地区世博后续利用过渡期内的又一亮点项目,巧克力开心乐园将与月亮船、上海意大利中心、飞行家主题园等共同成为后世博旅游线路的重要组成部分。巧克力开心乐园坐落于原世博会非洲广场,总占地面积约 3 万多米^2,由原世博会南非馆、埃及馆、突尼斯馆、斯洛文尼亚馆、阿尔及利亚馆、安哥拉馆、尼日利亚馆、利比亚馆共 8 个场馆和周边地块部分延用改建而成。

6. 城市最佳实践区

最佳实践区现在 70%～80% 已经招商完成,将逐步开。最佳城市实践区地上面积与原规划不变,只是增加两个地上面积分别为 5 万米^2 的建筑。在该区域建配套地下车库。世博发展集团投入了 1 亿元左右,对最佳实践区北部进行修缮,其他部分项目的改造是由入驻企业完成。法国罗阿大区案例馆区馆仍是租给法国罗阿大区,租金相对较低。

7. 其他区域

后滩公园 2012 年 7 月正式对外免费开放。后滩出入口改造 2012 年底开工,过渡期将作为高档车的展示销售基地。

(二) 整体功能发挥情况

截至目前,中华艺术宫和上海当代艺术博物馆已经改造完成并营业,C 片区部分场馆经改造已投入使用,世博会地区已初步形成低碳生态的文化交流和公共活动功能,并加快形成上海市新的服务经济集聚区,正在全力向市委市政府提出的建设目标和任务推进。世博会地区基本完成上海市"十二五"规划、市委市政府、人代会及主要市领导提出的任务和目标。

1. 产业功能不断积聚

部分后续利用项目陆续开放使用,发挥了世博会地区后续利用的产业定位。2012 年 10 月,原世博会中国馆与城市未来馆分别华丽转身为中华艺术宫和上海当代艺术博物馆,完成后世博时代的功能转型。此外,月亮船、上海意大利中心等也已陆续对公众开放。目前,整个世博会地区的日均客流量约为 2 万人,成为全市旅游业的重要景点。

2. 重点项目推进顺利

上海世博园区世博轴改造项目、B 片区央企总部和世博酒店、A 片区绿谷项目围护工程、C 片区儿童艺术剧场改建项目和巧克力主题乐园、城市最佳实践区 B2 展馆改建工程等项目陆续开工,世博后续开发利用正大力推进。

在"一轴四馆"区域,2011 年 8 月世博发展集团与百联集团签署战略合作协议,双方投资成立合资公司,共同开发世博轴商业项目。世博轴 I 区预计 2012 年底对外开放。

在 B 片区,2011 年 7 月中国商飞、宝钢集团、国家电网等三家央企与世博发展集团签约入驻协议,8 月中化集团、中国华能集团、招商局集团等 10 家央企也正式签约。2012 年 2 月,中国商飞总部基地正式奠基,成为首家奠基的央企总部。2011 年 9 月,世博酒店项目正式开工。世博酒店项目由上海世博发展集团投资兴建,将主要为世博园区及周边的会议、展览、演出和企业总部提供住宿、餐饮和商务等配套服务。该项目由世界著名酒店设计公司约翰波特曼建筑设计事务所设计,建设总投资超过人民币 30 亿元,整个工程将历时 3 年半,预计于 2015 年二季度竣工。

在 A 片区,2011 年 12 月"绿谷"项目一期工程正式打桩。"绿谷"项目位于 A 片区核心中央区域,共 4 个街坊 8 幅地块,总建筑面积约 21 万米^2,是决定 A 片区功能品质、环境品质和整体风貌的关键项目和标志性空间,将成为片区发展的功能轴、活动轴、景观轴。绿谷街坊功能高度复合,包括办公、零售、餐饮、文化、服务、酒店等。在景观塑造上,围绕绿谷形成中部低、两侧高、层次丰富的空间形态。

在 C 片区,2012 年 06 月,上海儿童艺术剧场改建项目正式启动。2012 年 11 月,全球首家巧克力主题乐园将在世博园区 C 片区亮相,成为该地区世博后续利用过渡期内的又一亮点项目。

在城市最佳实践区,2012 年 3 月,斯凯孚(中国)有限公司等首批企业与上海世博城市最佳实践区商务有限公司正式签订租赁合同,入驻城市最佳实践区。5 月,世博城市最佳实践区 B2 展馆改建工程正式启动。

3. 开发机制不断创新

创新地下空间开发新机制。世博发展集团在 13 家央企总部群土地已经出让的情况下,研究总部群地下空间联通的方案,推进片区地下空间的一体化。此后,世博发展集团继续推广地下空间一体化开发的理念,受土控中心委托对绿谷项目地下空间进行基础性的开发,完成地下部分的建设,并初步完成地上部分设计,然后世博发展集团才会向企业出让,企业根据已经建成的地下部分,进行地上部分的详细设计和建设。

创新土地出让资金缴纳新模式。市土储中心为了缓解世博发展集团的资金压力,允许其采用缴纳土地租金的形式分 40 年缴纳土地出让金,40 年后拿房地产权证的开发方式。

探索过渡期开发利用。目前,世博会地区 C 片区开发计划在 5 年后开始,近期不会进行开发,但闲置状态的场馆运营费用给世博发展集团带来不少负担。世博发展集团创新发展思路,对 C 片区进行过渡期的临时开发利用。其中,巧克力开心乐园坐落于原世博会非洲广场,总占地面积约 3 万多米^2,由原世博会南非馆、埃及馆、突尼斯馆、斯洛文尼亚馆、阿尔及利亚馆、安哥拉馆、尼日利亚馆、利比亚馆共 8 个场馆和周边地块部分延用改建而成,将于 2012 年投入使用。俄罗斯馆将于 2012 年年底开放,俄罗斯馆、法国馆等都在找投资方进行开发,747 飞机"飞行家乐园"、新能源车辆试驾基地等项目也在陆续推进。C 片区南端建筑目前也已出租,进行过渡期使用。

4. 城市品质不断提升

后滩公园免费对外开放。曾经在 2010 年上海世博会惊艳世人的后滩公园,2012 年 7 月重新揭开面纱,正式对外免费开放,吸引了不少市民前来体验都市湿地的野趣。后滩公园每天开闭园的时间暂定在早 8 时至晚 6 时,随着天气转热,将会延长至早 6 时至晚 8 时。后滩公园开设了两个出入口,区域位置为空中花园和 L6 码头。

中华艺术宫和上海当代艺术博物馆进行公益性运营。中华艺术宫坚持公益性质,政府保障基本运营,通过社会资助和自主经营部分解决资金问题,坚持社会效益,不以营利为目的,不租借专业展厅。

虹桥商务区规划投资情况

一、虹桥商务区简介

(一) 地区概况

上海虹桥商务区位于上海西部，东起 S20 外环高速，西至 G15 沈海高速，北起 G2 京沪高速，南至 G50 沪渝高速。虹桥商务区总占地面积约 86 千米^2。主功能区 26.3 千米^2，核心区 4.7 千米^2，核心区包括核心区(一期)1.4 千米^2、核心区南北片区 2.24 千米^2，以及中国博览会会展综合体项目约 1 千米^2(中国博览会会展综合体不属于主功能区范围)。核心区是虹桥商务区近阶段重点开发区域。

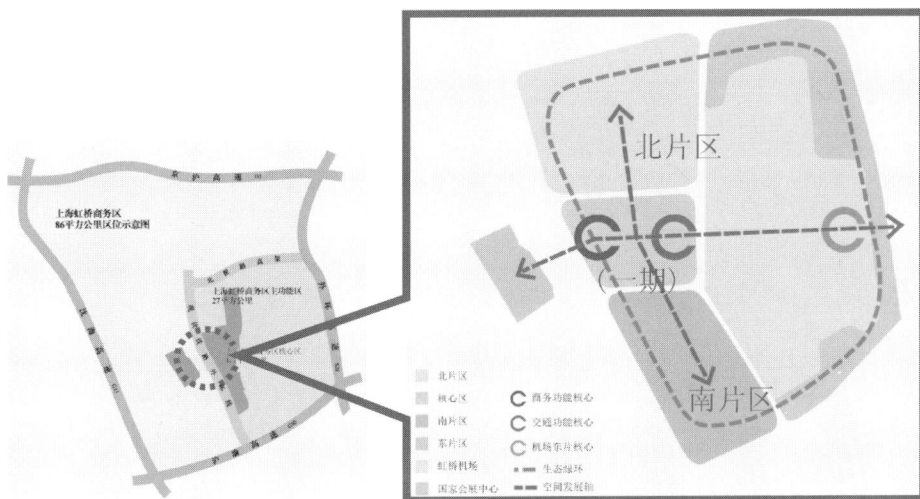

图 3-2-1　虹桥商务区规划范围

(二) 管理体制

1. 虹桥商务区管委会及其职责

2010 年 1 月 6 日，上海市人民政府令第 25 号令公布了《上海市虹桥商务区管理办法》，上海市决定设立上海虹桥商务区管理委员会(以下简称"虹桥商务区管委会")，明确了虹桥商务区管委会是上海市人民政府的派出机构，其主要职责包括：参与编制虹桥商务区区域规划，组织拟定虹桥商务区产业政策，并协调相关区人民政府、市有关行政管理部门和管理单位推进落实；组织协调虹桥枢纽内交通设施管理以及不同交通方式的衔接、集散和转换，协调落实应急保障工作；组织实施区域开发，拟定虹桥商务区土地储备计划、方案，指导相关单位实施土地前期开发和基础设施建设；指导区域商务功能的开发，促进投资环境和公共服务的完善，吸引投资，推动现代服务业发展；统筹安排虹桥商务区专项发展资金；按照规定接受有关行政管理部门的委托,负责或者参与虹桥商务区内相关行政审批工作,为企业提供指导和服务;指导协调相关区人民政府和管理单位履行虹桥商务区的行政管理职责,监督、检查工作落实情况;根据管理办法,与虹桥商务区相关的闵行区、长宁区、青浦区等相关区人民政府按照各自职责负责虹桥商务区内的市场监管、社会管理、城市基础设施运行等公共事务的管理,并协助虹桥商务区管委会做好相关工作。市有关行政管理部门和管理单位按照各自职责,配合做好虹桥商务区的相关工作。

2. 申虹公司及其职责

申虹公司成立于2006年7月,是经市政府批准组建的市级多元投资开发公司。自公司成立至2010年,作为代表市政府开发建设虹桥综合交通枢纽的唯一授权主体和"虹桥综合交通枢纽工程建设指挥部办公室"的日常工作机构,公司承担了虹桥枢纽开发建设的总体组织协调、规划设计的系统集成和施工建设的全面管理。

在虹桥商务区管委会成立之前,申虹公司全面负责虹桥枢纽的开发建设,其与虹桥枢纽建设指挥部实行两块牌子、一套班子,承担指挥部办公室的工作职责,包括"对虹桥枢纽规划范围区域实施专项土地储备,负责征地动迁和基础性开发""牵头编制地区详细规划""负责区域范围的环境设施建设和公共基础设施建设"以及"开发建设任务的投融资"等。自2006年至2008年间,申虹公司已完成虹桥商务区主功能区26.3千米^{2}内13.59千米^2(扣除机场跑道、航站楼等枢纽项目后约3.7千米^2)的土地储备工作。

随着枢纽工程基本建成,经市政府批准,申虹公司逐渐转型为虹桥商务区内政府投资类项目的投资主体和投融资平台,受上海市土地储备中心委托实施主功能区土地前期开发和基础设施建设,承担虹桥商务区公共服务配套项目的投资建设,原则上不能在虹桥商务区以外进行投资和建设。

为了理顺申虹公司与市土地储备中心的关系,根据《关于调整上海申虹投资发展有限公司功能定位和主要职责有关情况的报告》(沪发改法〔2010〕007号文)的要求,申虹公司土地储备的职责调整为"受市土地储备中心委托对虹桥商务区主功能区的土地实施土地储备,具体负责储备地块的前期开发,配合土地管理部门做好储备地块供应的前期准备工作"。

3. 虹桥商务区开发建设指挥部及其职责

2012年3月9日,为了加快推进虹桥商务区开发建设,形成权责相称、统一协调、运作高效的建设和管理体制,依据沪府办〔2012〕30号文成立了由副市长任总指挥、虹桥商务区管委会常务副主任任常务副总指挥、市建交委主任、市发改委副主任、市国土局副局长任副总指挥,以及市建交委、发改委、国土局、申虹公司、闵行区、长宁区、青浦区、嘉定区,以及市相关职能部门共同组成的虹桥商务区开发建设指挥部(以下简称"指挥部"),指挥部办公室设在虹桥商务区管委会。

2012年4月15日,依据市政府关于成立指挥部的有关精神,指挥部办公室下设综合协调部、投资管理部、规划土地部、工程建设部、招商服务部、协调管理部。指挥部办公室各部门以虹桥商务区管委会和上海申虹投资发展有限公司(以下简称"申虹公司")(含下属公司)为主,以及市相关部门工作人员共同组成,整体上将虹桥商务区政府投资项目的投资管理体制整体纳入指挥部统筹予以解决。

根据《上海虹桥商务区开发建设指挥办公室关于各部门主要职责和负责人职责分工的通

知》(沪虹指办〔2012〕1 号),指挥部办公室进一步明确了虹桥商务区政府投资项目具体由其下设的投资管理部承担和落实,由投资管理部负责"组织投资计划和资金平衡方案的编制""推进建设项目审批、协调资金拨付与管理""政府性资金使用的监督管理"等。

(三) 政府投资项目投融资机制

1. 投资管理体制

（1）项目储备

在项目储备方面,根据"项目跟着规划走、资金跟着项目走"的原则,依据经市政府批准的规划,由虹桥商务区管委会建立规划期内项目储备库,对列入政府投资范围内的建设项目实行项目储备库管理,并进行动态调整。

（2）项目计划

在项目计划方面,虹桥商务区内的政府投资项目实行年度计划管理制度,按照"轻重缓急、突出重点"的原则,在对储备项目评估论证的基础上,由虹桥商务区管委会统筹编制政府投资项目计划方案并征求市相关部门意见后,报指挥部会议审定。编制项目计划主要依据市政府批复的规划、市政府专题会议纪要和虹桥商务区开发建设指挥部会议纪要、指挥部办公室会议纪要等。

（3）资金计划

在资金计划方面,虹桥商务区管委会根据指挥部会议审议通过的年度政府投资项目计划,每年 11 月初编制下一年度土地出让收入支出计划,报市发改委、市财政局、市规划局、市审计局审核。每年 12 月初,由市发改委会商市有关部门书面回复审核意见,按程序纳入下一年度实际土地出让收入支出计划。

2. 投融资体制

根据国务院办公厅关于规范国有土地使用权出让收支管理的通知(国办发〔2006〕100号)的要求,我国土地出让收支全额纳入预算,实行"收支两条线"管理。从 2007 年 1 月 1 日起,土地出让收支全额纳入地方基金预算管理。收入全部缴入地方国库,支出一律通过地方基金预算从土地出让收入中予以安排,实行彻底的"收支两条线"。在地方国库中设立专账,专门核算土地出让收入和支出情况。

目前,虹桥商务区政府投资项目资金来源主要分为两类,一类列入虹桥商务土地出让收入支出范围,一类申请列入市级建设财力。政府投资项目按照项目总投资 30%、70% 的比率安排项目资本金和银行贷款。

市发改委从全市层面负责虹桥商务区年度资金使用计划的"大平衡";虹桥商务区管委会负责虹桥商务区总体长期平衡,以及年度收入与支出的"中平衡";申虹公司负责年度申报项目的"小平衡",即具体项目的投融资工作。

(四) 相关政策

2012 年,上海市、区两级财政共同设立虹桥商务区专项发展资金,计划 2012 年至 2015 年安排总量 20 亿元的专项资金,用于重点支持虹桥商务区的现代服务业功能集聚、国际贸易重心平台建设、智慧虹桥功能建设等方面。专业发展资金的使用范围、项目类型和支持方式如下:

使用范围:专项资金主要用于虹桥商务区核心区项目及主功能区重点项目,聚焦促进现代服务业集聚、国际贸易中心平台建设、低碳实践区和智慧虹桥功能建设、人才高地建设、商务环境建设和公共服务完善等方面。具体支持标准和要求,分别按《虹桥商务区促进总部经济发展的政策意见》《虹桥商务区促进现代服务业发展的政策意见》《虹桥商务区关于低碳实践区建设的政策意见》《虹桥商务区关于智慧城市示范区建设的政策意见》等专项扶持引导政策执行。

项目类型:专项资金使用分为公共性功能建设支持项目和产业发展扶持项目两种类型。公共性功能建设支持项目是指具有一定公共性,对虹桥商务区功能建设、功能集聚、商务环境建设、公共服务完善起重大带动和示范作用的项目。此类项目按照《虹桥商务区关于低碳实践区建设的政策意见》和《虹桥商务区关于智慧城市示范区建设的政策意见》等专项政策规定,重点支持国际贸易中心平台项目建设、低碳实践区和智慧虹桥建设、完善虹桥商务区贸易功能的项目,以及以公共性和公益性为主要目的的其他项目。产业发展扶持项目是指根据商务区功能定位和产业规划,按照《虹桥商务区促进总部经济发展的政策意见》《虹桥商务区促进现代服务业发展的政策意见》等专项政策规定,对符合条件的企业和机构进行扶持的项目。

支持方式:公共性功能建设支持项目和产业发展扶持项目主要通过无偿资助、贷款贴息、政府补贴、奖励等方式进行引导和扶持。

二、虹桥商务区相关规划

(一) 市领导的要求

虹桥商务区作为上海“十二五”期间的重点开发区域,是上海市“创新驱动、转型发展”重要内生力量之一。市领导多轮次、高密度地调研虹桥商务区,强调虹桥商务区开发的好坏、快慢,对上海发展关系重大。

时任上海市委书记俞正声同志指出,虹桥商务区建设发展潜力巨大,对于上海长远发展至关重要。这里交通非常便捷,距离江浙的生产基地较近,距离嘉定、闵行、青浦等住宅价格相对低的区域很近,对于发展服务业特别是发展总部经济十分有利。他强调一定要把虹桥商务区打造成全国最好的、最适宜商务发展的、最适宜总部企业办公的商务区;要高度重视商务区道路系统的科学布局,从建筑设计、业态混合、交通布局等方面充分体现舒适宜人;要把虹桥商务区打造成方便宜人、交通便捷、节能环保、商务便利的商务区。

韩正指出,虹桥商务区是上海“十二五”期间重点发展区域,要坚持规划高起点、建设高标准,功能高融合、建设高效率。要避免盲目追求建筑单体的标志性,应当本着宜人、低碳、智慧的原则,在区域整体功能性上下工夫。他同时指出,要进一步理顺管理体制,充分发挥管委会作为市政府派出机构的职能,协调各成员单位参与议事和决策,并在商务区投资建设方面建立符合实际需要的新机制。

沈骏指出,虹桥商务区是上海“十二五”创新驱动、转型发展的重要基地、载体和实践区域。虹桥商务区“十二五”发展规划要体现上海实现“四个率先”、建设“四个中心”的目标,在实施过程中牢牢把握政府主导,政府加强服务、协调、监管,企业是功能开发主体,市场是功能开发基本路径的原则。“十二五”期间,虹桥商务区要突出核心区的开发,做好基础设施建设工作,在功能开发上要初现成效。

杨晓渡指出,虹桥商务区在上海转方式、调结构、促发展的过程中扮演十分重要的角色,是上海市具有战略意义的建设项目,对上海中长期发展影响重大。他要求,虹桥商务区应进一步根据自身特点,明确定位,整合资源,发挥优势,选优招强。

(二) 国务院《长江三角洲地区区域规划》

进一步强化上海国际大都市的综合服务功能,充分发挥服务全国、联系亚太、面向世界的作用,进一步增强高端服务功能,建成具有国际影响力和竞争力的大都市,要依托虹桥综合交通枢纽,构建面向长三角、服务全国的商务中心。

(三) 上海市"十二五"发展规划

上海市"十二五"发展规划中提出,优化市域空间布局。落实国家主体功能区规划,突出区域主导功能,加强分类指导,形成发展导向明确、要素配置均衡、空间集约集聚的发展格局。基本完成虹桥商务区核心区建设,着力打造上海国际贸易中心的新平台和长三角地区的高端商务中心。

(四) 虹桥商务区"十二五"发展规划

《上海虹桥商务区"十二五"规划》提出"将虹桥商务区着力打造成贸易服务便利化改革的新高地、集聚高端贸易机构和组织的新中心、宜人宜商宜居的新社区、带动上海西部经济发展的新引擎、长三角通向亚太地区的新门户。通过'智慧虹桥'建设,全面提升区域综合服务功能,增强核心竞争能力,初步建成国际贸易中心的承载平台。""十二五"期间将重点发展主体业态、功能业态和配套业态这三类业态。其中,主体业态为总部经济、贸易机构、商务办公等;功能业态为会议、展览等;配套业态为商业、酒店、文化、娱乐等。

(五) 虹桥商务区核心区(一期)城市设计(暨控制性详细规划局部调整)(草案)

1. 本次城市设计范围为虹桥商务区一期启动区域,东侧紧邻枢纽本体,西至嘉闵高架,南至义虹路,北至杨虹路,面积约 1.4 千米^2。

2. 核心区一期包括商业、商业综合用地、商业娱乐用地、绿地、道路等用途。

3. 规划总开发规模约 170 万米^2,包括商务办公、会议展览、酒店、公寓式酒店、文化娱乐、商业等功能。

4. 在规划布局上,摈弃传统的功能分区模式,采取混合渗透、有机结合的高效模式。商务办公相对均匀布置,酒店结合商务办公分散布置,以高端商务酒店及公寓式酒店为主,精品会展结合景观轴线布置。商业功能以零售商业为主,主要包括高档、中档和日常购物区,其中高、中档购物区沿主轴线布置,日常购物区结合商务办公、布置于街坊内部公共空间或十字路口。文化娱乐体育休闲功能主要包括餐饮、咖啡酒吧、健身房、影剧院、美术馆、博物馆等,结合办公和酒店混合布置。

5. 在空间尺度方面突出路网高密度、街坊小尺度、建筑低高度的特点,在保证适宜的开发强度、利于实施的同时,创造亲切宜人的环境品质。街坊尺度 150 米×200 米左右;步行道间隔在 90 米~150 米。

6. 在空间形态方面突出整体匀质的特点。虹桥机场周边限高 43 米左右(吴淞高程+48 米),区域内普遍建筑为 6~8 层,标志性建筑为 10 层,局部以 3~4 层裙房联系。规划街坊建筑密度大多在 50%左右。

7. 结合步行网络、商业中心及公交站点,设置自行车租赁点,构建"地铁+公共自行车"的绿色交通模式,加强静态交通规划,充分利用地下空间,以地下二层空间为主,合理安排地下停车库。

(六) 虹桥商务区核心区南北片区控制性详细规划

近日,上海市人民政府批准了《上海市虹桥商务区核心区南北片区控制性详细规划》,批复提出:

1. 虹桥商务区核心区北片区用地面积约 1.44 千米^2,南片区用地面积约 0.80 千米^2。规划总用地面积约 2.24 千米^2。

2. 虹桥商务区核心区北片区以企业总部办公、商务贸易办公、现代商务服务、高端居住等为主体功能,打造高端商务休闲生活社区;南片区以企业总部办公、现代商务服务等功能为主,滨河创意休闲功能为辅,形成高端总部商务办公区。

3. 虹桥商务区核心区南北片区规划总建筑面积 166.7 万米^2,商业及商务办公总量约为 138.1 万米^2。其中,北片区用地面积约 144 公顷,开发总量约 148.3 万米^2,商业及商务办公建筑量约为 120.7 万米^2;南片区用地面积约 80 公顷,开发总量约 18.4 万米^2,商业及商务办公建筑量约为 17.4 万米^2。

4. 虹桥商务区核心区南北片区在空间景观规划上,要系统布置街道公共通道,局部结合街坊建筑布局,形成广场空间;充分利用河道与履带带来的丰富景观资源,引入多层次的开放空间。滨水建筑高度不高于 15 米,形成标志突出、空间收放有致的宜人尺度。

5. 规划轨道交通 17 号线在用地范围内采用地下线路形式,沿申长路、申贵路走行,在北片区域设置天山路站和润虹路站两座车站。

6. 虹桥商务区核心区南北片区建筑中,50%建筑要达到国家二星、三星绿色建筑标准,其中标志性建筑达到国家三星建筑标准;其余建筑都要达到国家一星绿色建筑标准。

三、虹桥商务区实施情况

(一) 开发推进情况

1. 政府投资项目

从 2007 年开始,虹桥商务区开发建设正式启动。截至 2011 年底,虹桥商务区政府投资项目主要为土地储备项目,以及申虹公司作为投资主体所承担的 14 个基础设施建设项目。截至 2011 年底,实际完成投资约 560 亿元,主要包括土地储备项目 282 亿元,基础设施建设项目 278 亿元。

2. 重大功能性项目

(1)中国博览会会展综合体项目

项目选址:虹桥商务区核心区,北至崧泽高架、西至诸光路、南至规划六路、东至规划路,由徐民路、徐泾中路等道路分隔为三大块,建设用地面积约 104 公顷。

项目进度:2011 年 12 月 26 日,商务部与上海市政府合作共建的国家会展项目——"中国博览会会展综合体"启动建设,项目主体已于 2012 年 7 月正式开工,2014 年 11 月开始部分场馆试运营,预计 2015 年底全部竣工。项目投资总额约 150 亿元,建成后将新增净展览面积

50 万米^2,届时年均可服务 4 亿人次,其中,有 2/3 的受益群体来自于长三角地区,将为缓解上海会展业发展瓶颈、建设国际会展中心城市发挥重要作用。

图 3-2-2　中国博览会会展综合体效果图

（2）上海新虹桥国际医学中心项目

项目选址:总面积约 100 公顷,其中一期规划面积 42 公顷,东至联友路,南至北青公路,西至纪谭路,北至罗家港。

项目进度:2012 年 3 月底,落户虹桥商务区的部市合作项目——上海新虹桥国际医学中心正式开工,一期建设项目(地下商业面积一般不包含在控制性详细规划批复的商业面积之内)包括 1 个医疗技术中心,2 个国际综合医院,4 个国际特色专科中心以及能源、市政、商业等一系列配套设施,总建筑体量约为 66 万米^2,预计 2015 年投入运营。

图 3-2-3　上海新虹桥国际医学中心效果图

（3）上海市国际技术进出口促进中心项目

2011 年底，由商务部、科技部、国家知识产权局和上海市政府共同组建的上海市国际技术进出口促进中心正式挂牌，首届中国（上海）国际技术进出口交易会的各项筹备工作正在紧锣密鼓地推进当中。

（4）中国（上海）网上国际贸易中心平台项目

2012 年 12 月 26 日，上海国际技术进出口促进中心揭牌暨中国（上海）网上国际贸易中心平台开通仪式在上海举行。

中国（上海）网上国际贸易中心平台由商务部和上海市合作共建，由商务部中国国际电子商务中心与上海外经贸计算中心合作运营，是上海国际贸易中心城市建设的配套服务项目。该项目分两期建设：项目一期以商务领域公共信息服务平台建设为主，以商务部公共信息服务资源和上海市商务领域信息资源为依托，提供全面、准确、权威的商务公共信息与决策支持服务。项目二期主要是围绕内、外贸等业务领域，以市场需求为导向，推进平台的功能性服务；同时，结合国家现代服务业支撑平台建设，形成上海市电子商务公共服务平台体系。目前，项目一期建设已完成并正式启用。

3. 其他社会投资项目

虹桥商务区规划范围 86 千米²，其中主功能区 26.3 千米²。主功能区 26.3 千米² 以外区域实际由周边区县分别负责开发建设，虹桥商务区管委会实际管辖范围（地下商业面积一般不包含在控制性详细规划批复的商业面积之内）主要限于核心区内的 3.7 千米²。

目前，虹桥商务区社会投资项目全部集中于核心区一期。截至 2013 年底，核心区一期虹桥天地、虹桥绿谷、三湘虹广场和虹桥力宝广场等十个地块全部开工，4.7 千米² 内已实现结构封顶的建筑 24 栋，总建筑面积五十余万米²，其余 17 个地块项目开工准备工作正有序推进中。

（二）整体功能发挥情况

虹桥商务区以打造"贸易平台""商务社区""智慧虹桥""低碳实践区""城市综合体"为规划理念，经过三年多的建设发展，虹桥商务区建设成果显著，推进有力，前景光明，基本完成了上海市市委、市领导和相关规划提出的阶段性任务和目标。截至目前，虹桥商务区已发挥了综合交通枢纽的功能，并在商贸服务平台方面快速推进，但"贸易"平台的核心功能按计划尚需"十二五"末才能充分发挥。

1. 交通接待能力稳升

虹桥综合交通枢纽是集合了高速铁路、城际和城市轨道交通、公共汽车、出租车及航空港紧密衔接的国际一流的现代化大型综合交通枢纽。自 2010 年 3 月 16 日部分建成投入使用以来，虹桥综合交通枢纽总体运行平稳。2011 年虹桥综合交通枢纽日均客流量近 50 万人次，年接待约 1 800 万人次；2012 年 1—10 月，虹桥综合交通枢纽日均接待客流量同比增加近 25%，日均客流量超 60 万人次,2012 年 1—10 月累计接待客流量超过 2 200 万人次。

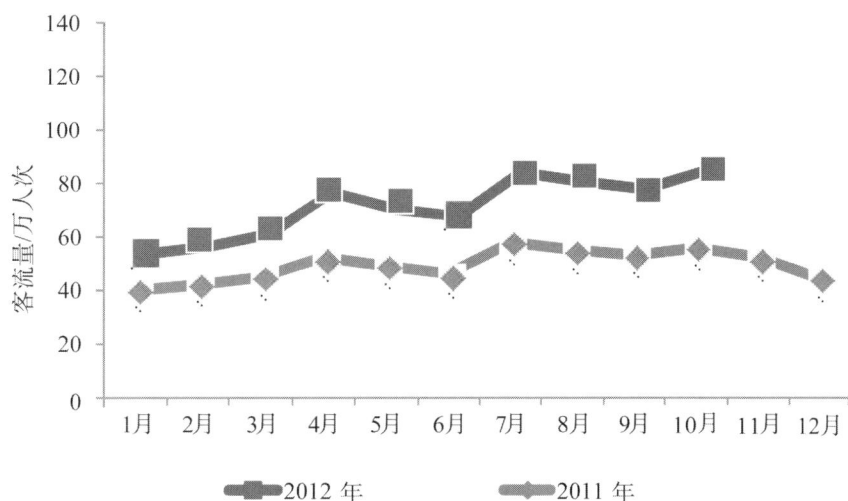

图 3-2-4　虹桥枢纽 2011—2012 年日均客流量统计

2. 基础设施逐步完善

2012 年 8 月,《上海虹桥商务区"十二五"规划》正式发布,虹桥商务区由综合枢纽工程阶段进入开发建设阶段。"十二五"时期,虹桥商务区致力于完善区域交通、能源、绿化景观、环卫、水务、通信等基础设施条件,拟完成 20 个项目共计投资 100 亿元。其中交通领域建设是重点,具体包括地下通道、空中廊道、路网建设、停车场、低碳交通基础设施等系列项目。

截至 2014 年 6 月,虹桥商务区共实施综合枢纽工程阶段遗留项目 6 个,开发建设阶段项目 14 个,涉及总投资 142 亿元。

3. 商贸功能加快形成

随着一批批国家级功能性项目落户虹桥,"贸易虹桥"建设工作推进有声有色。特别是 2011 年 12 月 26 日,商务部与上海市政府合作共建的"中国博览会会展综合体"的开工,商务部、科技部、国家知识产权局和上海市政府共同组建的"上海市国际技术进出口促进中心"的挂牌,以及"中国(上海)网上国际贸易中心平台"的开通,标志着国际贸易中心建设进入功能突破的新阶段。

目前,核心区一期已吸引了包括香港瑞安、台湾丽宝、绿谷地产、龙湖地产、万科、万通等一大批国内知名开发商,项目开工建设率高,大多数项目均为城市综合体项目,涵盖了商务办公、会议展览、酒店、公寓式酒店、文化娱乐、商业等功能。

4. 溢出效应日益明显

虹桥商务区规划正式公布后,周边地区房地产市场最先受益。闵行区万科城花新园最先挂出"大虹桥"主题的宣传软文。松江区九亭奥林匹克花园三期、林荫湖畔、香港花园等华漕板块的楼盘价格也稳步上升之中。

虹桥商务区"溢出效应"还表现在对周边区县招商与产业集聚的带动作用。为了加强与虹桥商务区的联动,闵行七宝镇、长宁临空经济园区等周边区域主动与大虹桥对接,从做好外部功能配套着手,重点完善区域城市规划。目前,该类区域招商情况良好,信息服务业、高端总部企业、航空服务业和现代物流业等产业集聚程度不断增强。

随着虹桥商务区开发建设工作的不断深入,城市综合体功能、商务社区功能、智慧虹桥和低碳虹桥等功能也将日益发挥其对区域的作用和影响。

上海国际旅游度假区投资情况

一、上海国际旅游度假区简介

（一）地区概述

上海国际旅游度假区位于上海浦东中部地区,国际旅游度假区的范围:北至 S1 公路,东至华东路,南至周邓公路,西至 S2 公路红线以西约 1 000 米。上海国际旅游度假区规划面积暂定约 20.6 千米^2,其中核心区约 7 千米^2,核心区一期约 3.9 千米^2。

在核心区一期中,迪士尼公司与申迪集团共同投资的上海迪士尼乐园占地面积 1.16 千米^2,总投资约 245 亿元人民币,将包括数个各具特色的主题游乐区,乐园中心将建设一座集娱乐、餐饮、演艺等功能于一体的迪士尼城堡和一个花园。上海迪士尼乐园不但将呈现众多的迪士尼经典故事和卡通形象,还将专门为中国游客设计全新的景点和游乐项目。

上海迪士尼度假区位于上海国际旅游度假区核心区,将建成包括迪士尼主题乐园,主题化的酒店、零售、餐饮、娱乐、停车场等配套设施,以及中心湖、围场河和公共交通枢纽等公共设施。

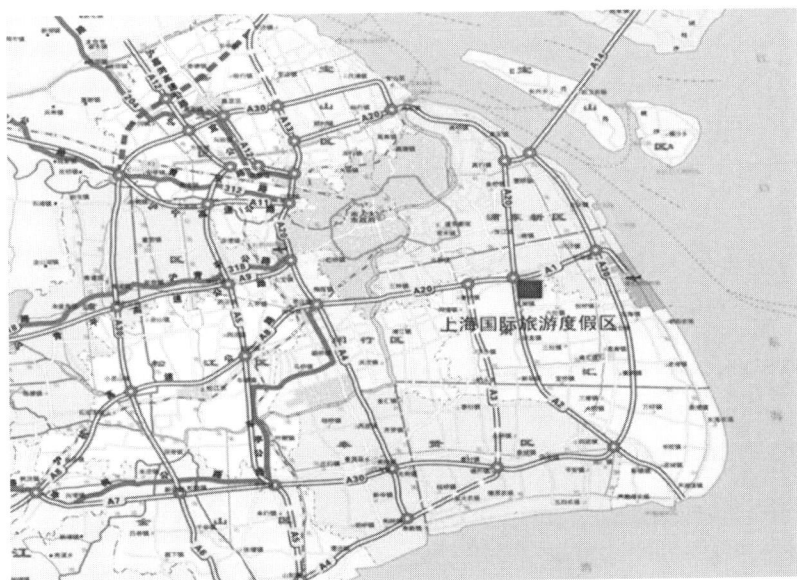

图 3-3-1　上海国际旅游度假区位置图

上海国际旅游度假区位于浦东新区中部地区,距离人民广场约 21 千米,距离陆家嘴金融中心约 18 千米,距离浦东国际机场约 12 千米,距离虹桥交通枢纽约 30 千米。

（二）管理体制

上海国际旅游度假区目前实行"一个指挥部、一个管委会、一个开发公司"的管理体制。

1. 申迪集团

2010 年 8 月 8 日,为了顺利推进迪斯尼项目落户上海,上海市成立了"上海申迪(集团)有限公司"(下称"申迪集团"),该公司注册资金为 3 亿元人民币,股东方包括上海陆家嘴(集团)有限公司、上海文广发展有限公司和上海锦江国际控股公司。

上海申迪(集团)有限公司通过两家全资子公司——上海申迪旅游有限公司和上海申迪建设有限公司参与上海国际旅游度假区的投资、建设与运营,其中由申迪旅游与美方组建三家合资公司。

2. 上海国际旅游度假区管理委员会

2011 年 5 月 23 日,根据《上海国际旅游度假区管理办法》,上海市设立上海国际旅游度假区管理委员会,目前管委会为"市属区管",履行下列职责:参与编制国际旅游度假区规划,组织拟订国际旅游度假区产业政策,并协调市有关行政管理部门和管理单位、浦东新区政府推进落实;推进国际旅游度假区开发建设,指导相关单位实施国际旅游度假区的土地前期开发,统筹协调区域内重大项目及基础设施建设事项;接受有关行政管理部门的委托,负责国际旅游度假区内的相关行政审批工作;指导区域功能开发,统筹安排国际旅游度假区产业发展资金,促进投资环境和公共服务的完善,吸引投资,推动现代服务业发展;组织起草区域内的消防、特种设备、建设工程、市容景观、旅游服务等方面的标准和技术规范,推进国际旅游度假区服务标准化和公共信息导向系统标准化建设;制定和实施国际旅游度假区开发保护方面的实施性规定,协调国际旅游度假区周边区域开发保护工作等。

上海国际旅游度假区管理委员会下设办公室、综合计划处、产业发展处、规划建设处、环保景观处。

3. 上海国际旅游度假区建设工程指挥部

2011 年 8 月,上海国际旅游度假区建设工程指挥部(由市相关部门、浦东新区相关部门、申迪集团共同组成)成立,指挥部办公室设在申迪集团,办公室主任由申迪集团副总裁兼任。

上海国际旅游度假区建设工程指挥部统筹负责国际旅游度假区内建设项目的推进,以及与市区相关部门的综合协调工作。

(三) 建设管理体制

1. 开发主体情况

目前,上海国际旅游度假区核心区 7 千米² 以内的建设主体已明确,其中,浦东新区土地储备中心负责土地动拆迁工作;美方负责迪士尼乐园 1.16 千米² 建设;浦东新区负责大市政道路的建设工作;申迪集团负责二级市政(支路和辅路等)等的建设工作;申通公司等负责轨道交通迪士尼专线建设;国际旅游度假区核心区 7 千米² 以外的开发主体尚未确定。

2. 土地流转情况

上海国际旅游度假区核心区 7 千米² 由浦东新区储备。目前,申迪集团已办理 3.9 千米² 内土地产证;浦东新区土地储备中心负责核心区其余 3.1 千米² 的土地储备工作。

此外,核心区 7 千米² 以外土地,由市、区两级土地储备机构按照比率(50%∶50%)联合储备,但具体操作方案还需要细化。

（四）投资管理体制

1. 项目储备

在项目储备方面,依据经市政府批准的规划,由申迪集团和浦东新区分别上报年度项目储备计划,由上海国际旅游度假区开发建设指挥部汇总平衡后形成项目储备库,对列入政府投资范围内的建设项目实行项目储备库管理,并进行动态调整。

2. 项目计划

在项目计划方面,上海国际旅游度假区内的政府投资项目实行年度计划管理制度,由上海国际旅游度假区开发建设指挥部办公室统筹编制政府投资项目计划方案并征求上海市、浦东新区相关部门意见后,报指挥部会议审定。编制项目计划主要依据市政府批复的规划、市政府专题会议纪要和上海国际旅游度假区开发建设指挥部会议纪要,指挥部办公室会议纪要等。

3. 资金计划

在资金计划方面,上海国际旅游度假区开发建设指挥部根据指挥部会议审议通过的年度政府投资项目计划,每年定期编制下一年度土地出让收入支出计划,报市相关部门审核。由市发改委会商市有关部门书面回复审核意见,按程序纳入下一年度实际土地出让收入支出计划。

4. 项目审批

按照土地出让收支全额纳入预算,实行"收支两条线"管理的要求,上海国际旅游度假区内政府投资项目根据资金来源分别由市级、区级审批。其中,成本类项目(如土地动拆迁、配套设施)由市发改委审批;支出类项目(如绿化、环卫设施等)中由申迪集团立项的项目,报市发改委审批,由浦东新区立项的项目,由浦东新区发改委审批,并报市发改委备案。上海国际旅游度假区管委会目前仅负责企业投资类项目的行政审批工作。

5. 财政资金使用

上海国际旅游度假区土地由上海市、浦东新区两级联合储备,土地出让金统一上交市财政,财政资金的报销内容与额度由市发改委统一平衡。

在建设阶段,上海国际旅游度假区落地企业的税收归所在镇或街道,相关财政返还参考现行政策,具体方式由相关企业与镇或街道商定。

目前,按照国际旅游度假区产业指导目录,上海国际旅游度假区管委会正向浦东新区申请产业发展基金,用于支持国际旅游度假区的开发、建设和管理,目前尚未落实。

（五）开发进度安排

按照申迪集团和美方的计划,上海国际旅游度假区整体按照以下三个阶段进行开发建设:

第一阶段 2010—2015 年:是开发建设期。主要完成迪士尼项目一期乐园及配套设施建设,确保 2015 年乐园顺利开园。计划于 2014 年 7 月土建工程全部完工;2014—2015 年美方在核心园区要进行无尘化设备安装调试,二级市政配套全部到位;2015 年 8 月,乐园内部试运转,工作人员到岗、磨合、到岗培训、专项事务确定,如票务、交通、游客接待试运作,国内外互动等;2015 年 11—12 月乐园一期正式开幕。预计乐园一期开园后,每年能够吸引游客约 1 200 万人。

第二阶段 2016—2020 年:是功能集聚期。乐园平稳运营,主要集中进行功能区南片区、西片区和北片区的开发建设。

第三阶段 2021—2030 年:是功能提升期。将继续有序推进迪士尼项目扩建工程,加快发展功能区东片区和南二片区开发,带动周边产业升级和城市发展。

二、上海国际旅游度假区相关规划

(一) 市领导的要求

2011 年 4 月 8 日,上海迪士尼度假区正式开工建设。时任上海市委书记俞正声、上海市市长韩正、美国华特迪士尼公司总裁兼首席执行官罗伯特·艾格共同为项目揭幕。

时任上海市委书记俞正声指出,上海旅游事业的发展,需要我们不断扩大对外开放,以更开阔的视野、更开放的胸怀,学习借鉴发达国家的成功经验,完善旅游设施建设标准、提高旅游服务水平和质量。希望双方在未来的合作中,继续秉持相互协商、共同努力的原则,克服发展过程中的困难,优化商业运行模式,推动上海迪士尼项目不断丰富内涵,更好地贴近和满足广大中国游客的需求,如期建成世界一流的游乐项目,给大家带来惊喜和欢乐。

上海市市长韩正在致词时说:"上海迪士尼项目的开工建设,有助于提升上海旅游的国际知名度,有助于把上海打造成为世界著名旅游城市,推动上海乃至整个长三角地区旅游休闲、文化创意产业向更高水平发展。"上海全力支持项目建设,希望双方携手合作,保证项目如期建成并成功运营,努力将上海迪士尼项目建成世界一流的主题乐园。

(二) 上海市"十二五"规划提出的要求

《上海市国民经济和社会发展第十二个五年规划纲要》明确提出,上海"打造世界著名旅游城市"的总体目标,不断增强上海旅游业的国际竞争力和影响力,将上海打造成为观光旅游、商务会展、时尚购物、休闲度假的国际都市旅游目的地和旅游集散地。其中,上海国际旅游度假区是上海打造世界著名旅游城市的重点地区和重大项目之一。

上海市"十二五"规划同时明确,作为上海市"十二五"期间的重点区域,上海国际旅游度假区将以迪士尼项目为核心,加快规划和建设。

此外,上海市"十二五"规划提出"大力培育服务业发展新亮点",发挥世博后续效应和迪士尼项目辐射带动作用,发展旅游会展、休闲度假、商业商贸和文化创意产业。

(三) 上海国际旅游度假区核心区控制性详细规划

上海国际旅游度假区位于上海市浦东新区的中心位置,东至南六公路,南至周祝公路,西至 S2 公路红线以西约 1 千米,北至 S1 公路,规划占地面积约 25 千米^2。

根据结构规划,度假区在地域上被划为"一核五片"。其中"一核"即核心区,是以迪士尼主题乐园为主的上海迪士尼度假区,规划占地 7 千米^2,将打造成为国际旅游度假区集主题公园、餐饮购物、酒店为一体的旅游娱乐功能核心。上海迪士尼度假区预计分三期开发,一期用地约 3.9 千米^2,包括主题乐园,主题化的酒店、餐饮、零售、娱乐等配套设施,预计在 2015 年年底初步建成并开园。二、三期用地共 3.1 千米^2,在二、三期乐园正式建设之前将作为发展备用地进行过渡性开发,重点发展迪士尼主题乐园运营的配套项目,以及营造度假环境。

"五片"是指围绕核心区四周的发展功能区,共有五个片区,分别是南一片区:"综合商业娱乐区",占地约 2.77 千米^2;北片区:"高端总部休闲区",占地约 1.57 千米^2;西片区:"人文生态旅游区",占地约 4.27 千米^2;东片区:"远期综合开发区",占地约 4.52 千米^2;南二片区:"远期低密度开发区",占地约 4.16 千米^2,五个发展功能片区总共占地约 17.29 千米^2。

图 3-3-2　上海国际旅游度假区规划范围

根据上海市人民政府于 2011 年 4 月 7 日批复的《上海国际旅游度假区核心区控制性详细规划》,上海国际旅游度假区核心区规划用地面积为 7 千米^2,其中一期建设范围在核心区西北部,用地面积约 3.9 千米^2。核心区范围内,游乐设施用地约 214 公顷,商业娱乐业混合用地约 28 公顷,旅馆用地约 96 公顷,绿地约 33 公顷,道路及市政设施用地约 141 公顷,发展备用地约 93 公顷。

同时要求浦东新区政府对上海国际旅游度假区一期工程以外的规划用地加以控制。

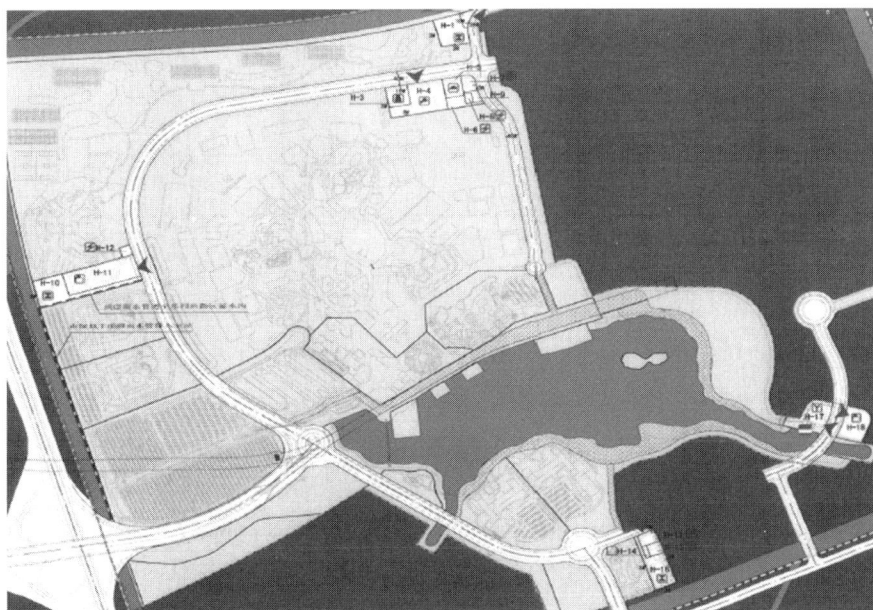

图 3-3-3　上海国际旅游度假区核心区一期控制性详细规划图

(四) 上海迪士尼乐园设计

上海迪士尼乐园设计遵循美方提出的"蓝天创意——概念设计——工程实施"原则。其中,美方负责的前期蓝天创意设计已经完成,投资约 3 亿元人民币;概念设计正在实施中。

图 3-3-4　上海迪士尼乐园效果图

　　根据初步设计的理念,贯穿上海迪士尼乐园的将是迪士尼经典人物角色和故事讲述与中国传统习俗和庆典的完美结合,从而为到上海的游客创造出独一无二的游客体验。乐园将包含几个主题化的园区,每个园区有各自独特的景点、娱乐和沉浸式的娱乐体验。乐园的核心将是最具互动感的迪士尼城堡,与之搭配的是娱乐、餐饮与演出空间。

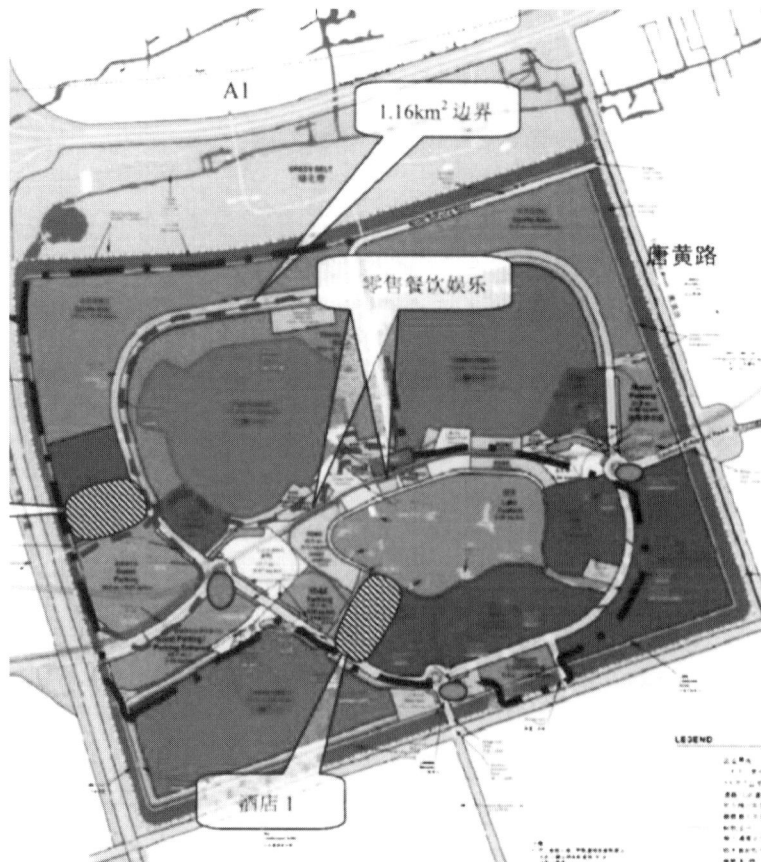

图 3-3-5　上海国际旅游度假区核心区土地开发利用图

三、上海国际旅游度假区规划实施的成效

上海迪士尼度假区已于 2011 年 4 月 8 日正式开工建设，截至 2012 年 10 月，前期土地储备工作基本完成，迪士尼乐园一期工程、迪士尼乐园配套等项目正在进行前期工作，部分配套市政项目已经开工建设。

上海旅游度假区核心区一期 3.9 千米^2 内已经确定（批复）的项目总投资为 418 亿元左右，部分项目已经开工。

浦东前滩地区投资情况

一、浦东前滩地区简介

（一）地区概况

浦东前滩地区位于黄浦江南延伸段,世博园区和耀华地块以南,总面积 2.83 千米^2,拥有黄浦江岸线 2.3 千米,川杨河岸线 0.8 千米,有 3 条轨道交通线路交汇。前滩地区现状建有东方体育中心,建筑面积约 21 万米^2,占地 34.52 公顷。

2010 年年底,浦东新区计划后世博开发,由陆家嘴公司开发前滩地块。

图 3-4-1 前滩地区区位图

（二）开发机制

上海滨江国际旅游度假区开发有限公司(简称"滨江公司")是前滩的开发公司。滨江公司成立于 2003 年,当时的股东是外高桥集团和锦江集团,负责上海环球影城项目,完成土地储备。后滨江公司划入浦东土控。2010 年底,陆家嘴集团从浦东土控收购滨江公司 70% 股权,开始主导前滩地区开发;浦东土控仍持有剩余的滨江公司 30% 股份。

目前,前滩地区不设管委会,由陆家嘴集团主导开发。负责总体协调和推进前滩的开发建设管理工作。

土地储备方面,前滩地区土地储备由浦东土控负责进行,在 2002 年前后即完成了前滩 95%

的土地储备,当时的土地储备成本相对较低,包括动拆迁及建设部分东方体育中心的配套路网在内,总计花费约 50 亿元。

基础设施建设方面,前滩地区基础设施全部由滨江公司负责建设,除了已建成的东方体育中心的路网,还需要建设 29 条道路、5 个绿地公园、小黄浦河道改建、雨水泵站、分布式能源中心等工程,以及配套建设的中小学校和社区公共服务用房建筑。

滨江公司不具备项目审批职能,所有政府投资项目由市区两级政府进行审批。由于前滩是浦东新区的重点开发区域,充分得到相关部门的支持,政府投资项目的审批较为顺畅。

(三) 投融资机制

陆家嘴集团计划在前滩地区的前期开发投资达到 250 亿元,包括土地储备、基础设施、社会事业等费用,包括东方体育中心和二级开发投资。

前滩地区的前期开发费用全部由滨江公司负责筹措,滨江公司的控股股东陆家嘴集团计划通过市场化的方式进行融资,融资方式包括银行贷款、发行债券等。根据陆家嘴集团提供的资料,前滩地区的前期开发融资已有保障。

(四) 相关政策

前滩地区作为公司主导开发的功能区,目前不能享受特殊的优惠政府,可以享受上海市、浦东新区统一的政策。

土地出让金:前滩地区分为两期,一期用地为原环球影城用地,规划主要建设商务办公功能,土地证目前在滨江公司名下,可以不采用招拍挂,拟由滨江公司直接进行股权转让,收入全部归滨江公司。二期用地土地证目前在浦东土控,规划主要功能为住宅,需要走招拍挂流程,土地出让金全部给市区两级政府,不返还给滨江公司。

税收返还:前滩的所有税收按照规定上缴,不返还滨江公司;仅有部分招商奖励返还给滨江公司,主要是由三林镇的税收留存部分进行部分返还,招商奖励返还比例很小。

二、浦东前滩地区功能规划

(一) 市区领导对前滩地区的发展要求

市领导对前滩地区的总体发展要求为"一年上轨道,三年出形象,五年出功能",计划打造集体育休闲、总部商务、国际社区等功能为一体的城市副中心。

2012 年 2 月,时任上海市委书记俞正声在前滩地区调研时强调,徐汇滨江、浦东前滩、世博园区、临港地区、虹桥商务区、迪士尼园区是上海"十二五"期间的重点开发区域,开发得好坏、快慢,对上海发展关系重大,要高水平、高速度开发,抓规划落地、项目落地、开工落地,力争早日出功能。

上海市委书记韩正在座谈会上也指出,徐汇滨江、浦东前滩和世博西区等重点区域的开发建设对上海未来发展至关重要。要深化研究三个区域的对外交通这一共同问题,一定要有专业的交通规划。开发建设规划的完善要与招商引资同步,提高开发强度、加快建设速度。

2012 年 11 月 25 日,前滩地区基础设施建设全面启动,上海市政协副主席、浦东新区区长姜樑说:"前滩可以称之为陆家嘴的'升级版',具体表现在三个方面:一是更重生态文明,前滩整个区域中有约三分之一的区域用于绿化;二是城市功能更加齐备,陆家嘴金融城主要以商办为主,前滩则包括全球化城市综合体、国际化居住社区、媒体城、能源中心等多种功能性项目;三是国际化程度更高,前滩将建设'24 小时城市',实现与纽约、伦敦等国际金融中心的零时差。"

(二)前滩地区功能定位

陆家嘴集团于 2010 年底请市决策咨询委员会和市规划院做前期功能研究,两家机构一致认为前滩地区适合发展城市功能,而不适宜发展产业。定位前滩为小陆家嘴金融城的发展区域(跳跃式发展),是"跳变形"企业的总部基地,同时定位发展国际社区等。

前滩地区的三个功能定位——体育休闲、总部商务、国际社区,建设成为体育传媒文化集聚区、非金融类跨国总部与"跳变型"企业总部集聚区,以及现代化国际社区,打造成陆家嘴金融城的拓展区域之一,与世博园区地块一起成为世界级的中央活动区。

功能定位一:体育休闲功能——建设体育传媒文化集聚区,拓展东方体育中心的功能,解决大型体育设施的后续利用问题。

功能定位二:总部商务功能——非金融类跨国公司总部集聚区和"跳变型"企业总部集聚区。体现商务区的特色和差异。

功能定位三:国际社区功能——前滩地区将设立顶级品牌国际学校、国际医院、教堂,为国际家庭提供生活配套,以提升区域国际化水平。

在以上功能定位的基础上,陆家嘴集团制定了前滩功能开发和建设的三个规划理念:

规划理念一:绿色——创造健康、低碳的城市生活,慢行交通系统。

规划理念二:复合——创造丰富、多样的城市生活。

规划理念三:立体——创造高效、便捷的城市生活。地下空间整体开发,地下空间相互连通。

(三)前滩地区控性规划

2012 年 8 月 4 日,上海市人民政府批复《黄浦江南延伸段前滩地区(Z000801 单元)控制性详细规划》。规划范围东至济阳路、南至中环线(华夏路)、西至黄浦江、北至川杨河。

规划要充分发挥东方体育中心和滨江生态空间的作用,构建生态型、综合性城市社区。重点发展三大核心功能:总部经济、文化传媒、体育休闲。同时,围绕核心功能,大力发展商业、居住、酒店等辅助功能,以及休闲娱乐、教育培训、社区服务等配套功能,形成宜居宜业的综合功能城市社区。

前滩地区规划总用地面积约 283.17 公顷,其中城市建设用地面积约 280.32 公顷。在城市建设用地中,规划居住用地面积约 33.13 公顷,占城市建设用地 11.8%;公共设施用地面积约 80.91 公顷,占城市建设用地 28.9%;绿化用地面积约 100.01 公顷,占城市建设用地 35.7%。

前滩地区规划总建筑面积约 350 万米^2,规划居住人口 2.5 万人。其中,住宅建筑面积 90.34 万米^2,商办建筑面积 219.95 万米^2,其他约 39 万米^2(含东方体育中心)。地下建筑面积约 70 万米^2,包括地下商业建筑面积 10 万米^2,地下停车、市政设施约 60 万米^2。

图 3-4-2 前滩地区控制性详细规划图

三、浦东前滩地区规划实施的成效

(一) 区域开发推进情况

(1) 土地储备基本完成

在 2002 年前后前滩地区完成了 95% 的土地储备,目前尚有 5% 的土地储备未完成,主要是中粮集团的码头和仓库等小部分土地。

(2) 东方体育中心投入使用

为了召开上海第 14 届世界游泳竞标赛,位于前滩地区的东方体育中心已经于 2011 年建成投入使用。

(3) 功能定位和城乡规划已经完成

陆家嘴集团为了打造高品质的功能区,非常重视前滩地区的功能定位和城乡规划,在不到两年的时间里,进行了功能定位研究、三轮国际方案征集、控制性详细规划编制。

2010 年至 2011 年,市决策咨询委员会和市规划院进行前滩地区的功能研究。

2011 年上半年,市规土局、浦东新区、陆家嘴公司组织进行前滩国际方案第一轮征集,2011 年 12 月完成第一轮国际方案征集。

市规划院在国际方案征集的基础上,于 2011 年 12 月进入前滩地区详细规划编制程序;2012 年 8 月 4 日,详细规划获得市政府的批复。

2012 年 3 月,陆家嘴集团组织第二轮国际方案征集,主要为核心功能区 1 千米^2 的建设方案设计,2011 年 6 月完成第二轮国际方案征集。

2012 年下半年,陆家嘴集团组织第三轮国际方案征集,主要为 5 个前滩地区公园建设方案设计,目前此轮国际方案征集正在进行中。

图 3-4-3　前滩地区规划方案模型图

（4）基础设施项目顺利开工建设

在完成了详细周密的功能定位和城乡规划以后，陆家嘴集团立即启动前滩地区的基础设施建设工作。

2012 年 11 月 25 日，前滩地区的基础设施建设全面开工，主要包括市政道路及管线、小黄浦河道改造工程、惠灵顿国际学校。

市政道路及管线工程包括长约 12.4 千米的 20 条区内公共道路及地下管线，占前滩地区全部道路总长的 75%，建成后将基本形成前滩的路网格局。

小黄浦河道改造工程包括 1.75 千米、总面积 7.35 万米² 河道改移，打造与周边环境相融合的水域新景观。

惠灵顿国际学校是著名的惠灵顿公学在英国以外设立的第二所分校，校址位于小黄浦河道以北，将建设 4 栋教学楼，可容纳幼儿园至高中总计 1 500 名学生。

此外，滨江绿化景观工程（友城公园）奠基，占地 10.4 公顷，计划于明年开工建设，将展示各国城市文化各异、风格多变的雕塑、园林和花卉等，折射中西交融、国际交流的历史，搭建国际城市交流平台。

（5）稳步推进社会投资功能性项目

在基础设施项目规划和建设的同时，陆家嘴集团已经全面启动前滩地区功能性项目的招商工作。包括前滩中心项目，目前已有国内外多家开发机构、企业有落户前滩的意向。预计在 2012 年底，将有前滩中心、媒体城、企业天地、美国中心等 6~7 个大型功能性项目能够签约：①媒体城：第三方平台，计划出租给媒体企业，是前滩唯一一个产业型的项目。②企业天地：计划为"跳变形"企业总部，9 栋低密度办公楼，可整栋出售，也适合分层出租。③低密度商业中心（CBD）：类似北京的三里屯。④前滩中心：陆家嘴集团下属的上市子公司——陆家嘴股份公司，于 2012 年 10 月正式发布公告，拟在前滩地区开发前滩中心项目，作为前滩地区最大的城市综合体,总占地面积约 10.59 万米^2,总建筑面积约 52 万米^2,包括一个步行商业中心广场、一幢高度为 270 米的标志性塔楼建筑在内的商业、办公、住宅建筑群。⑤美国中心:办公住宅为主,部分商业,拟引进美国开发商,引入美国的先进经验,多元化风格。⑥惠灵顿国际学校:2012 年 11 月 25 日已全面开工。⑦分布式能源中心:计划在地区的南北部各建一个分布式能源中心,主要为商务办公楼宇提供能源,创建低碳城区。

图 3-4-4　东方体育中心

图 3-4-5　前滩观光塔

图 3-4-6　滨江友城公园地块

图 3-4-7　前滩建设现场

(二)整体功能发挥情况

按照市领导"一年上轨道、三年出形象、五年出功能"的要求,前滩地区正在加速开发建设,预计在未来 5～10 年时间里,前滩地区将以先进的理念、一流的品质、差异化的定位和专业化的服务,构筑全国"立体城市、垂直城市、低碳城市"的新典范。

1. 客户需求引领开发

陆家嘴集团拥有二十多年丰富的片区开发经验、人才和融资渠道,能够集中人力、物力、财力高速推进前滩地区的快速建设。特别是陆家嘴集团在地块开发前期非常有限的时间内,快速组织了一轮功能定位和三轮国际方案征集,以市场为导向,在大量前期调研和国内外专家智慧的基础上,制定功能定位和城乡规划,使原来地理位置相对偏僻的前滩地区,迅速提升了功能定位和国际化程度。陆家嘴集团还利用广阔的市场渠道,在前期功能定位和城乡规划的同时,就开始招商工作,使建筑的业态、功能和设计方案尽可能满足未来入驻公司和机构的需求,其市场化的高效开发成效十分显著。

2. 管理机制灵活高效

前滩规划范围全部在浦东新区内,以陆家嘴集团为主导,由浦东新区的两家国有企业进行一二级联动开发,不设功能区管委会,相关利益主体通过股权关系及相关协议,在职能、收益分配、风险承担等方面责权明晰。

浦东新区领导非常重视前滩开发,在现场多次召开联席会议,可以当场解决部分问题。与政府投资项目有关管理权限均在浦东新区,协调相对容易。

3. 建设推进速度较快

按照市领导要求,前滩地区需要"一年上轨道,三年出形象,五年出功能"。目前"一年上轨道"的工作已经全部实现,其中包括完成了前滩控制性详规的编制,并获得上海市政府的正式批准;完成了基础设施系统的规划和设计,并且按期开工;实现了前滩中心、国际学校等第一批功能性项目的招商和建设。

根据陆家嘴集团的开发建设安排,2013年至2014年前滩地区的基础设施建设将全面完成,同时二级开发社会投资项目全面开工,预计2015年底部分二级开发社会投资项目可以竣工投入使用,企业和机构可以入驻,完全达到"三年出形象,五年出功能"的要求。

崇明生态岛建设投资情况

一、崇明生态岛简介

(一) 地区概述

崇明岛是中国第三大岛,也是世界上最大的河口冲积岛屿。岛位于万里长江入海口,三面环江,一面临海。东濒浩瀚东海,南与上海市宝山区、浦东新区及江苏省太仓市隔水相望,西接滚滚长江,北与江苏省海门市、启东市一衣带水。全岛面积 1 200 多千米²,东西长 76 千米,南北宽 13 至 18 千米,形似"春蚕"。

(二) 功能布局

崇明三岛划分有七大功能分区,每个功能分区资源特色不一、区位优势各异,发展方向及功能定位明确清晰。

崇中分区——以森林度假、休闲居住为主的中央森林区。

崇南分区——人口集聚的田园式新城和新市镇区。

崇北分区——以生态农业为主的规模农业区和战略储备区。

崇东分区——以生态居住、休闲运动、国际教育为主的科教研创区和门户景观区。

崇西分区——以国际会议、滨湖度假为主的景湖会展区。

长兴岛分区——以船舶、港机制造业为主的海洋装备岛。

横沙岛分区——以生态旅游度假为特色的生态休闲区。

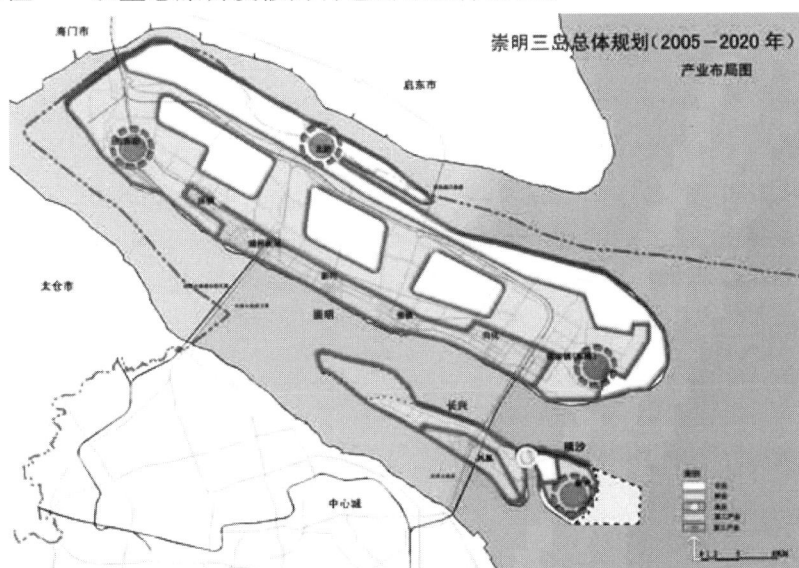

图 3-6-1　崇明三岛总体规划示意图

二、崇明生态岛建设纲要及其成效

（一）纲要概况

上海市人民政府为推进崇明现代化生态岛建设，制定了《崇明生态岛建设纲要》，并于2010年1月20日正式发布和实施。《纲要》提出，生态岛建设要坚持"系统性的协调观、低碳型的发展观、全方位的合作观"，按照"生态更加文明、环境更加友好、经济更加健康、社会更加和谐、管理更加科学"的总体思路，接轨国际生态理念，聚焦形成崇明生态岛建设评价指标体系；并围绕资源、环境、产业、基础设施和公共服务六大行动领域，提出分阶段目标，力争到2020年形成崇明现代化生态岛建设的初步框架。

为更好地推进六大行动领域建设，《崇明生态岛建设三年行动计划（2010—2012年）》进一步将行动计划分解落实到16个行动子项、95个建设项目，涉及总投资约140亿元，其中市级资金支持约50亿元。

表 3-6-1　2010—2012 年生态岛建设项目推进计划构成表

重点领域	类别	项目数	合计
自然资源保护利用项目	水资源开发利用与保护	9	17
	生态岛自然湿地、林地、绿地的保护建设	8	
循环经济和废弃物综合利用项目	生活垃圾的资源化利用	3	11
	农业废弃物综合利用和管理	8	
能源利用和节能减排项目	优化能源结构	3	10
	节能减排	4	
	绿色建筑与建筑节能	3	
环境污染治理和生态环境建设项目	水环境保护与治理	24	30
	固体废弃物治理	3	
	环境综合治理	3	
生态型产业发展项目	现代生态农业	12	19
	清洁生产及高科技环保型生态工业	4	
	现代服务业	3	
基础设施和公共服务项目	城镇建设及基础设施配套	2	8
	道路交通建设	3	
	公共服务	3	
项目总数	16 类	95	

此外，2011年，上实东滩及光明集团也加入到崇明生态岛的建设中，确立了湿地绿地、土地资源、废弃物综合利用、生态农业、基础设施和公共服务等方面保护与建设的10大重点项目。

（二）纲要执行情况

市县联动、多方参与，通过3年的共同努力，《纲要》执行情况总体良好，生态岛建设取得了阶段性成果：

1. 总体建设渐入佳境

在《纲要》的总体指引下,崇明岛建设对标世界级生态岛,积极探索具有大型复杂人居生态系统的非原生态岛屿的"生态型现代化"的经济发展模式。3 年来,以"水土林"和陈家镇为战略重点,不断强化生态岛环境建设基础能力,生态环境质量得到了显著提升,在市、县级层面形成了推进工作的较好的共识,世界级生态岛建设迈出了坚实的第一步。

2. 项目计划执行有力

经调整,第一轮三年行动计划推进项目 95 个,计划投资约 76 亿元。实际开工建设 93 项,其中竣工完成 33 项;崇明固体废弃物综合处置利用中心、南横引河西段整治工程 2 项处于前期论证阶段;累计完成投资约 50 亿元。项目计划总体推进有力,执行率达 98%①。

3. 阶段目标基本完成

《纲要》27 项主要指标中预计完成 26 项。其中,单位 GDP 综合能耗、骨干河道水质达标率、实绩考核环保绩效权重、公众对环境满意率 4 项已提前完成 2020 年终期目标;农田土壤内梅罗指数监测数据正在测试,预计可实现阶段目标;因崇明固体废弃物综合处置利用中心项目正在启动前期工作,生活垃圾资源化利用率预计暂难完成阶段目标。综上,至 2012 年生态岛指标完成率预计可达 96.3%。

4. 体制机制创新高效

通过市县联动、部市合作、政企协作、全民参与,有效整合生态岛建设资源;通过动态反馈、滚动推进,生态岛建设持续优化;通过国际交流、广泛参与,崇明生态岛建设的国内外影响日益扩大。通过三年的探索,生态岛建设经历了实践的洗礼,逐步在理念创新、组织领导、建设管理、合作共建等领域形成了一套创新、高效的推进机制和管理模式。

三、崇明生态岛建设第二轮(2013—2015 年)行动计划推进情况

生态岛建设项目(不含上实、光明项目)基本按照计划节点有序推进,其中:

(一) 第一类项目:对方案成熟、支持政策明确的项目

该类项目共计 65 个,其中已完成项目 3 个,占项目数的 4.61%;已开工项目 34 个,占项目数的 52.31%;已启动、未开工项目 24 个,占项目数的 36.92%。上述项目占 93.84%。正在进行方案论证、计划今年启动的项目 2 个,占项目数的 3.08%;未启动项目 2 个,占项目数的 3.08%。

(二) 第二类项目:对方案和支持政策尚需研究的项目

该类项目共计 12 个,其中已开工项目 2 个,占项目数的 16.67%;已启动、未开工项目 2 个,占项目数的 16.67%;已完成方案论证、计划今年启动的项目 5 个,占项目数的 41.66%;正在进行方案论证的项目 3 个,占项目数的 25%。

(三) 第三类项目:完全由崇明自推的项目

该类项目共计 37 个,其中已开工项目 11 个,已启动、未开工项目 17 个。未启动项目 4 个,计划调整项目 5 个。

---

① 数据统计中未含上实、光明数据。

第四部分　典型项目

上海市第一人民医院改扩建工程

一、工程建设背景

上海市第一人民医院始建于 1864 年,是一所市级大型综合性三级甲等医院。医院现有核定总床位数为 1 240 张,设有 43 个临床科室、20 个医学研究所(室),是上海市器官移植临床医学中心、上海市视觉复明临床医学中心和上海市心脏急救中心。医院的泌尿外科、眼科和麻醉科等被列入"上海市医学领先学科"。为解决医院目前医疗用房严重紧缺、功能布局欠合理、医疗环境较差的矛盾,上海申康医院发展中心提出在武进路 86 号原虹口中学地块内实施上海市第一人民医院改扩建工程。

二、项目内容及进展

图 4-1-1 上海市第一人民医院改扩建工程建筑效果图

(一) 建设内容

本项目拟拆除基地内原虹口中学部分教学用房,拆除建筑面积约为 16 516 米^2;对地块内保留建筑——原虹口中学教学楼进行加固修缮,修缮加固建筑面积为 5 803 米^2;新建医疗保健综合楼、连廊等建筑面积约为 43 049 米^2,其中地上建筑面积为 29 549 米^2,地下建筑面积为 13 500 米^2,同时新建 10 千伏开关站、10 千伏用户站、污水处理站以及室外道路、绿化、总体管网等配套工程。本项目设置床位 300 张。

项目建设总投资约为 6.6 亿元。

（二）项目进展

项目计划于 2016 年 8 月竣工。

三、项目前景

该项目建设将有利于改善上海市第一人民医院的医疗保健硬件设施条件,提升医院医疗保健服务水平。同时通过调整优化医院各类用房的总体布局,缓解医院普通门诊和病房拥挤的状况,将有效地改善医院的就医环境。项目建设符合国家和上海市卫生事业发展"十二五"规划的总体目标要求。

上海应用技术学院特教大楼工程

一、工程建设背景

关心残疾人是社会文明进步的重要标志。"十二五"期间,国家针对残疾人高等教育工作提出了新的要求,要求进一步完善残疾人教育体系、健全保障机制,提高残疾人受教育水平,加快发展残疾人高等教育。2012 年底,国家发展和改革委员会、教育部、中国残疾人联合会联合发文,部署实施特殊教育学校建设规划(二期),上海应用技术学院为规划备选项目院校之一。

上海应用技术学院早在 2000 年就在全市高校中率先开办了残疾人高等教育,取得了显著的社会效益。为贯彻上述规划的相关精神,进一步满足聋人学生接受高等教育的需求,上海应用技术学院拟实施特教大楼建设项目。

二、项目内容及进展

(一) 建设内容

项目用地面积约 11 000 米^2,主要建设内容包括新建 1 幢地下 1 层、地上 4 层的特教大楼,并实施室外总体工程等。项目总建筑面积为 13 765 米^2,其中:地上建筑面积为 11 816 米^2,地下建筑面积为 1 949 米^2。

图 4-2-1 上海应用技术学院特教大楼效果图

项目建设总投资约为 7 500 万元。

(二) 项目进展

项目计划于 2014 年 5 月开工建设,2015 年 8 月竣工投入使用。

三、项目前景

项目的建设是贯彻国家对特殊教育学校建设要求精神的需要，有利于进一步提升上海应用技术学院聋人高等教育的办学条件和办学水平，进一步满足聋人学生接受高等教育的需求，为广大聋人学生创造平等的受教育机会。

周家嘴路越江隧道新建工程

一、工程建设背景

周家嘴路越江隧道位于已建翔殷路和在建军工路越江隧道之间,主要服务于区域性的越江客运交通。为了进一步完善中心城骨干路网结构和形态,改善北部地区交通条件,优化北部地区越江通道布局,均衡越江设施的交通负荷,促进地区经济社会发展,市建设交通委提出建设周家嘴路越江隧道工程。

二、项目内容及进展

(一)建设内容

周家嘴路越江隧道工程西起浦西周家嘴路内江路交叉口,东至浦东东靖路张杨北路交叉口,长约4.45千米。隧道采用盾构法施工,隧道内设置双向4车道,浦西和浦东两侧接线道路建设规模为双向4—6快2慢。该工程同步实施隧道通风、消防、照明、供电、交通监控等配套工程、道路排水工程及交通标志标线、绿化等附属工程。

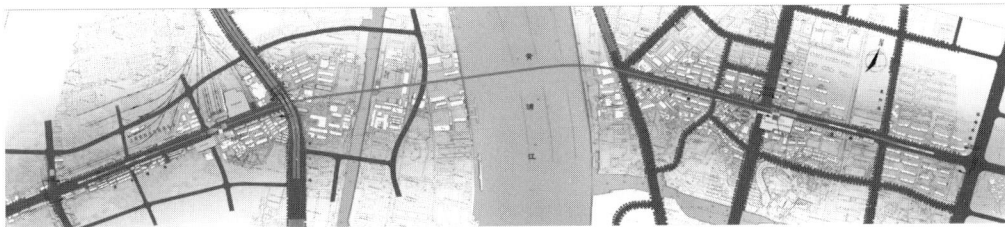

图 4-3-1　周家嘴路越江隧道新建工程线位图

该工程可研上报总投资约为 31.92 亿元。

(二)项目进展

该工程预计于 2016 年竣工。

三、项目前景

该工程的建成可以较大程度地提高原有道路的通行条件,提高道路服务水平并可以在一定程度上吸引附近路网的交通量,减轻附近路网的压力,大大节约了车辆通行时间,从而获得车辆运输成本节约效益和时间节约效益。同时良好的通行条件可以减少交通事故的发生,并为附近百姓的出行带来方便,社会效益显著。

中环路沪闵高架路立交西向南匝道新建工程

一、工程建设背景

中环路沪闵高架路现状立交建设于20世纪90年代,经过历次改造,目前形成由地面系统、地面立交系统、高架快速路立交系统组成的现状立交体系,其中沪闵高架路与中环路高架快速路立交系统的立交匝道仅建成北向西、东向北、西向北三条立交匝道。

目前,位于上海西南部的梅陇、古美、莘庄等区域进入中环路外圈至浦东方向的交通主要依靠漕宝路上匝道或龙川北路上匝道,由于这两对匝道相距较远,难以适应区域地方性交通相关出行需求,因而存在一定数量车辆绕行等问题。为了在一定程度上解决上述矛盾,市建设交通委提出实施西向南匝道工程,以完善沪闵高架路与中环路转换功能,优化莘庄地区与浦东之间交通联系功能。

二、项目内容及进展

(一) 建设内容

拟建的中环路沪闵高架路立交西向南匝道起点位于沪闵高架路莲花路上匝道、中环路沪闵高架路立交西向北匝道之间,向南转向中环线外圈后止于中环路上中路下匝道起点上游,总长约1千米。匝道建设规模为单向2车道,总宽9.0米。该工程采用高架桥梁形式,桥梁结构采用钢箱梁。

除匝道工程外,该工程还同步实施地面道路、雨水管道和交通标志标线、交通监控设施、照明和绿化等附属工程。该工程工可上报总投资估算约为3.5亿元。

(二) 项目进展

该工程预计2014年建成。

三、项目前景

该工程的建设有利于加强沪闵高架与中环线的衔接,促进西南地区与大浦东间的联系,并进一步发挥二次越江功能,均衡中心城区路网压力,具有一定的社会效益。

上海市沿江通道越江隧道工程
（浦西牡丹江路—浦东外环线）

一、工程建设背景

作为上海市"两环、十一射"高速干线网络的重要组成部分，G1501 公路是上海市郊区新城、重要节点之间的快速联络通道，通过串联射线高速公路起到联系郊区新城和中心城的作用，同时外省市进入本市车辆也可利用 G1501 公路的环形路路网进行转换，对上海中心城区的道路系统起到保护和缓冲的作用。但由于历史原因，G1501 公路在黄浦江下游段一直共用 S20 公路（即外环线）越江隧道，致使 G1501 公路一直没能独立成环，从而影响了环线整体交通功能的发挥。

近年来上海北部地区经济快速发展，越江交通需求增长明显，特别是外高桥港区集装箱卡车流量增长较快，但该区域越江通道相对较少，越江交通矛盾较为突出，目前仅有 S20 公路越江隧道在运行且客货车混行，有必要从均衡越江设施布局和适当分离客、货车流等角度考虑增加越江设施。同时，S20 公路越江隧道目前承担了北部地区全部的越江需求，交通负荷非常大。大量越江交通需求和越江设施供给不平衡导致了该越江隧道堵塞情况严重，再加上隧道本身的设计缺陷与客货混行等情况，更加剧了拥堵并严重影响到地区经济社会发展，特别是外高桥港区和宝山地区的发展。大负荷重载交通量一定程度上也对隧道结构带来了安全隐患。

为了加快实施规划路网和完善市域高速公路网，优化黄浦江下游越江交通布局，缓解 S20 公路越江隧道拥堵，同时为 S20 公路越江隧道封闭大修创造条件，市建设交通委提出实施沿江通道越江隧道工程。

二、项目内容及进展

（一）建设内容

沿江通道新建工程位于上海市东北部的沿江区域，途经宝山区和浦东新区，西起浦西 G1501 公路北环近江杨北路交叉口，东至浦东 G1501 公路东环五号沟立交，全长约 30 千米。沿江通道越江隧道工程（浦西牡丹江路—浦东外环线）是沿江通道新建工程的重要组成部分，长约 8.7 千米。该工程采用高速公路标准建设，隧道采用盾构法施工，隧道内设双向 6 车道。

除隧道工程外，该工程还同步实施隧道通风、消防、照明、供电、交通监控等配套工程，浦东、浦西两侧接线道路、排水工程及交通标志标线、绿化等附属工程。该工程可上报总投资估算约 90 亿元。

（二）项目进展

该工程预计于 2017 年全面竣工。

三、项目前景

该工程的建成有利于优化黄浦江下游越江交通布局,缓解 S20 公路越江隧道拥堵,同时为 S20 公路越江隧道封闭大修创造条件。同时还可以较大程度地提高原有道路的通行条件,提高道路服务水平并可以在一定程度上吸引附近路网的交通量,减轻附近路网的压力,大大节约了车辆通行时间,从而获得车辆运输成本节约效益和时间节约效益。良好的通行条件可以减少交通事故的发生,并为附近百姓的出行带来方便,因此,社会效益显著。

核电仪控系统生产集成基地
及产业化项目

一、项目背景

核电站数字化仪控系统是核电站的中枢神经,体现了工业控制领域的前沿技术,数字化仪控系统可以提高仪表精度,增加堆芯安全裕量,进一步提升核电厂的安全性。目前国内核电站数字化仪控系统和核心仪控设备供货已基本被国外垄断,数字化仪控系统国产化发展困难重重。目前已投运或已开工建设的国内核电站项目所采用的全数字化仪控系统均直接购买国外核心技术和高端产品。目前核电仪控系统的市场供应商主要由美国西屋公司、法国 Areva 公司与德国 Siemens 公司联队、日本三菱电机公司及美国英维斯过程系统公司等垄断。

项目建设单位为国核自仪系统工程有限公司。公司成立于 2008 年,为国内合资有限责任公司,公司定位为从事核电站仪控系统研发、设计、生产、集成、调试以及全寿命周期服务,成为仪控领域专业化和综合性解决方案的供应商。系我国三代核电数字化仪控系统技术转让的受让方、国家重大科技专项——大型示范压水堆仪控技术自主化、设备国产化的实施主体。

二、项目概况

(一) 建设内容

项目的核心任务为承担并实现 AP1000 仪控技术引进消化吸收和再创新、实现三代核电站数字化仪控系统的国产化和自主化。项目规划建设核电仪控系统产业化生产集成基地。基地建设位于上海紫竹科学高新区,面积为 37.46 亩(约合 25 009.8 米^2),基地由联合厂房、研发及辅助用楼组成;购置软硬件设备,建设一条反应堆保护系统产业化生产线;建设 1 条数字化控制系统产业化生产线。形成反应堆保护系统量产。该项目预计 2016 年年初建成。预计项目达产年将实现年产 5 套反应堆保护系统及 5 套数字化控制系统的能力。

项目计划总投资为 83 300 万元。

(二) 项目进展

该项目建设期为 2014 年 2 月—2016 年 2 月,建设期近两年。项目相关研发场地已初步具备,前期人员培训、研发工作全面展开,相关生产厂房建设、设备采购、产品生产、认证等工作正在积极推进中。

三、项目前景

随着国民经济快速健康发展,国家对于能源战略安全及先进装备制造业的重视,核电站建设及核电设备发展将会进入一个新的发展时期,项目建设符合相关产业发展规划和方向,前景良好。

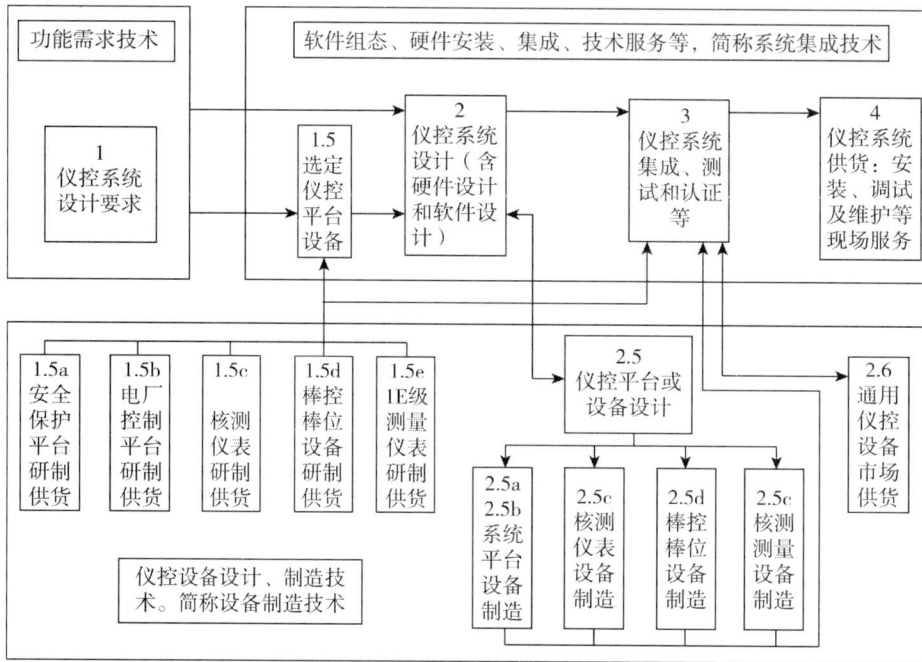

图 4-6-1 数字化核电仪控系统技术

重组人胰高血糖素类多肽-1(7-36)注射液研发及产业化项目

一、项目背景

糖尿病是一个高发病种,在糖尿病的治疗药物中,GLP-1 类药物以葡萄糖浓度依赖性方式促进胰岛 β 细胞分泌胰岛素,同时能够起到保护胰岛 β 细胞的作用,相对于传统药物和治疗方法,该类产品具有改善胰岛 β 细胞的质量/功能,起到保护 β 细胞的作用,依赖葡萄糖浓度调节血糖,不会导致低血糖并有利于减轻体重等优势。全球目前仅 Victoza 和 Byetta 两个产品上市销售,国内尚属空白,进口产品价格较高,难以满足国内病患的需求。

项目建设单位为上海仁会生物制药有限公司。公司成立于 1999 年,原为上海华谊(集团)公司全资子公司,于 2011 年开放性重组,挂牌转让,现为有限责任公司(民营),专业从事生物医药的研发和生产,致力于开发价格合理、使用方便的创新生物医药,迄今已投入超过亿元的研发经费。通过十多年的努力建立了从开发、制备到产业化的技术研发和药品生产平台,拥有国内外各项专利数十项。

二、项目概况

(一) 建设内容

项目拟在公司前期研发和临床试验的基础上,研发生产拥有自主知识产权的国家 1 类新药重组人胰岛高血糖素类多肽-1(7-36)注射液(即谊生泰水针剂)产品;项目产品在降糖机制、全人源化技术,以及基因工程和缓释制剂等技术方面具有较强实力和创新性,在国内行业中处于领先地位。公司在原有厂区和厂房基础上,改造建设一个年产 10 千克目标肽的原液生产车间及原笔式水针剂车间的升级,新增相关软硬件生产设备。同时在以下方面进行相关研发工作:重组人胰岛高血糖素类多肽-1(7-36)注射液(即谊生泰水针剂)上市前临床试验,原液生产工艺放大研究、谊生泰水针剂质量研究和上市后临床研究。项目建成后 2017 年达产,产量为200 万支。

项目建设地点位于上海市浦东新区周浦镇紫萍路 916 号。

项目计划投资总额约 28 500 万元。

(二) 项目进展

该项目建设期为 2014 年 1 月—2017 年 12 月,建设期近 4 年。项目相关研发场地已初步具备,前期人员培训、研发工作全面展开,相关临床试验、生产厂房建设、设备采购、产品生产、认证等工作正在积极推进中。

三、项目前景

我国是糖尿病大国,据《美国医学会杂志》的研究结果显示,中国 11.6% 的成年人(1.14 亿)患有糖尿病。其中 2 型糖尿病患者约 1.08 亿人(见图 4-7-1)。该项目的研制成功并产业化,将有助于填补国内空白,同时该产品拥有自主知识产权,相关产品价格将比进口同类产品降低 30%~50%,有助于降低病患的治疗成本。

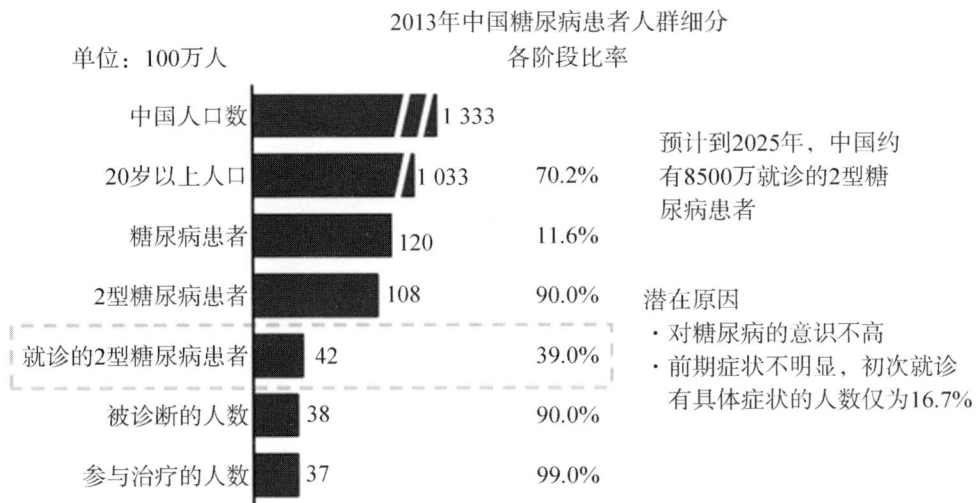

图 4-7-1 我国糖尿病患者数量及细分情况

新能源汽车智能热管理系统
的开发及产业化项目

一、项目背景

根据国家相关产业政策,未来几年将是我国新能源汽车快速发展阶段。热管理系统为新能源汽车核心部件,在新能源汽车整体价值中约占近 10% 份额,影响电动车行驶里程 50% 以上,充放电过程当中电池包的温度均匀性影响电池容量和寿命也超过 50% 电动汽车的热管理已成为电动车产业化的主要瓶颈。目前该领域相关技术和产品基本为外国企业所垄断,主要企业包括德国 Behr、法国 Valeo、美国 Delphi、日本 Denso 等。如上汽 E50 的热管理系统由德国 Behr 开发;一汽电动车的热管理系统由日本 Denso 开发。国内企业普遍技术落后,开发和生产分散,导致结构性效率整体低下,以逆向开发为主,先期技术开发参与少,在竞争中处于劣势,对自主品牌新能源汽车开发缺乏支撑。

项目建设单位为上海加冷松芝汽车空调股份有限公司。公司长期从事汽车空调等产品研发生产,经营状况良好,在汽车空调领域有一定市场占有率和行业地位,在新能源大巴空调方面也有所积累和客户基础,项目单位在技术和资金方面均具有一定实力,与上海交通大学建立了产学研合作机制。

二、项目概况

(一) 建设内容

项目拟新增 130 亩土地厂房和基础设施,包括研发大楼,试验大楼,生产厂房等,总建筑面积 165 100 米^2。购置软硬件设备,建设年产 1 万台套新能源客车空调总装生产线 1 条、年产 20 万台套新能源乘用车智能热管理系统生产线 1 条、完成研发中心和试验中心建设,建成汽车零部件厂最先进的风洞一座及新能源车用热系统性能试验装置等,使产品质量控制水平达到国际领先水平,并形成各类客车空调、小车空调的量产。

项目建设地点位于莘庄工业区工-161 号地块。项目计划投资总额约 27 500 万元。

(二) 项目进展

该项目建设期为 2013 年 3 月—2015 年 12 月,建设期近 3 年。项目相关建设场地已初步落实,前期研发工作全面展开,相关生产厂房建设、设备采购正在积极推进中。

三、项目前景

项目研发方向符合我国和本市新能源汽车领域发展方向,项目的建设与我国新能源汽车产业发展相适应,同时项目建成有利于打破美国德尔福、德国贝尔、日本电装等国外企业垄断,提升我国新能源汽车国产化率水平,发展前景良好。

附录:2013 年上海市主要投资政策汇编

一、产业发展领域政策

（一）关于印发修订后的上海市服务业发展引导资金使用和管理办法的通知

沪府发〔2013〕3号

各区、县人民政府，市政府各委、办、局：

现将修订后的《上海市服务业发展引导资金使用和管理办法》印发给你们，请按照执行。

上海市人民政府

2013年1月8日

上海市服务业发展引导资金使用和管理办法

第一条 （目的和依据）

为进一步规范服务业发展引导资金的管理和使用，提高资金效益，发挥财政资金的引导带动作用，改善服务业发展环境，引导各类社会资本加大对服务业的投入力度，根据国家有关文件精神和市委、市政府加快形成以服务经济为主产业结构的总体要求，通过修订《上海市服务业发展引导资金使用和管理办法》（沪府发〔2009〕24号），形成本办法。

第二条 （资金来源）

服务业发展引导资金（以下简称"引导资金"）是由地方财政预算安排的专项用于全市服务业发展的补助性资金。

获得市级引导资金支持的区（县）原则上应按照不低于1:1的比例安排配套资金；个别安排配套资金有困难的远郊区（县）可适当调整区（县）配套比例。

各区（县）应制定区（县）级配套资金管理和使用的相关规定，通过设立区（县）级服务业专项资金等形式，纳入财政年度预算安排。

第三条 （使用范围）

引导资金主要用于服务业发展中的薄弱环节、关键领域、重点区域和新兴行业，促进服务业的国际化、市场化、社会化和规模化发展。主要用于以下方面：

（一）鼓励本市企业申请国家各类服务业引导资金，并提供配套资金。

（二）支持《上海市服务业发展"十二五"规划》明确的金融服务、航运物流、现代商贸、文化创意、信息服务、旅游会展等支柱服务业，科技服务、设计产业、电子商务、数字出版、专业服务、节能环保等新兴服务业和教育与培训、医疗保健、体育产业、家庭服务等社会服务业中发挥引领作用的重点项目。

（三）支持服务贸易、服务外包产业发展。具体支持方式，由市商务委、市发展改革委和市财政局另行制定。

（四）支持与本市服务业综合改革试点主要任务密切相关的服务业项目。

（五）支持能提供信息、技术、人才、贸易、资金等服务支撑、完善服务业发展环境的公共服务平台建设。

（六）支持具有示范带动作用的各类服务业集聚区重点项目建设，对其核心区域发展战略、产业发展、功能定位等前期规划论证给予资助。

（七）支持新兴服务业发展，对经评选认定的创新型新兴服务业企业给予一定奖励。具体支持方式，由市发展改革委、市财政局会同相关单位另行制定。

（八）经市政府批准其他需要支持的事项。

第四条 （支持对象）

引导资金支持的对象为在本市依法登记注册、具有独立法人资格的企业、非全额拨款的事业单位，且这些企业、事业单位财务管理制度健全，会计信用、纳税信用和经济效益良好，具有较好发展前景。

第五条 （支持方式和额度）

市级引导资金的支持，采用无偿资助或贷款贴息的方式安排使用，主要用于设备购置安装、软件开发、技术转让、人员培训、系统集成、设计咨询、研发测试、资质认证、建设期利息等。

采用无偿资助方式支持的，单个重点支持项目资金支持比例最高不超过项目总投资额或总费用的20%，金额不超过300万元；单个一般支持项目资金支持比例最高不超过项目总投资额或总费用的15%，金额不超过200万元。

采用贷款贴息方式支持的，根据项目贷款额度及人民银行公布的同期贷款法定基准利率确定，每个项目的贴息期限最高不超过2年，单个重点支持项目贴息额度不超过400万元；单个一般支持项目贴息额度不超过300万元。

对经评审小组认定的服务业重大示范项目，由评审小组研究确定具体支持方式和支持金额。

第六条 （申报和审批程序）

由市发展改革委、市经济信息化委、市商务委、市财政局等部门组成评审小组，负责引导资金的申报受理、评估管理、审核批复、监督稽查等工作。评审小组办公室设在市发展改革委。

评审小组每年发布申报指南，明确当年的申报重点和具体申报要求。各区（县）有关部门按照本办法和申报指南等要求，负责本区（县）引导资金申报工作，并对申报项目进行初步筛选，严格把关。已经安排市级财政资金支持的项目不予受理。项目单位应对申报材料的真实性负责。

对各区（县）有关部门报送的申报材料，由评审小组负责委托中介机构通过开展专家评审等方式进行综合评估，审核评估结果，并对拟支持项目进行网上公示和征询市行业主管部门意见。对经评审小组审核同意的项目，由市发展改革委会同相关部门下达引导资金投资计划至各区（县）。

第七条 （申请提交的材料）

申请引导资金的各区（县）有关部门须提交引导资金年度申请报告。申请报告中应承诺区

(县)财政对申请市级引导资金支持的项目给予配套。同时,须提供以下主要附件:

（一）引导资金申请汇总表;

（二）项目申请表;

（三）项目单位营业执照或法人证书、税务登记证;

（四）项目的相关批准文件;

（五）申请贴息的项目,还须出具项目单位与有关金融机构签订的贷款协议或合同,提供相关息单;

（六）规划类项目,还须提供有关合同、协议和相关支付凭证;

（七）规定报送的其他相关材料。

第八条 （使用监督和评估管理）

市财政局对经评审小组审核同意的项目,按照财政资金预算管理的有关规定拨付资金。

各区(县)有关部门应加强引导资金的监管,推进具体项目的实施、验收等日常管理工作。如发现重大问题,应及时向评审小组反馈。区(县)有关部门作为项目验收负责部门,应制定相关验收程序和办法,并在项目完成(竣工)后的一年内进行验收。

获支持项目在实施过程中发生重大变化的,项目单位应及时向原项目批准部门提出变更申请,不得擅自变更。区(县)有关部门应将变更后的有关文件反馈至评审小组。

有下列情形之一的,视为项目发生重大变化:

（一）项目法人发生变更;

（二）建设地点发生变更;

（三）主要建设内容、建设性质发生变化;

（四）建设期发生重大变化(一般指延期 1 年及以上);

（五）总投资额变化 20% 及以上;

（六）其他规定的重要变更事项。

项目变化导致引导资金支持金额发生变化的,由评审小组限期收回引导资金超额支持部分;项目变化导致项目无法继续实施的,由评审小组限期收回已拨付的引导资金。

评审小组会同市审计局、市行业主管部门等部门按照有关规定,对引导资金的使用情况和项目执行情况进行监督、审计和稽查,不定期地委托专业机构开展引导资金使用和管理后评估、支持项目绩效评价等工作。

各区(县)有关部门应对服务业发展情况以及引导资金使用情况、项目执行情况、配套资金到位情况、项目验收情况等进行及时总结,并形成年度引导资金使用总结报告,在次年 2 月底前送交评审小组。

评审小组负责对区(县)有关部门的年度引导资金使用总结报告进行综合评估,并根据评审结果,调整下一年度引导资金的安排。经考核,对表现突出的区(县),下一年度优先安排引导资金;对未达标且整改不力的区(县),暂停下一年度申请引导资金资格。

引导资金必须专款专用。凡使用引导资金的项目,不得擅自改变主要建设内容和建设标准等。对弄虚作假、截留、挪用等违反法律法规或有关纪律的行为,除按照国家规定对项目单位和有关负责人给予相关处罚外,限期收回已拨付的引导资金,并取消项目单位和有关负责人继续申报项目的资格等。

评审小组通过政府购买服务方式,委托第三方开展的引导资金项目评估考核、审计、绩效评价等相关费用,在引导资金中列支。

第九条 (附则)

本办法由市发展改革委会同市经济信息化委、市商务委、市财政局负责解释。

本办法自印发之日起执行,有效期至 2017 年 12 月 31 日。《上海市服务业发展引导资金使用和管理办法》(沪府发〔2009〕24 号)同时废止。

（二）上海市危险化学品企业调整专项补助办法

沪府办发〔2013〕25 号

各区、县人民政府,市政府各委、办、局:

市经济信息化委、市安全监管局、市财政局制订的《上海市危险化学品企业调整专项补助办法》已经市政府同意,现转发给你们,请认真按照执行。

《上海市人民政府办公厅关于转发市经济信息化委等三部门制订的<上海市危险化学品企业调整专项补助暂行办法>的通知》(沪府办发〔2009〕40 号)同时废止。

上海市人民政府办公厅

2013 年 5 月 3 日

上海市危险化学品企业调整专项补助办法

第一条 （目的和依据）

为了确保城市公共安全,优化本市危险化学品生产、储存和使用企业的布局,推进产业结构调整和节能减排,根据国务院发布的《危险化学品安全管理条例》、《促进产业结构调整暂行规定》和市政府发布的《上海市危险化学品安全管理办法》、市政府办公厅转发的《上海市节能减排专项资金管理办法》,制定本办法。

第二条 （适用范围）

本市危险化学品生产、储存企业以及使用危险化学品作为原料从事生产的化工企业(以下统称"危险化学品企业")的关停以及向规定区域搬迁,依照本办法实施专项补助。专项补助资金的补助范围为,2013 年 1 月 1 日至 2015 年 12 月 31 日经市产业结构调整协调推进联席会议办公室(以下简称"市产业结构调整办",设在市经济信息化委)核准的危险化学品企业调整项目。

第三条 （部门管理职责）

在市产业结构调整协调推进联席会议(以下简称"市联席会议")的领导下,市有关部门按照以下分工开展工作:

市产业结构调整办负责提出市级危险化学品企业调整专项补助资金(以下简称"市级专项补助资金")使用计划,并对各区县、控股集团公司提出的市级专项补助资金申请提出意见。

市安全监管局负责提出本市危险化学品企业调整年度推进工作计划,核准企业调整减少的危险因子数量并出具证明,督促区县安全监管部门、控股集团公司落实企业调整方案。市财政局按照专项资金管理的有关规定,审核拨付市级专项补助资金。

第四条 （专项补助资金来源）

本市危险化学品企业调整专项补助资金,由市、区县两级财政预算安排。其中,市级专项补助资金在本市节能减排专项资金中统筹安排。获得市级专项补助资金的区县申报项目,由生产(使用)装置、储存设施所在地的区县政府按照不低于 1：1 的比例,安排配套资金。市国资委对国资系统确有困难的控股集团公司,可以在国资收益中给予一定的补助。

第五条 （计算标准）

市级专项补助资金的金额，以调整项目减少的危险因子为核算依据，2013 年每吨危险因子补助标准为 1200 元。按照"早调整、多支持、晚调整、少支持"的原则，2014 年、2015 年每吨危险因子补助标准分别按照 0.9、0.8 的系数逐年递减。

危险因子主要由区域系数（Z_i）、危险系数（R_n）、企业运行性质系数（M_k）和危险化学品核定量（Q_n）构成。计算方法为：市补助资金数额 = 补助标准（1 200 元/吨）×逐年递减系数（L_f）×区域系数（Z_i）×企业运行性质系数（M_k）×$\sum\{$危险系数（R_n）×危险化学品核定量（Q_n）$\}$（详见附件）。

对单个项目的市级专项补助资金金额，原则上最高不超过 3 000 万元。对个别特别重大项目，市级专项补助资金金额需超过规定上限的，另行上报市政府批准同意后执行。

第六条 （主要用途）

专项补助资金主要用于：

（一）危险化学品企业职工分流安置；

（二）危险化学品设备、装置的专业拆除工程；

（三）专业清理危险化学品、专业处置危险废料和危险废弃物等；

（四）经市联席会议批准的其他用途。

第七条 （申请）

各区县政府负责本行政区域内危险化学品企业的调整工作，各区县经济信息化委会同区县安全监管局、财政局向市产业结构调整办提出市级专项补助资金的申请，并对申请材料的真实性、完整性负责。各控股集团公司负责所属危险化学品企业的调整工作，向市产业结构调整办提出市级专项补助资金的申请，并对申请材料的真实性、完整性负责。申请材料包括：

（一）专项补助资金申请（列明项目概况、实施调整的方式和进度、项目调整的总资金和资金来源、配套资金的安排及承诺、银行专户账号等）；

（二）项目调整方案（列明调整的目标任务、调整完成的时间节点、调整成本测算、职工分流预案、稳定工作的主要措施等）；

（三）危险化学品企业调整项目信息表、企业工商营业执照（复印件）、安全生产许可证（复印件）；

（四）其他应当报送的材料。

第八条 （审核）

市产业结构调整办组织审核各区县、控股集团公司报送的申请材料。市安全监管局根据本办法的规定，审核市级专项补助资金金额，并报市产业结构调整办核准。

第九条 （资金拨付）

市财政局根据市产业结构调整办提出的资金拨付申请以及财政管理制度的有关规定，拨付市级专项补助资金。资金拨付方式为：调整方案启动后，先行拨付核定金额的 70%；待调整完成并经安全监管部门验收后，由区县经济信息化委（会同区县安全监管局、财政局）、控股集团公司申请剩余的市级专项补助资金，由市财政局拨付。

第十条 （监督和管理）

对获得市级专项补助资金的调整项目，各区县政府、控股集团公司应当加强监管，确保资金使用规范、安全、有效；发现重大问题，应当及时报市产业结构调整办。

市产业结构调整办负责组织有关部门对各区县、控股集团公司调整项目的实施和市级专项补助资金的使用进行跟踪管理。

市财政局、市审计局负责对市级专项补助资金的使用进行监督，组织审计抽查。

市级专项补助资金应当专款专用，单独核算。对弄虚作假，冒领、截留、挪用以及违反规定使用市级专项补助资金的，追回已拨付的专项补助资金，并按照《财政违法行为处罚处分条例》的有关规定，对项目单位和有关负责人给予相应处罚，处罚信息纳入本市公共信用信息共享平台。

第十一条 （附则）

本办法由市经济信息化委会同市安全监管局、市财政局负责解释。

本办法自印发之日起 30 日后施行，有效期至 2015 年 12 月 31 日。

（三）上海市企业自主创新专项资金管理办法

沪经信法〔2013〕353 号

各区（县）人民政府、各集团公司、各有关单位：

为了加快构建以企业为主体、市场为导向、产学研相结合的产业技术创新体系，推动企业自主创新，我们研究制定了《上海市企业自主创新专项资金管理办法》，现印发给你们，请按照执行。

上海市经济和信息化委员会

上海市财政局

上海市商务委员会

2013 年 6 月 20 日

上海市企业自主创新专项资金管理办法

第一章 总 则

第一条 （目的和依据）

为了加快构建以企业为主体、市场为导向、产学研相结合的产业技术创新体系，根据《上海市人民政府关于实施〈上海中长期科学和技术发展规划纲要〉(2006—2020 年)若干配套政策的通知》（沪府发〔2006〕12 号）、《中共上海市委 上海市人民政府关于贯彻〈中共中央国务院关于深化科技体制改革加快国家创新体系建设的意见〉的实施意见》（沪委发〔2012〕12 号），加大市财政专项资金对技术创新的支持力度，引导各类社会资本加大投入，制定本办法。

第二条 （资金来源）

上海市企业自主创新专项资金（以下简称专项资金）由市级财政预算安排，纳入上海市经济和信息化委员会（以下简称市经济信息化委）部门预算。

第三条 （管理部门）

市经济信息化委负责推进本市产业技术创新工作，编制并发布年度专项资金项目指南，组织实施项目申报和评审，编制专项资金使用计划，开展专项资金日常管理，对项目实施进行监督、检查和评估，组织项目验收。

上海市财政局（以下简称市财政局）负责专项资金的预算管理，并对专项资金的使用情况进行监督检查。

上海市商务委员会按照职责共同推进本市企业自主创新工作。

第四条 （使用原则）

专项资金的使用应当符合国家和本市产业发展的政策导向和财政预算管理的有关规定，坚持公开、公平、公正，确保专项资金使用的规范、安全和高效。

第五条 （监督制度）

专项资金的安排、拨付、使用和管理，依法接受市审计机关的审计监督，并接受市人大和社会的监督。

第二章　支　持　内　容

第六条　（支持重点）

专项资金用于支持产业技术创新体系建设和产业化关键技术攻关项目,重点支持战略性新兴产业、先进制造业、现代服务业企业实施以下项目:

（一）引进技术的吸收与创新。鼓励开展引进国际先进技术的消化吸收与创新活动,提升产品水平和附加值,形成自主知识产权和标准,支持专利新产品和新技术的应用推广等。

（二）企业技术中心能力建设。鼓励有条件的企业建立技术中心,支持国家和上海市认定企业技术中心完善关键研发试验条件,构建关键技术研发创新平台,增强自主创新能力。

（三）产学研合作。鼓励企业联合高校、科研院所开展产学研合作,建设产学研合作创新示范基地,联合开展产业政策研究、关键技术攻关等。

（四）引进国际先进研发仪器设备。支持承担国家和本市重点项目的单位引进国际先进研发仪器设备,不断提升基础条件和自主创新能力。

（五）重大技术装备研制。鼓励和引导企事业单位开展重大技术装备的自主创新和集成创新,支持重大技术装备整机产品研制、关键零部件及自动化控制系统研制以及重大技术装备测试、试验、认证能力建设等。

（六）重大技术装备首台业绩突破。鼓励装备使用单位与制造单位合作开发或者装备使用单位自行开发的国际、国内首台（套）重大技术装备投入工程应用,实现首台业绩突破。

（七）经市政府批准的其他需要支持的项目。

对已获得本市其他财政资金支持的项目,专项资金不再予以支持。

第七条　（支持标准与拨付方式）

专项资金支持标准如下:

（一）对于纳入年度引进技术的吸收与创新计划的项目,由专项资金对项目单位给予支持,支持标准不高于该项目研发总投入的30%,金额最高不超过800万元。

（二）对于纳入年度企业技术中心能力建设计划的项目,由专项资金对项目单位给予支持,支持标准不高于该项目新增总投资的30%,金额最高不超过300万元。

（三）对于纳入年度产学研合作计划的项目,由专项资金对项目单位给予支持,支持标准一般不高于该项目研发总投入的50%,金额最高不超过800万元。其中,产业政策研究项目可由专项资金全额资助。

（四）对于纳入年度引进国际先进研发仪器设备计划的项目,由专项资金对项目单位给予支持,支持标准不高于所购仪器设备价格的30%,金额最高不超过400万元。

（五）对于纳入年度重大技术装备研制计划的项目,由专项资金对项目单位给予支持,支持标准不高于该项目研发总投入的20%,金额最高不超过500万元。

（六）对于纳入年度重大技术装备首台业绩突破风险补贴计划的项目,由专项资金对该首台（套）装备的本市使用单位给予风险补贴支持,支持标准不高于所购设备价格的10%或者保费额的50%,金额最高不超过800万元。

前款第（四）项、第（六）项中,专项资金实行一次性拨付。其他各项中,专项资金分两次拨付,项目立项后拨付资助金额的50%;项目通过验收后拨付资助金额的50%。项目未达到考核目标的,视情况核减资助金额。

市政府批准的特别重大项目支持比例和金额可不受上述支持标准限制。

第三章　项目申报和管理

第八条　(申报条件)

申报专项资金的单位应当符合以下基本条件:

(一) 在本市登记注册;

(二) 具有独立法人资格的企事业单位;

(三) 法人治理结构规范,财务管理制度健全,信用良好;

(四) 具有较强的技术开发、资金筹措和项目实施能力,项目方案合理可行;

(五) 所申报项目为在建或者拟建项目,项目实施期一般不超过三年。

第九条　(项目指南)

市经济信息化委会同市财政局根据本市产业发展的实际情况,于每年一季度编制并发布年度专项资金项目指南,并在市经济信息化委网站和其他指定网站或者报刊等媒体上公布。

第十条　(项目申报)

符合条件的单位按照年度专项资金项目指南,在规定时间内向市经济信息化委提出项目申报。

申报单位对申报材料的真实性负责。

第十一条　(项目评审)

市经济信息化委组织专家,通过市经济信息化委专项资金项目管理与服务平台,对申报项目进行评审。

第十二条　(项目确定)

市经济信息化委会同市财政局根据专家评审意见,经过综合平衡后,确定年度支持项目和资助金额。

第十三条　(拨款申请)

市经济信息化委根据专项资金项目安排计划及项目实施情况,向市财政局提出拨款申请。

第十四条　(资金拨付)

市财政局审核后,按照国库集中支付的有关规定拨付资金。

第十五条　(项目协议)

除本办法第七条第(四)项规定的项目外,对经审核确定予以支持的项目,项目单位应当与市经济信息化委或者其委托的项目管理单位签订项目协议,明确项目建设内容、实施期限、验收考核指标、项目总投资、专项资金支持额度、资金用途等内容,并严格按照协议内容实施项目。

未经市经济信息化委批准,项目单位不得擅自调整项目协议内容。

第十六条　(动态管理)

项目实施过程中,项目单位应当定期向市经济信息化委或者其委托的项目管理单位报送项目进展情况和专项资金使用情况。

市经济信息化委可以自行或者委托项目管理单位对项目单位进行检查,对项目完成情况、预算执行情况、资金使用效果、资金管理情况等实行监督和追踪。

第十七条 (项目验收)

项目完成后,项目单位应当及时做好项目验收准备,并在项目完成后 6 个月内向市经济信息化委提出验收申请,由市经济信息化委组织项目验收。

第十八条 (项目变更和撤销)

专项资金项目发生重大事项变更的,项目单位应当将变更事项和理由报市经济信息化委审核。专项资金项目因故中止或者撤销的,应当收回全部或者部分专项资金。

第四章 监督和评估

第十九条 (财务管理)

项目单位应当严格执行财政资金管理的有关规定,专款专用,提高专项资金的使用效益。

第二十条 (审计监督)

专项资金应当按规定进行审计。市财政局、市经济信息化委委托第三方中介机构对专项资金使用情况进行审计和评估,有关费用在专项资金中列支。

第二十一条 (绩效评价)

市财政局会同市经济信息化委组织实施专项资金项目绩效评价。

第二十二条 (信息公开)

市经济信息化委应当依法公开专项资金使用情况。

第二十三条 (责任追究)

对在专项资金申报中弄虚作假以及截留、挪用专项资金等违反规定的行为,除按照《财政违法行为处罚处分条例》进行处理外,由市财政局会同市经济信息化委收回已拨付的专项资金,同时取消项目单位后三年内申请专项资金的资格。

第五章 附 则

第二十四条 (分类管理要求)

本办法第六条所列的技术创新活动,在实施过程中可以根据实际提出相关管理要求。

第二十五条 (实施日期)

本办法自发布之日起实施,有效期至 2017 年 12 月 31 日。原《上海市企业自主创新专项资金管理办法》(沪经技〔2007〕222 号)同时废止。

（四）上海市鼓励跨国公司地区总部发展专项资金使用和管理办法

沪商外资〔2013〕283 号

各区县商务主管部门、各区县财政局：

为了进一步扩大对外开放，鼓励跨国公司在本市设立地区总部，促进经济发展，根据《上海市鼓励跨国公司设立地区总部的规定》（沪府发〔2011〕98 号）及《关于〈上海市鼓励跨国公司设立地区总部的规定〉的实施意见》（沪府办发〔2012〕51 号）精神，我们制定了《上海市鼓励跨国公司地区总部发展专项资金使用和管理办法》，现印发给你们，请认真按照执行。

上海市商务委员会

上海市财政局

2013 年 4 月 12 日

上海市鼓励跨国公司地区总部发展专项资金
使用和管理办法

第一条 （目的和依据）

为进一步扩大对外开放，鼓励跨国公司在本市设立地区总部，鼓励在沪跨国公司地区总部进一步集聚实体业务，拓展功能，提升能级，促进经济转型发展，根据《上海市鼓励跨国公司设立地区总部的规定》（沪府发〔2011〕98 号）及《关于〈上海市鼓励跨国公司设立地区总部的规定〉若干实施意见》（沪府办发〔2012〕51 号）的有关要求，设立上海市鼓励跨国公司地区总部发展专项资金。为规范该专项资金的使用和管理，提高财政资金使用效益，进一步发挥财政资金的引导作用，制订本办法。

第二条 （资金来源）

上海市鼓励跨国公司地区总部发展专项资金（以下简称“地区总部发展专项资金”），是指本市财政预算安排的专项用于鼓励本市跨国公司地区总部发展的补助性资金。地区总部发展专项资金实行市、区（县）两级财政分级负担的办法。

第三条 （支持方式和标准）

地区总部发展专项资金主要采用无偿资助的方式，鼓励和支持跨国公司在本市以投资性公司和管理性公司形式设立地区总部，鼓励跨国公司地区总部集聚实体业务，拓展功能，提升能级。

（一）开办资助的标准。对 2008 年 7 月 7 日以后在本市注册及迁入本市，以投资性公司形式设立地区总部，且员工数在 10 人以上的，给予 500 万元人民币开办资助，自注册或迁入本市的下一年度起，分三年按 40%、30%、30% 的比例发放开办资助资金。

（二）租房资助的标准。对 2008 年 7 月 7 日以后在本市注册及迁入本市，且员工数在 10 人以上的跨国公司地区总部，租赁自用办公用房的，以不超过 1 000 平方米办公面积、每平方米每天不超过 8 元人民币的标准,按租金的 30% 给予三年资助;购建自用办公用房的,按租房资助的同等标准的三年总额给予一次性资金资助。

（三）奖励的标准。对本市 2008 年 7 月 7 日以后认定为国家级跨国公司地区总部,且自认定年度起的年营业额首次超过 10 亿元人民币的投资性公司,或 2008 年 7 月 7 日以前认定为国家级跨国公司地区总部,且自 2008 年起年营业额首次超过 10 亿元人民币的投资性公司,给予 1 000 万元人民币的一次性奖励。

对本市 2008 年 7 月 7 日以后认定为管理性公司地区总部且自认定年度起的年营业额首次超过 5 亿元人民币的,或 2008 年 7 月 7 日以前认定为管理性公司地区总部且自 2008 年起的年营业额首次超过 5 亿元人民币的,给予 500 万元人民币的一次性奖励。

对本市 2012 年 1 月 1 日以后认定为投资性公司地区总部,且自认定年度起的年营业额首次超过 10 亿元人民币的,或 2012 年 1 月 1 日以前认定的投资性公司地区总部,且自 2012 年起的年营业额首次超过 10 亿元人民币的,给予 500 万元人民币的一次性奖励。该项奖励与本条第一项奖励不重复享受。

奖励分三年按 40%、30%、30% 的比例发放。

（四）对在沪跨国公司地区总部提升能级的资助。2012 年 1 月 1 日以后在本市新设立的跨国公司亚洲区、亚太区或更大区域的总部,员工人数不少于 50 人,且母公司任命的负责人及与总部职能相关的主要高级管理人员常驻上海工作的,可获得 800 万元人民币的开办资助,分三年按 40%、30%、30% 的比例发放。

已设立的跨国公司地区总部升级为亚洲区、亚太区或更大区域总部,员工人数不少于 50 人,且母公司任命的负责人及与总部职能相关的主要高级管理人员常驻上海工作的,可获得 300 万元人民币的一次性资助。

（五）对投资性公司地区总部整合股权的资助。对本市需要重点引进的投资性公司地区总部因其内部股权整合而产生的成本和费用,经市商务委、市财政局和相关部门审定后,给予适当资助。

第四条　（资金具体负担办法）

跨国公司地区总部的开办资助、奖励、提升能级资助、整合股权资助资金,实行市、区（县）两级财政分级负担的办法,即市财政负担 40%、区（县）财政负担 60%；租房资助资金由区（县）财政全额负担。

第五条　（申请提交的材料）

（一）申请开办资助的跨国公司地区总部需提交的材料

1. 上海市鼓励跨国公司地区总部发展专项资金申请表（原件）；

2. 公司批准证书、营业执照（复印件）；

3. 员工名单（包含:姓名、工作岗位、入职时间）和劳动合同样本；

4. 母公司对地区总部负责人的任命书；

5. 市商务委关于认定为地区总部的批复（复印件）。

（二）申请租房资助的跨国公司地区总部需提交的材料

1. 上海市鼓励跨国公司地区总部发展专项资金申请表（原件）；

2. 公司批准证书、营业执照(复印件);

3. 员工名单(包含:姓名、工作岗位、入职时间)和劳动合同样本;

4. 母公司对地区总部负责人的任命书;

5. 市商务委关于认定为地区总部的批复(复印件);

6. 自用办公用房的租赁协议,或购买自用办公用房的购房合同,或自建办公用房的房地产权证(复印件)。

(三)申请奖励的跨国公司地区总部需提交的材料

1. 上海市鼓励跨国公司地区总部发展专项资金申请表(原件);

2. 公司批准证书、营业执照(复印件);

3. 商务主管部门关于认定为地区总部或国家级地区总部的批复(复印件);

4. 公司达到享受奖励政策限额年度及上年度的企业年度会计报表和财务审计报告(复印件)。

(四)申请提升能级资助的跨国公司地区总部需提交的材料(新设或升级)

1. 上海市鼓励跨国公司地区总部发展专项资金申请表(原件);

2. 公司的批准证书、营业执照(复印件);

3. 市商务委关于认定为地区总部的批复(复印件);

4. 母公司在公司官方网站上发布的设立地区总部的证明材料;

5. 员工名单(包含:姓名、工作岗位、入职时间)和劳动合同样本;

6. 母公司对地区总部负责人的任命书;

7. 地区总部负责人及与总部职能相关的高级管理人员的就业证明(复印件);

8. 自用办公用房的租赁协议,或购买自用办公用房的购房合同,或自建办公用房的房地产权证(复印件)。

(五)申请股权整合资助的跨国公司地区总部需提交的材料

1. 申请报告;

2. 股权增资完成后公司的批准证书、营业执照及验资报告(复印件);

3. 投资性公司股权增资的批准文件(复印件);

4. 股权转让缴纳企业所得税的纳税证明(复印件);

5. 市财政局、市商务委和相关部门要求提供的其他材料。

上海市鼓励跨国公司地区总部发展专项资金申请表一式五份,其他材料一式两份,复印件需加盖公司公章。

第六条 (申报与审核)

申请专项资金的跨国公司地区总部,应根据本办法相关规定,填列《上海市鼓励跨国公司地区总部发展专项资金申请表》(一式五份),提交有关申请资料,并向所属区(县)商务主管部门提出申请。区(县)商务主管部门会同区(县)财政局共同对申请单位的申报材料进行初审,市商务委会同市财政局共同对申报的初审材料进行复审,必要时会商其他相关部门,并提出最终评审意见。予以同意的,由区(县)财政局根据国库集中支付的有关规定办理资金拨付。不予同意的,由市商务委说明原因。

第七条 （资金拨付）

区（县）财政局根据最终评审意见及国库集中支付的有关规定,按年拨付开办资助、租房资助、奖励、提升能级资助和整合股权资助的补贴资金。开办资助、奖励、提升能级资助和整合股权资助的补贴资金中应由市级财政负担的 40% 部分,年终由市财政通过市与区（县）财力结算后,归还区（县）财政。

第八条 （使用监督）

各申报单位应对申报材料的真实性和合法性负责。专项资金使用单位应严格遵守国家有关法律法规和财会制度,专款专用,严禁骗取、截留或挪用资金。

市财政局会同市商务委按照有关规定,对地区总部发展专项资金的使用情况进行监督和检查。

对违反本管理办法的单位,市财政局、区（县）财政局将全额收回资金,并按《财政违法行为处罚处分条例》（国务院令第 427 号）予以处理;情节严重或触犯国家法律的,依法追究相关人员或单位的责任。

第九条 （附则）

（一） 本办法由市财政局会同市商务委负责解释。

（二） 本办法自发布之日起试行。

上海市鼓励跨国公司地区总部发展专项资金申请表

企 业 填 报 部 分				
申请公司名称:		总部性质：□投资性 □管理性		
企业地址:		注册日期:		
开户银行:		银行账号:		
法人代表:		联系人:		
联系电话:		传真:		
*开办资助	申请资助总额（万元）			
*租房资助	租赁办公用房面积（m²）	申请资助总额（万元）		
	购建办公用房面积（m²）	申请资助总额（万元）		
*奖励	年营业额（万元）		申请奖励总额（万元）	
*提升能级资助	申请资助总额（万元）			
*业务整合资助	申请资助总额（万元）			

1. 本人对我单位提交的所有材料的真实性和合法性负责
2. 本人保证提交的所有副本资料和复印件均与正本和原件一致
3. 本项目自愿接受市商务委和市财政局对资金使用情况和项目执行情况进行的监督和检查

公司法人代表签字：　　　　　　　　公司盖章：　　　　　　申报日期：

主管部门审核意见

区商务部门意见	区财政局意见

市商务委意见	市财政局意见

备注:本附表一式五份。市、区商务委,市、区财政局,及地区总部各执一份

（五）上海市科技型中小企业技术创新资金管理办法

沪科〔2013〕25 号

各有关单位：

为进一步促进我市科技型中小企业发展，加强专项管理，提高创新效益，我委对《上海市科技型中小企业技术创新资金管理办法》（沪科〔2000〕第 131 号）进行了修订。现予印发，请遵照执行。

特此通知。

附件：上海市科技型中小企业技术创新资金管理办法

上海市科学技术委员会

2013 年 2 月 5 日

上海市科技型中小企业技术创新资金管理办法

第一章 总 则

第一条 为加强上海市科技型中小企业技术创新资金（以下简称"创新资金"）管理，提高科技创新效益，根据《上海市科学技术进步条例》、《中共上海市委 上海市人民政府关于贯彻<中共中央 国务院关于深化科技体制改革加快国家创新体系建设的意见>的实施意见》等规定，制定本办法。

第二条 创新资金是政府专项资金，主要用于推动本市科技型中小企业开展技术创新活动，配套支持科技部、财政部科技型中小企业技术创新基金（以下简称"国家创新基金"）资助的项目。

第三条 上海市科学技术委员会（以下简称"市科委"）是创新资金的主管部门，负责年度计划安排、立项审批和监督管理等；各区（县）科委负责辖区内项目的申报推荐和过程监理。

第四条 创新资金的使用和管理遵守国家和上海市有关法律、法规和财务规章制度，遵循诚实申请、公正受理、择优支持、科学管理、公开透明、专款专用的原则。

第二章 支持范围与方式

第五条 申请创新资金支持的项目和企业需符合以下条件：

（一）项目应符合国家及上海市科技、产业政策导向，具有较好的技术创新性和经济社会效益，无知识产权纠纷。

（二）企业应依法成立，在本市注册，具有独立的企业法人资格，企业财务和管理制度健全，近五年没有重大违法行为记录。

（三）企业负责人具有较强的创新能力、市场开拓能力和经营管理能力。

（四）企业规模、项目自有匹配资金符合当年度的申报要求。

第六条　创新资金优先支持具备以下条件的项目：

（一）战略性新兴产业中自主创新性强、技术含量高、市场前景好、能够培育成新的经济增长点的项目。

（二）拥有自主知识产权的科技成果转化、引进吸收再创新、利用高新技术改造传统产业的项目。

（三）以企业为主体的产、学、研联合创新项目，高新技术园区、各类孵化和产业化基地的创新创业项目，创投机构已投资资助的创新项目。

第七条　有以下情形之一的，创新资金不予支持：

（一）单纯技术引进项目、低水平重复项目、单纯基本建设项目、一般加工工业项目等。

（二）已经上市的企业、资产和财务状况不好的企业、非技术性的纯服务企业、纯贸易企业等。

第八条　在同一年度内，一个企业只能申请一个项目。申请企业应根据项目所处阶段，选择一种相应的支持方式，不可重复申报。已获得创新资金支持的企业，必须在已立项项目验收合格后方可申请新项目。

第九条　创新资金采取前补助、后补助、贷款贴息等多种方式来支持科技型中小企业的技术创新活动。各区（县）政府应对本区域内创新资金立项项目予以配套资助，且每个项目的资助额度不低于其实际获得的市拨付经费额度。

第三章　申请与受理

第十条　市科委每年参照国家创新基金的当年申报要求，结合本市科技发展规划和产业发展重点，发布创新资金申报指南，对申报要求、流程、期限等作出规定。

第十一条　企业应按创新资金当年度申报要求，填报真实可靠的申请材料。

第十二条　各区（县）科委公开受理企业申请，对项目及企业的申报资格进行审核，并向市科委提出推荐意见。

第四章　评审与立项

第十三条　市科委参照国家创新基金评审体系，结合本市实际情况，组织相关领域专家，开展项目评审。

第十四条　市科委通过网站等途径对拟立项项目进行公示，公示期为七个工作日。经公示没有异议的，正式办理立项手续，由市科委与项目承担企业签订合同。对于存在重大异议的项目，按程序进行复核。

第五章　监督与管理

第十五条　项目承担企业应认真履行合同,科学、合理、有效地安排和使用创新资金,保证专款专用,并对项目资金进行单独核算,接受有关部门的监督管理和检查。

第十六条　各区(县)科委应建立创新资金项目承担企业诚信档案,定期实地检查项目执行情况,总结形成区域创新资金项目发展评估报告,报送市科委。市科委采取重点抽查等方式,对企业项目执行情况和区(县)科委的管理情况进行监督和检查。

第十七条　合同一般不予调整,确有必要调整时,项目承担企业应向各区(县)科委提出书面申请,由各区(县)科委审核后,报市科委审批。

第十八条　企业应按合同要求准备验收材料,及时向所属区(县)科委提出验收申请。市科委参照国家创新基金相关要求组织验收工作。

第十九条　企业在项目执行过程中如有不按合同执行、无故中止合同,不按计划用款、挪用经费等重大违约行为,市科委将终止合同并采取通报、停止拨款、追回资金等相关处理措施。涉嫌构成犯罪的,依法移送司法机关追究刑事责任。

第六章　附　　则

第二十条　本办法自发布之日起实施,有效期五年。

第二十一条　本办法由市科委负责解释。

（六）上海服务外包人才实训基地认定管理办法

沪商服贸〔2013〕747 号

各有关单位：

为加强本市服务外包人才培养和对服务外包实训基地的管理,根据《上海市人民政府印发关于本市贯彻〈国务院办公厅关于鼓励服务外包产业加快发展的复函〉实施意见的通知》（沪府〔2010〕56 号）精神,特修订《上海服务外包人才实训基地认定管理办法》。现予发布,请遵照执行。

上海市商务委员会

2013 年 10 月 25 日

上海服务外包人才实训基地认定管理办法

第一章 总 则

第一条 为进一步完善上海服务外包人才培养体系,整合社会资源,将服务外包企业的内部培训力量纳入到社会培训体系下,大力培养服务外包适用性人才,促进服务外包产业健康快速发展,根据《上海市人民政府印发关于本市贯彻〈国务院办公厅关于鼓励服务外包产业加快发展的复函〉实施意见的通知》（沪府〔2010〕56 号）,特修定本办法。

第二条 上海服务外包人才实训基地（以下简称"实训基地"）认定工作应遵循公开、公平、公正的原则。

第三条 上海市商务委员会（以下简称"市商务委"）负责实训基地认定工作,并委托上海服务外包人才培训中心（以下简称"培训中心"）受理实训基地的申报、评估等基础工作。

第二章 认 定 条 件

第四条 基本条件

（一）本办法适用于在上海市内进行工商注册、税务登记、具有独立法人资质的服务外包企业；

（二）申报单位需登录商务部"服务外包业务管理和统计系统"（网址：http://fwwbqy.fwmys.mofcom.gov.cn）进行注册登记；

（三）申报单位近两年在工商、财务、税收、外汇、海关、知识产权保护等方面无违法、违规行为。

第五条 专业条件和实训能力

（一）申报单位应具备服务外包实训的设施和场地及培训课程；

（二）申报单位应配备专职管理人员及相应的实训导师（带教老师）；

（三）申报单位应建立实训管理制度和实训课程计划,及建立受训学员的档案信息和实训导师指导记录；

（四）申报单位上年度的服务外包业务执行金额不低于 500 万美元，其中离岸服务外包业务执行金额比例不低于 35%（以服务外包业务管理和统计系统数据为准）；

（五）申报单位与相关大专院校签订两年以上实习生实习协议，且每年接受服务外包实习生 20 名以上（实习期为三个月以上），并提供一定的就业岗位。

第三章　申报和认定程序

第六条　申报程序

培训中心每年一次集中受理申报申请，申报单位需提供由法人盖章的下列材料（一式两份）：

（一）《上海服务外包人才实训基地申请表》；

（二）《上海服务外包人才实训基地实训能力情况表》；

（三）企业法定代表人身份证明、企业法人营业执照和税务登记证书副本原件及复印件；

（四）其他需要提供的材料。

第七条　认定程序

（一）培训中心组织专家对申报材料进行评估，提出初步意见，报市商务委审核同意；

（二）需要评估的内容包括上年度服务外包业务额、与高校的实训协议、受训人员档案、考勤记录、实训老师指导记录和实训鉴定表等；

（三）经认定的实训基地，将在市商务委网站上公示，并由市商务委颁发"上海服务外包人才实训基地"认定证书；

（四）经认定的实训基地每两年复审一次。

第八条　权利义务

（一）经认定的"上海服务外包人才实训基地"可优先享受上海市促进服务外包产业发展资金等相关政策；

（二）经认定成为实训基地的申报单位，应定期向培训中心报送服务外包人才实训情况。

第九条　实训基地有下述情况之一的，应取消其资格，并视情处理：

（一）提供虚假材料；

（二）有偷税、骗税或其他违法、违规行为，并受到有关部门处罚。

被取消实训基地资格的，两年内不得提交相关认定申请。

第四章　附　　则

第十条　本办法所称的实训基地是指符合本办法规定的、提供见习、实习岗位，使相关人员能得到服务外包职业技能实际训练的企业。

第十一条　本办法由市商务委负责解释和修订。

第十二条　本办法自 2013 年 10 月 25 日至 2018 年 10 月 24 日期间施行。

（七）上海市集成电路高端装备制造企业认定管理办法

沪经信法〔2013〕878 号

各有关单位：

为了加快培育战略性新兴产业，促进上海集成电路高端装备制造业的发展，按照《关于本市进一步鼓励软件产业和集成电路产业发展的若干政策》（沪府发〔2012〕26 号）的规定，为落实《上海市软件和集成电路企业设计人员专项奖励办法》（沪经信法〔2012〕557 号）的奖励政策，我们制定了《上海市集成电路高端装备制造企业认定管理办法》。现印发给你们，请按照执行。

上海市经济和信息化委员会

上海市财政局

上海市发展和改革委员会

2013 年 12 月 30 日

第一条（目的和依据）

为了加快培育战略性新兴产业，促进上海集成电路高端装备制造业的发展，按照《关于本市进一步鼓励软件产业和集成电路产业发展的若干政策》（沪府发〔2012〕26 号）的规定，为落实《上海市软件和集成电路企业设计人员专项奖励办法》（沪经信法〔2012〕557 号）的奖励政策，制定本办法。

第二条（管理部门）

市经济信息化委是本市集成电路高端装备制造企业认定工作的主管部门，负责会同市发展改革委、市财政局开展认定工作，受理申报、审核、处理异议申诉等事项。

第三条（申报原则）

企业依据自主自愿的原则，申报集成电路高端装备制造企业认定。

第四条（申报条件）

申报认定集成电路高端装备制造企业，应当满足以下条件：

（一）依法在上海市注册登记，具有独立法人资格；

（二）企业信用信息记录良好；

（三）主要从事光刻机、刻蚀机、离子注入机、薄膜沉积系统、硅片清洗机、集成电路工艺检测系统等的研发和制造，主要从事 0.18 微米及以下数字芯片、0.6 微米及以下模拟芯片工艺研发和制造；

（四）上一年度企业销售（营业）收入达到 500 万元以上，其中自主设计制造的产品销售（营业）收入占企业销售（营业）收入总额的 50%以上；

（五）具有大学专科以上学历的职工人数占企业当年月平均职工总数的 40%以上，其中研究开发人员占企业当年月平均职工总数的 20%以上；

（六）拥有核心技术及自主知识产权，上一年度研究开发费用总额占企业营业收入总额的 5%以上，其中在中国境内发生的研究开发费用金额占企业研究开发费用总额的 60%以上。

第五条（申报时间）

集成电路高端装备制造企业每两年认定一次，认定资格有效期为两年。市经济信息化委应当于认定当年的 1 月底前发布认定通知。符合认定条件的企业，应当于认定当年的 2 月底前向市经济信息化委员提交申报材料。

第六条（申报材料）

申报认定集成电路高端装备制造企业，应当提交以下材料：

（一）集成电路高端装备制造企业认定申请表；

（二）企业营业执照副本、税务登记证以及其他相关资质证书复印件；

（三）当年企业职工人数、具有大专以上学历的职工人数、研究开发人员情况说明；

（四）经审计的上一会计年度的财务报表（含资产负债表、损益表、现金流量表）。

第七条（审核时间）

市经济信息化委可以委托行业专门机构对申报材料进行核实并组织专家进行初审。

市经济信息化委组织审查会议进行复审，并于当年 3 月底前，将认定企业名单向社会公示。

市经济信息化委应当于当年 4 月 15 日前公布认定企业名单。

第八条（异议处理）

企业对认定结果有异议的，可以在收到认定结果后的 20 个工作日内，向市经济信息化委提出申诉。

第九条（企业变更）

经认定的集成电路高端装备制造企业发生更名、分立、合并、重组以及经营业务重大变化等情况时，应当在发生之日起的 20 个工作日内，向市经济信息化委申请办理变更申报手续。

第十条（工作要求）

市经济信息化委在认定工作中遵循公平、公正、科学、高效的原则，并为申请企业保守商业秘密。

第十一条（诚信原则）

申报企业应当对申报材料的真实性负责，并接受审计、财税等部门的监督检查。

第十二条（行政措施）

市经济信息化委应当会同有关部门，对经认定的集成电路高端装备制造企业进行抽查，有下述情况之一的，取消其认定资格，并视情取消其下一次申请资格。

（一）因骗取财政资金补助、逃避缴纳税款或帮助他人逃避缴纳税款等，或因违反《中华人民共和国税收征收管理法》及其实施细则受到税务机关处罚；

（二）在安全、质量、公司管理等方面有重大违法违规行为，受到有关部门处罚；

（三）未及时报告企业更名、分立、合并、重组以及经营业务重大变化等事项。

第十三条（监督检查）

市经济信息化委受理对认定工作中违法违规行为的举报，并接受社会监督。

第十四条（申报条件调整）

市经济信息化委可根据产业发展情况，对本办法第四条规定的申报条件进行调整。

第十五条（政策享受）

经认定的集成电路高端装备制造企业,可按照《上海市软件和集成电路企业设计人员专项奖励办法》的规定,申请相关专项奖励。

第十六条(数字说明)

本办法所称"以上"包含本数。

第十七条(应用解释)

本办法由市经济信息化委会同市发展改革委、市财政局负责解释。

第十八条(实施日期)

本办法自发布之日起 30 日以后施行,有效期至 2017 年 12 月 31 日。

《上海市集成电路高端装备制造企业认定管理办法》 起草说明

为贯彻落实国务院《进一步鼓励软件产业和集成电路产业发展的若干政策》(国发〔2011〕4 号,以下简称"4 号文")和市政府《关于本市进一步鼓励软件产业和集成电路产业发展的若干政策》(沪府发〔2012〕26 号,以下简称"26 号文"),推动《上海市软件和集成电路企业设计人员专项奖励办法》(沪经信法〔2012〕557 号,以下简称"557 号文")奖励政策的落地,市经济信息化委、市发展改革委、市财政局共同起草了《上海市集成电路高端装备制造企业认定管理办法(草案)》(以下简称《办法(草案)》)。现将有关情况说明如下:

一、必要性

2012 年 3 月 15 日,市政府发布了"26 号文"。依据"4 号文"中"各级人民政府可对有突出贡献的软件和集成电路高级人才给予重奖"的规定,在人才政策一章中要求"实施对开发出具有自主知识产权的软件设计人员、集成电路设计人员的政府奖励政策"。

根据这一要求,市经济信息化委、市财政局、市税务局、市发展改革委于 2012 年 8 月 30 日联合印发了"557 号文"。其中,第二条第一款第(三)项规定"经市经济信息化委、市财政局、市发展改革委共同组织认定的集成电路高端装备制造企业中从事集成电路领域光刻机、刻蚀机、清洗设备、抛光设备、物理或者化学气相沉积设备、检测设备、自动化输运设备等自主制造装备技术研发,装备工艺技术研发,集成电路芯片器件模型、设计规则、数据库及工艺的研发,项目管理等工作的集成电路高端装备制造人员"是本办法所称的软件和集成电路企业设计人员,具有申请专项奖励的资格。这一规定出台之际,还没有规范高端装备制造企业的认定工作的相关规定,需要尽快出台,以保证高端装备制造人员专项奖励工作的顺利进行。

二、起草过程

"26 号文"和"557 号文"正式出台以后,依据相关要求,我们成立了由市经济信息化委、市发展改革委、市财政局、市集成电路行业协会等部门组成的起草工作小组,对集成电路高端装备制造企业认定办法进行了研究,多次召开委、办、局座谈会和企业座谈会,组织进行专家论证,多次召开征询意见会,并以书面形式征求了相关委、办、局和重点企业意见。依据"企业自主自愿申报、认定流程公开公正"的原则,在充分讨论基础上,历经数稿,形成了本《办法(草案)》。

三、有关问题的说明

《办法(草案)》共十八条,需要说明的问题如下:

（一）认定标准说明

为了对高端装备制造企业的认定标准进行清晰的界定,我们委托市集成电路行业协会多次召开企业座谈会,对企业认定标准进行讨论。在此基础上,参考国家财政部、税务总局《关于进一步鼓励软件产业和集成电路产业发展企业所得税政策的通知》(财税〔2012〕27 号)中关于集成电路生产企业的认定条件,《办法(草案)》在第四条规定了符合本市产业特点的集成电路高端装备制造企业认定条件。

（二）认定周期说明

参照国家规划布局内重点集成电路设计企业等认定办法中的认定原则,为了减轻企业工作负担,《办法(草案)》第五条明确认定工作两年开展一次。

（三）认定工作审核机制说明

为了落实好认定工作,《办法(草案)》第二条明确由市经济信息化委作为认定工作的主管部门,会同市发展改革委、市财政局负责认定工作的申报受理及初审、异议申诉、变更申请和名单发布等事项。

（四）认定工作监督机制说明

为了确保认定工作的公正透明,《办法(草案)》第十一、第十二、第十三条确立了认定工作的监督机制,规定企业对申请材料的真实性承担责任,接受审计、财税等部门的监督检查;主管部门的认定工作接受社会的监督。

以上情况,特此说明。

（八）上海市信息化发展专项资金管理办法

沪经信法〔2013〕879号

各有关单位：

为了加快推进本市信息化建设,落实本市国民经济和社会信息化规划和智慧城市建设的有关要求,我们制定了《上海市信息化发展专项资金管理办法》,现印发给你们,请按照执行。

上海市经济和信息化委员会

上 海 市 财 政 局

2013 年 12 月 25 日

第一章 总 则

第一条 （目的和依据）

为了加快推进本市信息化建设,落实本市国民经济和社会信息化规划和智慧城市建设的有关要求,进一步规范上海市信息化发展专项资金(以下简称专项资金)管理,结合本市实际,制定本办法。

第二条 （定义）

专项资金由本市市级财政预算安排,专项用于支持推动信息化与工业化深度融合、推进重点领域的信息化应用、加强信息资源的开发利用、强化信息安全保障、优化信息化发展环境等项目建设及应用推广,促进新技术、新模式、新业态、新经济发展。

第三条 （资金使用原则）

专项资金的使用应当符合国家和本市信息化建设的政策和财政预算管理的有关规定,坚持公开、公平、公正,确保专项资金使用的规范、安全和高效。

第四条 （管理部门）

上海市经济和信息化委员会(以下简称市经济信息化委)负责编制专项资金项目预算,发布年度专项资金项目申报指南,受理项目申报,组织项目评审,对项目实施情况进行监督、检查和评估,并组织项目验收。

上海市财政局(以下简称市财政局)负责专项资金的预算管理,并对专项资金的使用情况进行监督、检查。

第五条 （监督制度）

专项资金的安排、拨付、使用和管理依法接受审计机关的审计监督,并接受市人大和社会的监督。

第二章 支持对象和使用范围

第六条 （支持对象）

专项资金的支持对象为在本市依法设立的具有独立法人资格的单位组织,并应当同时符合以下基本条件:

(一) 法人治理结构规范;

(二) 财务管理制度健全;

(三) 信用良好;

(四) 具有承担项目建设的相应能力。

第七条 (使用范围)

专项资金使用范围主要包括:

(一) 推动信息化与工业化深度融合。重点支持基于集成、协同、智能技术,促进产业提升的信息化系统与服务项目;面向中小企业的信息化公共服务平台建设与推广;产业园区信息化管理、服务体系建设;信息技术促进企业创新、转型发展,促进平台经济、服务经济、绿色经济发展的项目;物联网、云计算、大数据、移动互联等新兴信息技术的示范应用。

(二) 推进重点领域信息化应用。重点支持政务信息资源的增值加工及政务信息资源社会化应用项目;在金融、航运、物流、商贸等经济领域具有行业先进性、市场可推广性的信息化应用项目;智慧社区、智慧新城、智慧商圈创建等试点示范项目以及其他具有示范带动意义的惠民信息化项目;信息感知、三网融合、业务协同、集约建设等方面的信息化示范应用项目;具有网络平台经济特征,在服务内容、运行业态、商业模式等方面具有创新性和示范性的信息化应用项目。

(三) 强化信息安全保障。重点支持融合网络环境下的垃圾和有害信息综合治理项目;城域网络信息安全综合监测、态势感知和响应恢复的应急能力建设项目;完善网络信任体系和信息安全综合服务体系的项目;支撑安全可信的信息消费环境建设的项目。

(四) 优化信息化发展环境。重点支持具有行业先进性、有市场需求的信息化服务平台的应用推广;本市跨部门、跨领域的重大信息化项目和信息化应用的前期规划设计;加强信息基础设施布局规划、规范管理的项目;信息化标准制订和前瞻性研究、信息化监测评估和分析、信息化宣传培训项目。

(五) 与国家有关部门在本市合作开展的信息化试点、试验配套的项目。

(六) 经市政府批准的其他信息化项目。

第八条 (除外规定)

已通过其他渠道获取市财政性资金支持的信息化项目,专项资金不再予以支持。

第三章 支持方式和资助标准

第九条 (支持方式)

对推动信息化与工业化深度融合、推进重点领域信息化应用、强化信息安全保障等的项目,采用无偿资助的方式。对优化信息化发展环境等的项目采用政府购买服务的方式。

第十条 (资助标准)

专项资金的资助标准主要包括:

（一）专项资金的资助额度一般不超过项目总投资的 20%，每个项目的资助金额一般不超过 200 万元。

（二）重点支持项目的资助额度一般不超过项目总投资的 40%，每个项目的资助金额一般不超过 500 万元。

（三）公共性、基础性、公益性的项目，可由专项资金给予全额资助。

（四）对政府购买服务的项目，资助额度一般按照合同金额确定；符合政府采购有关规定的，应当按照规定进行。

第四章 预 算 管 理

第十一条 （预算编制）

市经济信息化委根据部门预算编制的有关要求，于每年三季度编制下一年度专项资金预算并纳入部门预算，按规定程序报送市财政局。

市财政局根据专项资金需求，审核专项资金预算，结合财力状况安排专项资金。

第十二条 （预算执行）

市经济信息化委应按照批复的专项资金预算，根据时间进度合理安排项目支出，确保专项资金预算如期执行，原则上当年预算当年执行完毕。

第十三条 （预算调整）

专项资金年度预算一经批准下达，必须严格执行，不得随意改变资金使用方向和内容，确有必要调整时，应按照规定程序报批。

第五章 项目申报及管理

第十四条 （项目指南）

市经济信息化委会同市财政局根据本市信息化规划执行和信息化发展的实际情况，编制年度专项资金项目申报指南并向社会公开，明确专项资金的年度支持方向和重点。

第十五条 （申报与评审）

申报单位根据年度专项资金项目申报指南，在规定时间内向市经济信息化委进行项目申报。

市经济信息化委会同市财政局等部门组织专家根据本办法和年度专项资金项目申报指南，对申报材料进行评审，并根据专家评审意见建立项目库，统筹安排专项资金项目使用计划。

第十六条 （项目管理）

经审核确定予以支持的项目，项目承担单位应当与市经济信息化委签订计划任务书，明确项目内容、验收考核指标、履行期限和专项资金支持额度等事项。项目承担单位应当严格执行计划任务书明确的有关事项，未经市经济信息化委批准，不得随意调整。

政府购买服务的项目，由市经济信息化委按照有关规定确定服务供应商，并与服务供应商签订正式的书面合同，对服务标准、服务总量、费用支付等相关内容进行约定，双方按照合同执行;项目完成后,应当委托会计师事务所对项目资金使用情况进行审计。

项目建设过程中,项目承担单位应当定期向市经济信息化委报送项目进展及专项资金使用情况;市经济信息化委可以自行或者委托第三方机构对项目承担单位进行不定期检查。

第十七条 (项目验收)

项目完成后,项目承担单位应当在 6 个月内备齐验收申请材料,向市经济信息化委提出验收申请。市经济信息化委组织有关单位或专家进行验收评审。

第十八条 (项目变更和撤销)

专项资金项目发生重大事项变更的,项目承担单位应当说明变更事项和理由,报市经济信息化委审核。除不可抗力外,项目因故撤销的,项目承担单位应当将已拨付的资金上缴市财政局。

第十九条 (管理费用)

市经济信息化委、市财政局开展专项资金评估、审计等产生的费用,在本专项资金中列支。

第六章 财 务 管 理

第二十条 (资金申请)

市经济信息化委根据专项资金项目安排计划及项目实施情况,对经批准的项目,在预算额度内向市财政局提出拨款申请。

第二十一条 (资金拨付)

专项资金项目立项时拨付核定资助金额的 70%,项目完成且通过验收后再拨付剩余的 30%。

市财政局按规定审核后,按照国库集中支付的有关规定,将资金直接拨付给项目承担单位。

第二十二条 (财务管理要求)

项目承担单位应当严格执行财政资金管理的有关规定,专款专用,提高资金的使用效益。

第七章 监 督 管 理

第二十三条 (资金监督)

市经济信息化委、市财政局应当对专项资金的使用情况进行检查,对项目完成情况、预算执行情况、资金使用效果、资金管理情况等实行监督管理和追踪问效。

第二十四条 (绩效评价)

市财政局会同市经济信息化委组织实施专项资金项目绩效评价。

第二十五条 (信息公开)

市经济信息化委应当依法公开专项资金使用情况。

第二十六条 (法律责任)

项目承担单位应当严格按照规定的用途使用专项资金,不得擅自挤占、截留和挪用。对以虚报、冒领等手段骗取、截留、挪用专项资金的,除将已拨付的专项资金全额收回上缴财政外,取消该单位 3 年内申请专项资金的资格,并依据《财政违法行为处罚处分条例》的相关规定进行处理。

第八章 附 则

第二十七条 （应用解释）

本办法由市经济信息化委、市财政局负责解释。

第二十八条 （实施日期）

本办法自发布之日起实施,有效期截至 2018 年 12 月 24 日。原《上海市信息化发展专项资金管理办法》(沪财教〔2008〕54 号)同时废止。

（九）关于进一步加大力度推进燃煤（重油）锅炉和窑炉清洁能源替代工作的实施意见

沪府办发〔2013〕66 号

各区、县人民政府，市政府各委、办、局：

市发展改革委、市经济信息化委、市环保局、市财政局、市建设交通委、市质量技监局《关于进一步加大力度推进燃煤（重油）锅炉和窑炉清洁能源替代工作的实施意见》已经市政府同意，现转发给你们，请认真按照执行。

上海市人民政府办公厅

2013 年 11 月 25 日

为落实《国务院关于印发大气污染防治行动计划的通知》（国发〔2013〕37 号）要求，减少分散燃煤，优化能源结构，改善空气环境质量，根据《上海市人民政府办公厅关于转发市发展改革委等六部门制定的〈关于进一步加大力度推进燃煤（重油）锅炉清洁能源替代工作实施意见〉的通知》（沪府办发〔2013〕66 号）的要求，为了进一步削减本区分散燃煤、改善大气环境质量、优化能源结构，有效推进"十二五"节能减排工作，在《金山区燃煤（重油）锅炉清洁能源替代工作方案和专项资金扶持办法》（金府办发〔2012〕48 号，以下简称"48 号文"）的基础上，特制定本实施意见。

一、总体思路、主要目标和预期效果

（一）总体思路

1. 引逼结合，强化标准和执法。以国家加强大气污染防治为契机，结合全市煤炭总量控制要求，按照"引逼结合，以逼为主"的原则，以提高环保标准和严格执法为主要手段，加大政策引导和资金扶持，加快燃煤（重油）锅炉和窑炉清洁能源替代。

2. 因地制宜，分类指导和推进。根据燃煤（重油）设施的功能、规模、排放水平，制订 2015 年、2017 年分阶段推进目标和工作计划。各镇（金山工业区）、区属公司可根据辖区企业分布情况和外部配套条件，指导企业采取燃气管输/非管输、电力、集中供热、分布式供能等不同形式进行替代，降低企业的改造成本和运行费用。

3. 鼓励先行，实施差别化政策。鼓励企业提前改造，根据改造的时间，给予不同程度的补贴。鼓励各镇（金山工业区）、区属公司加大工作推进力度。

（二）主要目标

到 2015 年底，本区完成 480 台燃煤（重油）锅炉及 47 台窑炉的清洁能源替代，其中：2013 年计划实施替代 140 台锅炉、15 台窑炉；2014 年计划实施替代 160 台锅炉、17 台窑炉；2015 年计划实施替代 180 台锅炉、15 台窑炉。

到 2017 年底，完成集中供热企业锅炉的清洁能源替代。

（三）预期效果

完成上述目标后，到 2015 年底，预计每年可减少分散燃煤 30 万吨，减少排放二氧化碳 110

· 219 ·

万吨、二氧化硫约 0.5 万吨、氮氧化物约 0.3 万吨、烟尘约 0.1 万吨。

二、保障措施和配套政策

（一）将全区区域范围确定为无燃煤区域

根据国家加强大气污染防治的要求，修订后的《上海市实施<中华人民共和国大气污染防治法>办法》，将全区区域范围确定为无燃煤区域。

在全区范围内，除公用电厂的电站锅炉外，禁止新、改、扩建以煤炭或重油为燃料的高污染锅炉或窑炉。自 2016 年 1 月 1 日起，除电站锅炉、已有集中供热、热电联产锅炉和钢铁窑炉外，全区禁止燃烧煤炭（含水煤浆）、重油、木柴等高污染燃料。

自 2018 年 1 月 1 日起，禁烧范围扩展到集中供热和热电联产锅炉。

（二）实施更加严格的锅炉排放标准

2013 年 12 月底前，出台更加严格的锅炉排放标准，2015 年 7 月 1 日起在全区范围内执行。

（三）制定和完善天然气管网规划，加快天然气管网建设

完善和修订本区天然气管网规划，2014 年 3 月底前，在全区规划基础上，结合锅炉和工业区块分布情况，完成天然气管网规划的制定和修订工作。

区燃气公司根据制定或修订的天然气管网规划，加紧安排规划内天然气管网的施工，到 2014 年底，确保天然气管网基本到达有用气需求的工业区块（104 区块）。

（四）推进工业园区集中供热规划编制和热网建设

在工业园区推进新建燃气热电联产的集中供热项目，以及现有燃煤集中供热企业的热电联产改造，加快项目审批，积极协调电力接入和燃气配套等外部条件。

对具备集中供热条件的工业园区或区块，于 2014 年底前编制完成热网规划，并结合规划编制，加快热网建设，为燃煤（重油）锅炉和窑炉使用企业的热力替代提供基础条件。

（五）推动燃气及电力企业为清洁能源替代工作提供技术服务和政策优惠

区燃气公司应加快管网基础设施建设，继续为本区的清洁能源替代工作提供技术服务，并在管道配套费用及气价方面给予优惠。

鼓励电力企业积极参与本区锅炉和窑炉清洁能源替代工作，为企业的清洁能源替代提供技术服务，并在政策配套、建设成本及运营费用上给予支持和优惠。

（六）调整完善原有扶持政策

1. 进一步明确和扩大扶持范围及对象。对使用煤炭、重油、水煤浆、木柴等高污染燃料的锅炉和窑炉等燃烧设施，在 2011—2015 年期间，采用天然气、电力、太阳能、热泵、热力（含集中供热）等清洁能源替代（含非锅炉形式）的企业给予相应扶持。

2. 采用年度差别化激励政策。对支持范围内企业，结合替代前锅炉容量，按照以下标准执行（不足 1 蒸吨的，按实补贴），具体见下表。

燃煤锅炉和窑炉清洁能源补贴标准

单位:万元/蒸吨

项　　目	原支持标准（48 号文件）	2013 年	2014 年	2015 年
市级财政	20	26	26	20
区本级财政	6	6	6	6

（续表）

项　　目	原支持标准(48号文件)	2013年	2014年	2015年
镇级财政	4	4	4	4
合计	30	36	36	30

重油锅炉补贴标准不变,仍按照10万元/蒸吨补贴,市、区两级财政各承担50%,即市级补贴5万元/蒸吨、区本级财政承担3万元/蒸吨、镇级财政承担2万元/蒸吨;对于窑炉及其他燃用高污染燃料的设施,仍执行"48号文"中的折算标准,按照折算后的蒸吨数以及上述补贴标准给予补贴;对已于2012年获得资金补贴的企业,按照2013年标准补齐差价。

对不实施清洁能源替代而直接关停的燃煤(重油)锅炉和窑炉等设施的企业,可按照有关规定,申请本区产业结构调整政策扶持,同一项目不得重复申请享受本区节能减排专项资金支持。

3. 提高锅炉改造的资金补贴上限。将同一独立法人单位享受的市级补贴最高限额提高至1 000万元,区级补贴相应提高限额标准,由250万元提高到500万元。

4. 优化资金申请的审批流程。加快审批进度和资金拨付。企业只需提供原燃煤(重油)锅炉和窑炉关停方式的证明材料,以及改造和重新配置清洁能源替代设备设施(方式)可。同一法人企业要在完成全部锅炉和窑炉的清洁能源替代后,一次性申报补贴资金,补贴资金按照申请年度补贴标准执行。

5. 支持供气、供电配套工程设施建设。对于燃气替代项目,市政管网到企业红线外天然气管道敷设费用由燃气公司和企业各承担50%;对于采用电锅炉替代的,根据《上海市电力公司电锅炉推广项目供电配套优惠政策》(上电司销〔2013〕1234号),由电力企业给予配套优惠,其中,实施电锅炉替代的0.4KV业扩工程,实行按实收费,涉及的上级电网改造工程,费用由供电企业承担,按业扩配套项目实施;实施电锅炉替代的10KV业扩工程,对其中电锅炉部分的供电容量,在本市非居民业扩工程定额标准的基础上给予优惠。

6. 实施能源优惠供应政策。鼓励燃气供应企业为替代企业提供气价优惠。对于采用电锅炉替代的用户,给予分季节执行平、谷时段电价优惠,高峰电价按照平价执行,优惠部分由供电企业自行消纳。

(七) 鼓励多种形式的能源供应企业参与清洁能源替代工作

对燃气管网建设暂时无法到达的区域内企业,鼓励采用非管输天然气形式或使用电、太阳能等清洁能源,鼓励此类能源供应或技术服务企业参与清洁能源替代工作,为企业提供更多的技术支持和服务。鼓励专业化能源服务公司采用合同能源管理、设备租赁等多种方式,开展清洁能源替代工作,支持节能减排服务向专业化方向发展。

区燃气主管部门应加强协调,对非管输天然气和管输天然气在转换过程中涉及的资产、运行等问题,予以衔接。

(八) 加强对燃气、电力供应及配套过程中的价格指导和工程监督管理

加强各项工程型收费的价格监督,设立举报电话,对于价格虚高、重复收费、工程质量不合格、指定设备设施等违规行为,一经查实,根据有关规定,给予相应惩罚。

（九）进一步加大宣传和技术指导力度

进一步协调天然气（管输及非管输）、电力、其他能源供应企业，以及专业化技术服务公司，通过宣传手册（技术手册、典型案例、服务/设备供应商名录等）、宣讲会以及企业见面会等多种形式，向燃煤（重油）锅炉和窑炉用户进行宣传和技术指导；行业协会在本行业内积极进行政策宣传和应用推广，提高企业的认知度和重视程度。

三、进一步加强组织协调

各镇（金山工业区）、区属公司应主动与区相关部门密切配合，加大协调力度，形成高效的工作机制。

各镇（金山工业区）、区属公司是本次替代工作的责任主体，按照"在地原则"推进此项工作。加快推进区域内天然气管网规划、工业园区热网规划的制定修编、协调推进和建设实施，确保各项政策和资金落实到位。对于少数因实施清洁能源替代而导致生产经营困难的涉及民生企业，应采取多种措施给予扶持。

除"48号文"中明确的职责分工外，增加相关部门的职责如下：

区发展改革委协调集中供热企业的热电联产改造和电力接入，加快项目审批力度、加大电力接入协调力度。

区经委（区清洁能源替代办公室）是本次替代工作的区级主要推进部门，根据本实施意见，进一步细化工作方案，简化资金申报流程，加大推进和协调力度；加强清洁能源替代的宣传和技术服务工作，编制技术、案例和设施设备供应的宣传手册；设立监督举报电话，进一步加强对能源供应、工程施工、价格收费等方面的监督和管理。

区环保局依据市政府重新修订的锅炉和窑炉的排放标准，落实和加强环保监管和监督检测，加大执法频次，依法从严处罚。对排放不达标的单位，环保部门依法报请区人民政府责令其限期治理；逾期未完成治理任务的，报请做出限期治理决定的政府责令其停业、关闭。

区建设交通委负责推进本区总体燃气规划，指导各镇（金山工业区）燃气规划的制定和修订，推进燃气公司按照规划开展天然气管道的配套建设，指导监督燃气公司实施优惠供应价格；协调非管输企业和燃气公司的衔接，制定非管输应用的管理办法和规程。

区财政局负责区配套资金的到位，组织指导绩效评定工作。

区质量技监局依法履行锅炉节能监督管理职责，配合相关部门加强执法检查；为企业提供锅炉停用/报废的相关证明；研究出台配合本实施意见的锅炉检验方法及节能检查办法。

区规划土地局加强天然气管网、热力管网规划审批以及项目建设过程中提供规划审批的指导、协调和衔接等工作。

区燃气供应公司根据本区天然气管网规划，加快管网建设；落实燃气价格优惠政策；为锅炉和窑炉清洁能源替换提供技术服务和配套建设。

金山供电公司负责加快电网建设、保障电力供应，为锅炉和窑炉的清洁能源替代提供技术服务、电力配套和相关优惠。

本实施意见自 2013 年 12 月 1 日起施行，有效期至 2017 年 12 月 31 日。

"48号文"与本实施意见不一致的，按照本实施意见执行。

（十）上海市财政现代农业生产发展资金管理实施细则

沪财农〔2013〕36 号

新区、闵行区、嘉定区、宝山区、奉贤区、松江区、金山区、青浦区、崇明县财政局,市有关单位:

为进一步加强和完善中央财政现代农业生产发展资金使用管理,保障资金安全、高效运行,根据财政部《中央财政现代农业生产发展资金管理办法》(财农〔2013〕1 号)要求,我局修订了《上海市财政现代农业生产发展资金管理实施细则》,现印发给你们,请认真按照执行。

上海市财政局

2013 年 6 月 20 日

上海市财政现代农业生产发展资金管理实施细则

第一章 总 则

第一条 为规范和加强现代农业生产发展资金管理,提高资金使用效益,根据《中华人民共和国预算法》《财政部关于印发〈中央财政现代农业生产发展资金管理办法〉的通知》(财农〔2013〕1 号)和财政资金管理的有关规定,制定本细则。

第二条 本细则所称现代农业生产发展资金,是指中央、市和区县财政预算统筹安排,共同用于支持各区县和市相关主管单位(以下简称"区县和单位")具有区域优势、地方特色的农业主导产业(以下简称"优势主导产业"),促进粮食等主要农产品有效供给和农民持续增收,推进农业现代化建设的专项资金。

第三条 市和区县财政部门应加强与农业、水利、林业及有关涉农部门的沟通协作,充分发挥相关部门的职能作用,以优势主导产业发展规划为平台,按照"渠道不乱、用途不变、统筹安排、集中投入、各负其责、各记其功、形成合力"的原则,积极整合相关支农资金,统筹用于支持优势主导产业发展。同时,积极推进机制创新,引导社会各方面增加优势主导产业发展投入。

第四条 区县和单位应以优势主导产业发展规划和区域布局为基础,安排现代农业生产发展资金,支持优势主导产业集中开发,推进集约化、标准化和规模化生产,培育发展优势主导产业带和重点生产区域,提高现代农业生产的示范引导效应。

第五条 市和区县财政部门要以现代农业生产发展资金为引导,将性质相同、用途相近的财政支农资金统筹安排使用,不断加大支农资金整合力度。同时,充分发挥财政资金的引导作用,积极吸引社会资金对现代农业的投入。

第二章 资 金 分 配

第六条 现代农业生产发展资金分配遵循以下原则：

（一）公正规范,科学合理。公平、合理、规范地分配资金,体现公平与效率;

（二）突出重点,统筹兼顾。集中资金重点支持关键环节,向优势产区倾斜,同时兼顾区域间的平衡;

（三）绩效评价,结果导向。建立项目实施和资金管理的绩效评价制度,实行以结果为导向的资金分配管理机制。

第七条 现代农业生产发展资金综合考虑区县和单位粮食等主副食品产量、地方财力、绩效评价结果和其他相关因素,以规范、合理的项目实施方案为需求进行分配。通过加强现代农业生产基础建设,推进农业规模化、标准化生产,进一步促进区域农产品产量明显提高、质量明显提升、结构明显改善和农民明显增收。

第八条 现代农业生产发展资金择优扶持农民专业合作组织、主要农产品生产基地以及对农户示范带动能力较强的农业产业化龙头企业。

第三章 方案编报与资金下达

第九条 根据财政部下达的现代农业生产发展资金以及明确的扶持政策和工作要求,结合本地优势主导产业发展实际,以及本市年度预算安排、资金分配结果和财政预算执行政策及要求,市财政部门会同农业等主管部门及时研究确定重点支持的优势主导产业和关键环节,制发《现代农业生产发展资金项目申报指南》,并向社会公示。

第十条 区县财政部门会同农业部门组织项目申报工作。项目实施方案编制的主要内容有:优势主导产业发展状况、项目建设目标、项目实施所具备的条件、项目前期准备情况、项目建设内容、资金投入情况、资金整合计划、资金具体用途、组织保障措施和项目预期效益等。项目实施方案形成后,由区县财政部门会同相关部门联合上报市财政部门和市相关部门,市相关主管单位参照申报。

第十一条 现代农业生产发展资金实行项目评审制度,由市财政部门择优委托专业评审机构,对项目实施方案(包括建设内容及资金概算)的必要性、合规性进行评审后出具专业评审报告。

第十二条 对于评审通过的项目,将根据中央资金、地方部门预算及整合资金情况,择优落实财政补助资金年度计划,市财政部门会同市相关部门及时下达项目实施计划批复,并将财政资金拨至区县财政部门和市相关主管单位。现代农业生产发展资金不得切块到有关主管部门。

第十三条 中央现代农业生产发展资金全市性的年度实施方案,由市财政局以正式文件上报财政部备案。

第四章 资金使用管理

第十四条 区县和有关单位应紧紧围绕关系国计民生或者具有区域优势、地方特色的农业主导产业,培育现代农业生产发展资金扶持的立项优势主导产业,要将立项优势主导产业扶持项目落实到具体品种,不得笼统地将粮食、畜禽、水产、林业等综合性行业作为一个立项优势主导产业。

区县和有关单位应严格控制立项优势主导产业的数量,对立项优势主导产业的扶持要保持一定的连续性,并按照集中连片的原则,推进产业带建设,形成规模效益,确保优势主导产业做大、做强、做优。

第十五条 市财政部门会同有关部门按照国家的现代农业发展要求,结合上海农业产业发展实际,针对制约立项优势主导产业发展的瓶颈问题和薄弱环节,区分轻重缓急,具体研究确定年度所支持的关键环节。

第十六条 市财政部门对每项优势主导产业选择一至两个关键环节给予重点支持。现代农业生产发展资金重点支持的关键环节是:

粮食类产业(主要包括水稻、小麦等产业):重点支持以农田水利设施为主的农田基础建设;

畜禽类产业(主要包括养猪、养牛、养羊、养鸡等产业):重点支持畜牧标准化、规模化、生态养殖基地和种养结合家庭农场建设和改造;

水产养殖类产业(主要包括养鱼、养虾蟹等产业):重点支持规模化养殖基地池塘建设和改造;

水果类产业(主要包括柑橘、葡萄等产业):重点支持果园基础设施建设、优质种苗培育及推广;

其他经济作物类产业(主要包括蔬菜、花卉等产业):重点支持种植基地建设、优质种苗培育及推广。

第十七条 对农民等项目受益主体给予直接补助的,应主要采取以奖代补、先建后补等形式,充分调动农民积极性,提高项目实施效果。

第十八条 对农业龙头企业的支持,应当遵循以农民为受益主体的原则。对农业龙头企业农产品基地的农业生产环节,鼓励采取先建后补或者以奖代补方式给予扶持;对农业龙头企业加工环节,如生产设备购置、技术改造升级等方面的扶持,应严格控制,并且原则上只采取贴息的方式。

对单个农业龙头企业支持额度超过一百万元的,应在项目实施方案中单独列示资金的补助方式及资金的具体用途等内容。

第十九条 现代农业生产发展资金不得用于平衡预算、偿还债务、建造办公场所、建设车间厂房、改善办公条件、购置车辆、购买通讯器材、发放人员工资补贴等与所扶持主导产业发展无关的支出,不得用于建设农民群众不满意、没有推广价值的"示范园区"等形象工程。

第二十条 中央财政资金不得用于开支项目管理工作经费。在项目建设管理中确需安排的工程设计、质量监督、工程审价、财务审计等购买服务支出,可按总投资 1 000 万元以下不高于 5%、1 000 万元(含)以上不高于 3% 的比例,在地方财政或自筹资金中据实列支。

第二十一条 区县和单位应当督促项目实施单位严格按照市批复的项目实施计划使用资金,不得随意调整实施主体、实施地点和资金用途。实施主体或实施地点调整,单项工程或投资额调整在 15% 以上的,应逐级报经市财政部门会市相关部门批准。

第二十二条 区县和单位应按照批复的项目资金计划,积极筹措、及时足额落实财政配套资金和单位自筹资金。

第二十三条 现代农业生产发展资金实行区县财政或市主管单位报账制,项目资金支付按照财政国库管理制度有关规定执行,根据项目完成进度拨款,区县和单位应预留市级资金20%,在项目通过市级全面验收后结算。以奖代补、先建后补或财政贴息资金,应在通过市级对工程审价、财务审计、银行贷款等相关工程、资料进行全面验收后办理拨款。

第二十四条 按照科学化、精细化管理要求,建立和完善现代农业生产发展资金各项规章制度,加强公示公告制、项目法人制、招投标制、政府采购制、工程监理制、工程审价制及财务审计制等管理,规范管理程序,确保资金专款专用、安全有效。需要聘用社会专业机构从事专业服务的,应由区县和单位财政(务)部门会相关部门或市相关主管单位择优委托。

第二十五条 区县有关单位应当加强现代农业生产发展资金的预算执行管理,提高预算执行的及时性与有效性,保证项目顺利实施。

第二十六条 中央现代农业生产发展资金项目竣工后,区县和有关单位要及时、规范地组织开展竣工验收工作。在此基础上,市将组织力量进行抽查,并对发现的问题责令限期整改。

第二十七条 区县和有关单位应遵循勤俭办事原则,控制并降低项目工程建设成本,发挥资金的最大效益,因此而产生的结余资金在本细则规定用途内继续用于支持优势产业发展,由市财政部门备案,并结合验收情况,同各区县或市相关主管单位办理资金结算。

第二十八条 现代农业生产发展资金项目坚持建设与管理并重,区县和单位应立足各自实际,加强对已建工程项目所形成资产的管理,建立工程项目的管护机制,明确管护要求,落实管护责任,发挥各项资产的最大效益。

第五章 绩效评价和监督检查

第二十九条 市财政建立现代农业生产发展资金绩效评价制度。市财政会同市有关部门对区县和单位上一年度工作开展绩效评价,并将绩效评价结果作为资金分配的重要因素,根据实际情况合理运用评价结果,引导区县和单位管好用好资金,充分发挥资金使用效益。

第三十条 项目实施方案及资金用途不符合相关规定,又擅自安排使用现代农业生产发展资金的,市财政部门将责令进行整改,整改不到位的将追回有关资金。

第三十一条 区县和单位应当会同有关部门对项目实施和资金管理情况进行监督检查。对弄虚作假或挤占、挪用、滞留现代农业生产发展资金的,一经查实,应立即责令改正,追回资金,并依照《财政违法行为处罚处分条例》等国家有关规定追究法律责任。

第三十二条 对违规违纪使用现代农业生产发展资金并造成恶劣影响的区县和单位,下一年度不得纳入现代农业生产发展资金的扶持范围;市财政部门在安排下一年度资金时,根据违规违纪性质,按其金额的一至三倍予以扣减,并在全市范围通报。

第六章 附 则

第三十三条 本细则自 2013 年 2 月 1 日起开始施行。上海市财政局关于印发《上海市现代农业生产发展资金项目管理办法》的通知(沪财农〔2011〕67 号)同时废止。

上海市财政局

2013 年 6 月 20 日

（十一）上海市地方现代农业生产发展资金项目管理办法

沪农委〔2013〕307 号

各区县农委、各区县财政局、光明食品集团：

为了加强和规范上海市地方现代农业生产发展资金项目管理,提高资金使用效益,市农委会同市财政局研究制订了《上海市地方现代农业生产发展资金项目管理办法》,现印发给你们,请认真按照实施。

上海市农业委员会

上海市财政局

2013 年 9 月 2 日

上海市地方现代农业生产发展资金项目管理办法

第一章 总 则

第一条 为了加强和规范上海市地方现代农业生产发展资金项目管理,提高资金使用效益,根据国家和市级农业项目和资金管理的有关规定,制定本办法。

第二条 本办法所称地方现代农业生产发展资金,是指市和区县两级财政预算共同安排,用于本市发展安全、高效、生态农业,提升农业现代化水平的项目建设专项资金。

第二章 扶持范围和重点

第三条 本市地方财政支持现代农业生产发展资金项目按照"突出重点、注重实效、创新机制"的原则,加大支农资金整合力度,重点支持地方优势特色产业发展,解决和突破制约本市都市现代农业生产发展的瓶颈问题,着力增强地产农产品保鲜储运和精深加工能力,提升本市优质农产品种苗的生产能力和水平,发挥现代农业生产的示范引导效应,促进产业持续平稳健康发展。

第四条 地方现代农业生产发展资金项目对直接带动本地农民增收的农产品冷链建设项目、粮食烘干项目和以农民专业合作社为项目受益主体的项目给予重点支持。

第三章 项目申报与审批

第五条 市农委、市财政局根据安排的地方现代农业生产发展资金年度规模,牵头部署项目申报工作,并于每年 7 月底前下发下一年度项目申报指南。

第六条 各区县农委、光明食品集团是本项目的申报单位。区县农委会同区县财政局共同确定本区县推荐申报的项目,光明食品集团负责确定所属企业推荐申报的项目,上报市农委、市财政局审核。

第七条　项目建设单位应当具备以下条件:

（一）具备独立法人资格的农民专业合作社、农业产业化龙头企业及相关农业生产经营管理企业;

（二）具备较高农业生产管理水平和较强农业技术力量;

（三）具有一定的产业带动辐射能力;

（四）成立一年以上,资产结构及经营状况良好,具有较强自筹资金投入能力。

第八条　区县农委、光明食品集团应根据年度项目申报指南要求,组织项目建设单位选择有农业项目咨询资质的中介机构编制地方现代农业生产发展资金项目实施方案,主要内容包括项目建设单位基本情况、项目建设的必要性和可行性、市场供求分析及预测、项目地点选择和生产工艺技术分析、项目建设目标和内容、投资估算和资金筹措、建设期限和实施进度安排、项目组织管理与运行、效益分析与风险评价、土地规划和环保措施等。

第九条　市农委、市财政局组织开展对实施方案的评审论证,并根据评审意见和实施方案修改完善情况,择优筛选确定扶持的地方财政现代农业生产发展资金项目,并下达项目批复。

第四章　项目建设和验收

第十条　区县农委和光明食品集团是项目建设的主管部门,具体负责项目实施的指导、协调、推进、验收、监督等工作。

第十一条　项目实施应按规定实行项目法人、政府采购、招标投标、资金使用合同管理、施工监理等制度。

第十二条　项目建设单位必须严格按照批复的实施方案执行,不得擅自调整项目实施方案和资金使用范围。

第十三条　对确需调整项目建设内容的,必须报区县农委、财政局批准同意方能实施。如调整内容涉及建设地点变更、项目建设单位变更,以及调整的资金或工程量超过批复数10%的,需报市农委、市财政局核准。

第十四条　项目建设周期为市农委和市财政局下达批复之日起的二年。如需延期应报市农委、市财政局批准。

第十五条　区县农委和光明食品集团是项目验收的主体。项目完工后,项目建设单位应在完成项目竣工决算审价审计工作的前提下,先行开展自验工作,做好项目档案。各区县农委、光明食品集团应委托具有相应资质的社会中介机构实施资金审计和工程审价,项目财政资金及自筹资金使用情况、项目建设主要内容应实行公示制。

第十六条　项目验收的主要内容包括项目建设任务完成情况、资金到位情况、资金使用情况,工程运行管理和文档管理情况等。区县农委会同区县财政局、光明食品集团组织开展项目竣工验收,形成验收意见,并在验收完成一个月内将验收报告报市农委、市财政局。

第十七条　市农委、市财政局将组织对区县验收工作进行检查,如发现项目建设和验收过程中存在违反本管理办法的行为,责令限期整改,并视情况暂停相关区县或单位下年度项目申报资格。

第五章　项目资金和资产管理

第十八条　项目建设区县和项目单位要按照地方现代农业生产发展资金项目实施方案和建设计划,积极筹措,及时、足额落实项目建设资金。单位应建立完善的财务制度,按规定范围使用资金,不得挪作他用。

第十九条　项目资金筹集采取项目建设单位自筹和政府补贴相结合的方式。项目建设单位自筹资金比例不低于总投资额的25%,区县配套资金与市级补贴资金的比例不低于1：1,单个项目市级补贴资金规模在年度项目申报指南中明确。

第二十条　项目设计费、招标代理费、监理费等管理费用,在项目建设单位自筹资金中列支,总额不超过项目总投资额的8%。

第二十一条　项目实施方案批复后,由市财政局将市级财政补贴资金拨付到区县财政,项目资金实行区县级财政报账制和专账核算,并按照工程进度支付,确保资金专款专用。区县财政局应加强项目资金的财务管理。项目建设单位要严格按照规定程序及时办理报账,报账资金的支付实行转账结算,严格控制现金支出,严禁白条入账。

第二十二条　项目建设单位是农民专业合作社的,项目竣工验收合格后,由市、区县财政资金投入形成的资产,由合作社依法占有和使用,并平均量化到合作社成员账户,按照相关法律法规进行核算管理。

第二十三条　项目建设单位是企业的,区县农委应按照国有资产管理的有关规定落实管理部门和管理责任,确保资产安全有效使用,项目建设单位要做好设施的维护与保管,不得自行处置。

第二十四条　对弄虚作假或挤占、挪用项目资金的单位和个人,一经查实,应立即责令改正,追回补贴资金,并依照《财政违法行为处罚处分条例》等国家有关规定追究法律责任。

第二十五条　在浦东新区支农整合资金中安排的地方现代农业生产发展资金项目参照本办法执行,由浦东新区农委、财政局负责审批,并报市农委、市财政局备案。

第六章　附　则

第二十六条　本办法由市农委负责解释。

第二十七条　本办法自发布之日起施行。

（十二）关于本市加快推进家庭农场发展的指导意见

沪府办发〔2013〕51 号

各区、县人民政府,市政府各委、办、局:

为贯彻中共中央、国务院《关于加快发展现代农业进一步增强农村发展活力的若干意见》(中发〔2013〕1 号),稳定完善农村基本经营制度,积极培育新型农业经营主体,加快发展上海都市现代农业,经市政府同意,现就本市加快推进家庭农场发展提出指导意见如下:

一、充分认识加快发展家庭农场的重要意义

当前,上海农业农村发展进入了新阶段。应对日益加剧的农业兼业化、农民老龄化的趋势,解决今后谁来种地、怎样种好地的问题,亟须创新以家庭农场为重点的现代农业经营主体。家庭农场是指以家庭成员为主要劳动力,从事农业规模化、集约化、商品化生产经营,并以农业为主要收入来源的新型农业经营主体。本市松江区培育和发展粮食生产家庭农场,走出了一条规模适度、集约生产、专业经营、农民增收的发展新路子,为发展都市现代农业提供了经验。

实践证明,发展家庭农场是坚持和完善农村基本经营制度的必然选择。家庭经营符合农业生产自身的特点,具有广泛的适应性和旺盛的生命力。发展家庭农场,有利于实现农业适度规模经营,提高劳动生产率;有利于培育新型职业农民,增加农民收入;有利于控制大城市人口过快增长,改善农村生态环境。各区县要围绕提高农业综合生产能力、促进农民增收、推进城乡一体化这一目标,积极创造条件,大力推广松江区培育和发展粮食生产家庭农场的经验和做法,坚持农村基本经营制度和家庭经营主体地位,在加快土地有序规范流转的基础上,加强示范引导,加大扶持力度,完善服务管理,推动家庭农场健康发展,为建设都市现代农业和城乡一体化发展提供持续的动力和活力。

二、把握家庭农场发展的总体要求和基本特征

(一)总体要求。以科学发展观为指导,以加快构建本市新型农业经营体系为目标,坚持稳定完善农村基本经营制度,强化农民群众主体地位;坚持发展现代农业导向,提高农业综合生产能力;坚持适度规模取向,优化资源要素配置运用;坚持统筹扶持推进,加强引导支持与服务保障。在郊区县加快推广粮食生产家庭农场,积极探索粮食经作型、果蔬园艺型家庭农场,到"十二五"末,努力形成家庭农场和农民专业合作社、农业龙头企业等多种农业经营主体协同配合、互促共进的局面,推动都市现代农业稳定健康发展。

(二)基本特征。一是家庭经营。家庭农场的经营者是本地专业农民,主要依靠家庭成员从事农业生产活动;除季节性、临时性聘用短期用工外,一般不常年雇用外来劳动力从事家庭农场的生产经营活动。二是规模适度。家庭农场经营土地规模要与经营者的劳动生产能力相适应。现阶段粮食生产家庭农场的土地规模以100—150亩为宜,今后随着农业生产力水平的进一步提高、农业劳动力的进一步转移,可逐步扩大土地规模。三是一业为主。家庭人员的主要职业是农业,家庭主要收入来源于农业收入。四是集约生产。家庭农场经营者要接受过农业技

能培训;家庭农场经营活动有比较完整的财务收支记录;对其他农户开展农业生产要有示范带动作用。与小规模农户相比,家庭农场的劳动生产率、土地产出率和资源利用率要有明显提高。

三、明确建立、扶持发展家庭农场的政策措施

（一）引导土地优先流向家庭农场。坚持"依法、自愿、有偿"的原则,积极引导农村土地有序规范流转。鼓励通过建立老年农民养老补贴机制等,引导农民将土地承包经营权委托村委会统一流转,组建家庭农场。加强全市涉农乡镇土地流转服务平台的规范化建设,健全农村土地流转服务网络,为农村土地流转提供法律政策咨询、流转信息发布、流转价格评估、合同签订指导和利益关系协调等服务。

（二）建立家庭农场登记建档制度。在区县农业部门建立家庭农场初始登记制度,切实保护好家庭农场的土地经营权。各级农业部门要明确认定标准,主要包括经营者资格、劳动力结构、收入构成、经营规模、土地流转期限、管理水平等。开展家庭农场名录建档、培训、跟踪管理和服务,增强扶持政策的针对性。建立对家庭农场的年度报备制度,为建立家庭农场的退出机制和创建示范性家庭农场创造条件。

（三）健全家庭农场财政扶持政策。市、区县要安排专项奖补资金,对土地出租期限较长的流出农户和引导培育家庭农场发展的村委会实行考核奖补,加快农村土地有序规范流转,为发展家庭农场创造条件。要将家庭农场纳入现有财政支农政策扶持范围,并予以倾斜,通过贷款贴息、项目补助、定额奖励等形式,支持家庭农场改善生产条件、实行标准化管理、降低经营风险等,逐步提高家庭农场的土、水、路、电等建设标准。

（四）执行家庭农场工商税费扶持政策。家庭农场可在自愿的基础上,到工商部门办理登记,申领营业执照,依法取得市场主体资格。家庭农场按规定享受国家对农业生产、加工、流通、服务和其他涉农经济活动相应的税收优惠。税务部门要对经工商登记后的家庭农场完善税收管理,在税务登记、纳税申报、发票领用等环节为家庭农场提供优质、便捷的服务。税务、农业部门要密切配合,指导家庭农场履行税务登记和纳税申报,确保家庭农场可享受的国家各项税收优惠政策落实到位。

（五）加大金融保险电力支持力度。积极创新担保方式,将家庭农场纳入小额信贷保证保险范围,为家庭农场提供发展生产所需贷款服务。将家庭农场纳入政策性农业保险范围,并予以政策倾斜;增加农业保险在家庭农场的险种,为家庭农场发展提供保障。家庭农场中从事粮食、蔬菜等种植业的用电、粮食烘干机械的用电以及各种畜禽产品养殖、水产养殖的用电,执行农业生产用电价格。

（六）完善家庭农场人才培育培训。把家庭农场经营者纳入新型职业农民培训范围,根据从业特点及能力素质要求,科学制定教育培训计划并组织实施,确定培训的主要内容、方式方法、经费投入等。探索建立教育培训制度,制定认定管理办法和扶持政策。充分利用各类培训资源,加大对家庭农场经营者培训力度,提高他们的生产技能和经营管理水平,逐步培养一批有文化、懂技术、善管理、会经营的家庭农场经营者。在选择家庭农场经营者时,坚持本集体经济组织成员优先的原则,鼓励吸引爱农、懂农、务农的本地人士兴办家庭农场。

（七）强化对家庭农场提供社会化服务。加快构建新型农业社会化服务体系,培育多元化、多形式、多层次的农业生产性服务组织,为家庭农场提供各类服务。各有关区县都要建立农

技人员联系家庭农场制度,及时提供各类信息、技术、经营等指导服务。进一步拓展农业社会化服务,解决家庭农场在生产经营中办不好、办不了的问题。发展粮食订单收购,搞好粮食流通市场的信息指导服务,形成稳定售粮渠道。要探索农机社会化服务新机制,鼓励机农合一、互助合作,推进以公共投入为主的粮食烘干中心(基地)、扶持农机维修保养和零配件供应服务组织发展,为家庭农场提供有力保障。鼓励组建家庭农场协会,加强相互交流与协作。

四、落实加快家庭农场发展的保障措施

(一)加强组织领导。有关区县要进一步统一思想,提高认识,把加快发展家庭农场作为"三农"工作的重要任务来抓。各级农业、财税、工商、金融、保险、电力等部门、单位要认真履行各自对家庭农场的管理、指导和服务职责,加强沟通协作,形成扶持合力。各级政府要加强对家庭农场培育发展的统筹协调,将家庭农场发展纳入干部考核内容。要采取措施,加大非农就业力度,进一步转移农村富余劳动力,为发展家庭农场创造条件。有关区县要结合实际,制定家庭农场发展规划,明确发展目标和重点。各级农业部门要发挥发展家庭农场的主力军作用,做好对家庭农场的调查、监测和分析,加强发展机制和规律研究,着力破解发展难题。

(二)加强指导服务。发展家庭农场要务求实效,杜绝形式主义,防止一哄而上,防止片面追求数量和规模。有关区县既要积极借鉴松江区的经验和做法,又要结合本地实际,因地制宜,创造性地开展工作。有关区县、乡镇要认真研究制定本地区示范性家庭农场标准,加强指导、分级管理、分类扶持。尚未创建家庭农场的地区要加强排摸,创造条件,选择试点,以点带面,逐步推广。已创建家庭农场的地区,要建立健全家庭农场经营资格评估制度与建立考核退出机制,不断提高家庭农场的质量水平。鼓励各类家庭农场发展多种经营,实现忙闲相济,并按照科学种田的要求,通过粮经结合、种养结合、机农结合,不断提高家庭农场的综合效益。

(三)加强宣传引导。要充分运用各类媒体,开展家庭农场相关政策和先进典型宣传,表彰奖励培育、指导和扶持家庭农场的单位和个人。及时总结家庭农场发展过程中的经验和做法,加强学习交流,努力营造领导重视、群众关注、社会支持发展家庭农场的良好氛围,促进家庭农场全面健康发展。有关区县要按照本指导意见精神,结合实际,制定相关实施意见。

本指导意见从 2013 年 10 月 1 日起实施,有效期至 2018 年 9 月 30 日。

上海市人民政府办公厅

2013 年 9 月 22 日

（十三）上海市天然气分布式供能系统和燃气空调发展专项扶持办法

沪府办发〔2013〕14 号

各区、县人民政府,市政府各委、办、局:

市发展改革委、市建设交通委、市财政局、市经济信息化委、市科委制订的《上海市天然气分布式供能系统和燃气空调发展专项扶持办法》已经市政府同意,现转发给你们,请认真按照执行。

上海市人民政府办公厅

2013 年 3 月 19 日

上海市天然气分布式供能系统和燃气空调发展专项扶持办法

为提高清洁能源综合利用效率,推进节能减排和能源供应方式转型发展,促进分布式供能规范有序、健康持续发展,并通过示范项目带动能源科技创新和装备产业发展,按照《国家发展和改革委员会、财政部、住房和城乡建设部、国家能源局关于发展天然气分布式能源的指导意见》《上海市节能减排专项资金管理办法》等的规定以及"效率为先、择优支持、创新机制、营造环境"的原则,制定本办法。

第一条 （支持对象）

（一）在本市医院、宾馆、工厂、大型商场、商务楼宇、综合商业中心等建筑物以及工业园区、大型交通枢纽、旅游度假区、商务区等园区建设的单机规模 1 万千瓦及以下的天然气分布式供能系统项目。

（二）应用燃气空调的项目。

第二条 （实施年限）

本办法适用于 2013 年至 2015 年建成的项目。

第三条 （资金来源）

用于补贴天然气分布式供能项目和燃气空调设备投资的资金,在市节能减排专项资金中安排。

第四条 （支持方式和标准）

（一）对分布式供能项目按照 1 000 元/千瓦给予设备投资补贴,对年平均能源综合利用效率达到 70% 及以上且年利用小时在 2 000 小时及以上的分布式供能项目再给予 2 000 元/千瓦的补贴。每个项目享受的补贴金额最高不超过 5 000 万元。

对燃气空调项目按照 200 元/千瓦制冷量给予设备投资补贴。

（二）燃气供应企业要优先保障天然气供应,实施优惠气价,如遇上游天然气门站价格调整,实行上下游价格联动调整。

对用户红线外的燃气管道及其配套设施工程列入燃气发展规划的,原则上按照规划要求,落实配套。对替代燃煤(重油)锅炉未列入燃气发展规划,需要建设用户供应专线(支线)的天然气分布式供能项目,由燃气企业按照《上海市公用管线工程预算定额(2000)》标准的40%,收取排管工程费(供需双方另有约定的,从其约定)。

(三)优先将天然气分布式供能系统和燃气空调项目的燃气排管工程列入道路掘路计划。排管工程需在新建、扩建、改建的城市道路竣工后5年内或者大修的城市道路竣工后3年内开挖施工的,市、区(县)路政管理部门按照《上海市城市道路掘路修复工程结算标准》按实收取掘路修复费(不收取加倍掘路修复费)。

(四)对经核准建设、符合《分布式供能系统工程技术规程》(上海市工程建设规范 DG/TJ08-115-2008)并按照"以热(冷)定电"原则运行的天然气分布式供能项目,本市电网企业要按照"优化并网流程、简化并网手续、提高服务效率"的原则,办理并网业务,并网申报、审核和批准过程原则上不超过20个工作日。电网企业要加强配电网建设,将天然气分布式供能纳入区域电网规划范畴。

对总装机容量500千瓦及以下的项目,免收系统备用容量费;对总装机容量500千瓦以上的项目,用户若已按变压器容量或最大需量缴纳基本电费,则不再收取系统备用容量费。

(五)支持区域型分布式供能项目发电上网,上网电价政策由市物价部门另行制订。

(六)政府投资的医院等公益性项目和年用能(热、电、冷)超过5 000吨标准煤的重大基础设施建设项目,项目设计单位应在编制可行性研究报告阶段比选论证天然气分布式供能系统的可行性,具备安装使用条件的,应使用该系统。

(七)对天然气分布式供能项目建成投产后3年内开展后评估,后评估结果作为申请设备补贴和确定上网电价的依据。天然气分布式供能项目后评估办法另行制订。

(八)支持电力、燃气等能源企业和节能服务企业发挥技术、管理和资金等方面的优势,结合能源行业结构调整、节能减排等工作,组建专业的能源服务公司。

第五条 (补贴资金申请程序)

(一)由市发展改革委会同市建设交通委、市财政局、市经济信息化委、市科委等部门组成市推进天然气分布式供能系统和燃气空调发展工作小组,办公室(以下简称"市分布式供能推进办")设在市燃气管理处(地址:徐家汇路579号8楼,电话:53018165,网址:www.sh_gas.sh.cn)。

申请设备投资补贴的项目单位,可以向市分布式供能推进办领取《天然气分布式供能系统和燃气空调设备投资补贴申请表》(以下简称《申请表》),也可在市分布式供能推进办的网上下载《申请表》。

(二)燃气空调和天然气分布式供能项目单位在项目建成投产后,按照规定向市分布式供能推进办提交以下申请材料:

1. 内容填写完整的《申请表》一式三份;

2. 购机合同、购机发票(复印件)。如是外文合同、发票,需有中文翻译件;

3. 有关项目的项目可行性研究报告以及项目核准或审批文件;

4. 系统调试验收报告;

5. 企业法人营业执照(复印件,加盖企业公章)。

市分布式供能推进办自收到申请材料10个工作日内审核完毕,并将审核意见报送市发展改革委。

分布式供能项目单位自项目建成投产后 3 年内提交年平均能源综合利用效率自评报告和一个完整年度的在线监测数据。市分布式供能推进办自收到自评报告和监测数据起 10 个工作日内对项目实施后评估,对经后评估年平均能源综合利用效率达到 70% 及以上并且年利用小时在 2 000 小时及以上的分布式供能项目,将后评估结果和审核意见报送市发展改革委。

(三)市发展改革委会同市有关部门审核后,根据市节能减排办下达的资金使用计划,提出补贴资金发放意见函告市财政局。

(四)市财政局收到市发展改革委补贴资金发放意见后,将补贴资金直接拨付到享受补贴的单位。

第六条 (计划编制程序)

(一)各区县政府、燃气企业与能源服务企业应认真调研并于每年 8 月底前编制天然气分布式供能和燃气空调系统计划报市分布式供能推进办。计划包括发展台数、装机容量、制冷量和燃气需求量等内容。

(二)市分布式供能推进办对各区县分布式供能系统和燃气空调计划进行汇总平衡后,编制全市年度推进计划,于每年 9 月底前报市节能减排领导小组办公室。

(三)市分布式供能推进办在市节能减排领导小组办公室同意后正式下达年度推进计划。各区县主管部门与能源服务企业应按照下达的推进计划实施,并按季度向市分布式供能推进办报送推进计划的落实情况。

(四)市分布式供能推进办负责对推进计划实施进行检查与协调。

第七条 (部门职责)

市发展改革委负责协调推进本市分布式供能系统和燃气空调的发展工作。

市建设交通委负责市分布式供能推进办的日常管理,组织制订、协调实施、检查分布式供能系统和燃气空调项目推进计划;组织开展技术指导、咨询、宣传等服务;推进燃气管道建设,做好掘路计划审批和掘路修复费核收等工作;组织分布式供能项目能源综合利用效率后评估,评估费用列入部门预算。

市财政局会同市有关部门对专项资金的使用情况进行监督和专项审计。

市经济信息化委、市科委进一步加大支持力度,组织相关设备制造企业、科研、设计机构开展对分布式供能系统技术的攻关,促进关键设备的标准化、规模化生产,提高系统集成水平,降低设备造价和系统维护成本。

市规划国土资源局、市环保局、市审计局等部门按照各自职责,做好相关工作,促进天然气分布式供能系统和燃气空调的推广应用。

第八条 (附则)

(一)本办法由市发展改革委会同市建设交通委、市财政局负责解释。

(二)使用沼气的分布式供能项目,参照本办法执行。

(三)本办法自印发之日起 30 日以后施行。

（十四）上海市软件和集成电路产业发展专项资金管理办法

沪经信法〔2012〕965 号

各有关单位：

为推进战略性新兴产业的培育发展,加快本市电子信息产业建设,我们制定了《上海市软件和集成电路产业发展专项资金管理办法》。现印发给你们,请按照执行。

上海市经济和信息化委员会

上海市财政局

2012 年 12 月 28 日

上海市软件和集成电路产业发展专项资金管理办法

第一章　总　　则

第一条　（目的和依据）

为推进战略性新兴产业的培育发展,加快本市电子信息产业建设,根据《上海市人民政府印发〈关于本市进一步鼓励软件产业和集成电路产业发展的若干政策〉的通知》（沪府发〔2012〕26 号）以及财政资金管理的有关规定,结合本市实际,制定本办法。

第二条　（资金来源）

上海市软件和集成电路产业发展专项资金（以下简称专项资金）由本市市级财政设立,专项用于支持以软件和信息服务业、集成电路和电子信息制造业为核心的电子信息产业健康发展。

鼓励区（县）对获得专项资金支持的项目予以配套。

第三条　（管理部门）

上海市经济和信息化委员会（以下简称市经济信息化委）负责编制并发布专项资金年度项目申报指南,组织实施项目申报和评审,编制专项资金项目使用计划,开展专项资金日常管理,对项目实施进行监督、检查和评估,组织项目验收。

上海市财政局（以下简称市财政局）负责专项资金的预算管理,并对专项资金的使用情况进行监督检查。

第四条　（使用原则）

专项资金的使用应当符合国家和本市电子信息产业发展的有关政策和财政预算管理的有关规定,坚持公开、公平、公正,确保专项资金使用的规范、安全和高效。

第五条　（监督制度）

专项资金的安排、拨付、使用和管理,依法接受审计机关的审计监督,并接受市人大和社会的监督。

第二章 支持对象和使用范围

第六条 （支持对象和条件）

专项资金的支持对象为在本市依法设立的具有独立法人资格的企事业单位和社会团体。

支持对象应当符合以下条件：

（一）法人治理结构规范。

（二）财务管理制度健全。

（三）信用良好。

（四）具有承担项目建设的能力。

第七条 （支持范围）

专项资金支持范围主要包括：

（一）国家电子信息产业发展基金项目的地方配套。

（二）对产业与应用具有重大带动和支撑作用的技术、产品与服务，促进产业结构调整和升级的软件和信息服务业、集成电路和电子信息制造业项目。

（三）产业发展所需、市场配置不完善的共性技术研发、公共服务平台建设、示范应用及产业发展和产业政策研究项目。

（四）利用本市集成电路生产线开展符合一定条件的工程产品首轮流片的集成电路设计企业。

（五）经认定的市规划布局内重点软件企业、重点集成电路设计企业。

（六）年度营业收入首次突破一定规模的企业核心团队。

（七）向境外企业购买列入当年国家《鼓励进口先进技术和产品目录》的技术使用权或者所有权的软件和集成电路设计企业。

（八）数字出版业的发展。

（九）经市政府批准的其他需要支持的事项。

第八条 （除外规定）

已通过其他渠道获取市财政性资金支持的项目，专项资金不再予以支持。

第三章 支持方式和标准

第九条 （支持方式）

专项资金采用无偿资助和奖励方式安排使用。申请专项资金的项目原则上只采用一种支持方式。

第十条 （支持标准）

专项资金的支持适用以下标准：

（一）对获得国家电子信息产业发展基金资助的项目给予 50% 的配套支持。

（二）专项资金支持额度一般不超过项目总投资的 30%，最高不超过 800 万元。

（三）对公共服务平台建设和示范应用项目由专项资金给予一般不超过总投资 50% 的资

助,产业发展和政策研究项目由专项资金全额资助。

（四）对利用本市集成电路生产线开展符合一定条件的工程产品首轮流片的集成电路设计企业,由专项资金给予不超过流片费用 30% 的资助,最高不超过 500 万元。

（五）软件和集成电路设计企业向境外企业购买技术使用权或者所有权,所购技术列入当年国家《鼓励进口先进技术和产品目录》的,在享受国家进口贴息的基础上,由专项资金给予配套支持,单个企业资助额最高不超过 200 万元。

（六）专项资金支持经认定的市规划布局内重点软件企业、重点集成电路设计企业的具体办法另行制定。

（七）专项资金支持年度营业收入首次突破 100 亿元、50 亿元、10 亿元的软件和集成电路企业核心团队的具体办法另行制定。

（八）专项资金支持数字出版业发展的具体办法另行制定。

第四章　项目申报和管理

第十一条　（项目指南）

市经济信息化委会同市财政局根据本市软件和信息服务业、集成电路和电子信息制造业的发展规划,发布年度专项资金项目申报指南,明确专项资金的支持方向和重点。

第十二条　（申报与评审）

符合申报条件的单位根据当年项目申报指南,在规定时间内申报项目。各区（县）有关部门按照本办法和项目申报指南的要求,负责本区（县）专项资金项目的申报工作,并对申报的项目进行筛选。项目单位对申报材料的真实性负责。

市经济信息化委会同市财政局对区（县）有关部门报送的申报材料,通过专家评审等方式进行综合评估,并对拟支持项目进行网上公示。

第十三条　（拨款申请）

市经济信息化委根据专项资金项目安排计划及项目实施情况,对经批准的项目,在批准的预算额度内向市财政局提出拨款申请。

第十四条　（资金拨付）

市财政局审核后,按照国库集中支付的有关规定拨付资金。

第十五条　（项目管理）

对经审核确定予以支持的项目,项目单位应当与市经济信息化委签订项目计划任务书或者协议,明确项目建设内容、实施期限、验收考核指标、项目总投资、专项资金支持额度、资金用途等内容,并严格按照计划任务书或者协议明确的内容执行。未经市经济信息化委批准,不得随意调整计划任务书或者协议明确的内容。

项目建设过程中,项目单位应当每季度向市经济信息化委或者受市经济信息化委委托的项目管理单位报送项目进展情况和专项资金使用情况。市经济信息化委自行或者委托项目管理单位对项目单位进行检查,对项目完成情况、预算执行情况、资金使用效果、资金管理情况等实行监督和追踪。

第十六条 （项目验收）

项目完成后,项目单位应当在 6 个月内备齐验收申请材料向市经济信息化委提出验收申请。市经济信息化委组织有关部门和专家组成项目验收评审小组,进行验收评审。

第十七条 （项目变更和撤销）

专项资金项目发生重大事项变更的,项目单位应当将变更事项和理由报市经济和信息化委审核。专项资金项目因故中止或者撤销的,将收回全部或者部分专项资金。

第五章 监督和评估

第十八条 （财务管理要求）

项目单位应当严格执行财政资金管理的有关规定,专款专用,提高资金的使用效益。

第十九条 （审计监督）

专项资金应当按规定接受审计机关的审计。

专项资金应当按规定接受市财政局组织的注册会计师审计,相关审计费用在专项资金中列支。

第二十条 （绩效评价）

市财政局会同市经济信息化委组织实施专项资金项目绩效评价。

第二十一条 （信息公开）

市经济信息化委应当依法公开专项资金使用情况。

第二十二条 （责任追究）

对弄虚作假、截留、挪用等违反规定使用专项资金的,除按照《财政违法行为处罚处分条例》(2004 年 11 月 30 日国务院第 427 号令)进行处理外,由市财政局会同市经济信息化委收回已拨付的专项资金,同时取消项目单位后三年内申请专项资金的资格。

第六章 附 则

第二十三条 （应用解释）

本办法由市经济信息化委、市财政局负责解释。

第二十四条 （实施日期）

本办法自发布之日起实施,有效期至 2016 年 12 月 31 日。2008 年 10 月 9 日市财政局、市信息化委发布的《上海市软件和集成电路产业发展专项资金管理办法》(沪财教〔2008〕55 号)同时废止。

（十五）上海市交通节能减排专项扶持资金管理办法

沪建交联〔2013〕1380 号

各有关单位：

为进一步推进本市交通节能减排工作,规范交通节能减排扶持资金使用管理,市建设交通委、市发展改革委、市交通港口局、市财政局修订了《上海市交通节能减排专项扶持资金管理办法》。现印发给你们,请遵照执行。

市建设交通委

市发展改革委

市交通港口局

市财政局

2013 年 12 月 10 日

上海市交通节能减排专项扶持资金管理办法

为进一步加强交通节能减排专项资金管理,加大对交通节能减排的支持力度,促进交通节能减排工作的顺利开展,根据《上海市节能减排专项资金管理办法》和财政部、交通运输部《交通运输节能减排专项资金管理暂行办法》相关规定,结合本市交通节能减排工作实际,制定本办法。

第一条 （资金来源）交通节能减排专项扶持资金（以下简称专项资金）在上海市节能减排专项资金中安排,用于支持本市交通领域节能减排项目的实施和推广。

第二条 （使用原则）坚持统筹安排、合理使用、支持重点原则,发挥市场对资源配置的基础性作用,专项资金主要用于初期投资经济效益不明显,但社会效益明显、公益性较强的项目或国家有关交通运输行政主管部门和市政府明确的交通节能减排项目,重点支持淘汰高耗能、高污染、高排放交通运输工具（设施设备）、推广应用节能减排新机制、新技术、新产品、新设备及技术改造和技术升级项目。

第三条 （支持范围）

（一）通过推广应用节能减排新机制、新技术、新产品或对既有运输工具、设施设备进行技术改造和技术升级,提高其节能减排性能,年新增节能量在 150 吨（含）标准油以上的项目。

（二）通过使用燃油添加剂等技术或天然气等石油制品替代能源,节能减排效果明显,年燃料替代量在 100 吨（含）标准油以上的项目。

（三）本市注册的老旧船舶的提前报废项目。

（四）国家交通运输行政主管部门要求重点支持或市政府确定的其他交通节能减排项目。

对已从其他渠道获得市级财政资金支持的项目,不得重复申报。

第四条 （支持方式和标准）

专项资金的使用原则上采取"以奖代补"资助方式,由市建设交通委、市交通港口局、市发展改革委、市财政局根据上海市节能减排专项资金年度计划安排、项目实际节能减排量等综合平衡确定资助额度。节能减排量须经第三方机构进行审核。

（一）对于节能量可以量化的项目，根据实际新增节能量按每吨标准油1 500元给予一次性资助。

（二）对于使用燃油添加剂等技术替代燃油的项目，根据燃料替代量按被替代燃料每吨标准油3 000元给予资助。对于使用天然气等清洁燃料替代燃油的货运运输项目，按被替代燃料每吨标准油不超过3 000元（含）给予一次性资助，且单车补贴金额不超过10万元（含）。

（三）对于已享受国家交通运输节能减排专项资金支持的项目，按照中央和地方补贴总额不高于本办法第四条（一）、（二）项的标准予以资助。

单个项目资助总额原则上不超过1 000万元。同一项目只能选择本办法支持范围中的一项给予资助。

对于老旧船舶提前报废项目，按交通运输部2013年第50号公告的相关内容执行。

第五条 （申报条件）

（一）申请专项资金项目必须符合以下条件：

1. 具有完整的审批手续且已经完成，具有明显的节能减排效果或对节能减排有明显的促进作用，不对公众利益产生负面影响。

2. 无知识产权纠纷。

（二）专项资金的申请单位必须满足以下条件：

1. 具有独立法人资格并在本市依法登记注册设立的企事业单位；管理规范，具有健全的财务管理制度、财务管理机构和合格的财务管理人员。

2. 能源管理机构健全，具备完善的能源计量、统计和管理体系。重点用能单位应按照《上海市节约能源条例》第五十四条的规定，设立能源管理岗位，明确能源管理机构，并履行备案手续。

第六条 （申报程序和项目评审）

（一）申请材料。申请单位应按要求提交如下申请材料：

1. 交通运输节能减排专项资金申请书。

2. 企业法人营业执照或事业单位机构代码证（复印件加盖单位公章）；企业能源管理制度和财务管理制度。

3. 项目审批、完工和能耗计量等证明材料。

4. 按申报要求需提供的其他资料。

（二）申报程序

1. 项目申请。申请单位按本办法的规定，向市建设交通委、市交通港口局指定的受理单位按要求提交申请材料。

2. 项目评审。受理单位应根据有关要求对申请材料进行初审并提出初审意见。市建设交通委、市交通港口局组织对申报项目进行专家评审。

市建设交通委、市发展改革委、市交通港口局、市财政局等部门根据节能量审核报告和评审意见对申报项目进行综合平衡，确定项目资助额度。

通过审核的项目,将在市建设交通委、市交通港口局政府网站公示 5 个工作日。公示期满无异议的,由市建设交通委和市交通港口局联合向上海市应对气候变化及节能减排工作领导小组办公室(市发展改革委)(以下简称"市节能减排办")提出计划申请;公示期间有异议的,由市建设交通委、市交通港口局组织复核后上报。

3. 计划下达。市节能减排办根据市建设交通委和市交通港口局联合提交的用款申请,按有关资金管理流程向市建设交通委和市交通港口局下达资金使用计划。

4. 资金核拨。市建设交通委和市交通港口局根据市节能减排办下达的资金使用计划,向市财政局提交请款报告,市财政局审核后将项目扶持资金拨付给项目申报单位,并告知市建设交通委和市交通港口局。

(三) 工作经费

用于专项资金申报受理、项目评审、审核备案、监督检查等工作所需的工作经费纳入市建设交通委部门预算中。

第七条 (监督管理)

(一) 专项资金的使用要加强监督管理,市建设交通委会同市有关部门应建立健全专项资金绩效评价制度,并将绩效评价结果作为专项资金安排的重要依据。市交通港口局要加强专项资金扶持项目的监督检查和动态管理。市发展改革委委托相关单位对专项资金支持项目的节能减排情况进行抽查和评估;市财政局和市审计局对专项资金的使用情况和项目执行情况进行监督、稽查和审计。

(二) 第三方机构对出具的节能量审核报告负责,对出具虚假节能量审核报告的第三方机构,将取消其审核资格,情节严重的将依法追究法律责任。

(三) 各申请单位对申请材料的真实性负责,专项资金应用于节能减排技术应用和节能减排工作中。凡申请材料弄虚作假以及有截留、挪用、滞留等违反财政纪律行为,由市有关部门追缴补贴资金,同时取消该项目单位三年内申请补贴资格并按照国家有关规定处理。

第八条 (附则)

(一) 本办法由市建设交通委、市发展改革委、市交通港口局、市财政局负责解释。

(二) 本办法自 2013 年 1 月 1 日起施行,有效期三年。原《上海市交通节能减排专项扶持资金管理办法(试行)》(沪建交联〔2009〕1640 号)同时废止。

二、基础设施领域政策

（一）市政府办公厅转发市发展改革委等制订的上海市市级农村综合帮扶专项资金实施办法

沪府办发〔2013〕54 号

各区、县人民政府，市政府各委、办、局：

市发展改革委、市财政局、市农委制订的《上海市市级农村综合帮扶专项资金实施办法》已经市政府同意，现转发给你们，请认真按照执行。

上海市人民政府办公厅

2013 年 9 月 25 日

上海市市级农村综合帮扶专项资金实施办法

第一条 （目的和依据）

为进一步促进本市经济相对薄弱地区经济社会发展，加快构建能带来长期稳定收益的"造血"机制，提高经济相对薄弱村（以下简称"薄弱村"）村民特别是低收入农户的生活水平，根据市委、市政府《关于本市加强农村综合帮扶工作的若干意见》（沪委发〔2013〕8 号），制订本办法。

第二条 （资金来源）

市级农村综合帮扶专项资金（以下简称"帮扶资金"）是由市级财政预算安排专项用于扶持薄弱村发展和农民增收的补助性资金。

第三条 （使用范围）

薄弱村是指村里农民收入明显低于全市农民平均水平，基础设施建设和社会事业发展相对滞后，一般处于纯农地区，产业结构比较单一，村级公共服务经费难以保障的行政村。帮扶资金主要用于促进薄弱村发展和低收入农户增收的农村综合帮扶项目，项目应具备以下条件：

（一）主要为新建项目，符合法律法规、农村综合帮扶工作要求和本市对口帮扶规划，与区域经济社会发展方向一致，有利于增强薄弱村的自我发展能力，有利于促进经济相对薄弱地区经济社会持续发展。

（二）用地可以在全市范围内选址，并通过流转低效农村集体建设用地等途径落实，具体按照市规划国土资源局制订的相关实施办法执行。

（三）所有权和管理权可以分离。项目资产归薄弱村集体经济组织所有，并量化到集体经济组织全体成员，不得买卖。项目运营管理模式，由区县、乡镇和帮扶方共同商定。

（四）能带来长期稳定收益，且 80% 以上的净收益以货币形式按照项目股权比例，分配给集体经济组织成员,提高薄弱村村民特别是低收入农户的生活水平。对建成后出租的项目,建设前需明确租赁对象和方式。

第四条 （支持方式和额度）

帮扶资金的支持采用无偿资助方式。对单个项目的支持比例最高不超过项目总投资额的三分之一,对单个薄弱村的项目支持金额不超过 250 万元。

第五条 （申报和审批程序）

由市发展改革委、市财政局、市农委等部门组成帮扶资金市级工作小组(以下简称"工作小组"),负责帮扶资金的申报受理、审核评估、监督稽查等工作。区县发展改革委会同区县财政局、区县农委等部门组织有关单位申报综合帮扶项目,并对项目建设方案进行初审,于每年 8 月底前将符合帮扶资金使用范围的项目报送工作小组。对列入重点地区对口帮扶范围的受援区县,可以由帮扶方和受援方共同制订项目建设方案。工作小组可以委托中介机构或专业评审机构进行评估。对经工作小组审核同意的项目,由区县发展改革委审批、核准或备案后,上报资金申请报告。市发展改革委会同市财政局编制年度帮扶资金预算,按照程序上报市政府。待帮扶资金预算批准后,下达帮扶资金投资计划至区县。区县财政局根据投资计划,向市财政局请求拨款,市财政局按照国库管理制度有关规定,予以拨付资金。区县主管部门应对申报材料的真实性负责,并严格执行帮扶资金投资计划。特殊原因确需调整项目的,应重新上报工作小组审核。

第六条 （申报材料）

综合帮扶项目建设方案主要包括项目单位概况、项目建设内容、资金来源、规划用地和选址情况、环境和生态影响分析、经济和社会影响分析、经济效益分析、运营管理模式、收益分配方式等。

资金申请报告应提供以下附件:

（一）综合帮扶项目的立项批准文件,包括规划、土地、环保等部门意见;

（二）项目资金落实证明文件;

（三）其他相关材料。

第七条 （使用监督）

受援区县政府是综合帮扶项目的责任主体。凡使用帮扶资金的农村综合帮扶项目,区县政府应加强监管,做好项目的实施、验收等日常管理工作。如发现重大问题,应及时向工作小组反馈。项目正式运营后,运营方应每年向村民公布经营情况和收益分配情况,区县政府负责监督。工作小组对帮扶资金支持项目进行抽查和评估。市审计局对帮扶资金的使用情况进行监督和审计。帮扶资金必须专款专用,严禁截留、挪用。凡使用帮扶资金的综合帮扶项目,不得擅自改变主要建设内容和建设标准。对弄虚作假、截留、挪用等违反法律法规或有关纪律的行为,除按照国家规定对项目单位和有关负责人予以相关处罚外,还将限期收回已拨付的帮扶资金。

第八条 （解释部门和有效期）

本办法由市发展改革委会同市财政局、市农委负责解释。

本办法自 2013 年 10 月 1 日起执行,有效期至 2017 年 12 月 31 日。

（二）上海市经济信息化委、市民政局、市文明办关于印发《上海市智慧社区建设指南（试行）》的通知

各区县信息委（经济信息化委）、民政局、文明办：

2012 年初市经济信息化委启动智慧社区试点示范工作，并确定了首批 16 家试点单位，目前试点示范工作已取得初步成效。为更好地推进本市智慧社区建设，在总结试点示范工作和借鉴国内智慧社区建设经验的基础上，市经济信息委、市民政局、市文明办联合编制了《上海市智慧社区建设指南（试行）》。现印发给你们，请结合本区域实际情况，指导社区开展智慧社区建设工作，并将此项工作纳入文明社区、文明镇创建工作。

上海市经济和信息化委员会

上海市民政局

上海市精神文明建设委员会办公室

2013 年 11 月 27 日

上海市智慧社区建设指南（试行）

社区是城市的基础，智慧社区是智慧城市建设的重要组成部分。推进智慧城市建设，是上海加快实现创新驱动转型发展的重要手段、深化实践"城市，让生活更美好"的重要举措，也是上海新一轮信息化发展的必然要求。为进一步落实《上海市推进智慧城市建设 2011—2013 年行动计划》，更好地引导社区开展智慧社区建设工作，提高投资效益，保障建设质量，制订本指南。

一、智慧社区建设的含义

智慧社区建设是指在街道、镇、村等地理区域范围内，利用信息技术整合社区资源，为社区居民提供高效、便捷和智慧的服务，提升社区居民对智慧城市的体验度和感受度。

二、指导原则

（一）需求导向，便民惠民。智慧社区建设要以社区居民的需求为导向，突出为民、便民、惠民的基本要求，通过智慧化的社区管理与服务，打造安全、便捷、宜居的社区。

（二）统筹规划，因地制宜。统筹考虑、整体规划、分步实施智慧社区的建设目标和建设内容，因地制宜，扎实推进智慧社区建设工作，并做好与市级层面社会事业与公共服务项目的衔接工作，减少重复建设。

（三）创新模式，合作推进。探索智慧社区的建设模式和运维模式，充分发挥市场作用，积极利用社会各方资源，合力推进智慧社区建设，建立长效运行机制。

三、智慧社区建设内容

（一）信息基础设施网络化

按照规划引导、集约建设、资源共享、规范管理、满足需求的原则,开展智慧社区的信息基础设施建设,增强信息网络综合承载能力和信息通信集聚辐射能力,提升信息基础设施的服务水平和普遍服务能力,满足居民对通信质量和服务的要求。各区县、社区应制定信息基础设施的整体规划,并依托通信运营商开展信息基础设施建设。

1. 光纤宽带网

部署光纤宽带网络,实现光纤到户、百兆接入,家庭平均接入带宽达到 20Mbps,为社区居民提供高速、安全、优质的宽带网络服务。

2. 无线局域网

在社区事务受理服务中心、生活服务中心、卫生服务中心、文化活动中心等社区重点区域,实现无线局域网(WLAN)全覆盖,为市民提供便捷的上网服务。

3. 第三代移动通信(3G)网络

实现社区 3G 网络深度覆盖,保障通信质量。

4. 下一代广播电视网(NGB)

有条件的社区应进行有线电视用户 NGB 网络改造,具备提供高清电视、高速数据接入和语音等三网融合业务的能力。

5. 应用终端

可根据社区实际情况,通过互联网、IPTV、数字电视等多个渠道,借助电脑屏、手机屏、电视屏、社区屏等多种载体,面向不同群体发布和推送具有针对性的公共服务信息。

(二) 生活服务便利化

以社区居民生活服务需求为出发点,建立完善的服务网络,提供与居民生活密切相关的衣食住行等各类信息和服务。各区县、社区应充分发挥市场机制,以相关企业为依托,推进社区生活服务建设。

1. 生活信息

汇聚社区周边生活信息,通过多种渠道,及时、准确地提供给社区居民。

(1)生活服务信息

发布社区便民生活信息,如家政服务、菜价等信息。

(2)社区商家信息

发布社区内及社区周边各类商家的基本信息、各类宣传促销等活动信息。

(3)社区活动信息

发布社区社团、居民自建团体所开展的各类活动信息,如书法协会、社区足球队、摄影小组活动等。

(4)社区电子地图

建立社区及社区周边的电子地图,标注政府办事服务机构、学校、文化、体育、卫生、宾馆、娱乐、购物、餐饮以及社区便民服务等场所的具体地理位置和相关信息。可扩展显示社区交通出行信息。

2. 便捷服务

创新为居民服务的方式、方法,为居民提供方便快捷的服务,使居民生活更加便利。

（1）自助服务

为居民提供不出社区即可自助完成的便利服务，如各类公共事业费查询和支付、交通卡充值、手机充值、快递自助取寄件等。

（2）预约与预订

社区周边商户和服务单位通过网络和电话等方式提供商品预订和服务预约，如家政服务预约、居民食堂或就餐点送餐预订、餐饮商家餐位预订等。

（3）便捷支付

可在社区选择银行卡受理尚未全面覆盖的领域开展小额便民支付，加快移动支付、手机钱包等新兴应用拓展，提高社区居民在便捷化电子支付方面的体验度和参与度。

（三）社区管理与公共服务信息化

完善社区管理与公共服务功能，以居民需求为导向，推进广覆盖、易使用的社区管理与公共服务信息化应用，提高社区管理与公共服务水平。各区县、社区应积极协调民政、卫生、文化、教育、体育、交通等部门为社区居民提供方便、快捷的公共服务。

1. 社区管理

充分利用信息技术创新社区管理模式，加强居（村）委会信息管理，推进社区精细化管理，提高社区管理效率和效益。

（1）社区公共信息发布

及时发布各类政府通知、公告，让社区居民了解各类公共信息，应享尽享各类政策。

（2）社区事务办理

充分发挥社区事务受理服务中心作为政府服务窗口和社区管理载体的作用，提升方便社区居民办事方面的功能，完善社区事务办理流程，拓展网上办事服务事项范围，提供社区事务在线咨询、在线办理、办事进度查询、主动提醒等服务，推进服务模式转变，提升社区事务受理的便捷性和透明度。

（3）实有人口、房屋、单位管理

准确采集并应用实有人口、房屋、单位的数据，为社区各项工作提供数据基础支撑和决策辅助，提升实有人口、房屋和单位信息的动态化、精细化管理水平。

（4）城市综合管理应急联动

实行城市综合管理应急联动，完善智能监控设施，创新管理方法，建立监控规范，提升社区综合防控和应急处置的能力。

2. 医疗卫生

依托社区卫生服务中心，在社区建设集诊疗、预防、保健、康复、健康教育为一体的社区卫生服务体系，充分利用信息技术，为社区居民提供优质的、科学的医疗保健和公共卫生服务。

（1）家庭保健医疗服务

结合家庭医生制度，创新社区居民就医模式，为家庭医生提供随访、诊疗服务的信息化支撑，如家庭医生可利用视频进行问诊，可实时记录、查阅随访内容等。

（2）预约挂号

提供社区周边医院网上预约挂号服务，建立完善的预约挂号服务流程，实现实时查看联网医院挂号就诊情况。

（3）电子健康档案

为社区居民建立涵盖个人基本信息和主要卫生服务记录的电子健康档案。

（4）远程医疗

提供远程医疗服务,实现远程医疗会诊、远程健康监护等,构建社区远程医疗服务模式。

3. 社区文化

充分发挥社区文化中心的公益文化服务功能,主动向社区居民推送书报阅读、影视放映、娱乐健身、展览展示等各类服务信息和内容,丰富社区居民的文化生活。

（1）文化资源共享

利用信息化手段,多渠道发布社区图书馆共享资源、社区学校培训、讲座、书报、科普教育等学习资料和视频课件,实现社区居民居家共享。

（2）预约预订

实现文化讲座、活动、场馆网上预订预约等。

4. 关爱救助

通过加强关爱救助信息管理,助力社区帮扶救助和养老助老工作的开展。

（1）帮扶救助

建立和完善特殊群体帮扶救助管理与服务信息系统,避免遗漏或重复帮扶,为特殊群体提供及时、周到的服务。

（2）养老助老

建立和完善社区养老助老综合管理与服务信息系统,实现社区养老助老管理与服务信息的共享,支撑居家养老、机构养老和社区养老的开展,满足社区不同类型的老年人群的养老需求。

5. 教育与体育

关注社区学生教育和居民体质,营造社区和谐教育、健康环境。

（1）"家校互动"应用

加强辖区学校和学生家庭的信息互通,将校内信息及时定向送达学生和家长。

（2）居民体质健康监测

为社区居民提供身体素质监测服务,分析体质健康情况,指导居民正确健身、运动,增强居民体质。

6. 交通出行

实现社区交通立体化、可视化管理,为社区居民提供全方位、高品质的公共交通出行服务,创建有序、便利的出行环境。

（1）公交出行引导

实现在社区公交车站上及时准确滚动播报公交车辆的运行信息。居民可通过手机、电脑、电视等多个渠道实时查询社区周边公交车的实时信息,也可通过实时出行信息推送功能,及时快速获得交通出行相关信息。

（2）停车诱导

提供社区道路信息及停车场（库）的具体位置、车位状态实时数据等,做到停车有效诱导,提高社区停车效率。

7. 特色旅游

在具备资源优势的社区开展特色旅游服务,开发完善的旅游服务功能,满足不同层次的旅游需求,提升游客满意度。

(四)小区管理智能化

通过运用多种技术手段,打造安全、舒适、高效的智能化小区。各区县、社区应引导鼓励房地产开发商在新建小区开展智能小区建设,引导鼓励物业服务企业在有条件的已建居民小区开展智能小区建设。

1. 安全防范

做好居住区周界、重点部位和住户室内的安全防范,由居住区物业管理中心进行统一管理,并与社区综合管理应急联动中心进行对接,提高居住区整体安全防范水平。

(1)访客对讲

居民住户可与来访客人进行音视频对讲,直观地了解访客情况。

(2)周界防越报警

可对封闭式管理的居住区周界实施全面防范,具备与闭路电视监控、周界照明等联动功能,并对接社区综合管理应急联动中心。

(3)闭路电视监控

可根据居住区安全防范管理的需要,对居住区的主要出入口、通道及公建重要部位进行监控,全面记录实时情况。

(4)电子巡更

保安巡更人员按设定路线进行值班巡查,及时发现安全情况,及时响应处理。

2. 管理与监控

规范物业管理,提高居住区智能化监控水平,实现居住区规范、高效的管理。

(1)物业运营管理

全方位管理小区的各类物业服务,实现物业运营管理信息化、规范化。

(2)公共设备监控

对小区公共设备进行监控管理,实现全面的自动化、信息化、智能化控制。公共设施监控信息可与相关部门或专业维修部门联网。

(3)小区门禁管理

小区门禁管理做到信息传输可靠、控制操作灵活,满足小区安全管理的需要。

(4)车辆出入与停车

对车辆进出、停放时间、车位状态和收费等进行智能化管理,并与社区停车诱导应用相联动。

(5)公共广播

公共广播除平时可播放背景音乐外,当发生紧急情况时,可及时通知居民避险。

(五)家居生活智能化

利用先进技术,实现家居生活设备设施和家庭生活环境的智能化管理和监控,使居家生活更加舒适、安全、低碳。各区县、社区应引导鼓励房地产开发商及相关企业在有条件的新建小区和已建小区开展智能家居建设,引导鼓励社区居民开展智能家居应用。

1. 家庭设备监控

实现对家庭生活设备设施的智能自动调控,提升居家生活的舒适度。

(1) 家用电器监控与调节

可对空调、洗衣机、电饭锅、音响、电视等家用电器进行远程智能监控与调节。

(2) 照明设备监控与调节

可根据自然光线、居民个性化照明需求,对室内照明设备进行监控与调节。

(3) 窗帘控制

可通过对室内环境状况的感应自动调节窗帘的开合,调节室内光线强度等。

(4) 远程抄表

实现居民住户水、电、燃气等表具的电子自动抄表,表具自动计量的数据远程传至相应的公共事业管理部门。

2. 家庭安全防范

利用各种探测手段,对居家环境进行监控,保障人身和家庭财产安全,提升居家生活安全感。

(1) 烟雾与气体泄漏报警

可通过对室内烟雾、气体的监测,探测感应室内环境变化,发生危险情况时及时报警。

(2) 防盗报警

可远程视频监控家庭内部情况,通过对室内探测是否有非法入侵,实现防盗报警。

(3) 家庭视频监控

可通过对家庭室内全天或定时的视频监控,满足家庭安全防范的个性化需求。

(4) 紧急求救

可做到对家庭紧急求救信号及时响应和救助。

(六) 其他

1. 保障体系

(1) 信息安全保障体系

建立信息安全保障机制,落实信息安全管理技术措施,具备与智慧社区信息化应用水平相适应的信息安全保障能力。

(2) 服务保障体系

建立健全智慧社区服务体系,完善各类服务流程、规范,为社区居民提供优质的智慧社区服务。

2. 信息汇聚与管理

可对社区各类信息进行汇聚和统一管理,满足不同渠道对信息发布的需求。

3. 建设与运行模式

充分发挥社会各方的积极性,引入市场机制,整合各方资源,创新智慧社区建设和运行模式,建立监督评估机制,提升智慧社区建设和运行水平。

四、参考文献

（一）政策性文件

《上海市推进智慧城市建设 2011—2013 年行动计划》（沪委办发〔2011〕38 号）

《上海市人民政府关于完善社区服务促进社区建设的实施意见》（沪府发〔2007〕19 号）

《上海市人民政府办公厅关于进一步加强社区事务受理服务中心标准化建设的意见》（沪府办发〔2013〕50 号）

（二）标准规范

《居住区智能化系统配置与技术要求》（CJ/T 174-2003）

《智能建筑设计标准》（GB/T50314-2006）

《安全防范工程技术规范》（GB 50348-2004）

三、社会事业领域政策

（一）上海市国家级重要科研设施和基地建设配套支持办法

各区、县人民政府,市政府各委、办、局:

市科委、市发展改革委、市财政局制订的《上海市国家级重要科研设施和基地建设配套支持办法》已经市政府同意,现转发给你们,请认真按照执行。

上海市人民政府办公厅

2013 年 4 月 1 日

上海市国家级重要科研设施和基地建设配套支持办法

第一条 （目的和依据）

为了鼓励和争取国家级重要科研设施和基地(以下简称"国家级设施基地")落户本市,加强地方配套支持,推进自主创新基地建设,根据《上海市人民政府关于实施〈上海中长期科学和技术发展规划纲要(2006—2020 年)〉若干配套政策的通知》(沪府发〔2006〕12 号),制订本办法。

第二条 （适用范围）

本办法适用于经国家有关部门批准落户本市的国家级设施基地,包括国家大科学工程(装置)、国家工程研究中心、国家实验室、国家重点实验室、国家工程技术研究中心、国家工程实验室、国防科技重点实验室、国家质检中心、国家认定企业技术中心等。

对落户本市的国家级设施基地,国家安排建设经费的,本市可给予配套经费支持。

第三条 （配套原则）

配套支持经费主要用于关系公共安全,具有公益性、非经营性等市场不能有效配置资源的经济和社会领域及用于推进科技进步的基础研究设施项目。

对国家级设施基地的配套支持经费,应根据国家主管部门明确的配套要求,结合本市实际需求审核确定。其中,对国家为主建设并安排建设经费的,本市原则上支持不超过国家主管部门安排的建设经费。

配套支持经费通过市财政经费(含部门预算)和市级建设财力等渠道安排。其中,市财政经费和市级建设财力支持的具体分工,按照市政府有关规定和要求执行。

第四条 （本市主管部门）

国家大科学工程(装置)、国家工程研究中心、国家工程实验室的本市主管部门(以下简称"市主管部门")为市发展改革委;国家实验室、国家重点实验室、国家工程技术研究中心的市主管部门为市科委;国防科技重点实验室的市主管部门为市经济信息化委(市国防科工办);国家质检中心的市主管部门为市质量技监局;国家认定企业技术中心的市主管部门为市发展改革委、市经济信息化委和市科委。其他国家级设施基地按照上下对口的原则,确定市主管部门。

第五条 (申请程序)

市主管部门负责配套支持项目的申请受理和日常管理。市主管部门应按照本办法第三条的配套原则,对申报单位提出的项目申请报告进行审查。市主管部门将审查合格的项目申请报告报送国家主管部门,并抄送市科委、市发展改革委和市财政局;需配套经费支持的项目,由市主管部门会商市科委、市发展改革委和市财政局。

市财政资金支持的项目,在项目正式获得国家主管部门批准后,申报单位应向市主管部门提出配套支持经费申请,按实编制地方配套资金预算,并提交如下材料:

(一) 国家主管部门的批复文件;

(二) 经国家主管部门批复的国家级设施基地项目计划任务书等;

(三) 上海市配套国家级设施基地建设项目计划任务书;

(四) 申报单位现有科研设施共享服务情况及加盟上海研发公共服务平台的承诺书,以加强科研设施开放、共享和对外服务;

(五) 其他需要提交的材料。

市主管部门负责核实申请材料,并对经费预算进行审核,提出配套支持比例、经费数量、资金拨付方式等初步意见,并报送市科委、市发展改革委和市财政局。

市科委、市发展改革委和市财政局根据国家批复文件和本市资金安排可能,核定地方配套支持经费预算。特殊或重大配套项目,由市科委、市发展改革委和市财政局联合请示市政府。项目单位根据地方配套经费预算以及国拨经费的到款证明,申请拨付地方配套资金。市科委、市发展改革委和市财政局联合会审后,由市财政局根据国库集中支付的有关规定核拨。

市建设财力支持的项目,按有关管理程序执行。

第六条 (经费使用规定)

配套支持经费的使用,应严格执行财政资金管理的有关规定,做到单独核算、专款专用,经费开支范围与标准,应与项目申请报告或计划任务书相一致,严禁超范围超标准开支。

市建设财力给予配套的国家级设施基地项目,还应符合市建设财力使用管理的有关规定。市建设财力通过国有投资公司投资并形成资产。

第七条 (监管和验收)

市主管部门负责监管配套支持经费的使用,并配合国家主管部门及时对国家级设施基地建设项目组织验收。如配套经费决算有结余,结余经费按拨付渠道返还。

市科委、市发展改革委和市财政局可会同有关审计部门对项目经费使用效果进行监督、审计和绩效评估。如发现项目经费使用和管理上存在违规行为或弄虚作假,市科委、市发展改革委和市财政局有权终止资金拨付,并追索已拨付款项。情节严重并违反相关法律法规的,申报单位承担相应的法律责任。

第八条 (实施日期)

本办法自印发之日起施行,有效期至2017年12月31日。原《上海市国家级重要科研设施和基地建设的配套支持试行办法》(沪府办发〔2009〕6号)同时废止。

四、自贸区投资政策

（一）中国（上海）自由贸易试验区管理办法

上海市人民政府令

第 7 号

《中国（上海）自由贸易试验区管理办法》已经 2013 年 9 月 22 日市政府第 24 次常务会议通过，现予公布，自 2013 年 10 月 1 日起施行。

市长　杨雄

2013 年 9 月 29 日

中国（上海）自由贸易试验区管理办法

（2013 年 9 月 29 日上海市人民政府令第 7 号公布）

第一章　总　　则

第一条　（目的和依据）

为了推进中国（上海）自由贸易试验区建设，根据《全国人民代表大会常务委员会关于授权国务院在中国（上海）自由贸易试验区暂时调整有关法律规定的行政审批的决定》《中国（上海）自由贸易试验区总体方案》和有关法律、法规，制定本办法。

第二条　（适用范围）

本办法适用于经国务院批准设立的中国（上海）自由贸易试验区（以下简称"自贸试验区"）。自贸试验区涵盖上海外高桥保税区、上海外高桥保税物流园区、洋山保税港区和上海浦东机场综合保税区，总面积 28.78 平方千米。

第三条　（区域功能）

自贸试验区推进服务业扩大开放和投资管理体制改革，推动贸易转型升级，深化金融领域开放，创新监管服务模式，探索建立与国际投资和贸易规则体系相适应的行政管理体系，培育国际化、法治化的营商环境，发挥示范带动、服务全国的积极作用。

第二章　管理机构

第四条　（管理机构）

本市成立中国（上海）自由贸易试验区管理委员会（以下简称"管委会"）。管委会为市政府派出机构,具体落实自贸试验区改革任务,统筹管理和协调自贸试验区有关行政事务。

市有关部门和浦东新区等区县政府应当加强协作,支持管委会的各项工作。

第五条 (机构职责)

管委会依照本办法履行以下职责:

(一)负责推进落实自贸试验区各项改革试点任务,研究提出并组织实施自贸试验区发展规划和政策措施,制定自贸试验区有关行政管理制度。

(二)负责自贸试验区内投资、贸易、金融服务、规划国土、建设、绿化市容、环境保护、劳动人事、食品药品监管、知识产权、文化、卫生、统计等方面的行政管理工作。

(三)领导工商、质监、税务、公安等部门在自贸试验区内的行政管理工作;协调海关、检验检疫、海事、金融等部门在自贸试验区内的行政管理工作。

(四)承担安全审查、反垄断审查相关工作。

(五)负责自贸试验区内综合执法工作,组织开展自贸试验区内城市管理、文化等领域行政执法。

(六)负责自贸试验区内综合服务工作,为自贸试验区内企业和相关机构提供指导、咨询和服务。

(七)负责自贸试验区内信息化建设工作,组织建立自贸试验区监管信息共享机制和平台,及时发布公共信息。

(八)统筹指导自贸试验区内产业布局和开发建设活动,协调推进自贸试验区内重大投资项目建设。

(九)市政府赋予的其他职责。

原由上海外高桥保税区管理委员会、洋山保税港区管理委员会、上海综合保税区管理委员会分别负责的有关行政事务,统一由管委会承担。

第六条 (综合执法)

管委会综合执法机构依法履行以下职责:

(一)集中行使城市管理领域、文化领域的行政处罚权,以及与行政处罚权有关的行政强制措施权和行政检查权。

(二)集中行使原由本市规划国土、建设、住房保障房屋管理、环境保护、民防、人力资源社会保障、知识产权、食品药品监管、统计部门依据法律、法规和规章行使的行政处罚权,以及与行政处罚权有关的行政强制措施权和行政检查权。

(三)市政府决定由管委会综合执法机构行使的其他行政处罚权。

第七条 (集中服务场所)

管委会应当依据自贸试验区的区域布局和企业需求,设立集中办理行政服务和管理事项的场所。

第八条 (驻区机构)

海关、检验检疫、海事、工商、质监、税务、公安等部门设立自贸试验区办事机构,依法履行自贸试验区有关监管和行政管理职责。

第九条 (其他行政事务)

市有关部门和浦东新区政府按照各自职责,承担自贸试验区其他行政事务。

第三章　投　资　管　理

第十条 （服务业扩大开放）

自贸试验区根据《中国(上海)自由贸易试验区总体方案》,在金融服务、航运服务、商贸服务、专业服务、文化服务和社会服务等领域扩大开放,暂停或者取消投资者资质要求、股比限制、经营范围限制等准入限制措施。

自贸试验区根据先行先试推进情况以及产业发展需要,不断探索扩大开放的领域、试点内容及相应的制度创新措施。

第十一条 （负面清单管理模式）

自贸试验区实行外商投资准入前国民待遇,实施外商投资准入特别管理措施(负面清单)管理模式。

对外商投资准入特别管理措施(负面清单)之外的领域,按照内外资一致的原则,将外商投资项目由核准制改为备案制,但国务院规定对国内投资项目保留核准的除外;将外商投资企业合同章程审批改为备案管理。

自贸试验区外商投资准入特别管理措施(负面清单),由市政府公布。外商投资项目和外商投资企业备案办法,由市政府制定。

第十二条 （境外投资备案制）

自贸试验区内企业到境外投资开办企业,实行以备案制为主的管理方式,对境外投资一般项目实行备案制。

境外投资开办企业和境外投资项目备案办法,由市政府制定。

第十三条 （注册资本认缴登记制）

自贸试验区实行注册资本认缴登记制,公司股东(发起人)对其认缴出资额、出资方式、出资期限等自主约定并记载于公司章程,但法律、行政法规对特定企业注册资本登记另有规定的除外。

公司股东(发起人)对缴纳出资情况的真实性、合法性负责,并以其认缴的出资额或者认购的股份为限对公司承担责任。

第十四条 （营业执照与经营许可）

自贸试验区内取得营业执照的企业即可从事一般生产经营活动;从事需要许可的生产经营活动的,可以在取得营业执照后,向主管部门申请办理。

法律、行政法规规定设立企业必须报经批准的,应当在申请办理营业执照前依法办理批准手续。

第四章　贸易发展和便利化

第十五条 （贸易转型升级）

自贸试验区积极发展总部经济,鼓励跨国公司在自贸试验区内设立亚太地区总部,建立整合贸易、物流、结算等功能的营运中心。

自贸试验区推动国际贸易、仓储物流、加工制造等基础业务转型升级,发展离岸贸易、国际贸易结算、国际大宗商品交易、融资租赁、期货保税交割、跨境电子商务等新型贸易业务。

鼓励自贸试验区内企业统筹开展国际国内贸易,实现内外贸一体化发展。

第十六条 (航运枢纽功能)

自贸试验区发挥与外高桥港、洋山深水港、浦东空港枢纽的联动作用,加强与自贸试验区外航运产业集聚区的协同发展。

自贸试验区发展航运金融、国际船舶运输、国际船舶管理、国际船员管理、国际航运经纪等产业,发展航运运价指数衍生品交易业务。自贸试验区发展航空货邮国际中转,加大航线、航权开放力度。

自贸试验区实行具有竞争力的国际船舶登记政策,建立高效率的船籍登记制度。自贸试验区内企业可以将"中国洋山港"作为船籍港进行船舶登记,从事国际航运业务。

第十七条 (进出境监管制度创新)

对自贸试验区和境外之间进出货物,允许自贸试验区内企业凭进口舱单信息将货物先行提运入区,再办理进境备案手续。对自贸试验区和境内区外之间进出货物,实行智能化卡口、电子信息联网管理模式,完善清单比对、账册管理、卡口实货核注的监管制度。

允许自贸试验区内企业在货物出区前自行选择时间申请检验。

自贸试验区推进货物状态分类监管模式。对自贸试验区内的保税仓储、加工等货物,按照保税货物状态监管;对通过自贸试验区口岸进出口或国际中转的货物,按照口岸货物状态监管;对进入自贸试验区内特定的国内贸易货物,按照非保税货物状态监管。

第十八条 (进出境监管服务便利化)

自贸试验区推进新型业务监管创新试点,建立与服务贸易、离岸贸易和新型贸易业务发展需求相适应的监管模式。

自贸试验区积极发展国际中转、集拼和分拨业务。推行"一次申报、一次查验、一次放行"模式。

简化自贸试验区内货物流转手续,按照"集中申报、自行运输"的方式,推进自贸试验区内企业间货物流转。

鼓励设立进出口商品检验鉴定机构。建立对第三方检验鉴定机构检测结果的采信机制。

第五章 金融创新与风险防范

第十九条 (金融创新)

在自贸试验区开展金融领域制度创新、先行先试,建立自贸试验区金融改革创新与上海国际金融中心建设的联动机制。

第二十条 (资本项目可兑换)

在自贸试验区实行资本项目可兑换,在风险可控的前提下,通过分账核算方式,创新业务和管理模式。

第二十一条 （利率市场化）

在自贸试验区培育与实体经济发展相适应的金融机构自主定价机制,逐步推进利率市场化改革。

第二十二条 （人民币跨境使用）

自贸试验区内机构跨境人民币结算业务与前置核准环节脱钩。自贸试验区内企业可以根据自身经营需要,开展跨境人民币创新业务,实现人民币跨境使用便利化。

第二十三条 （外汇管理）

建立与自贸试验区发展需求相适应的外汇管理体制,推进贸易投资便利化。

第二十四条 （金融主体发展）

根据自贸试验区需要,经国家金融管理部门批准,允许不同层级、不同功能、不同类型的金融机构进入自贸试验区,允许金融市场在自贸试验区内建立面向国际的交易平台,提供多层次、全方位的金融服务。

第二十五条 （风险防范）

本市加强与国家金融管理部门的协调,配合国家金融管理部门在自贸试验区建立与金融业务发展相适应的监管和风险防范机制。

第六章 综合管理和服务

第二十六条 （优化管理）

自贸试验区按照国际化、法治化的要求,建立高效便捷的管理和服务模式,促进投资和贸易便利化。

第二十七条 （管理信息公开）

管委会和有关部门在履职过程中制作或者获取的政策内容、管理规定、办事程序及规则等信息应当公开、透明,方便企业查询。

自贸试验区有关政策措施、制度规范在制定和调整过程中,应当主动征求自贸试验区内企业意见。

第二十八条 （一口受理机制）

自贸试验区工商部门会同税务、质监等部门和管委会建立外商投资项目核准（备案）以及企业设立（变更）"一表申报、一口受理"工作机制。工商部门统一接收申请人提交的申请材料,统一向申请人送达有关文书。

管委会建立自贸试验区内企业境外投资备案"一表申报、一口受理"工作机制,统一接收申请人提交的申请材料,统一向申请人送达有关文书。

第二十九条 （完善监管）

管委会和有关部门应当按照自贸试验区改革需求,实行以事中、事后监管为主的动态监管,优化管理流程和管理制度。

自贸试验区执法检查情况,应当依法及时公开。涉及食品药品安全、公共卫生、环境保护、安全生产的,还应当公开处理进展情况,并发布必要的警示、预防建议等信息。

第三十条 （安全审查和反垄断审查）

自贸试验区建立安全审查和反垄断审查的相关工作机制。

投资项目或者企业属于安全审查、反垄断审查范围的，管委会应当及时提请开展安全审查、反垄断审查。

第三十一条 （知识产权保护）

加强自贸试验区知识产权保护，鼓励和支持专业机构提供知识产权调解、维权援助等服务。

管委会负责自贸试验区内专利纠纷的行政调解和处理。

第三十二条 （企业年度报告公示）

实行自贸试验区内企业年度报告公示制度。自贸试验区内企业应当向工商部门报送年度报告。年度报告应当向社会公示，涉及商业秘密内容的除外。企业对年度报告的真实性、合法性负责。

自贸试验区内企业年度报告公示办法另行制定。

第三十三条 （信用信息制度）

建立自贸试验区内企业信用信息记录、公开、共享和使用制度，推行守信激励和失信惩戒联动机制。

第三十四条 （监管信息共享）

管委会组织建立自贸试验区监管信息共享机制和平台，实现海关、检验检疫、海事、金融、发展改革、商务、工商、质监、财政、税务、环境保护、安全生产监管、港口航运等部门监管信息的互通、交换和共享，为优化管理流程、提供高效便捷服务、加强事中事后监管提供支撑。

第三十五条 （综合性评估）

本市在自贸试验区建立行业信息跟踪、监管和归集的综合性评估机制。

市发展改革部门会同市有关部门和管委会建立工作机制，开展行业整体、行业企业试点实施情况和风险防范的综合性评估，提出有关评估报告，推进完善扩大开放领域、试点内容和制度创新措施。

第三十六条 （行政复议和诉讼）

当事人对管委会或者有关部门的具体行政行为不服的，可以依照《中华人民共和国行政复议法》或者《中华人民共和国行政诉讼法》的规定，申请行政复议或者提起行政诉讼。

第三十七条 （商事纠纷解决）

自贸试验区内企业发生商事纠纷的，可以向人民法院起诉，也可以按照约定，申请仲裁或者商事调解。

支持本市仲裁机构依据法律、法规和国际惯例，完善仲裁规则，提高自贸试验区商事纠纷仲裁专业水平和国际化程度。

支持各类商事纠纷专业调解机构依照国际惯例，采取多种形式，解决自贸试验区商事纠纷。

第七章 附 则

第三十八条 （附件）

管委会承担的行政审批事项、具体管理事务和管委会综合执法机构集中行使的行政处罚权,由本办法附件予以明确。

第三十九条 (施行日期)

本办法自 2013 年 10 月 1 日起施行。

附件

一、管委会承担的行政审批事项

(一) 投资管理部门委托的企业投资项目的核准。

(二) 商务管理部门委托的外商投资企业设立和变更审批,境外投资开办企业审批。

(三) 规划管理部门委托的建设项目选址意见书、核定规划条件、建设用地规划许可证、建设工程规划设计方案、建设工程规划许可证的审批,建设工程竣工规划验收。

(四) 除新增建设用地外,土地管理部门委托的国有土地使用权划拨、出让等建设项目用地预审。

(五) 建设管理部门委托的建设项目报建许可,建设项目初步设计审批,建设工程施工许可,占用城市道路人行道设置各类设施许可,临时占路及公路用地许可,桥梁安全保护区域内施工许可,掘路许可,道路用地范围内埋设管线和管线穿越、跨越道路审批,增设改建平面交叉道口许可,超限运输车辆行驶许可,外商投资企业首次申请建设工程设计和建筑业企业资质许可。

(六) 绿化市容管理部门委托的建设项目配套绿化方案审批及竣工验收、临时使用绿地许可(含公共绿地),迁移、砍伐树木(古树名木除外)许可,调整公共绿地内部布局、服务设施设置许可,户外广告设施设置或者宣传品、标语的张贴、悬挂许可,户外非广告设施设置审批,配套建设的环境卫生设施规划、设计方案的审批和竣工验收。

(七) 环境保护管理部门委托的建设项目环境影响评价、试生产、竣工验收的审批,建筑工地夜间施工审批,污染物处理设施闲置、拆除的审批。

(八) 民防管理部门委托的结建民防工程审批和施工图审查,民防工程建设费的收取和减免审核,民防工程竣工验收,民防工程的拆除审批。

(九) 科技管理部门委托的高新技术企业认定初审。

(十) 人力资源社会保障管理部门委托的企业实行其他工作时间审批,外国人来沪的就业审批,台港澳人员来沪就业审批,定居国外中国人在沪就业核准,外国专家来沪工作许可,办理《上海市居住证》B 证。

(十一) 水务管理部门委托的临时停止供水或者降低水压审批,排水许可证核发。

(十二) 知识产权管理部门委托的专利代理机构申报初审和专利广告出证,境外图书出版合同登记,复制境外音像制品著作权授权合同登记,进口图书在沪印制备案。

(十三) 文化管理部门委托的演出经纪机构在自贸试验区内举办演出活动的审批。

(十四)卫生计生管理部门委托的建设项目预防性卫生审查。

(十五)食品药品监管部门委托的药品零售企业开办、变更许可,餐饮服务许可,互联网药品交易企业审批。

二、管委会承担的具体管理事务

（一）编制区域内控制性详细规划、土地出让计划及各专项规划并按法定程序报批,审批区域内产业用地控制性详细规划指标的调整,负责区域内土地利用监管等。

（二）建设工程招标投标备案,设计文件审查,建设工程规划开工放样验收,基础建设（正负零零）及结构封顶备案,建设项目规划参数调整（包括小于2.0容积率,绿化率,建筑密度,建筑高度,工业、仓储、研发用地相互转换、拆分及合并）,建设工程质量安全监督检查、竣工备案、建设工程档案验收等建设工程管理工作。

（三）建筑垃圾和工程渣土处置申报管理,生活垃圾分类及处置申报管理,绿化专业工程安全质量监督申报、现场监督管理,绿地范围控制线划定及调整。

（四）民防建设工程安全质量监督申报、监督检查管理,民防工程的维护管理和安全使用管理的监督检查,地下空间安全使用管理的综合协调。

（五）编制区域规划环评及其跟踪评价,并按规定程序报批;组织区域环境、污染源的监测和监督管理,负责污染事故应急处理。

（六）安全生产监督检查。

（七）演出经纪机构、文化娱乐场所和游戏游艺设备生产企业的日常监管。

（八）食品、药品、医疗器械、保健食品和化妆品生产经营活动的日常监管。

（九）统计管理、协调和监督检查。

三、管委会综合执法机构集中行使的行政处罚权

（一）《上海市城市管理相对集中行政处罚权暂行办法》、《上海市人民政府关于扩大浦东新区城市管理领域相对集中行政处罚权范围的决定》和《上海市文化领域相对集中行政处罚权办法》规定的行政处罚权。

（二）规划国土管理部门依据法律、法规和规章,对规划和土地方面的违法行为行使的行政处罚权。

（三）建设管理部门依据法律、法规和规章,对建设方面的违法行为行使的行政处罚权。

（四）住房保障房屋管理部门依据法律、法规和规章,对住房保障和房屋方面的违法行为行使的行政处罚权。

（五）环境保护管理部门依据法律、法规和规章,对环境保护方面的违法行为行使的行政处罚权。

（六）民防管理部门依据法律、法规和规章,对民防和地下空间使用方面的违法行为行使的行政处罚权。

（七）人力资源社会保障管理部门依据法律、法规和规章,对劳动保障方面的违法行为行使的行政处罚权。

（八）知识产权管理部门依据法律、法规和规章,对著作权、专利权方面的违法行为行使的行政处罚权。

（九）食品药品监管部门依据法律、法规和规章,对食品、药品、医疗器械、保健食品和化妆品监管方面的违法行为行使的行政处罚权。

（十）统计管理部门依据法律、法规和规章,对统计方面的违法行为行使的行政处罚权。

（二）中国（上海）自由贸易试验区外商投资项目备案管理办法

沪府发〔2013〕71 号

上海市人民政府关于印发《中国（上海）自由贸易试验区外商投资项目备案管理办法》的通知

各区、县人民政府，市政府各委、办、局：

现将《中国（上海）自由贸易试验区外商投资项目备案管理办法》印发给你们，请认真按照执行。

上海市人民政府

2013 年 9 月 29 日

中国（上海）自由贸易试验区外商投资项目备案管理办法

第一章 总 则

第一条 为规范中国（上海）自由贸易试验区（以下简称"自贸试验区"）外商投资项目管理制度，根据《中国（上海）自由贸易试验区总体方案》，制定本办法。

第二条 本办法适用于自贸试验区内实行备案制管理的外商投资项目。

自贸试验区项目备案管理范围包括：自贸试验区外商投资准入特别管理措施（负面清单）之外的中外合资、中外合作、外商独资、外商投资合伙、外国投资者并购境内企业、外商投资企业增资等各类外商投资项目（国务院规定对国内投资项目保留核准的除外）。

法律、法规另有规定的，从其规定。

第三条 属于国家安全审查范围的外商投资项目，需按照有关规定进行安全审查。

第四条 自贸试验区管理委员会为自贸试验区外商投资项目备案机构（以下称"项目备案机构"），负责自贸试验区外商投资项目备案和监督管理。

第二章 项目备案程序

第五条 自贸试验区项目备案管理范围内的外商投资项目申请人（以下称"备案申请人"）填写并上报自贸试验区外商投资项目备案表相关信息，同时向项目备案机构提交下列材料：

（一）中外投资各方的企业注册证（营业执照）、商务登记证（个人投资者提供个人身份证明）；

（二）投资各方签署的投资意向书,增资、并购项目的公司董事会决议或相关出资决议;

（三）房地产权证,或土地中标通知书(或土地成交确认书、或国有建设用地使用权出让合同),或租赁协议;

（四）根据有关法律法规,应提交的其他相关材料。

备案申请人对所提交申请材料内容的真实性负责。

同步申报项目备案和企业设立(变更)的,按照自贸试验区"一表申报、一口受理"机制办理。

第六条 项目备案机构应在收到申请材料之日起 10 个工作日内,向备案申请人出具自贸试验区外商投资项目备案意见(以下简称"项目备案意见")。

对不违反法律、法规,符合国家产业政策规定,属于自贸试验区外商投资项目备案管理范围的外商投资项目,项目备案机构应予以备案。不予备案的,应在项目备案意见中说明理由。

第七条 予以备案的外商投资项目,备案申请人可凭项目备案意见,办理规划、用地、环评、建设等审批手续;申请使用政府补助、转贷、贴息等优惠政策的,可凭项目备案意见,向相关部门提交资金申请报告;申请进口设备减免税等优惠政策的,可凭项目备案意见,向国家或市发展改革部门申请办理相关手续。

第八条 项目备案机构在出具项目备案意见的同时,应将项目备案基本信息及备案文件文本等抄送相关部门。

第三章 备 案 的 变 更

第九条 予以备案的外商投资项目出现下列情形之一的,视为重大变更,应向项目备案机构申请变更:

（一）投资方或者股权发生变化;

（二）项目地点发生变化;

（三）项目主要内容发生变化;

（四）总投资超过原备案投资额 20% 及以上;

（五）有关法律法规和产业政策规定需要变更的其他情况。

备案变更程序,按照本办法第二章相关规定执行。

第十条 予以备案的外商投资项目发生变更,如变更后不属于自贸试验区外商投资项目备案管理范围的,应按照外商投资项目核准相关规定,向有权核准的机关申请办理核准手续,且自核准文件出具之日起,原项目备案文件自动失效。

已核准的外商投资项目发生变更,若变更后属于自贸试验区外商投资项目备案管理范围的,应按照本办法相关规定,向项目备案机构申请办理备案手续,且自备案文件出具之日起,原项目核准文件自动失效。

第十一条 予以备案项目如停止实施,备案申请人应及时书面告知项目备案机构。

予以备案项目如迁出自贸试验区外,应按照区外有关外商投资项目管理规定办理手续,并及时书面告知项目备案机构。

第四章　监督管理和法律责任

第十二条　项目备案机构应加强对自贸试验区外商投资备案项目事中、事后监管,可通过自贸试验区监管信息共享机制和平台、企业年报制度等,对项目实施情况进行核查。

第十三条　项目备案机构工作人员在项目备案过程中滥用职权、玩忽职守、徇私舞弊、索贿受贿的,依法给予行政处分;构成犯罪的,依法追究刑事责任。

第十四条　有下列情形之一的外商投资项目,项目备案机构应当依法责令停止投资建设,视情形补办相关手续,并依法追究有关企业和人员的责任,相关情况纳入企业诚信记录:

(一) 拆分项目的;

(二) 提供虚假材料的;

(三) 未予以备案擅自开工建设的;

(四) 不按照备案内容进行投资建设的。

第五章　附　　则

第十五条　项目备案文件有效期为 2 年,自备案之日起计算。

第十六条　香港特别行政区、澳门特别行政区和台湾地区的投资者在自贸试验区投资的项目,参照本办法执行。

第十七条　本办法自 2013 年 10 月 1 日起施行。

（三）中国（上海）自由贸易试验区境外投资项目备案管理办法

沪府发〔2013〕72 号

上海市人民政府关于印发《中国（上海）自由贸易试验区境外投资项目备案管理办法》的通知

各区、县人民政府，市政府各委、办、局：

现将《中国（上海）自由贸易试验区境外投资项目备案管理办法》印发给你们，请认真按照执行。

上海市人民政府

2013 年 9 月 29 日

中国（上海）自由贸易试验区境外投资项目备案管理办法

第一章 总 则

第一条 为进一步改革境外投资管理方式，切实提高境外投资便利化程度，根据《中国（上海）自由贸易试验区总体方案》，制定本办法。

第二条 中国（上海）自由贸易试验区管理委员会（以下称"项目备案机构"）对注册在中国（上海）自由贸易试验区（以下简称"自贸试验区"）的地方企业实施的本市权限内的境外投资一般项目，实行备案制管理。

第三条 前往未建交、受国际制裁国家，发生战争、动乱等国家和地区，或国家发展改革委认定的其他敏感国家和地区投资的项目；涉及基础电信运营，跨界水资源开发利用，大规模土地开发，输电干线、电网，新闻传媒，或国家发展改革委认定的其他敏感行业的境外投资项目，不分限额，由市发展改革委初审后报国家发展改革委核准，或由国家发展改革委提出审核意见后报国务院核准。

第二章 项目备案程序

第四条 符合条件的境外投资项目备案申请人（以下简称"备案申请人"）须填写并上报自贸试验区境外投资备案表，同时向项目备案机构提交下列材料：

（一）备案申请人营业执照、公司章程或合伙协议、公司董事会决议或相关的出资决议；

（二）证明中方及合作外方资产、经营和资信情况的文件；

（三）投标、购并或合资合作项目，中外方签署的意向书或框架协议等文件；

（四）根据有关规定，应提交的其他相关材料。

第五条　备案申请人对所提交的申请材料内容的真实性负责。

第六条　项目备案机构应在收到申请材料之日起 5 个工作日内,向备案申请人出具自贸试验区境外投资项目备案意见(以下简称"备案意见")。

对不属于自贸试验区备案范围,不符合国家法律法规和产业政策,危害国家主权、安全和公共利益的境外投资项目,项目备案机构不予备案,并向备案申请人说明理由。

第七条　境外竞标或收购项目,备案申请人应按照有关规定,在投标或对外正式开展商务活动前,向国家发展改革委报送书面信息报告。

对需要向国家发展改革委登记的地方重大境外投资项目,应按程序报国家发展改革委登记。

第三章　备案的变更

第八条　予以备案的境外投资项目出现下列情形之一的,应向项目备案机构申请变更:

(一) 投资方或股权发生变化;

(二) 投资地点、项目主要内容发生变化;

(三) 中方投资超过原备案的中方投资额 20% 及以上。

变更备案的程序,按照本办法第二章相关规定执行。

第四章　项目备案的效力

第九条　予以备案的境外投资项目,备案申请人可凭备案意见,向商务、外汇管理、海关、税务等部门办理相关手续。

第十条　项目备案文件有效期为 2 年,自备案之日起计算。

第五章　监督管理和法律责任

第十一条　项目备案机构应依托自贸试验区监管信息共享机制和平台等,加强境外投资项目事中、事后监管。项目备案机构可以对投资主体执行项目情况进行监督检查。

以虚假材料骗取备案文件的,由项目备案机构撤销其备案文件,将相关情况纳入企业诚信记录,从严审查其后续开展的境外投资,并告知相关部门,依法追究有关企业和人员的责任。

第六章　附　则

第十二条　前往香港特别行政区、澳门特别行政区的投资项目,适用本办法;前往台湾地区的投资项目,按照国家发展改革委、商务部和国台办《关于印发〈大陆企业赴台湾地区投资管理办法〉的通知》(发改外资〔2010〕2661 号)执行。

第十三条　本办法自 2013 年 10 月 1 日起施行。

（四）中国（上海）自由贸易试验区外商投资企业备案管理办法

沪府发〔2013〕73号

上海市人民政府关于印发《中国（上海）自由贸易试验区外商投资企业备案管理办法》的通知

各区、县人民政府，市政府各委、办、局：

现将《中国（上海）自由贸易试验区外商投资企业备案管理办法》印发给你们，请认真按照执行。

上海市人民政府

2013年9月29日

中国（上海）自由贸易试验区外商投资企业备案管理办法

第一条 （目的和依据）

为进一步扩大开放，推进外商投资管理体制改革，营造中国（上海）自由贸易试验区（以下简称"自贸试验区"）国际化、法治化投资环境，根据《全国人大常委会关于授权国务院在中国（上海）自由贸易试验区暂时调整有关法律规定的行政审批的决定》《中国（上海）自由贸易试验区总体方案》和相关法律、法规，制定本办法。

第二条 （适用范围）

对自贸试验区外商投资准入特别管理措施（负面清单）之外的外商投资企业设立和变更，适用本办法。法律、法规另有规定的，从其规定。

第三条 （备案机构）

中国（上海）自由贸易试验区管理委员会（以下称"备案机构"）负责权限内的外商投资企业备案管理。

第四条 （企业设立备案）

投资者在自贸试验区内设立外商投资企业的，应在取得企业名称预先核准后，登陆自贸试验区外商投资一口受理平台（以下简称"受理平台"）在线填报，并对备案告知事项作出承诺。

第五条 （变更备案事项）

根据本办法第四条设立的外商投资企业，出现下列情形之一的，应通过受理平台，办理变更备案手续：

（一）注册资本变更（增资、减资）；

（二）股权或合作权益转让；

（三）股权质押；

（四）合并、分立；

（五）经营期限变更；

（六）提前终止；

（七）出资方式、出资期限变更；

（八）中外合作企业外国合作者先行收回投资。

其中，依照相关法律、法规规定应当予以公告的，应当依法办理公告手续。

第六条 （存续企业变更备案）

本办法实施之前，在自贸试验区内设立的外商投资企业发生变更，或自贸试验区外的外商投资企业迁入的，且变更后属于本办法第二条规定的备案范围的，应通过受理平台办理变更备案手续，并向备案机构缴销批准证书。

第七条 （备案程序）

投资者（或外商投资企业）在线完成申报后，备案机构应在 1 个工作日内予以备案，并将《中国（上海）自由贸易试验区外商/港澳台侨投资企业备案证明》（以下简称《备案证明》）在线发送至投资者（或外商投资企业）和相关部门。

投资者（或外商投资企业）在办理备案后，按国家有关规定办理相关手续。

第八条 （备案信息管理）

受理平台应保留外商投资企业备案信息，但投资者或外商投资企业自备案之日起 30 日内未完成登记的，应重新填报相关信息。

第九条 （备案转为审批）

备案管理的外商投资企业发生需审批的变更事项，应按照现行外商投资管理的相关规定办理审批手续。

第十条 （告知承诺）

外商投资企业备案实行告知承诺制。外国投资者或外商投资企业不得损害中国国家主权或社会公共利益、危害中国国家安全、损害环境，或存在其他违反中国法律、法规的情形。涉及国家安全审查和反垄断审查的，按照国家有关规定办理。

第十一条 （信息公开）

备案机构应将备案证明的信息予以公开。

第十二条 （诚信管理）

投资者（或外商投资企业）应按照告知承诺，如实提供备案信息，备案信息应与向注册登记机关提供的信息相一致。

第十三条 （事中事后监管）

备案机构应定期对投资者（或外商投资企业）的承诺事项进行检查。发现投资者（或外商投资企业）实际情况与承诺内容不符的，备案机构应以书面通知形式令其改正，并限期整改；情节严重的，应取消备案，将该信息记入外国投资者诚信档案，将该企业列入虚假陈述企业名录，并告知相关部门，公示处理结果。

第十四条 （港澳台投资者）

香港特别行政区、澳门特别行政区、台湾地区的投资者在自贸试验区内投资设立企业的备案管理，参照本办法。

第十五条 （施行日期和有效期）

本办法自 2013 年 10 月 1 日起施行，有效期为 3 年。

（五）中国（上海）自由贸易试验区境外投资开办企业备案管理办法

沪府发〔2013〕74 号

上海市人民政府关于印发《中国（上海）自由贸易试验区境外投资开办企业备案管理办法》的通知

各区、县人民政府，市政府各委、办、局：

现将《中国（上海）自由贸易试验区境外投资开办企业备案管理办法》印发给你们，请认真按照执行。

上海市人民政府

2013 年 9 月 29 日

中国（上海）自由贸易试验区境外投资开办企业备案管理办法

第一条 （目的和依据）

为进一步扩大开放，推进境外投资管理体制改革，营造国际化、法治化投资环境，根据《中国（上海）自由贸易试验区总体方案》，制定本办法。

第二条 （适用范围）

注册地在中国（上海）自由贸易试验区内的企业（以下简称"企业"）境外投资，适用本办法。

本办法所称境外投资，是指企业通过新设、并购等方式，在境外设立非金融企业或取得既有非金融企业的所有权、控制权、经营管理权等权益的行为。

第三条 （备案机构）

中国（上海）自由贸易试验区管理委员会（以下称"备案机构"）负责权限内企业境外投资备案管理。

第四条 （备案权限）

备案机构对境外投资实行备案管理。

涉及与我国未建交国家（地区）的境外投资、特定国家（地区）的境外投资、涉及多国（地区）利益的境外投资、设立境外特殊目的公司、能源矿产类境外投资、需在国内招商的境外投资等，仍按照《境外投资管理办法》执行。

企业境外投资不得有以下情形：

（一）危害我国国家主权、安全和社会公共利益，或违反我国法律法规；

（二）损害我国与有关国家（地区）关系；

（三）可能违反我国对外缔结的国际条约；

（四）涉及我国禁止出口的技术和货物。

第五条 （备案材料）

企业申请境外投资备案的,应向备案机构提交以下材料:

(一) 境外投资备案申请表;

(二) 投资主体法人身份证明文件;

(三) 特殊情况下,提交备案机构要求的其他材料。

第六条 (备案时限)

备案机构应在企业交齐本办法第五条所规定的材料,并确认材料符合规定形式后 5 个工作日内,完成备案并制发《企业境外投资证书》(以下简称《证书》)。

企业提交备案材料不齐全或不符合规定形式的,备案机构应在收到备案申请材料后 1 个工作日内,一次告知企业。

第七条 (变更和终止)

根据本办法设立的境外投资企业发生投资主体、投资金额、股权比例、资金来源结构、经营范围、经营期限等变更情形的,应向备案机构申请变更备案。

终止已设立境外投资企业的,应向备案机构申请终止备案。

变更和终止备案的程序,参照本办法第五、第六条执行。

第八条 (证书效力)

企业境外投资备案后,持《证书》办理外汇、海关、外事等相关手续,并可按照规定,申请国家有关政策支持。

第九条 (证书有效期)

企业自领取《证书》两年内,未在投资目的国(地区)完成有关法律手续或未办理本办法第八条所列境内有关手续的,《证书》自动失效。如需再开展境外投资,应按照本办法规定重新办理备案。

第十条 (诚信管理)

备案机构对境外投资主体实行诚信管理。企业应保证全部申报事项和报送材料的真实性,并按照国家法律、法规规定,开展境外投资。

第十一条 (事中事后监管)

企业境外投资行为规范,参照《境外投资管理办法》规定执行。备案机构负责事中事后监管,督促企业办理再投资备案,向驻外使(领)馆报到登记,接受驻外使(领)馆的指导,按时报送统计和年检资料,履行企业社会责任,落实各项人员和财产安全防范措施,建立突发事件预警机制和应急预案,及时处置境外突发事件等。

第十二条 (罚则)

企业提供虚假申请材料,不如实填报境外投资备案申请表,或以其他不正当手段获得境外投资备案的,备案机构应撤销《证书》,并将该信息记入企业诚信档案,该企业三年内不得享受国家有关政策支持。

第十三条 (附则)

企业赴香港特别行政区、澳门特别行政区投资参照本办法执行,赴台湾地区投资按照国家发展改革委、商务部和国台办《关于印发〈大陆企业赴台湾地区投资管理办法〉的通知》(发改外资〔2010〕2661 号)执行。

事业单位法人开展境外投资、企业在境外设立非法人企业、企业控股的境外企业境外再投资参照本办法执行。

第十四条 （施行日期）

本办法自 2013 年 10 月 1 日起施行。

（六）中国（上海）自由贸易试验区中外合作经营性培训机构管理暂行办法

各区、县人民政府，市政府各委、办、局：

市教委、市商务委、市人力资源社会保障局、市工商局制订的《中国（上海）自由贸易试验区中外合作经营性培训机构管理暂行办法》已经市政府同意，现转发给你们，请认真按照执行。

上海市人民政府办公厅

2013 年 11 月 13 日

中国（上海）自由贸易试验区中外合作经营性培训机构管理暂行办法

第一章　总　　则

第一条　为落实《中国（上海）自由贸易试验区总体方案》中关于"允许设立中外合作经营性培训机构"的规定，进一步扩大培训服务业对外开放，加强培训服务业对外交流与合作，根据《中华人民共和国中外合作经营企业法》《中华人民共和国公司法》《中华人民共和国中外合作办学条例》《上海市终身教育促进条例》和《中国（上海）自由贸易试验区管理办法》等法律、法规、规章，制定本暂行办法。

第二条　本暂行办法所称的中外合作经营性培训机构（以下简称"合作培训机构"），是指由符合条件的外国企业或者其他经济组织与中国企业或者其他经济组织合作举办，面向社会提供非公益性文化教育类或职业技能类培训服务的公司制企业。

第三条　中国（上海）自由贸易试验区（以下简称"自贸试验区"）内合作培训机构的设立和管理，适用本暂行办法。

第四条　本暂行办法所称的文化教育类培训，是指根据《中华人民共和国学科分类与代码国家标准》中规定的学科所开展的相关经营性培训活动。本暂行办法所称的职业技能类培训，是指根据《中华人民共和国职业分类大典》规定的技能类职业所开展的相关经营性培训活动。法律、行政法规、国务院决定另有规定的，从其规定。

合作培训机构不得实施学历教育和学前教育，不得从事宗教、军事、警察、政治和党校等特殊领域的培训项目。

第五条　市教育行政管理部门、市人力资源社会保障部门、市工商行政管理局自由贸易试验区分局（以下简称"自贸试验区工商分局"）和中国（上海）自由贸易试验区管理委员会（以下简称"自贸试验区管委会"）按照各自职能行使相关管理职责。

教育行政管理部门和人力资源社会保障部门分别是文化教育类、职业技能类合作培训机构的行业主管部门，主要履行以下职责：

（一）审核合作培训机构申请经营性培训项目的基本条件和准入要求,负责培训项目和培训活动的监管和专项检查;

（二）对合作培训机构挪用办学经费和恶意终止办学行为进行查处;

（三）协同自贸试验区工商分局对未经登记,擅自从事经营性培训活动进行查处。

自贸试验区工商分局是合作培训机构的登记机关,主要履行以下职责:

（一）办理合作培训机构的企业注册登记,并对企业登记事项进行监管;

（二）对招生培训广告宣传进行监管;

（三）会同教育行政管理部门或者人力资源社会保障部门对未经登记,擅自从事的经营性培训活动进行查处。

自贸试验区管委会是合作培训机构合同、章程的审查批准机关,负责合作培训机构设立和变更事项的审查批准,并履行审查批准机关的职能。

公安等其他相关职能部门按照各自职责,行使相关管理职能。

第二章 设 立

第六条 合作培训机构的中外合作方应当具有从事教育培训投资与管理的经验,并符合下列条件之一:

（一）能够提供国际先进的教育培训管理经验、管理模式和服务模式;

（二）能够提供具有国际领先水平的培训课程、师资和教学设施、设备。

第七条 设立合作培训机构,除应当符合《中华人民共和国中外合作经营企业法》、《中华人民共和国公司法》等相关规定外,还应当符合以下要求:

（一）有熟悉教学业务和办学管理的公司法定代表人,公司法定代表人应当是公司的专职负责人,依照公司章程规定,负责合作培训机构的培训经营活动,并依法登记;

（二）有与培训类别、层次与规模相适应的专兼职教师和管理人员;

（三）有相应的办学资金和保证日常教学正常开展的经费来源,办学资金不少于人民币100万元;

（四）有与培训项目相适应的公司住所（即教学场所,下同）和教学设备;

（五）有办学和教学的管理制度。

第八条 设立合作培训机构,分为筹建和正式开业两个步骤。其他企业变更为合作培训机构及合作培训机构设立分公司,无须筹建。

第九条 合作培训机构的名称,应当符合《企业名称登记管理规定》和有关法律法规的规定,行业表述中应当含有"培训"字样,不得出现"学校""学院""大学"等字样。

第十条 申请设立合作培训机构的,应当向自贸试验区工商分局申请办理名称预先核准手续后,登陆自贸试验区网站"投资办事直通车",按照教育行政管理部门或者人力资源社会保障部门要求准备相关申请材料,并向自贸试验区工商分局"一口受理"窗口递交材料,提出设立申请。自贸试验区工商分局即时将材料转送自贸试验区管委会。

第十一条 自贸试验区管委会在收到上述材料之日起在10个工作日内征询教育行政管理

部门或者人力资源社会保障部门的意见并将征询结果告知投资者,同时在自贸试验区网站公示征询结果。

第十二条　申请人根据同意筹建的意见,按照自贸试验区外资企业设立"一口受理"流程办理相关手续,材料齐全正确的,在 10 个工作日内至"一口受理"窗口领取相关证照。

第十三条　合作培训机构取得批准证书、企业营业执照等相关证照后,应当按照核定的经营范围,开展培训项目的筹建活动,筹建期间不得招生。

合作培训机构经批准筹建的,应当自批准筹建之日起 6 个月内,向自贸试验区工商分局提出变更经营范围暨正式开业申请,并提供相应的办学资金验资报告等相关材料。

第十四条　合作培训机构在自贸试验区内设立分公司的,应当参照本暂行办法第七条的规定,依法向自贸试验区工商分局提出申请。自贸试验区工商分局在获得自贸试验区管委会征询教育行政管理部门或者人力资源社会保障部门的意见后,作出是否准予登记的决定。

第三章　变更与终止

第十五条　合作培训机构申请变更住所、法定代表人、中外合作方、注册资本、经营范围(包括申请正式开业或者新增/变更培训项目)的,自贸试验区管委会应当征求教育行政管理部门或人力资源社会保障部门意见后,作出是否批准的决定,自贸试验区工商分局依法作出是否准予变更登记决定。

第十六条　合作培训机构分公司变更营业场所、负责人、经营范围(新增/变更培训项目)的,应当向自贸试验区工商分局提出申请。在获得经自贸试验区管委会征询的市教育行政管理部门或者市人力资源社会保障部门意见后,作出是否准予变更登记的决定。

第十七条　合作培训机构有下列情形之一的,应当依法办理终止办学手续:

(一) 根据公司合同、章程的规定要求终止的;

(二) 董事会或联合管理委员会决议要求终止的;

(三) 因资不抵债无法继续办学的;

(四) 公司被依法宣告破产,或被依法予以解散,或被依法吊销营业执照、责令关闭或者被撤销的;

(五) 法律、法规规定的其他情形。

第十八条　合作培训机构终止办学的,应当向自贸试验区工商分局提出变更或注销登记申请。

自贸试验区工商分局办理注销登记时,应当获得经自贸试验区管委会征询的市教育行政管理部门或者市人力资源社会保障部门意见,并收取自贸试验区管委会出具的缴销批准证书的回执。其中,因提前终止合作申请注销的,还应当收取自贸试验区管委会的批准文件。

第四章　管　理

第十九条　合作培训机构应当根据《上海市终身教育促进条例》及有关规定,开设学杂费专用存款账户,建立学杂费专用存款账户管理制度。

申请变更为合作培训机构的公司在申请变更时,应当开设本单位学杂费专用存款账户。

第二十条 合作培训机构收取学杂费,应当开具由市地税局监制的本单位收费票据。学杂费应当及时全额缴存本单位学杂费专用存款账户,保障学杂费主要用于教育教学活动,维护受教育者和教师的合法权益。

第二十一条 合作培训机构面向社会开展招生培训活动时,应当与培训对象或其法定监护人签订规范的《培训服务合同(或协议)》(以下简称《培训合同》),明确双方的权利和义务。

第二十二条 合作培训机构应当在自贸试验区工商分局核准登记的住所(即教学场所)内,开展培训活动。

合作培训机构的住所应当与其培训规模和项目要求相一致,并符合教学场所安全和消防安全的相关规定。

第二十三条 合作培训机构应当依法与专职教师和专职管理人员签订《劳动用工合同》,保障教职员工合法权益。

合作培训机构聘用外籍教师或外籍管理人员,应当按照国家和本市的相关规定办理。

第二十四条 合作机构应当按照国家和本市有关规定,颁发培训证书或结业证书。

第二十五条 市教育行政管理、市人力资源社会保障、市商务和市工商行政管理等相关职能部门应当建立对合作培训机构的联合监管和沟通协调机制。

第二十六条 对在自贸试验区内违反有关法律、法规、规章及本暂行办法从事经营性培训活动的,依法予以查处。

第五章 附 则

第二十七条 香港特别行政区、澳门特别行政区、台湾地区的企业或者其他经济组织与内地企业或者其他经济组织在自贸试验区内设立合作培训机构的,参照本暂行办法执行。

第二十八条 本暂行办法自印发之日起实施。

（七）中国（上海）自由贸易试验区外商独资医疗机构管理暂行办法

沪府办发〔2013〕63 号

各区、县人民政府,市政府各委、办、局:

市卫生计生委、市商务委、市工商局制订的《中国（上海）自由贸易试验区外商独资医疗机构管理暂行办法》已经市政府同意,现转发给你们,请认真按照执行。

上海市人民政府办公厅

2013 年 11 月 13 日

中国（上海）自由贸易试验区外商独资医疗机构管理暂行办法

第一章 总 则

第一条 为进一步落实国务院印发的《中国（上海）自由贸易试验区总体方案》,根据《中华人民共和国外资企业法》、《全国人大常委会关于授权国务院在中国（上海）自由贸易试验区暂时调整有关法律规定的行政审批的决定》和《医疗机构管理条例》、《上海市医疗机构管理办法》、《中国（上海）自由贸易试验区管理办法》等有关法律、法规、规章,制定本暂行办法。

第二条 本暂行办法所称外商独资医疗机构,是指外国医疗机构为其实际控股人的医疗机构、公司、企业和其他经济组织（以下统称“外国投资者”）,经中国政府主管部门批准,在中国（上海）自由贸易试验区（以下简称“自贸试验区”）以独资形式设置的营利性医疗机构。

第三条 自贸试验区内外商独资医疗机构的设置和管理,适用本暂行办法。

第四条 外商独资医疗机构必须遵守有关法律、法规和规章。外商独资医疗机构的正当经营活动及合法权益,受中国法律保证。

第五条 自贸试验区管委会、上海市卫生计生部门、上海市工商部门在各自职责范围内,负责自贸试验区内外商独资医疗机构管理工作。

自贸试验区工商部门为外商独资医疗机构的登记机关。

第二章 设 置 条 件

第六条 外商独资医疗机构的设置与发展,必须符合上海市区域卫生规划和医疗机构设置规划中有关促进社会办医的精神和要求,并执行国家卫生计生部门制定的《医疗机构基本标准》。

第七条 申请设置外商独资医疗机构的外国投资者应当是能够独立承担民事责任的法人,具有直接从事医疗机构投资与管理 5 年以上的经验,并符合下列要求之一:

（一）能够提供国际先进的医疗机构管理经验、管理模式和服务模式;

（二）能够提供具有国际领先水平的医学技术和设备；

（三）可以补充或改善所在地在医疗服务能力、医疗质量、技术、资金和医疗设施方面的不足。

第八条 设置的外商独资医疗机构应当符合以下条件：

（一）独立的法人；

（二）最低投资总额 2 000 万元人民币；

（三）经营期限 20 年。

第三章 设置审批与登记

第九条 设置外商独资医疗机构，应当按照"一口受理"工作机制，向自贸试验区工商部门提交以下材料：

（一）机构设置申请材料；

（二）项目建议书、可行性研究报告；

（三）外国投资者的注册登记证明（复印件）、法定代表人身份证明（复印件）和银行资信证明；

（四）项目选址报告、土地使用租赁证明、建筑平面图；

（五）外国投资者具有直接从事医疗机构投资与管理 5 年以上经验的证明材料；

（六）外商独资医疗机构的章程；

（七）外商独资医疗机构董事会成员名单；

（八）机构名称预先核准通知书；

（九）企业设立登记申请材料；

（十）法律、法规规定的其他材料。

第十条 申请材料齐全的，自贸试验区工商部门应当向申请人出具相关收件凭证，并自出具受理凭证之日起 40 个工作日内，由市卫生计生部门、自贸试验区管委会、自贸试验区工商部门出具批准或者不批准的书面文件。予以批准的，自贸试验区工商部门统一向申请人送达《医疗机构设置批准书》《外商投资企业批准证书》《企业营业执照》等有关文书。

第十一条 获准设置的外商独资医疗机构，应当按照《医疗机构管理条例》及其实施细则中关于医疗机构执业登记的程序和要求，向市卫生计生部门申请执业登记，领取《医疗机构执业许可证》。

第十二条 外商独资医疗机构的名称设置，应当符合《医疗机构管理条例实施细则》《企业名称登记管理规定》《企业名称登记管理规定实施办法》及其他相关规定。

第四章 变更、延期和终止

第十三条 已设置的外商独资医疗机构，应当在规定的期限内，完成执业登记手续的办理；逾期未能完成的，经原审批机关核准后，撤销该项目。

第十四条　已设置的外商独资医疗机构变更机构地址、床位规模、诊疗科目、经营期限、投资总额、投资人等,应当向原审批机关提出申请。

第十五条　已设置的外商独资医疗机构终止运营,应当在终止运营 90 日前,向原审批机关提出申请。

第十六条　外商独资医疗机构经营期限届满需要延长的,应当在期满 180 日前,向原审批机关提出申请。

第五章　执　　业

第十七条　外商独资医疗机构作为独立法人实体,自负盈亏,独立核算,独立承担民事责任。

第十八条　外商独资医疗机构应当执行《医疗机构管理条例》和《医疗机构管理条例实施细则》等中有关医疗机构执业的规定。

第十九条　外商独资医疗机构必须执行医疗技术准入规范和临床诊疗技术规范,遵守新技术、新设备及大型医用设备临床应用的有关规定。

第二十条　外商独资医疗机构发生医疗事故,依照有关法律、法规处理。

第二十一条　外商独资医疗机构聘请医务人员,按照有关法律、法规和相关规定办理。

第二十二条　外商独资医疗机构应当严格执行无菌消毒、隔离制度,采取科学有效的措施,处理污水和废弃物,预防和减少医院感染,严格遵守开展放射诊疗的规定。

第二十三条　发生重大灾害、事故、疾病流行或者其他意外情况时,外商独资医疗机构及其卫生技术人员应当服从卫生计生部门的调遣。

第二十四条　外商独资医疗机构发布本机构医疗广告,按照《中华人民共和国广告法》《医疗广告管理办法》等有关法律、法规的规定办理。

第二十五条　外商独资医疗机构的医疗收费价格,按照国家有关规定执行。

第二十六条　外商独资医疗机构的税收,按照国家和自贸试验区的有关规定执行。

第六章　监　　督

第二十七条　自贸试验区所在区卫生计生部门负责自贸试验区内外商独资医疗机构的日常监督管理工作。

市卫生计生部门负责自贸试验区内外商独资医疗机构的监督管理及医疗机构校验工作,对外商独资医疗机构每年校验一次。

第二十八条　外商独资医疗机构应当按照国家对外商投资企业的有关规定,接受国家有关部门的监督。

第二十九条　外商独资医疗机构违反有关法律、法规和规章,由有关主管部门依法查处。对违反本暂行办法的外商独资医疗机构,由自贸试验区管委会、上海市及自贸试验区所在区卫生计生部门、工商部门依据相关法律、法规和规章予以处罚。

第三十条　自贸试验区管委会、上海市及自贸试验区所在区卫生计生部门、工商部门违反本暂行办法规定,擅自批准外商独资医疗机构的设置和变更的,依法追究有关负责人的责任。

外国投资者未经自贸试验区管委会、上海市及自贸试验区所在区卫生计生行政部门、工商部门批准,成立外商独资医疗机构并开展医疗活动或以合同方式经营诊疗项目的,视同非法行医,按照《医疗机构管理条例》和《医疗机构管理条例实施细则》及有关规定进行处罚。

第七章　附　　则

第三十一条　香港特别行政区、澳门特别行政区、台湾地区的投资者在自贸试验区投资举办独资医疗机构的,参照本暂行办法执行。

第三十二条　本市原有规定与本暂行办法不符的,以本暂行办法为准。

第三十三条　本暂行办法自印发之日起实施。

（八）中国（上海）自由贸易试验区外商投资准入特别管理措施（负面清单）（2013 年）

沪府发〔2013〕75 号

根据外商投资法律法规、《中国（上海）自由贸易试验区总体方案》、《外商投资产业指导目录（2011 年修订）》，现予公布《中国（上海）自由贸易试验区外商投资准入特别管理措施（负面清单）（2013 年）》。

特此公告。

附件：中国（上海）自由贸易试验区外商投资准入特别管理措施（负面清单）（2013 年）

上海市人民政府
2013 年 9 月 29 日

中国（上海）自由贸易试验区外商投资准入特别管理措施（负面清单）（2013 年）

上海市人民政府

说 明

《中国（上海）自由贸易试验区外商投资准入特别管理措施（负面清单）（2013 年）》（以下简称"负面清单"），以外商投资法律法规、《中国（上海）自由贸易试验区总体方案》《外商投资产业指导目录（2011 年修订）》等为依据，列明中国（上海）自由贸易试验区（以下简称"自贸试验区"）内对外商投资项目和设立外商投资企业采取的与国民待遇等不符的准入措施。负面清单按照《国民经济行业分类及代码》（2011 年版）分类编制，包括 18 个行业门类。S 公共管理、社会保障和社会组织、T 国际组织 2 个行业门类不适用负面清单。

对负面清单之外的领域，将外商投资项目由核准制改为备案制（国务院规定对国内投资项目保留核准的除外）；将外商投资企业合同章程审批改为备案管理。

除列明的外商投资准入特别管理措施，禁止（限制）外商投资国家以及中国缔结或者参加的国际条约规定禁止（限制）的产业，禁止外商投资危害国家安全和社会安全的项目，禁止从事损害社会公共利益的经营活动。

自贸试验区内的外资并购、外国投资者对上市公司的战略投资、境外投资者以其持有的中国境内企业股权出资，应当符合相关规定要求；涉及国家安全审查、反垄断审查的，按照相关规定办理。

香港特别行政区、澳门特别行政区、台湾地区投资者在自贸试验区内投资参照负面清单执行。内地与香港特别行政区、澳门特别行政区《关于建立更紧密经贸关系的安排》及其补充协议、《海峡两岸经济合作框架协议》及其后续《海峡两岸服务贸易协议》、我国签署的自贸协定中适用于自贸试验区并对符合条件的投资者有更优惠的开放措施的，按照相关协议或协定的规定执行。

根据外商投资法律法规和自贸试验区发展需要，负面清单将适时进行调整。

中国(上海)自由贸易试验区外商投资准入特别管理措施(负面清单)

(2013 年)

门类 (代码及名称)	大类 (代码及名称)	中类 (代码及名称)	特别管理措施
A 农、林、牧、渔业	A01 农业、 A02 林业、 A03 畜牧业、 A04 渔业、 A05 农、林、牧、渔服务业		1. 投资中药材种植、养殖须合资、合作 2. 限制投资农作物新品种选育和种子生产(中方控股) 3. 投资农作物种子企业须合资、合作,投资粮、棉、油作物种子企业的注册资本不低于 200 万美元,且中方投资比例应大于 50%,其他农作物种子企业的注册资本不低于 50 万美元 4. 限制投资棉花(籽棉)加工 5. 限制投资珍贵树种原木加工(限于合资、合作) 6. 禁止投资我国稀有和特有的珍贵优良品种研发、养殖、种植以及相关繁殖材料生产(包括种植业、畜牧业、水产业优良基因),转基因生物研发和转基因农作物种子、种畜禽、水产苗种生产 7. 禁止投资我国管辖海域及内陆水域水产品捕捞
B 采矿业	B06 煤炭开采和洗选业		限制投资特殊和稀缺煤类开采(中方控股)
	B07 石油和天然气开采业		1. 投资煤层气开发和矿井瓦斯利用须合资、合作 2. 投资石油、天然气开发须合资、合作 3. 投资低渗透油气藏(田)的开发须合资、合作 4. 投资提高原油采收率及相关新技术的开发应用须合资、合作 5. 投资物探、钻井、测井、录井、井下作业等石油勘探开发新技术的开发与应用须合资、合作 6. 投资油页岩、油砂、重油、超重油等非常规石油资源开发须合资、合作 7. 投资页岩气、海底天然气水合物等非常规天然气资源开发须合资、合作
	B08 黑色金属矿采选业		限制投资硫铁矿开采、选矿、以及硼镁铁矿石开采
	B09 有色金属矿采选业		1. 限制投资硼镁石开采,锂矿开采、选矿,以及贵金属(金、银、铂族)开采 2. 禁止投资钨、钼、锡、锑开采和稀土、放射性矿产开采、选矿
	B10 非金属矿采选业		1. 限制投资重晶石开采(限于合资、合作) 2. 限制投资金刚石、高铝耐火粘土、硅灰石、石墨等重要非金属矿开采,磷矿开采、选矿,盐湖卤水资源的提炼,以及天青石开采 3. 限制投资大洋锰结核、海砂的开采(中方控投) 4. 禁止投资萤石开采
	B11 开采辅助活动		限制投资硼镁铁矿石加工

（续表）

门类 （代码及名称）	大类 （代码及名称）	中类 （代码及名称）	特别管理措施
C 制造业	C13 农副食品加工业	C131 谷物磨制	限制投资大米、面粉加工
		C133 植物油加工、 C136 水产品加工	1. 限制投资豆油、菜籽油、花生油、棉籽油、茶籽油、葵花籽油、棕榈油等食用油脂加工（中方控股） 2. 限制投资生物液体燃料（燃料乙醇、生物柴油）生产（中方控股）
		C139 其他农副食品加工	限制投资玉米深加工
	C15 酒、饮料和精制茶制造业	C151 酒的制造	限制投资黄酒、名优白酒生产（中方控股）
		C153 精制茶加工	禁止投资我国传统工艺的绿茶及特种茶加工（名茶、黑茶等）
	C16 烟草制品业	C161 烟叶复烤	限制投资打叶复烤烟叶加工生产
		C169 其他烟草制品制造	投资二醋酸纤维素及丝束加工须合资、合作
	C22 造纸和纸制品业	C221 纸浆制造、 C222 造纸	投资主要利用境外木材资源的单条生产线年产 30 万吨及以上规模化学木浆和单条生产线年产 10 万吨及以上规模化学机械木浆以及同步建设的高档纸及纸板生产须合资、合作
	C23 印刷和记录媒介复制业	C231 印刷	限制投资出版物印刷（中方控股），注册资本不得低于 1 000 万元人民币
		C233 记录媒介复制	投资只读类光盘复制须合资、合作，且中方控股或占主导地位
	C24 文教、工美、体育和娱乐用品制造业	C243 工艺美术品制造	禁止投资象牙雕刻，虎骨加工，脱胎漆器、珐琅制品、宣纸、墨锭生产
	C25 石油加工、炼焦和核燃料加工业	C251 精炼石油产品制造	限制投资 1 000 万吨/年以下常减压炼油、150 万吨/年以下催化裂化、100 万吨/年以下连续重整（含芳烃抽提）、150 万吨/年以下加氢裂化生产
		C253 核燃料加工	禁止投资放射性矿产冶炼、加工

（续表）

门类 （代码及名称）	大类 （代码及名称）	中类 （代码及名称）	特别管理措施
C 制造业	C26 化学原料和化学制品制造业	C261 基础化学原料制造	限制资投乙炔法聚氯乙烯以及规模以下乙烯和后加工产品、纯碱、烧碱、硫酸、硝酸、钾碱、无机盐的生产
		C264 涂料、油墨、颜料及类似产品制造	限制投资联苯胺、颜料、涂料生产
		C265 合成材料制造	限制投资丁二烯橡胶（高顺式丁二烯橡胶除外）、乳液聚合丁苯橡胶、热塑性丁苯橡胶生产
		C266 专用化学产品制造	限制投资易制毒化学品生产（麻黄素、3,4-亚基二氧苯基-2-丙酮、苯乙酸、1-苯基-2-丙酮、胡椒醛、黄樟脑、异黄樟脑、醋酸酐）、氟化氢等低端氟氯烃或氟氯化合物生产、感光材料生产
		C267 炸药、火工及焰火产品制造	禁止投资武器弹药制造
	C27 医药制造业	C271 化学药品原料药制造	限制投资麻醉药品及一类精神药品原料药生产（中方控股）
		C272 化学药品制剂制造	限制投资氯霉素、青霉素 G、洁霉素、庆大霉素、双氢链霉素、丁胺卡那霉素、盐酸四环素、土霉素、麦迪霉素、柱晶白霉素、环丙氟哌酸、氟哌酸、氟嗪酸、安乃近、扑热息痛、维生素 B1、维生素 B2、维生素 C、维生素 E、多种维生素制剂和口服钙剂生产
		C273 中药饮片加工、 C274 中成药生产	1. 禁止投资列入《野生药材资源保护条例》和《中国珍稀、濒危保护植物名录》的中药材加工 2. 禁止投资中药饮片的蒸、炒、炙、煅等炮制技术应用及中成药保密处方产品的生产
		C276 生物药品制造	限制投资血液制品的生产、纳入国家免疫规划的疫苗品种生产
	C28 化学纤维制造业	C282 合成纤维制造	限制投资常规切片纺的化纤抽丝生产、粘胶纤维生产

（续表）

门类 （代码及名称）	大类 （代码及名称）	中类 （代码及名称）	特别管理措施
C 制造业	C32 有色金属冶炼和压延加工业	C321 常用有色金属冶炼	限制投资电解铝、铜、铅、锌等有色金属冶炼
		C323 稀有稀土金属冶炼	1. 限制投资钨、钼、锡（锡化合物除外）、锑（含氧化锑和硫化锑）等稀有金属冶炼 2. 限制投资稀土冶炼、分离（限于合资、合作）
	C34 通用设备制造业	C343 物料搬运设备制造	1. 400 吨及以上轮式、履带式起重机械制造须合资、合作 2. 限制投资 400 吨以下轮式、履带式起重机械制造（限于合资、合作）
		C345 轴承、齿轮和传动部件制造	限制投资各类普通级（P0）轴承及零件（钢球、保持架）、毛坯制造
	C35 专用设备制造业	C351 采矿、冶金、建筑专用设备制造	1. 投资深水（3 000 米以上）海洋工程装备的设计须合资、合作 2. 投资海洋工程装备（含模块）制造须中方控股 3. 限制投资 320 马力及以下推土机、30 吨级及以下液压挖掘机、6 吨级及以下轮式装载机、220 马力及以下平地机、压路机、叉车、135 吨级及以下电力传动非公路自卸翻斗车、60 吨级及以下液力机械传动非公路自卸翻斗车、沥青混凝土搅拌与摊铺设备和高空作业机械、园林机械和机具、商品混凝土机械（托泵、搅拌车、搅拌站、泵车）制造
		C352 化工、木材、非金属加工专用设备制造	投资大型煤化工成套设备制造须合资、合作
		C355 纺织、服装和皮革加工专用设备制造	限制投资一般涤纶长丝、短纤维设备制造
		C359 环保、社会公共服务及其他专用设备制造	投资空中交通管制系统设备制造须合资、合作

（续表）

门类 （代码及名称）	大类 （代码及名称）	中类 （代码及名称）	特别管理措施
C 制造业	C36 汽 车 制造业	C361 汽车整车制造、C362 改装汽车制造、C363 低速载货汽车制造、C364 电车制造、C365 汽车车身、挂车制造	汽车整车、专用汽车、农用运输车中外合资生产企业的中方股份比例不得低于 50%；股票上市的汽车整车、专用汽车、农用运输车股份公司对外出售法人股份时，中方法人之一必须相对控股且大于外资法人股之和；同一家外商可在国内建立 2 家以下（含 2 家）生产同类（乘用车类、商用车类）整车产品的合资企业，如与中方合资伙伴联合兼并国内其他汽车生产企业，可不受 2 家的限制
		C366 汽车零部件及配件制造	1. 投资汽车电子装置制造与研发：汽车电子总线网络技术、电动助力转向系统电子控制器须合资，嵌入式电子集成系统须合资、合作 2. 投资新能源汽车能量型动力电池（能量密度≥110Wh/kg，循环寿命≥2 000 次）外资比例不超过 50%
	C37 铁路、船舶、航空航天和其他运输设备制造业	C371 铁路运输设备制造、C372 城市轨道交通设备制造	投资轨道交通运输设备须合资、合作：高速铁路、铁路客运专线、城际铁路、干线铁路及城市轨道交通运输设备的整车和关键零部件（牵引传动系统、控制系统、制动系统）的研发、设计与制造；高速铁路、铁路客运专线、城际铁路及城市轨道交通乘客服务设施和设备的研发、设计与制造，信息化建设中有关信息系统的设计与研发；高速铁路、铁路客运专线、城际铁路的轨道和桥梁设备研发、设计与制造，轨道交通运输通信信号系统的研发、设计与制造，电气化铁路设备和器材制造、铁路噪声和振动控制技术与研发、铁路客车排污设备制造、铁路运输安全监测设备制造
		C373 船舶及相关装置制造	1. 投资豪华邮轮的设计，船舶低、中速柴油机及其零部件的设计，游艇的设计与制造须合资、合作 2. 投资船舶低、中速柴油机及曲轴的制造须中方控股 3. 投资船舶舱室机械的设计与制造须中方相对控制 4. 限制投资船舶（含分段）的设计与制造（中方控股）
		C374 航空、航天器及设备制造	1. 投资民用通用飞机设计、制造须合资、合作 2. 投资航空发动机及零部件、航空辅助动力系统、民用航空机载设备设计与制造须合资、合作 3. 投资 3 吨级以下民用直升机设计与制造须合资、合作，投资 3 吨级以上民用直升机设计与制造须中方控股 4. 投资民用干线、支线飞机设计、制造须中方控股 5. 投资地面、水面效应飞机制造须中方控股 6. 投资无人机、浮空器设计与制造须中方控股

（续表）

门类 （代码及名称）	大类 （代码及名称）	中类 （代码及名称）	特别管理措施
C 制造业	C37 铁路、船舶、航空航天和其他运输设备制造业	C375 摩托车制造	1. 摩托车中外合资生产企业的中方股份比例不得低于50%；股票上市的摩托车股份公司对外出售法人股份时，中方法人之一必须相对控股且大于外资法人股之和；同一家外商可在国内建立2家以下（含2家）生产摩托车类整车产品的合资企业，如与中方合资伙伴联合兼并国内其他汽车生产企业可不受2家的限制 2. 投资大排量（排量>250ml）摩托车关键零部件制造：摩托车电控燃油喷射技术须合资、合作
	C38 电气机械和器材制造业	C381 电机制造	1. 投资100万千瓦超超临界火电机组用关键辅机设备制造须合资、合作：安全阀、调节阀 2. 投资输变电设备制造须合资、合作：非晶态合金变压器、500千伏及以上高压开关用操作机构、灭弧装置、大型盆式绝缘子（1 000千伏、50千安以上），500千伏及以上变压器用出线装置、套管（交流500、750、1 000千伏，直流所有规格）、调压开关（交流500、750、1 000千伏有载、无载调压开关）、直流输电用干式平液电抗器、±800千伏直流输电用换流阀（水冷设备、直流场设备），符合欧盟RoHS指令的电器触头材料及无Pb、Cd的焊料 3. 投资额定功率350MW及以上大型抽水蓄能机组制造须合资、合作：水泵水轮机及调速器、大型变速可逆式水泵水轮机组、发电电动机及励磁、启动装置等附属设备
		C384 电池制造	禁止投资开口式（即酸雾直接外排式）铅酸电池、含汞扣式氧化银电池、含汞扣式碱性锌锰电池、糊式锌锰电池、镉镍电池制造
	C39 计算机、通信和其他电子设备制造业	C392 通信设备制造	投资民用卫星设计与制造、民用卫星有效载荷制造须中方控股
		C393 广播电视设备制造	限制投资卫星电视广播地面接收设施及关键件生产
	C43 金属制品、机械和设备修理业	C433 专用设备修理	1. 投资民用通用飞机维修、航空发动机及零部件维修、航空辅助动力系统维修须合资、合作 2. 投资民用干线、支线飞机维修须中方控股 3. 投资海洋工程装备（含模块）的修理须中方控股 4. 限制投资船舶（含分段）的修理（中方控股）

（续表）

门类 （代码及名称）	大类 （代码及名称）	中类 （代码及名称）	特别管理措施
D 电力、热力、燃气及水生产和供应业	D44 电力、热力生产和供应业		1. 投资核电站的建设、经营须中方控股 2. 限制投资小电网范围内，单机容量 30 万千瓦及以下燃煤凝汽火电站、单机容量 10 万千瓦及以下燃煤凝汽抽汽两用机组热电联产电站的建设、经营 3. 限制投资电网的建设、经营（中方控股），限制投资城市人口 50 万以上的城市热力管网的建设、经营（中方控股） 4. 禁止投资小电网外，单机容量 30 万千瓦及以下燃煤凝汽火电站、单机容量 10 万千瓦及以下燃煤凝汽抽汽两用热电联产电站的建设、经营
	D45 燃气生产和供应业、 D46 水的生产和供应业		限制投资城市人口 50 万以上的城市燃气管网、供排水管网的建设、经营（中方控股）
E 建筑业	E48 土木工程建筑业	E481 铁路、道路、隧道和桥梁工程建筑	1. 投资支线铁路、地方铁路及其桥梁、隧道、轮渡和站场设施的建设、经营须合资、合作 2. 投资铁路干线路网的建设、经营须中方控股 3. 投资高速铁路、铁路客运专线、城际铁路基础设施综合维修须中方控股 4. 投资城市地铁、轻轨等轨道交通的建设、经营须中方控股
F 批发和零售业	F51 批发业	F511 农、林、牧产品批发	限制投资粮食收购，限制投资粮食、棉花的批发、配送
		F512 食品、饮料及烟草制品批发	1. 限制投资植物油、食糖、烟草的批发、配送 2. 禁止投资盐的批发
		F514 文化、体育用品及器材批发	除香港、澳门服务提供者可以独资、合资、合作形式提供音像制品（含后电影产品）分销外，限制其他国家或地区投资者投资音像制品（除电影外）的分销（限于合作）
		F516 矿产品、建材及化工产品批发	限制投资原油、化肥、农药、农膜、成品油（含保税油）的批发、配送
		F518 贸易经纪与代理	禁止投资文物拍卖

（续表）

门类 （代码及名称）	大类 （代码及名称）	中类 （代码及名称）	特别管理措施
F 批发和零售业	F52 零售业	F521 综合零售	限制投资棉花、原油、农药、农膜、化肥的零售、配送（设立超过 30 家分店、销售来自多个供应商的不同种类和品牌商品的连锁店由中方控股）
		F522 食品、饮料及烟草制品专门零售	限制投资粮食、植物油、食糖、烟草的零售、配送（设立超过 30 家分店、销售来自多个供应商的不同种类和品牌商品的连锁店由中方控股）
		F524 文化、体育用品及器材专门零售	1. 除同一香港、澳门服务提供者投资图书、报纸、期刊连锁经营的出资比例不得超过 65% 外，其他国家或地区投资者投资图书、报纸、期刊连锁经营，连锁门店超过 30 家的，不允许控股 2. 除香港、澳门服务提供者可以独资、合资、合作形式提供音像制品（含后电影产品）分销外，限制其他国家或地区投资者投资音像制品（除电影外）的分销（限于合作） 3. 禁止投资文件商店
		F526 汽车、摩托车、燃料及零配件专门零售	限制投资加油站（同一外国投资者设立超过 30 家分店、销售来自多个供应商的不同种类和品牌成品油的连锁加油站，由中方控股）建设、经营
		F529 货摊、无店铺及其他零售业	限制投资直销、邮购、网上销售
G 交通运输、仓储和邮政业	G53 铁路运输业	G531 铁路旅客运输	限制投资铁路旅客运输公司（中方控股）
		G532 铁路货物运输	限制投资铁路货物运输公司（限于合资、合作）

(续表)

门类 (代码及名称)	大类 (代码及名称)	中类 (代码及名称)	特别管理措施
G 交通运输、仓储和邮政业	G54 道路运输业	G542 公路旅客运输	限制投资公路旅客运输公司(限于合资),且外方投资比例不得超过 49%,主要投资者中至少一方须是中国境内从事 5 年以上道路旅客运输业务的企业
		G543 道路货物运输	限制投资出入境汽车运输公司
	G55 水上运输业	G551 水上旅客运输、 G552 水上货物运输	限制投资水上运输公司(中方控股),投资定期、不定期国际海上运输业务须中方控股
		G553 水上运输辅助活动	1. 投资国际海运货物装卸、国际海运集装箱站和堆场业务限合资、合作 2.限制投资船舶代理(中方控股) 3.限制投资外轮理货(限于合资、合作)
	G56 航空运输业	G561 航空客货运输	投资航空运输公司须中方控股,经营年限不超过 30 年,投资公共航空运输企业的,一家外商(包括其关联企业)投资比例不超过 25%,法定代表人须为中国籍公民
		G562 通用航空服务	1. 投资农、林、渔业通用航空公司须合资、合作 2. 投资从事公务飞行、空中投资、为工业服务的通用航空企业须中方控股 3. 限制投资摄影、探矿、工业等通用航空公司(中方控股) 4. 通用航空企业经营年限不得超过 30 年,法定代表人须为中国籍公民
		G563 航空运输辅助活动	1. 除香港、澳门服务提供者外,其他国家或地区投资者投资航空运输辅助服务,须符合外方投资比例要求,经营年限不超过 30 年 2. 投资飞机维修(有承揽国际维修市场业务的义务)和航空油料项目限中方控股 3. 除香港、澳门服务提供者投资民航计算机订座系统限内地企业控股以外,禁止其他国家或地区投资者投资民航计算机订座系统 4. 投资民用机场的建设、经营须中方相对控股 5. 除香港、澳门服务提供者可独资设立航空运输销售代理企业以外,其他国家或地区投资者投资航空运输销售代理企业须合资、合作 6. 禁止投资空中交通管制公司

（续表）

门类 （代码及名称）	大类 （代码及名称）	中类 （代码及名称）	特别管理措施
G 交通运输、仓储和邮政业	G59 仓储业	G591 谷物、棉花等农产品仓储	承担储备粮经营管理和军粮供应任务的粮食企业，由国有独资或国有控股
	G60 邮政业	G601 邮政基本服务、G602 快递服务	禁止投资经营信件的国内快递业务和投资邮政公司
I 信息传输、软件和信息技术服务业	I63 电信、广播电视和卫星传输服务	I631 电信、I632 广播电视传输服务、I633 卫星传输服务	1. 限制投资电信、广播电视和卫星传输服务 2. 禁止投资各级广播电台（站）、电视台（站）、广播电视频道（率）、广播电视传输覆盖网（发射台、转播台、广播电视卫星、卫星上行站、卫星收转站、微波站、监测台、有线广播电视传输覆盖网）
	I64 互联网和相关服务	I641 互联网接入及相关服务、I642 互联网信息服务、I649 其他互联网服务	1. 除应用商店以外，投资经营其他信息服务业务的外方投资比例不得超过 50% 2. 投资经营国内因特网虚拟专用网业务的外方投资比例不得超过 50% 3. 禁止投资新闻网站、网络视听节目服务、互联网上网服务营业场所、互联网文化经营（音乐除外） 4. 禁止直接或间接从事和参与网络游戏运营服务
	I65 软件和信息技术服务业	I654 数据处理和存储服务、I659 其他信息技术服务业	1. 除投资经营类电子商务的外方投资比例不得超过 55% 以外，投资经营其他在线数据处理与交易处理业务的外方投资比例不得超过 50% 2. 禁止投资经营因特网数据中心业务

（续表）

门类 （代码及名称）	大类 （代码及名称）	中类 （代码及名称）	特别管理措施
J 金融业	J66 货币金融服务、J67 资本市场服务、J68 保险业、J69 其他金融业	J661 中央银行服务、J662 货币银行服务、J663 非货币银行服务、J664 银行监管服务、J671 证券市场服务、J672 期货市场服务、J673 证券期货监管服务、J647 资本投资服务、J679 其他资本市场服务、J681 人身保险、J682 财产保险、J683 再保险、J684 养老金、J685 保险经纪与代理服务、J686 保险监管服务、J689 其他保险活动、J691 金融信托与管理服务、J692 控股公司服务、J693 非金融机构支付服务、J694 金融信息服务、J699 其他未列明金融业	1. 限制投资银行、财务公司、信托公司、货币经纪公司 2. 限制投资保险公司（含集团公司，寿险公司外方投资比例不超过 50%），保险中介机构（含保险经纪、代理、公估公司）、保险资产管理公司 3. 限制投资证券公司（外方参股比例不超过 49%，初设时业务范围限于股票（包括人民币普通股、外资股）和债券（包括政府债券、公司债券）的承销与保荐，外资股的经纪、债券（包括政府债券、公司债券）的经纪和自营，持续经营 2 年以上符合相关条件的，可申请扩大业务范围）；证券投资基金管理公司（外方参股比例不超过 49%）；证券投资咨询机构（仅限港、澳证券公司，参股比例不超过 49%）；期货公司（仅限港、澳服务提供者，参股比例不超过 49%） 4. 投资小额贷款公司，融资性担保公司须符合相关规定 5. 投资融资租赁公司的外国投资者总资产不得低于 500 万美元；公司注册资本不低于 1 000 万美元，高级管理人员应具有相应专业资质和不少于 3 年从业经验
K 房地产业	K70 房地产业	K701 房地产开发经营	1. 限制投资土地成片开发（限于合资、合作） 2. 限制投资高档宾馆、高档写字楼、国际会展中心，以及大型农产品批发市场的建设、经营 3. 禁止投资别墅的建设、经营
		K703 房地产中介服务	限制投资房地产二级市场交易及房地产中介或经纪公司

（续表）

门类 （代码及名称）	大类 （代码及名称）	中类 （代码及名称）	特别管理措施
L 租赁和商务服务业	L71 租赁业	L712 文化及日用品出租	1. 除同一香港、澳门服务提供者投资图书、报纸、期刊出租连锁经营的出资比例不得超过65%外，其他国家或地区投资者投资图书、报纸、期刊出租连锁经营，连锁门店超过30家的，不允许控股 2. 除香港、澳门服务提供者可以独资、合资、合作形式提供音像制品（含后电影产品）出租外，限制其他国家或地区投资者投资音像制品（除电影外）的出租（限于合作）
		L721 企业管理服务	投资设立投资性公司应符合：（一）1. 外国投资者申请前一年，该投资者的资产总额不低于4亿美元，且该投资者在中国境内已设立投资企业，其实缴注册资本超过1 000万美元，或者；2. 外国投资者在中国境内已设立10个以上投资企业，其实缴注册资本超过3 000万美元；（二）投资性公司注册资本不低于3 000万美元；（三）外国投资者应为一家外国的公司、企业或经济组织，若外国投资者为两个以上的，其中应至少有一名占大股权的外国投资者符合（一）的规定
	L72 商务服务业	L722 法律服务	1. 限制投资法律咨询 2. 外国律师事务所只能以设立代表处的形式提供法律服务
		L723 咨询与调查	1. 投资会计师事务所须合伙 2. 限制投资市场调查（限于合资、合作） 3. 禁止投资社会调查
		L726 人力资源服务	1. 除允许香港、澳门服务提供者设立独资人才中介机构外，其他国家或地区投资者只能设立中外合资人才中介机构，投资比例不超过70% 2. 人才中介机构最低注册资本为12.5万美元，外方出资者应是从事3年以上人才中介服务的外国公司、企业和其他经济组织
		L727 旅行社及相关服务	投资从事出境旅游业务的旅行社限合资（不得从事赴台湾地区旅游业务）
		L728 安全保护服务	投资武装守护押运服务的保安服务公司外方投资比例不得超过49%
		L729 其他商务服务业	限制投资评级服务公司

（续表）

门类 （代码及名称）	大类 （代码及名称）	中类 （代码及名称）	特别管理措施
M 科学研究和技术服务业	M73 研究和试验发展	M731 自然科学研究和试验发展	禁止投资人体干细胞技术开发和应用
		M734 医学研究和试验发展	禁止投资基因诊断与治疗技术开发和应用
	M74 专业技术服务业	M744 测绘服务	1. 限制投资测绘公司（中方控股） 2. 禁止投资大地测量、海洋测绘、测绘航空摄影、行政区域界线测绘、地形图和普通地图编制、导航电子地图编制
		M745 质检技术服务	1. 限制投资进出口商品认证公司 2. 投资认证机构的外方投资者应取得其所在国家或地区认可机构的认可，并具有 3 年以上从事认证活动的经历
		M747 地质勘查	1. 投资煤层气勘探，石油和天然气的风险勘探，油页岩、油砂、重油、超重油等非常规石油资源勘探，页岩气、海底天然气水合物等非常规天然气资源勘探须合资、合作 2. 限制投资贵金属（金、银、铂族）和金刚石、高铝耐火粘土、硅灰石、石墨等重要非金属矿勘查 3. 限制投资重晶石勘查（限于合资、合作） 4. 限制投资特殊和稀缺煤类勘查（中方控股） 5. 禁止投资钨、钼、锡、锑、萤虫、稀土及放射性矿产勘查
		M749 其他专业技术服务业	限制投资摄影服务（含空中摄影等特技摄影服务）（限于合资）
N 水利、环境和公共设施管理业	N76 水利管理业	N762 水资源管理、 N763 天然水收集与分配	投资综合水利枢纽的建设、经营须中方控股
	N77 生态保护和环境治理业	N771 生态保护	1. 禁止投资自然保护区和国际重要湿地的建设、经营 2. 禁止投资国家保护的原产于我国的野生动、植物资源开发

（续表）

门类 （代码及名称）	大类 （代码及名称）	中类 （代码及名称）	特别管理措施
P 教育	P82 教育	P821 学前教育、P822 初等教育、P823 中等教育、P824 高等教育、P825 特殊教育、P829 技能培训、教育辅助及其他教育	1. 投资经营性教育培训机构、职业技能培训机构限合作 2. 投资非经营性学前教育、中等职业教育、普通高中教育、高等教育等教育机构，以及非经营性教育培训机构、职业技能培训机构限合作，不允许设立分支机构 3. 禁止投资义务教育，以及军事、警察、政治、宗教和党校等特殊领域教育机构；禁止投资经营性学前教育、中等职业教育、普通高中教育、高等教育等教育机构
Q 卫生和社会工作	Q83 卫生	Q831 医院、Q832 社区医疗与卫生院、Q833 门诊部（所）、Q835 妇幼保健院（所、站）、Q839 其他卫生活动	投资医疗机构投资总额不得低于 2 000 万元人民币，不允许设立分支机构，经营期限不超过 20 年
R 文化、体育和娱乐业	R85 新闻和出版业	R851 新闻业、R852 出版业	1. 禁止投资新闻机构 2. 禁止投资图书、报纸、期刊的出版业务 3. 禁止投资音像制品和电子出版物的出版、制作业务
	R86 广播、电视、电影和影视录音制作业	R861 广播、R862 电视、R863 电影和影视节目制作、R864 电影和影视节目发行、R865 电影放映、R866 录音制作	1. 限制投资电影院的建设、经营（中方控股） 2. 限制投资广播电视节目、电影的制作业务（限于合作） 3. 禁止投资广播电视节目制作经营公司、电影制作公司、发行公司、院线公司

（续表）

门类 （代码及名称）	大类 （代码及名称）	中类 （代码及名称）	特别管理措施
R 文化、体育和 娱乐业	R87 文化艺术业	R871 文艺创作与表演、R872 艺术表演场馆、R873 图书馆与档案馆、R874 文物及非物质文化遗产保护、R875 博物馆、R876 烈士陵园、纪念馆、R877 群众文化活动、R879 其他文化艺术业	投资文化艺术业须符合相关规定
	R88 体育	R882 体育场馆	禁止投资高尔夫球场的建设、经营
	R89 娱乐业	R891 室内娱乐活动	禁止投资互联网上网服务营业场所（网吧活动）
		R892 游乐园	限制投资大型主题公园的建设、经营
		R893 彩票活动	禁止投资博彩业（含赌博类跑马场）
		R899 其他娱乐业	禁止投资色情业